공학인증제 실시에 따른

개신공학윤리

차례

머리말

현대사회는 공학기술이 인류에게 다양하게 영향력을 행사하고 있는 시대이다. 우리의 삶의 거의 상당부분이 공학기술에 의존하고 있다. 공학기술은 인류에게 많은 혜택을 가져다주지만, 공학자들의 합리적인 도덕성이 결여되어 일을 추진할 경우에는 인류에게 치명적인 위해를 끼치게 된다.

공학교육인증제가 진정한 의미의 공학자를 양성하기 위한 제도라고 한다면, 공학윤리는 예비공학자에게 창의성, 팀워크 능력, 효율적 의사소통, 공공가치의 구현을 효율적으로 수행하여 자율적인 윤리의식을 함양하고자 한다. 또한 공학윤리는 예비공학자로 하여금 다양한 응용윤리이론을 숙지하게 하고, 공학현장에서 직면하게 되는 다양한 실무사례의 패러다임을 분석하고 이해함으로써, 윤리쟁점의 해법을 도출하여 어려운 문제들에 대한 해결능력을 증진토록 한다. 상상을 초월할 정도로 빠른 과학기술의 변화속도로 말미암아 예측하기 힘든 윤리문제들이 발생하여 우리는 쉽게 '도덕적 위험' (moral hazard)으로 내몰리게 된다. 공학적 사고가 발생할 때마다 예고된 인재라며 뒤늦게 후회하곤 했던 경험을 가지고 있다. 예방윤리로서의 공학윤리 교육은 시급하고도 필수적 과제라고 할 것이다.

이처럼 공학윤리는 전문가를 위한 응용윤리의 전형으로 개인윤리를 공공윤리와 접목시켜 공사를 횡단 매개하는 가치를 보여준다. 또한 공학윤리는 전문가로서의 책임 있는 공학을 현장에서 실천하는 데 관건이 있다.

이에 따라 이 글에는 공학인증제의 실시에 따른 공학윤리 요청배경, 공학윤리의 성격과 규범, 공학자가 갖추어야 되는 덕성과 국제규범, 전문직에 요구되는 공공책임 등을 다루었다.

무엇보다도 공학윤리의 제반문제를 이해할 수 있도록, 공리주의, 의무이론, 권리론, 덕성윤리, 자연법이론 등을 소개하면서 공학현장의 제반 상황을 예측하면서 연관시켜 보았다. 아울러 공학윤리문제가 발생했을 때 윤리문제를 발견할 수 있도록 이론 선택과 윤리쟁점을 해결하는 추론방식을 이해토록 하였다.

전문직 윤리로서의 공학윤리는 일차적으로 전문직에서의 윤리적 의사결정과 문제해결능력을 기르는 데 목적이 있지만, 이것을 넘어서서 '인간의 이해와 윤리적 삶의 요청' 이라는 보다 광범위한 철학적 맥락을 요청하기에 이를 포괄적으로 다루고, 전문직으로서의 직업적 소명의식과 책임감을 길러내는 방향으로 내용을 기술하였다. 아무쪼록 이 책을 통하여 도덕쟁점들에 관해 비판적이고도 독립적인 판단능력을 함양할 수 있기를 기대한다. 아울러 미래의 공학자, 전문직 기술자로서 사회발전에 대한 책무를 느끼면서 '도덕적 자율성' (moral autonomy)을 잘 발휘할 수 있다면, 이는 곧 저자의 영광이며 큰 기쁨이 될 것이다. 옴 산티!

2009년의 개신의 입춘절기를 맞이하면서

김 용 환

제1장

공학윤리의 의미

〈Story-Telling : 곤경에 처한 두 마리의 개구리〉

한번은 크고 살찐 개구리와 활기에 넘친 작은 개구리가 함께 뛰어다니다가 불행하게도 신선한 우유가 들어 있는 통 속에 곧장 빠지게 되었다. 그들은 어떻게 해서라도 빠져나갈 수 있기를 기대하면서 몇 시간이나 헤엄을 쳤다. 그러나 그 통의 옆벽은 가파르고 미끄러워서 죽을 것은 분명한 것 같았다. 큰 개구리는 지치게 되자 용기를 잃었다. 더 이상 구조될 희망은 없는 것 같았다. "피할 수 없는 현실인데 무엇 때문에 이렇게 몸부림쳐야 되는가? 나는 더 이상 헤엄칠 수 없어."라고 그는 신음하였다. 여전히 통 속을 헤엄치며 돌아다니고 있던 그 작은 개구리가 소리쳤다: "힘을 내! 힘을 내!" 그래서 그들은 얼마간 지속하였다. 그러나 큰 개구리는 더 이상 소용없다고 결정하였다. "아우여, 우리는 포기하는 게 좋겠어. 나는 이제 포기하련다."라고 그는 헐떡였다.

이제 작은 개구리만이 남았다. 그는 혼자 생각했다: "암, 포기한다는 것은 죽는 거와 마찬가지이다. 그러므로 나는 계속해서 헤엄을 치겠다." 두 시간이나 더 지나자 굳은 결의를 한 작은 개구리의 작은 다리는 지쳐서 거의 마비되었다. 이제 그는 더 이상 움직일 수 없는 것처럼 보였다. 그러나 그 때 그는 죽은 친구를 생각하면서 반복하였다: "포기한다는 것은 누군가의 식탁에 고기로 올라앉는 것이다. 그러므로 나는 죽을 때까지 계속 발을 저을 것이다. 비록 죽음을 피할 수 없다고 할지라도 나는 계속 노력하기를 포기하지는 않을 것이다.

'살아 있는 한 희망은 있는 법!' 그 작은 개구리는 굳은 결의로 계속 통 안을 맴돌면서 우유를 하얀 물결로 가르고 있었다. 얼마 후에, 그는 완전히 마비되었다고 느끼면서 이제 자신이 빠져 죽는다고 생각되었을 때, 갑자기 자기 아래에 뭔가 딱딱한 것이 있는 것을 느꼈다. 놀랍게도, 그는 자신의 끊임없는 발걸음으로 만들어진 버터 덩어리 위에 앉아 있는 자신의 모습을 발견하였다! 그리하여 성공적인 작은 개구리는 마침내 우유 통 밖으로 뛰어나와 자유를 얻게 되었다.

* * *

Point Up : 근대적 합리화의 진전은 생활세계를 합리화, 기술화함으로써 정치체계, 경제체계 등의 체계분화와 복잡화를 증대시키고, 이 체계에 의한 생활세계의 식민화를 초래하였다. 이는 노동전략의 체계가 의사소통의 생활세계를 지배해 가는 사정을 말한다. 이러한 시각에서 볼 때 인간의 삶은 점차 규범에서 일탈행위가 촉진되어 매체에 의존하는 체계 메커니즘에 의해 지배당한다. 작은 개구리처럼 생활세계로서 위기에서 희망을 찾고 과학, 도덕, 예술을 '한' 으로 통합하면 파편화된 현실의 갈등과 위기는 극복되어 간다. 자본과 권력이 공학기술의 사회에서 중심매체로 기능하는 가운데 공학윤리의 창을 통해 자유로운 이상세계와 소통방안의 건설은 공학기술 사회의 개신의 화두가 되어 가고 있다.

제1장 공학윤리의 의미

공학윤리는 전문가 윤리의 전형으로 개인윤리를 공공윤리와 접목시켜 공사를 횡단 매개하는 의미를 보여준다. 따라서 공학윤리는 전문가로서의 책임 있는 공학을 현장에서 실천하는 데 관건이 있으며 공학인증제의 실시와 함께 공학윤리가 요청된 배경에 관하여 살펴보고, 공학윤리의 성격과 규범, 과제와 보편화 가능성, 공학인격 함양의 문제들을 살펴보고자 한다.

탐구문제

1. 공학인증제가 실시됨에 따라 공학윤리가 요청된 이유는 무엇인가?
2. 공학윤리의 성격을 말하고 대표적인 공학규범의 사례는 무엇인가?
3. 공학윤리의 규범으로서의 보편화 가능성의 요건은 무엇인가?
4. 공학윤리에서 대화, 협력하여 개신하기 위한 철학정신은 무엇인가?
5. 개신인격의 사례를 들고 인격함양의 구체적 방안을 제시한다면?
6. 다음 대화를 읽고 물음에 답하시오.

(갑) : 나는 지난 여름방학 때 고아원에서 봉사활동을 했어. 처음에는 봉사 점수를 따기 위해 좀 힘들어도 감수할 수밖에 없다고 생각했는데, 나중에는 보람과 기쁨도 맛볼 수 있었어. 특히 그곳에서 헌신적으로 자원봉사 하는 분들을 보고서 정말 감동 받았어. 그 분들은 선한 일을 위해 자기희생을 마다하지 않는 참으로 훌륭한 분들이라고 생각해.

(을) : 나는 좀 생각이 달라. 나는 이 세상에 순수하게 선한 행동은 없다고 생각해. 네가 말하는 분들도 사실은 봉사활동을 통해 자기 만족감을 맛보는 것이 분명하고, 이것이 그 분들이 봉사활동을 계속하는 진정한 이유일거야. 겉보기와는 달리, 모든 인간 행위의 궁극적 동기는 자기 자신의 쾌락에 있다고 보는 편이 맞을 것 같아.

* (을)과 같은 입장을 '심리적 쾌락주의'라고 한다. 쾌락의 획득이 모든 행위의 궁극적 목적이라고 주장하는 이 견해의 오류를 언급하시오.

1. 공학인증제 실시와 공학윤리 요청

우리나라에서 공학윤리가 요청된 배경에는 공학인증제 실시와 관련이 있다. 공학인증제는 공과대학에서 각 학과에 맞게 특정한 커리큘럼이 있으며 이를 반드시 이수해야 획득하는 인증제를 말한다. 각 학과마다 들어야하는 과목들이 다르게 배정되어있지만, 공학인증제를 획득하게 되면, 국제적으로 그 분야의 공학자로써 인정을 해주는 제도이다.

예전에는 공대를 입학하여도 국제표준의 커리큘럼이 없었기 때문에, 국제표준 기준에 관계없이 학점을 이수하면 졸업이 가능하였다. 이제 세계화 시대에 국제표준 이수과목에 근거한 이수이행 여부가 공학인증의 필수요건으로 자리 잡아 가는 추세이다.

공학(engineering)은 자연력을 응용하기 위하여 인간의 재능을 사용한 태초부터 비롯하였다. '공학' 의 어원은 2천여 년 전, 로마군이 성벽을 파괴하기 위하여 사용했다는 '인게니움(ingenium)' 에서 유래한다. 실제로 전문직업인을 뜻하는 공학자(engineer)는 다리, 또는 공격용 탑 등 군사시설을 설계하거나 이에 종사하는 병사를 뜻하는, '인게니아톨(ingeniators)' 에서 비롯하였다. 이처럼 공학은 군사 분야에서 탄생하였지만, 산업혁명을 거치면서 일상생활에 도움이 되는 시민공학(civil engineering)으로 거듭났다. 20세기에 들어서자 더욱 공학이 진척되어 토목공학, 기계공학, 화학공학, 전기공학 등으로 세분하여 발전하였다. 공학의 전문화가 이루어지면서 우주공학, 생명공학 등으로 삶과 연관된 여러 분야로 관심이 넓혀지면서 국제표준이 마련될 필요성에 직면하고 있다.

실제로 공학 분야는 너무 광범위하고 그 기능이 방대하기에 명확하게 정의내리기가 어렵다. 대체적으로 공학은 '과학지식과 기술수단을 이용하여 가장 경제적인 방법으로 인간욕구를 충족시키는 체계적 학문' 이라고 할 수 있다. 이에 따라 공학의 규범으로써 공학윤리는 갖추어야 되는

몇 가지 필수요건이 요청된다.[1)]

첫째, 전문직의 기술영역과 연관되어 공공복지를 증진시키는 이행과정에서 윤리적이어야 된다. 그렇지 못하면, 공학윤리는 그 추진력을 상실하게 된다.

둘째, 전문 기술영역에서 전문가로서의 의무가 공공의 필요성을 충족시켜야 한다. 그 실현이 불가능하다면 공학윤리로서의 가치는 상실된다.

셋째, 전문직 윤리헌장은 전문직의 공학윤리가 어떻게 시대정신을 반영하여 수정되고 보완되어야 한다. 따라서 개신하지 않는 공학윤리는 낙후되어 버린다.

넷째, 세계시민성이 요구되는 국제화 시대에 공학윤리는 한국공학인증위원회와 국제표준에서 요구하는 공학국제인증요건을 갖추는 등 국제 표준화되어야 한다.

공학국제인증요건은 대학의 공학 및 관련 교육을 위한 교육 프로그램 기준과 지침을 통해 제시되며, 이를 통한 인증 및 자문으로 시행된다. 이는 공학교육의 발전을 촉진하고 실력을 갖춘 공학기술 인력을 공공적으로 배출하는데 기여하게 한다. 공학인증제 이수는 실제적으로 공학 현장에 효과적으로 투입될 수 있음을 의미한다. 해당 교육기관은 인증 기준에 부합되는지의 여부와 세분화된 공학 교육 프로그램이 국제인증 기준에 부합되는지의 여부를 식별하여야 할 것이다. 아울러 공학 교육을 개신하기 위한 새롭고 혁신적 방법을 장려하며, 공학 교육 프로그램에 대한 체계적 지침을 제공하고 자문에 응해야 한다.

이를 통하여 공학 교육발전을 촉진하고 우리나라 산업과 사회에서 필요로 하는 실력 있는 공학 기술자 인력을 배출할 수 있도록 함으로써 공공적인 기여를 할 수 있게 된다. 이처럼 공학인증제는 공학도에서 산업현장에

1) Charles E. Harris, Jr.Michael S.Pritchard, Michael J. Rabins *Engineering Ethics*, Concepts and Cases, Belmont; Thomson Wadsworth. 2005. pp.11-2.

효과적으로 투입될 수 있는 공학기술 인력임을 인증해 주는 제도이다. 따라서 인증을 위한 교육기관과 공학 교육프로그램을 평가하여, 세부지침을 제공하고 강의품질개선보고서(CQI) 등의 발전적 프로그램을 꾸준히 개발하면서 개신하기 위한 제도이다.

미국공학한림원(NAE: National Academy of Engineering)에서는 공학을 다음과 같이 정의한다.[2] 공학은 '과학의 적용으로, 공학자들은 추상적 관념에서 구체적인 결과물을 산출' 한다. 공학윤리는 1947년, '전문직 발전을 위한 공학자 평의회' (ECPD, Engineer's Council for Professional Development)에서 고용주와 고객에 대한 의무뿐만 아니라 공공에 대한 의무를 가진다는 생각을 부각시켰다. 그 후 1974년, '공학자 평의회' 헌장에서 '공학자들이 직업적인 의무를 수행함에 있어 공공복지와 건강, 안전을 최고로 여겨야 한다.' 는 말로 개정되었다.[3]

미국에서의 공학윤리교육의 획기적 변화의 동기는 1996년에 채택된 공학인증프로그램의 공학기준 2000(EC 2000)[4]이었다. 이전의 공학인증위원회(ABET)의 윤리교육에 대한 요구는 기존 공학프로그램들의 커리큘럼 내에서 윤리적 분석을 연계시키는 정도였다. 하지만 EC 2000에서는 교과과정 내에 윤리적 분석 과목을 통합할 것을 요구하고 있다. 특히 기준 3의 프로그램의 결과와 평가 항목에서는 다음과 같이 명시하고 있다; "전 지구적이고 사회적인 맥락에서 공학적 해결책들의 영향을 이해하는데 필수적인 광범위한 교육" 뿐만 아니라, "공학 프로그램들은 공과대학 졸업생들이 전문직의 윤리적 책임에 대한 이해를 가지고 있음을 증명해야 한다."

유럽에서는 1980년을 전후로 해서 공학윤리 교육의 필요성이 대두되었으며, 1989년에는 미국, 영국, 호주, 캐나다, 아일랜드 등의 6개국에 의해

---

2) 이대식 외, 『공학윤리』, 인터비전, 2003, 25쪽.

3) 앞의 책, p.12.

4) http://www.abet.org/eac/EAC_99-00_criteria. htm# EC 2000

공학교육에 있어서의 국제적 표준화를 위한 '워싱턴 협약'(Washington Accord)이 체결되었다. 우리나라에서는 1999년 '한국공학교육인증원'(ABEEK; Accreditation Board for Engineering Education in Korea)이 설립된 후, 2007년에는 워싱턴 협약에 정회원으로 가입함으로써 공학교육의 국제적 인증에 참여하고 있다.

이제는 공학인증을 위한 프로그램을 실행하고 있는 많은 대학들에서 직접적으로 공학윤리를 주제로 한 강좌가 개설되어 있다. 여기서 공학자의 역할은 공공가치를 추구하는 개신의 사고로서 윤리문제를 해결하고 사회적 · 법적 책임을 함께 지는 것이다. 공학자가 될 공대생들은 기술공학과 사회문제를 직접적으로 다루는 공학윤리를 대학에서 체계적으로 배움으로써 공학의 사회적 영향을 이해하고 공학자로서 공공책임을 인식할 필요성에 직면해 있다.

이처럼 공학윤리의 목표는 미래의 공학자들에게 공공책임을 일깨워주고 도덕적 자율성을 함양시키는데 있다. 도덕적 자율성은 도덕적 쟁점에 관하여 비판적으로 생각하는 능력과 공학실천 과정에서 전문직 공학자가 현장에서 이를 응용하고 적용하는 능력이다. 이처럼 공학윤리에서는 과학연구와 공학수행 그리고 기술이용과 관련된 윤리원리들을 고찰하게 된다. 아울러 공학현장에서 겪게 되는 도덕적 · 윤리적 문제를 검토하면서 여러 사례를 탐구하고 해결에 필요한 윤리적 원리와 개념을 원용하게 된다. 이러한 공학윤리를 통해 공학자들은 공학행위가 그들 자신 뿐 아니라, 일반인에게 미치는 영향을 이해하고, 공학실천 상황에서 발생하는 윤리문제들을 자율적이고 합리적으로 해결할 수 있는 능력을 함양하게 된다. 여기서 공학자들은 공학윤리 실천자로서의 인격함양과 장인정신의 구축을 통해 인간적인 자부심을 획득하게 된다.

공학윤리는 '집단으로서의 도덕원리를 필요로 하는 공학이나 기술자의 행동에 관한 판단이나 결정을 의미' 하며, 공학기술자로서 공학자는 전문가로 준수할 명문화된 규정이 필요하게 되었다. '미국전문공학자협회'(National Society for Professional Engineers, NSPE)에 의하면, 전문직의 공공의무와 책임을 강조하면서 신뢰할만한 대리인이나 수탁자(trustee)로서 전문직을 수행할 것을 명시한다.[5)]

또한 영국에서는 1910년 토목공학학회에 윤리강령 제정되었고, 미국에서는 컨설팅 엔지니어링협회(1911), 전기기술자협회(1912)에서 윤리강령이 마련되었으며, 1980년대는 공학기술자에게 공학윤리인증에 대한 요구가 발생하였다.

현대사회에서 공학기술은 사회발전과 인간생활의 편리함에 근간이 되는 것이기에 인간사회에 미치는 영향은 매우 크다. 아울러 공학기술로부터의 파생되는 영향은 인간의 의지구현으로 인간의 욕심을 제어할 수 있는 방어 장치 또한 되고 있다. 1900년대에 들어 공학개발속도가 빨라지면서 인간에 미치는 영향이 커지고 선진국을 중심으로 공학윤리제정과 공학윤리 교육 필요성이 절실히 대두되었다.

공학윤리 원리의 기초로서는 공리주의와 의무윤리, 덕성윤리, 책임윤리, 공공윤리 등이 전제되고 있다. 의무윤리는 산업화 이후 복잡화된 대규모 사회로 변하면서 대두된 개념으로 불완전한 존재인 인간의 도덕적 의무를 법칙적 행위규칙으로 하고 그 이행의 자율성을 가장 기본적인 도덕규범으로 삼게 되는 것이다. 어떤 행위의 옳고 그름은 행위자체가 가지는 특성에 따라 구분되어야 하며 그 행위의 결과는 그 행위의 기본적 도덕성에 아무런 영향을 주지 않는다고 본다.

따라서 행위의 결과로서 행위의 옳고 그름을 판단하는 공리주의와 차이가 난다. 덕성윤리는 행위자 중심 윤리로서 일련의 규칙체계를 따르는 것이 아니라 행위자가 어떠한 소양을 가지고 있는가를 중요하게 생각한다.

---

5) 앞의 책, p.15.

또한 이는 행위의 규칙보다는 행위자의 덕성과 성품을 윤리의 중심에 두고 덕성의 함양을 중요시하는 규범윤리라고 할 것이며, 이러한 점에서 공리주의와 구별된다.

책임윤리는 어떤 일을 할 때 나타난 결과뿐만 아니라 예상 가능한 결과에 대해서도 책임을 지는 윤리의식으로써, 환경의 중요성을 강조하며 인간이 존재하는데 방해되는 모든 행위나 사상들을 비윤리적으로 보게 된다. 한스 요나스(Hans Jonas)의 주장에서 나타나듯이, 인간의 자유가 기술을 통해 실현가능하고 기술에 의한 환경파괴는 불가피하다는 근대사유에서 벗어나지 않으면 결국 지구 생태계는 인간에게 보복할 것이기에 생태환경에 대한 책임의식을 부각시키게 된다.

공공윤리는 행위의 목적이나 선악 판단의 기준을 인간의 이익과 행복을 증진시키는 데에 두는 공리주의에 토대를 두면서도 공적 가치와 사적 가치의 매개에 의한 공공가치를 창출하는 데 목적을 둔다. 이를 통하여 개인의 복지를 중시하면서도 사회 전체의 복지를 중시하게 된다. 이를 위하여 대화하고 협력하고 개신하는 공공가치 구현의 자세가 요청된다. 여기서는 공과 사의 매개에 의한 공공의 안전중시, 공과 사의 복지를 위한 기술적 역량개발, 공과 사의 공공매개에 의한 의사소통능력의 3대 가치를 중시하게 된다.

공공안전은 공과 사의 매개에 근거한다. 여기서 말하는 공공은 공학자가 설계하고 제작하는 모든 제품이나 결과물의 최종 사용자 및 산출 결과물에 영향을 받는 사람까지 포함하며, 자신이 설계하고 제작하는 모든 제품 및 결과물의 위험요소를 보고할 의무를 지닌다. 아울러 설계 단계에서부터 결과물이 사회에 미칠 영향력의 윤리적인 측면까지 고려해야 할 것이다. 기술역량은 공과 사의 복지를 위한 기술 매개의 역량이다. 공학적 위험은 특정기술과 지식의 부족으로 인한 공학, 기술적 역량매개 부족에 의해 발생한다. 공학자는 특정기술과 지식, 즉 기술역량을 가지고 이를 응용하여 기술, 제품 및 구조물을 설계, 개발해야 한다. 따라서 공학자는 프로젝트가 기술역량으로 실현가능한지 판단하여야 한다.

의사소통 능력은 공공윤리에서 상당히 중시되고 있다. 만약 공학자가 파악한 정보가 부정적이라고 하여 보고하지 않았을 경우 더 큰 위험을 초래할 수 있기 때문이다. 정확하고 시기적절한 보고 및 의사소통능력은 위험을 최소화하는데 기여하게 된다. 아울러 공학자는 자신이 파악한 정보가 긍정적이든 부정적이든 너무 늦지 않게 관리자에게 보고할 의무가 있는 것이다. 또한 관리자는 공학자가 보고한 결과를 바탕으로 프로젝트 진행방향, 프로세스, 완성시기, 적용시기 등을 결정하고 이후의 작업을 지시할 의무가 있다. 이 과정에서 공사 소통이 절실히 요청된다. 소통이 부재하면 공사매개는 단절되어 엄청난 재앙을 초래한다.

응용윤리에서 다루던 생명, 환경, 정보 등의 윤리가 이제는 모두 공학윤리의 범위에 포함된다. 과학, 기술의 엄청난 피해를 목격한 인류의 미래는 보다 안전함과 위험을 방지하기 위한 노력의 일환으로 공학윤리의 체계화를 요청하기에 이르렀다. 전문 기술자가 되려고 하는 세계의 공학도들은 공학기술의 위대함에 앞서 전문적 윤리의식이 함양된 개신의 기술자 탄생을 기대하게 된다. 이에 따라 개신공학자의 의사결정의 고려사항은 기술의 전문화, 공과 사의 매개에 의한 공공정신, 공학자와 고용회사 사이의 공사공매(公私共媒)의 원활화 문제이다.

이처럼 공학윤리는 공공의 안녕과 복리에 관련되며, 공공의 선에 기여하는 윤리적 기준이 마련되어 있어야 한다. 공학자는 종종 공학규범사례와 관련하여 도덕적 딜레마에 빠질 경우가 있다. 공학자가 공공에 대한 의미를 신중하게 고려한다면, 고용주의 관심을 헤아리기보다는 자율적으로 공공이익을 중시하는 결정을 내리게 된다. 물론 이런 결정을 내리는 데는 여러 가지 장애가 나타난다. 그 장애로는 이기심, 두려움, 기만성, 무지, 이기주의, 미시시각, 권위수용, 집단사고 등이 나타난다. 이런 장애로 말미암아 주어진 상황을 충분히 분석하여, 적절한 윤리적 결정을 내린다는 것은 매우 어려운 일이 된다. 주어진 문제에 대해 정확하게 분석하고 결정을 내리는 것이 중요하기에 그 성격을 살펴본다.

2. 공학윤리 성격과 실천규범

공학윤리는 공학자가 공공(public togetherness)과 고객(clients), 고용주와 동업자(the profession)에 대한 의무(obligations)를 확인하고자 국제기준을 조사하고, 설정하는 응용윤리의 한 분야이다.[6]현대사회는 공학기술이 인류에게 절대적인 영향력을 행사하고 있는 시대이다. 개인차원에 있어서의 공학기술에 대한 의존은 말할 필요도 없으며, 사회차원에서도 기술이 한 사회에 미치는 파급력은 막대하다. 우리 삶의 대부분은 공학기술에 의존하고 있다. 이처럼 공학과 기술이 인류에게 미치는 영향이 클수록 이들 분야에서의 도덕성찰과 함께 공학자들의 윤리적 문제해결 능력은 매우 중요한 요소로 대두되고 있다.

왜냐하면 공학기술은 많은 혜택을 가져다주기도 하지만 올바른 윤리성찰이 없이 잘못 사용될 경우가 나타나고, 공학자들이 합리적 도덕성을 결여하면 인류에게 치명적인 해가 될 수 있기 때문이다. 이 예는 챌린저호 폭발사고, 인도 보팔시의 가스 유출참사, 그리고 체르노빌 원자력 발전소 폭발사고 등의 사례들을 통해 인류에게 이미 세계적으로 경종을 울려준 바 있다. 우리나라 또한 1970년 와우아파트 붕괴사건, 1994년의 성수대교 붕괴사건, 그 다음 해인 1995년의 삼풍백화점 붕괴사고, 그리고 2003의 대구지하철 화재참사 등을 통해 공학기술이 사회전반에 심각한 피해를 초래할 수 있는지를 뼈저리게 경험한 바 있다.

---

6) http://kr.search.yahoo.com/search Engineering Ethics "From Wikipedia, the free encyclopedia"

① 와우아파트 붕괴사건

1970년 4월 서울특별시 마포구 창전동(倉前洞) 와우지구 시민아파트 건물이 무너진 사건이다. 1970년, 경제개발 계획을 의욕적으로 추진하였고, 이에 따라 전국적으로 경제발전의 모습들이 발견되고 한국은 한강의 기적을 이루고 있었다. 이 시기에 서울시 전역에서 근대화공사가 활발하게 벌어졌다.

〈그림 1〉 와우아파트

와우아파트는 서울시가 판자촌 정리를 위해 서울시 32개 지역에 세운 시민아파트 중 하나였다.[7]당시 5층 건물로 세워졌던 와우아파트 15동이 무너져 내린 것은 1970년 4월 8일 오전 6시 40분쯤이었다. 이 참사로 33명이 숨지고 39명이 중경상을 입었다. 1969년 12월 준공된 아파트 15동 건물은 지은 지 4개월 만에 붕괴되었는데, 조사 결과 아파트 받침기둥이 건물무게를 지탱하지 못하여 사고가 발생하였다. 아파트가 붕괴되면서 아비규환의 현장으로 뒤바뀌었으며 인재에 의한 사고다. 아파트부실공사와 관련하여 당시 서울시장이 물러나고 도시빈민의 주거문제가 불거졌다.

와우아파트 붕괴 원인은 지질조사 없이 산비탈에 아파트를 지었으며 사용한 자재 대부분이 기준에 미달되었기 때문이었다. 단국대 한 팀에서 시민아파트 전체의 안전도를 조사하니까 405동 가운데 347동이 안전도에 문제가 있는 것으로 판명되었다. 실제로 와우아파트는 완공 직후부터 벽에

7) 와우아파트 붕괴사건 (야후검색, 야후 블러그)

금이 가고 건물이 흔들리는 등 붕괴 조짐을 보였다. 주민들이 수차례 경찰과 구청에 신고했지만 아무런 조치도 없었다.

와우아파트 15동이 붕괴된 뒤 이미 지어진 시민아파트 가운데 101개동은 1971년부터 1977년에 걸쳐 철거가 됐다. 그러나 나머지 300여 개동은 안전대책 없이 그대로 방치됐다. 결국 정부가 1970년대에 지어진 시민아파트에 대한 정밀 안전진단에 나서게 된 것은 1990년대 중반에 성수대교와 삼풍백화점이 무너진 한참 뒤였다고 한다.[8)]

② 삼풍백화점 붕괴사고

〈그림 2〉 삼풍백화점 붕괴

삼풍백화점 붕괴사고는 1995년 6월 29일 오후 6시 05분 서울특별시 서초구 서초동에 있던 붕괴사건으로, 건물이 무너지면서 1천여 명 이상의 종업원과 고객들이 다치거나 사망했다. 그 후 119 구조대, 경찰, 시, 정부, 국회까지 나서 범국민적인 구호 및 사후 처리가 이어졌다. 사망자는 502명, 부상자는 937명, 실종 6명, 피해액은 약 2700여 억 원으로 집계됐다. 피해자들 중 최명석은 11일, 유지환은 13일, 박승현은 16일간 갇혀 있다가 극적으로 구조되기도 하였다.[9)]

사고의 주요 원인은 무리한 설계변경이었다. 삼풍백화점 건물은 하중을 고려한 정확한 계산이 필요한 구조물이었지만 수익을 위하여 회장독단으로 설계가 변경되었다. 결국 붕괴를 우려한 본래의 설계업체가 건설을 포

8) 권혁길 외,『공학 윤리』서울; 인간사랑, 2007.pp.362-3.

9) 위키백과 — 우리 모두의 백과사전 (http://kr.search.yahoo.com/search ; 삼풍백화점 붕괴사건)

기하고 그 계열사에서 시공하게 된 것이다. 사고 전 붕괴의 조짐이 있었고 하루 전 대책 회의가 있었으나 주말 영업을 위하여 방치하였다.

실제로 건축 상황의 문제점을 보면 지붕 마감 하중(345kg/m²)이 시공 하중(90kg/m²)보다 255kg/m²나 초과되었고, 2층에서 5층까지 슬래브 연결 깊이가 얕게(30cm) 연결되었다. 4층의 에스카레이부 기둥이 80cm인 것이 60cm로 축소되었고, 5층 슬래브 및 일부 슬래브 단면도 펀칭 전단 및 휨에 대한 내력이 부족하였다. 상단철근이 정상보다 4~6cm정도 내려앉았고, 철근 배근 간격이 맞지 않았으며, 전반적으로 철근이 부족하였다. 현실적으로 삼풍백화점의 유지관리에도 문제가 많이 발견되었다. 불법용도 변경이 있었고 내부 기기의 과다 시설로 인해 하중이 증가되었다. 쓰레기 투입구 설치로 바닥 철근이 절단되었으며, 5층 바닥 대리석 마감을 위해 바닥 콘크리트의 피복이 제거되었다. 또한 배기 닥트 설치를 위해 내력벽을 절단하였으며, 냉각탑의 설치에 따라 바닥판이 구조적으로 손상되었다.

이 사건은 결국 큰 인명살상을 가져왔으며, 삼풍백화점 붕괴사건 관련 피고인들은 1996년, 8월 23일 대법원 판결에 의해 그 형이 확정되었다. 삼풍백화점 회장 은 업무상과실치사상죄가 적용되어 징역 7년 6개월이 확정되었다. 삼풍백화점 측으로부터 뇌물을 받고 설계변경 등을 승인해 준 전, 서초구청장에게는 뇌물수수죄가 적용되어 각각 징역과 추징금이 부가되었다. 2심에서 징역 7년형을 받은 전 삼풍백화점 사장 등 12명은 상고를 포기함으로 형이 확정됐다. 삼풍백화점 붕괴사고와 관련하여, 특정경제범죄 가중처벌 등에 관한 법률위반, 업무상횡령 · 업무상과실치사 · 업무상과실치상 · 수뢰 후 부정처사 · 뇌물수수 · 부정처사 후 수뢰 · 특정범죄 가중처벌 등에 관한 법률위반, 뇌물 · 뇌물공여 · 허위공문서작성 · 허위작성공문서행사 혐의로 기소된 피고인은 총 25명이나 된다.[10]

---

10) 권혁길 외,『공학 윤리』서울; 인간사랑, 2007. pp.363-5.

이 밖에도 성수대교 붕괴사건이나 대구지하철 화재사건 등 유사한 사건들이 전국적으로 발생하였다. 결국 이러한 사건들은 모두 공공안전, 인간 존엄 등의 공학윤리의 주요원리를 도외시한 결과들이었다. 이러한 의미에서 예방이 중시되어 공학윤리를 예방윤리라고 부르기도 한다.[11] 예방윤리로서 공학윤리는 공학에서 '앞서 생각하기' (Thinking Ahead)의 중요성을 일깨워주어 질병에 걸리기 전에 미리 돌봄으로써 질병에 걸리는 것을 예방하듯이 공학자들에게도 공학윤리 관련문제를 예상하고 대처함으로써 위기발생을 막을 수 있다.

아울러 전문직으로서의 공학자들은 윤리적 감수성과 반성을 요구하는 공학적 실천의 여러 상황에 정통할 것을 요구한다. 공학인증프로그램(ABET) 2000에서는 상세하게 '공학전문직과 실무의 윤리적 특성들에 대한 이해' 를 포함시키고 있다. 이는 공학이 미치는 '세계적이고 국가적이며, 지역적' (Glo-na-cal) 맥락을 이해함으로써 윤리요소를 포함한 '주요설계 경험' 을 가지게 될 것을 기대하게 된다. 이러한 예방윤리는 윤리차원의 결과를 미리 예측하고, 그 결과에 대해 효율적으로 대처하면서 최종결정에서는 윤리적으로 무엇이 옳은가를 결정하게 한다.

미국사회의 '미국전문공학자협회(NSPE)' 의 공학자를 위한 윤리법전의 서문에서는 '공학(Engineering)' 이 우리의 삶에서 중요하며, 공학자는 학습된 전문직(profession)' 임을 언급하고 있다. 전문직으로서 공학자는 정직성과 성실성(integrity)을 '공언한' (professed) 정식자격을 갖춘 사람이다. 공학자는 삶의 질과 직접적으로 연관되어 생사가 달린 문제이기에 정직성과 성실성을 요구한다.[12]

공학자로서 공공(公共)에 대한 서비스는 모든 사람들에게 정직성과 공

---

11) Charles E. Harris, Jr.Michael S.Pritchard, Michael J. Rabins. *Engineering Ethics, Concepts and Cases,* Belmont; Thomson Wadsworth. 2005. pp.11-2.

12) http://www.nspe.org/ethics/home.asp (NSPE, National Society of Professional Engineers)

평함(impartiality), 공정함(fairness)과 평등함(equity) 그리고 공중의 건강과 안전 및 복지(welfare)라는 차원에서 봉사적이며 헌신적이어야 한다. 공학자의 업무는 '***전문직 행동의 기준***'에 맞게 수행되어야 한다. 미국 '국립전문 공학자협회' (NSPE)에서 제시하는 기본규범(Fundamental canons)은 전문직 차원에서 공학자가 자기업무에 충실할 것을 요구하고 있다. 그 구체적 내용은 이와 같다.

(1) 공공안전과 건강, 그리고 복지에 대해 최고수준을 유지해야 한다.
(2) 능력의 범위에서 서비스를 수행해야 한다.
(3) 객관적이고 진실한 방식으로만 공적 진술을 해야 한다.
(4) 고용주나 고객에게 신뢰할 만한 대리인과 수탁자로서 행동해야 한다.
(5) 기만적 행동은 피해야 한다.
(6) 전문직의 명예와 평판, 유용성을 높이기 위해 명예롭고, 책임감 있고, 윤리적이며, 그리고 법을 준수하며 행동해야 한다.

구체적 실천규범

(1) 공학자는 공중(public)안전과 건강, 그리고 복지에 대해 최고의 수준을 유지해야 한다. 이에 대한 구체적인 실천 내용으로는 이와 같다.
 a. 만일 공학자들의 판단이 생명이나 재산상의 위험의 상황에서 위압적으로 이루어 진 것이라면 공학자들은 그들의 고용주나 고객, 그리고 다른 권위자들에게 시정할 것을 요구해야 한다.
 b. 공학자들은 공학기록이 적용기준에 적합한 것임을 입증해야 한다.
 c. 공학자들은 법이나 기본 규범에 의해 권한을 부여 받거나 요구된 경우에만 고객이나 고용주의 동의 없이 사실들이나 데이터, 정보 등을 공개할 수 있다.

d. 공학자들은 사기성이 있거나, 부정직하다고 판단되는 개인이나 기업들이 자신의 이름이나 동료들의 이름을 사용하는 것을 허용해서는 안 된다.

e. 공학자들은 개인, 회사를 공학 탈법행동을 하도록 부추 키지 말아야 한다.

f. 공학자들은 이 규범의 확실한 위반 행위를 알게 된 때에는 즉시로 적절한 전문단체에 보고하고, 신뢰할만한 권위당국자들에게 신고해야 한다. 이런 일을 종결하기 위해 필요한 정보나 도움의 요청에 대해서는 협조해야 한다.

(2) 공학자들은 그들의 능력의 범위 안에서 서비스를 수행해야 한다.

a. 공학자들은 교육이나 경험을 통해 관련된 특수 기술 분야에서 질적으로 검증 되었을 때 그들의 과제를 수행할 수 있다.

b. 공학자들은 자신들의 전공 방향과 다르거나, 자신들의 수행 능력이 부족하다고 느끼는 계획이나 서류에는 서명을 해서는 안 된다.

c. 공학자들은 자기의 전공 부문에 관련된 과제나 프로젝트들에 대해서 협동하고 전적인 책임을 질 수 있다.

(3) 공학자들은 객관적이고 진실한 방식으로만 공적인 진술을 해야 한다.

a. 공학자들은 전문적인 보고서나 진술, 실험 등에서 객관적이고 진실해야 한다. 보고서나 진술, 혹은 실험은 적절한 정보를 포함해야 한다.

b. 공학자들은 보고서나 진술, 실험 등에서 사실에 근거한 기술적인 의견을 공개적으로 표현해도 좋다.

c. 공학자들은 특정 이익단체가 분명한 코멘트를 요구하는 일이 없을

때에는 특정 단체나 집단이익과 관련된 진술, 비평, 논쟁에 말려들지 않아야 된다.

(4) 공학자들은 고용주, 고객에게 신뢰할 만한 대리인, 수탁자로 행동해야 한다.

a. 공학자들은 그들의 판단이나 서비스의 질에 영향을 줄 만한 모든 지식이나 잠재적인 갈등들에 관해서 밝혀야 한다.

b. 공학자들은 동일한 프로젝트나 서비스와 관련하여 모든 이익 관계자들에 의해서 충분히 공개되고 승인을 받지 않고서는 당사자들로부터의 보상이나 재정 적 도움을 받아서는 안 된다.

c. 공학자들은 자신이 맡고 있는 일들과 관련된 외부의 대리인들로부터 직접 혹은 간접적으로 재정적인 혹은 다른 배려를 요구하거나 수락해서 아니 된다.

d. 관련학회회원이나, 고문, 혹은 정부나 단체, 혹은 어떤 부서의 고용인의 위치에 있는 공학자들은 공적인 서비스에 관하여 사적 혹은 공적인 어떤 청원이나 결정에 참여해서는 안 된다. 사사로운 개인이나 조직이익이 공공 서비스를 영향력을 발휘해서는 안 된다.

e. 공학자들은 자기가 조직의 장 혹은 간부로 있는 정부조직에 청원을 하거나 계약을 해서는 안 된다.

(5) 공학자들은 기만적 행동을 피해야한다.

a. 공학자는 자신의 면허에 대한 잘못된 이해로 말미암아 발생되는 왜곡된 일을 해서는 안 된다. 그들은 어떤 과제에 대한 그들의 책임에 대해서 위장이나 과장을 해서는 안 된다. 팸플릿(brochure)이나 혹은 프레젠테이션은 고용주나 고용인, 관련자, '합작 벤처가(joint venturers)' 혹은 지난날의 성과들에 이르기까지 관련된 속

성들을 위장해서는 안 된다.

b. 공학자들은 공적인 계약에 직·간접적으로 영향을 미치는 것을 요구하거나 수수하는 일 등을 해서는 안 된다. 그들은 일과 관련하여 선물이나 가치 있는 것들을 제공해서는 안 된다. 공학자들은 진실성에 근거하지 않은 위임이나 부당이득, 중개수수료 등을 지불해서는 안 된다.

(6) 전문직과 관련된 명예와 평판을 위한 의무는 이와 같다.

a. 공학자들은 업무와 관계하여 최고수준의 정직과 성실을 보여주어야 한다.

* 공학자들은 자신들 잘못은 알리고 사실을 왜곡하거나 변경해서는 안 된다.
* 공학자들은 기획이 성공할 수 없을 때는 고객이나 고용주에게 알려야 한다.
* 공학자들은 현재 자기가 맡고 있는 일에 피해를 끼치면서 외부의 일을 해서는 안 된다. 그는 외부에 고용되기 전에 고용주에게 먼저 알려야 한다.
* 공학자들은 다른 공학자를 의도적으로 잘못된 길로 유도해서는 안 된다.
* 공학자들은 전문가의 존엄과 성실에 반하는 자신이익을 추구해서는 안 된다.

b. 공학자들은 언제나 공중의 이익에 충실히 봉사해야 한다.

c. 공학자들은 공중을 속이는 어떠한 지도나 실천을 해서는 안 된다.

d. 공학자들은 기업과 관련된 혹은 현재나 과거의 고객이나 고용주 혹은 봉사하는 공중과 관련된 사적 정보를 공개해서는 안 된다.

e. 공학자들은 자신과 관련된 상충하는 이익들 때문에 그들의 전문

적인 의무가 영향을 받아서는 안 된다.

f. 공학자들은 취직을 하거나 승진 혹은 보다 전문적인 자리를 얻기 위해 부적절하거나 의심스러운 방법을 획책하거나 다른 공학자들을 부정직하게 비판해서는 안 된다.

g. 공학자들은 악의나 거짓으로, 직접적이나 간접적으로 혹은 전문적인 평가나 전망 등을 통해서 다른 공학자들에게 상처를 주려고 시도해서는 안 된다.

h. 공학자들은 나태로 인해 그들의 서비스에 차질이 있었다면, 그로 말미암아 발생하는 일에 대해서는 개인적인 책임을 인정해야 한다.

i. 공학자들은 공학업무에서 소유권을 인정해야 하며 공학자들은 디자인이나 발명, 저작물, 혹은 다른 전취물에 대해서 개인적으로 그 책임과 이름을 밝혀야 한다.[13)]

이상은 '미국 전문공학자 협회' (National Society of Professional Engineers)의 공학윤리헌장에 자세하게 나타나 있다. 우리는 여기에서 공학자가 실제의 공학 현장에서 지켜야할 중요한 구체적 행동 규범들이 자세히 열거되어 있음을 알 수 있다. 이러한 규범들이 공학 현장에서 잘 지켜진다면 인류 사회는 훨씬 안전하고 신뢰할 수 있는 사회를 만들 수 있을 것이다. 지난날의 큰 사건 · 사고들은 결국 위에 열거한 규범을 지나쳐버린 인재로 발생된 것임을 부인 할 수 없다.

13) http://www.nspe.org/ethics/eh 1-code.asp NSPE. (*National Society of Professional Engineers*)

3. 공학윤리 실천규범과 보편화 가능성

공학자에게는 공학 현장에서 요구되는 여러 가지 실천규범을 잘 숙지하는 일과 이러한 내용을 마음에 두고 실천하리라는 다짐이 필요하다. 공학자에게는 현장감을 익히도록 하기 위해 현장 실습의 기회가 있으므로 그때의 사건 · 사고 방지나 당면하게 될 사태에 대응하기 위해서라도 위의 사항을 충분히 익혀 두는 것이 필요하다. 공학윤리의 실천규범의 과제는 다섯 가지로 집약된다.[14]

첫째, 안전과 위험이다. 공학자에게 가장 중요한 의무중의 하나가 바로 안전을 지키는 일이라고 지적한다. 공학자에게 사회적으로 요구되는 가장 큰 의무도 결국은 안전이라는 것이다. 설계가 해당 법에 저촉되지 말아야 하고, 공학적 관행의 안전 기준에 적합해야 한다는 지적이다.

〈그림 3〉 안전교육현장

둘째, 안전을 위한 설계이다. 그들은 안전한 설계를 위해서는 문제를 정확히 인식해야 하며, 다양한 대안들을 고려하고, 해결책을 분석하고, 그 해결책들을 검증해야 하며 가장 좋은 해결책을 선택해야 한다고 지적한다. 또한 공학적인 사고(事故)의 유형을 ① 절차사고 ② 공학적 기술사고 ③ 시스템 사고로 구분하고 이러한 사고들을 줄이는 방안이 바로 안전한 설계이다.

셋째, 전문직의 책임문제로서 공학자는 전문직에 종사하는 직업인으로

---

14) 이대식 외, 『공학윤리』 서울; 인터비젼, 2003, pp. 26-32.

서 관련된 정보를 유출해서는 안 된다는 점을 강조한다. 오늘날 우리나라에도 매스컴에 자주 오르내리는 나쁜 뉴스 중에는 고급 기술들이 해외로 유출되고 있다는 소식이 보고되고 있다. 해외로 정보가 유출되는 경우는 물론 국내적으로도 자기가 종사하던 전문분야 정보를 함부로 유출하는 일이 있어서는 안 된다.

해외의 기술유출방지 정책 사례

구분	주요정책내용
미국	o Exon-Florio Provision(종합무역업 5201조): - 대통령이 "국가안보"에 위협이 된다고 판단하는 경우 **외국기업과의 합병 등 금지 · 중지 · 원상회복 등 기능** o 수출관리규정(Export Administration - Regulations) : - 대테러, 생화학무기, 범죄통제, 국가안보, 공급부족 품목, 중요 품목, 컴퓨터 등 **12개 분야 기술 수출통제** o 경제스파이 처벌법(1996) : - 외국정부나 단체 등에 이익을 주기 위한 **경제스파이 행위 형사처벌**
일본	o 기술유출방지지침 및 지식재산취득관리지침 제정('03.2) - 기업의 해외진출 등에 따른 **의도하지 않은 기술유출방지 대책** 마련 * 캐논, 샤프 등 회사는 기술유출을 우려해 해외공장 본토이전, 부품 등의 아웃소싱 금지 등 추진
중국	o 대외무역 및 **기술수출입관리조례**(2002.1) - 국내 특정산업의 육성 또는 육성의 가속화를 위한 경우 **해당 기술의 수출금지 또는 제한을 허용** - 기술을 ①**수출자유기술** ②**수출제한기술** ③**수출금지기술로 구분**하고 대상품목을 수시로 변경하면서 엄격히 관리
독일	o 대외경제법 : **방산업체 해외매각시 핵심기술 유출 제한** - 연방경제노동부 허가 필요 o **연방 헌법보호청이 자국내 외국스파이 활동 감시 등 산업기밀 보호**

넷째, 전문직의 권리문제이다. 그들은 공학인은 책임 못지않게 권리도 갖는다고 지적한다. 공학인은 일반적인 권리로서 전문직 직업에 대한 양심권리가 있다. 전문직 직업의 판단을 내릴 권리를 지니고 있다.

다섯째, 고발문제이다. 공학인은 시민의 건강과 안전을 도모할 의무가 있다. 그러나 고용주나 고객의 이익과 상충하는 비윤리적이고 비합법적인 문제에 부딪치게 되면 갈등할 수밖에 없다. 그러나 이때에 공학인은 조직 내에서 일어나는 잘못된 행동들을 시정하도록 노력해야 하며 그것이 힘들 때에는 잘못된 행동들을 폭로하고 고발할 수 있다. 현실적으로 쉽지 않은 문제지만 공공안전을 위한다는 대전제에서 용기가 필요하다.

이처럼 공학윤리 실천규범은 공학현장에서 구체적 상황을 확인하고 그 상황에서 공학자가 지켜져야 하는 의무와 권리, 국제적 상황에서의 국제규범 등을 망라하고 있다. 이를 실천규범으로 터득하기 위해서는 학교현장에서 공학윤리를 훌륭하게 수강하고, 공학현장에서는 잘 습득된 공학윤리의 사례를 귀감삼아 서로 대화하고 협력하여 개신의 공학자가 되어야 한다.

그런데 국내의 공학인증 프로그램이 요구하고 있는 학습목표에서 공학윤리가 주로 담당하는 것은 "직업책임과 윤리책임에 대한 인식" 이며, 이에 근거해서 공학인증을 시행하는 국내대학에서는 '과학과 공학윤리', '공학윤리', '사이버 윤리', '과학과 철학', '공학 경제', '기술과 사회', '정보와 사회', '공업 경영', '산업안전', '직업과 윤리', '창의성 공학', '환경과학' 등의 다양한 과목들에서 공학윤리 교육을 담당하고자 개설되어 있다.[15)]

공학인증 위원회(ABET)에서 공학윤리를 교과목으로서 설립한 주요 이유는 크게 세 가지로 집약된다. 첫째, 교육목적으로서 공학인의 직업 실천에서 발생하는 어려운 문제에 속하는 윤리적 딜레마(ethical dilemma)의 해결을 위한 근본 대책을 공부함으로써 공학자들이 관련되는 비윤리적 문제를 미리 예방하고, 공학인들 스스로의 삶을 보람되게 하자는 것이다.

둘째, 공학자의 직업실천의 윤리문제를 연구함으로써 넓고 깊게 교육목적에 기여하고자 함이다. 셋째, 공학자가 지켜야할 여러 윤리강령을 정하여 기술유출 방지 등을 예방하고 있다.

---

15) 이소이 외, 『공학교육연구』, vol. 8, 「공과대학의 공학윤리 교육과정 운영 실태 조사」, 2005

IT기술의 발달과 함께 증가해온 해외기술유출은 기업은 물론 국가에 큰 피해를 끼친다. 글로벌시대에 다른 국가에 비해 경쟁력 있는 기술을 개발하고 보유하는 것이 국가 생존에 바로 이어진다고도 할 수 있을 정도이다. 그러나 이러한 기술을 개발하고 보유하는 데에는 상당한 투자가 뒤따르므로 경쟁 국가들이 상대방의 기술을 무단으로 도입하려는 노력들을 하고 있다. 따라서 이러한 핵심적 기술이 해외로 새나가는 것을 방지하는 것도 기술을 개발하는 것 못지않게 중요하다고 할 수 있다. 이러한 기술유출을 막기 위해 국내와 해외에서는 기업과 정부가 상당한 노력을 경주하고 있다.

미국의 경우 연방수사국(FBI)를 중심으로 1994년부터 미국 내 산업스파이 추적 및 그 목표기업에 경고를 하는 전담부서를 운영하고 해외지부를 20개에서 44개로 확대 운영하는 등 점차 감시 규모를 확대. 증원하고 있다. 또한 CIA등 정부부처 합동으로 2001년 5월에 설립된 국가방첩센터도 국내 산업스파이의 활동을 조사하고 FBI 및 정부의 보안업무활동을 지원하고 있다. 그리고 1996년 10월에는 산업기밀 유출시 15년의 실형 또는 50만 불의 벌금형에 처할 수 있게끔 산업기밀사범에 대한 처벌을 강화하는 '경제 스파이 처벌법' 을 제정하기도 했다.

기업들 역시 자체적으로 기술유출을 막기 위해 보안활동을 하는 데 이러한 행위결정에 있어 신뢰기제를 마련하는 것이 중요하다.

올바른 행동을 선택하려면 합리적 이성에 근거한 행위의 ***'보편화 가능성'*** 에 대한 기제가 요청된다. 따라서 공학윤리 실천규범의 보편화 가능성(Universalizability)은 공학윤리에서 정해진 실천규범이 사회규범의 요건으로서 '보편화될 수 있는 가능성' 을 의미하는 데 세 가지 기준을 설정한다.

(1) 논리의 보편화 가능성 : 공학윤리가 행위에 대한 평가적이며 규정적인 모든 판단으로서의 논리, 즉 "이 행동이 옳다.", "이러한 공학환경에서는 이런 행동을 해야 한다."는 논리를 판단에 적용될 수 있음이다.

(2) 규칙의 보편적용 가능성 : 공학윤리 규칙은 그 규칙으로 제한을 받는

공학자와, 그 규칙이 공학자에게 요구하고 허용되거나 금지되는 행동으로 제한하는 범위를 뜻한다.

(3) **규칙의 보편수용 가능성** : 공학윤리 규칙을 준수하겠다는 공약이 행위규범 원리로서, 공학자의 행위 편에서 이루어질 때 보편적으로 수용 가능하다는 의미이다. 공학윤리 규범이 그 적용범위안의 행위를 하는 모든 사람에게 어떻게 의무를 부과하는 가를 이해하려면 공학규범의 보편적 수용가능성의 분석이 요청된다.

공학윤리는 합리적 추론에 근거하며 이성역할을 중시한다. 물론 이성에 호소해서만 해결되지 않을 경우에는 감성, 직관 등의 능력을 발휘할 수 있다. 공학윤리는 욕구와 이해관계들 간의 조화로운 만족에 관심을 갖는다. 이성에 근거하여 공학윤리에서 발견되는 규범들은 잠정적이다. 그것은 발전과정에 있으며 불완전하고, 경우에 따라서는 만족하는 규칙들로 바꾸어져야 한다. 규칙에 근거하여 이루어진 공학윤리 교육의 주요목적은 공과대학 학생들에게 전문직업인으로서 사회적으로 책임 있는 공학자가 되는데 필요한 지식과 지적인 이해들을 제공하는 것이다. 이에는 기술 발달과 사회적 복지 사이의 복잡한 관계들을 깨닫는 것, 공학자들의 전문가적 책임들과 그러한 책임들을 실천하기 위한 규범들을 이해하는 것, 전문가의 책임에 관해서 성숙한 결정을 할 수 있는 능력과 그러한 책임들이 제기될 때 윤리적 딜레마들을 다루는 능력을 배양하는 것 등이 포함된다.

미국의 '미국전문공학자협회' (NSPE; National Society of Professional Engineers)의 전문에서는 공학윤리의 필요성 및 그 목적과 관련해서 다음과 같이 명시한다. '공학은 중요한 학문적 소양을 갖춘 전문직이다. 이 전문직의 구성원으로서 공학자들은 최고의 정 직함과 성실함의 표준들을 보여주리라 기대된다. 공학은 모든 사람들의 삶의 질에 직접적이고도 매우 중요한 영향을 미친다. 그러므로 공학자들에 의해서 제공되는 서비스는 정직함과 공평함, 공정함, 그리고 공명정대함을 요구하며, 공공의 건강,

안전, 그리고 복지의 보호에 헌신해야 한다. 공학자들은 윤리적 행위에 관한 최고의 원리들에 부합해야하는 전문직업인의 행동 규준에 따라 일을 수행해야 한다.(NSPE Code of Ethics of Engineers; Preamble)[16]

공학윤리 교육은 공학규범을 주입하는 것이 아니라 사려 깊은 반성능력과 문제해결 능력을 키워 미래의 공학자들로 하여금 '도덕적 자율성'(moral autonomy)을 함양하는데 그 최종적인 목표를 둔다. 이러한 '도덕적 자율성' 의 문제와 관련하여 공학자도 기술자이기 이전에 인간으로서 자기중심적이면서 이기적인 측면을 고려하지 않을 수 없다. 도덕적 자율성의 저해요인으로 '심리적 이기주의' 를 들 수 있다. 공학자들이 행동하는 심리적 전제에 '자신의 이익' 이 있기 때문에 이를 고려하여 윤리적 이기주의를 살펴보고자 한다.

(1) **심리적 이기주의** : 일반적으로 심리적 이기주의는 사람들의 인품에 대한 이론이라고 말할 수 있지만, 이에 대한 이해방식은 여러 가지이다. '사람들은 근본적으로 이기적이다' 라는 말을 이해하는 것은 보통 자기 자신은 좁고 단기이익을 위해 행동한다는 의미이다.[17] 다른 견해는 사람들이 자기 자신의 이익을 위해 행위를 하는 반면에 자기이익은 좀 더 광범위하고 장기적 차원에서 이해되어야 한다는 점이다. 심리적 이기주의에서 고려사항이 있다.

① 자신의 최대이익을 위해 행동하는가? ② 자신의 최대이익을 위해 동기유발이 되는가?

① 의 경우 사람들이 항상 자기에게 최선인 것만을 행하지 않는다는 점에서 거부된다. 그들은 과식하고 잘못된 삶을 살고, 최고의 이익이 되도록 요구되는 판단을 위한 충분한 지식을 가지고 있지 못하다. 이는 아마도

---

16) http://www.nspe.org/Ehtics/CodeoEthics/index.html

17) 이 입장은 인간의 동기 유발에 관한 사실적 설명에서 인간의 모든 행동은 이기적 동기에 의해서 유발된다는 이론이다. 인간은 비이기적일 수가 없고, 모든 인간은 본래 자기 자신의 이익만을 추구하도록 되어 있다. 이타적 행동을 기대하는 것은 비이성적이다.

'의지의 나약함' 때문일 것이다. 심리적 이기주의는 인간들이 자기 자신의 최고이익을 위해 행동한다고 말한다. ② 의 경우 심리적 이기주의는 진실인가를 살펴볼 필요가 있다. 인간의 동기를 아는 것은 쉽지 않다. 이를테면 테레사 수녀가 행위결과의 만족을 위하여 행동하는 것으로 가정하는 것은 옳지 않다. 테레사가 다른 사람들을 돕는데서 만족을 얻는다는 것은, 만족감을 얻기 위하여 행동하는 것과 같지 않다. 심리적 이기주의가 보여주는 것은 자신의 이기적 행위에서 얻어지는 만족감이 결국 자신의 일의 목표가 충족될 때 느끼는 만족감의 성취이다.

(2) **윤리적 이기주의** : 윤리적 이기주의는 규범이론으로 우리가 마땅히 행해야 할 것, 어떻게 행위 하여야 하는지에 대한 이론이다.[18] 이러한 윤리적 이기주의는 인식론적 개인주의를 말하며, 전체적으로는 이타주의, 부분적으로 공리주의와 대립된다. 키레네학파, 에피쿠로스학파, 홉스 등에서 그 두드러진 경향을 찾아볼 수 있으며, 의무론의 형태를 취할 수 있다. 이기주의를 지원하는 근거는 타자의식 없이 자기 이익만을 추구하도록 되어있다고 보기 때문이다.

그러나 이타적 경향을 완전히 부정하는 것은 일종의 독단이다. 현실 모순에 빠지면 보편적 격률(格率:규칙 · 원리)이 되지 않는다. 윤리적 이기주의에 의하면, 자신의 이익을 고려하되, 자신의 이익에 기여하는 범위 내에서 타인과 공공에 대하여 관심을 두고 있음이다. 윤리적 이기주의에 따르면, 자기 자신의 이익을 추구하되 공공가치를 함께 고려하게 됨이다.

이에 따라 공학자는 자신의 최대 이익을 추구하는 과정에서 공공가치를 실현하고 타인을 도우며, 더욱 배려해야 함을 알 수 있다. 스스로에 대하여 존경심을 유지할 수 있는 이러한 행위로 말미암아 자존감을 상실하지

18) 윤리적 이기주의는 규범이론이다. 즉, 인간은 어떻게 행동해야 만하는 가에 관한 이론이다. 우리가 실제로 어떻게 행동하는가에 관계없이 윤리적 이기주의는 우리자신에게 좋은 최선의 행동을 하는 것 외에는 어떠한 다른 어떤 도덕의무도 우리에게 존재하지 않는다고 말한다.

않게 된다. 자기 자신을 돌볼 수 없는 사람은 다른 사람 또한 돌보기 어렵고 공공이익에 대한 관심도 결여되어 있다. 그러므로 공학윤리에서 공학자의 존재의미는 자기이익의 추구와 함께 공공가치를 추구하기 때문이며 공학윤리에서는 공학기술 개발과 함께 중시되는 도덕적 자율성 함양을 위하여 이에 상응하는 개신인격의 단련과 형성에 비중을 두게 된다.

4. 개신인격과 공학자

공학윤리에서 추구하는 인격은 공학기술에 책임지면서 기술의 새로움을 열어가는 개신(開新) 인격자이다. 이는 곧 공공철학 정신에 기초하여 철학적으로 대화하고 협력하여 스스로를 늘 새롭게 변화시킬 수 있는 개신의 공학자를 말한다. 공공철학의 정신은 시민에게 필요한 시민의 철학정신이다. 시민의 입장에서 생활세계의 자립과 질적 향상을 지향한다고 하는 기본방향을 전제로 하여, 제도세계를 보다 시민친화로 개선해나가기 위한 지식과 덕성을 개인적으로 그리고 집단적으로 육성하는 것이다. 공공철학은 국가 및 시장과 시민사회 간의 상호대화와 공동협조와 미래개척을 위한 철학이다. 공공철학은 정치중심의 "공" 철학과 경제중심의 "사" 철학을 상호 매개하는 시민사회 중심의 '사이' 와 '함께' 의 철학이다.

공학윤리에서 요청되는 공공철학 정신은 시민중심의 공사공매(公私共媒)의 철학으로, 공학 기술자도 각자의 업무를 떠난 차원에서는 예외 없이 누구나 시민이라는 위치에 놓여 있다. 따라서 공학 기술자들은 시민으로서의 공공철학과 연관성이 있는 공학인격을 갖추게 된다. 공학인격에서 인격에 해당하는 ***페르소나***(persona) 어원은 에트루리아말에서 '얼굴(phersu)' 이라한다. 고대 로마에서 '페르소나' 는 연극용어로서 가면을 뜻했다. 무대에서 가면을 쓰는 배우에게는 가면 뒤에서 가면의 의미를 이해할 수 있는 개인적 인격이 있어야 하며, 인격체로서의 배우는 대본을 준비한 작가와 무대에서 자기와 함께 공연하는 다른 배우에게 응답할 의지가 있어야 한다. 이는 곧 개체로서의 인격이 타자의 인격에 응답할 책임이 있다는 것을 말한다. 공학현장에서는 공학인격 주체로서 응답하고 타자에 반응하는 개신인격이 중시된다.

'책임' 에 해당하는 단어는 서양 고대와 중세에는 찾아볼 수 없다. 단순히 그 명사형뿐만이 아니라 형용사 어형조차 중세 라틴어에서 볼 수 없다. 14세기에 나타난 'responsabilis' 의 라틴어 형용사는 프랑스어 'responsable'에서 역수입한 결과이며, 본래 음악용어에서 출발해 윤리적으로 '보증' 과 관계되어 쓰였다. 1787년, 처음으로 프랑스에서 *'responsabilité*라는 명사가 만들어지고, 그 직후 영어로도 'responsibility' 가 쓰였다. 그 의미는 존 스튜어트 밀의 용례에 비춰보아도 'accountability' (설명 또는 변명의 가능성)와 같다. 다른 인격에 대응하는 자기책임이라는 개념이 덕목으로 자각된 것은 19세기 후반을 지나서, 계약사회의 관념이 정착하고 새로운 관계의 도덕이 정착되고 나서부터이다. 20세기 초엽의 사전에도 'responsabilité' 가 수록되어 있지 않고 20세기 후반에 이르러서야 그 중요성이 인정되었다. 이처럼 윤리담론의 전개를 통해, 서양에서는 행위주체인 인격에 착안하여 인격 개념이 확립된 후 약 2,000년 정도가 지나, 연역되는 덕(德)으로서 책임이 도출되었다.

덕은 '윤리적 · 도덕적 선을 실현하는 항상적 능력' 이다. 희랍의 스토아학파는 이성적 · 자연적 생활을 덕이라 하고, 에피쿠로스학파는 참다운 쾌락이 무엇인가를 통찰하는 능력을 덕이라고 하였다. 나딩스(Noddings Nel)가 지적하듯이 덕 윤리의 부활과 인격 교육의 부활은 어느 정도 관련성을 지니고 있다. 인격이라는 개념이 덕의 획득이라는 의미를 내포하고 있으며, 덕 이론에서의 역할 시범(role-modeling)이라는 개념이 행동에 대한 강조를 반영한다.

오늘날 회자되는 'Respondeo ergo sum' (책임 있게 응답한다. 그래서 내가 있다.)라는 명제에서 우리는 책임과 실존을 자각적으로 동일시하는 실존주의의 덕을 떠올리게 된다. 그런데 책임은 인간의 행위가 그 행위주체로 돌아가는 것을 말하며, 세 가지를 전제한다. 첫째 행위 주체, 다음으로 행위의 귀속을 판정하는 제2의 주체, 셋째로 귀속의 기준이 되는 보편적인 의무규범으로 이루어지는 간주체적(間主體的), 또는 사회적인 장(場)에 있어서의 자유로운 인격의 의식적 행위이다. 첫째 주체와 둘째 주체는 반드시 딴 사람이어야 할 필요는 없고, 또 제3의 보편적 규범도 자신 속에서 채택한 주체를 생각할 수가 있으니 '양심' 이다. 또 제3의 보편적 규범이 개개의 주체를 넘어서는 초월적 주체로서 외화(外化)되고, 양심의 상관자로서 '신' '하늘' 등으로 명명하여 이를 수용하는 자세가 중요하다.

희랍의 「정치가」의 서두에서 시오도러스는 소크라테스에게 소피스트에 대한 정의가 내려졌으니, "당신은 그들이 정치가와 철학자에 대해서 정의를 내리게 되면 세 배의 빚을 지게 될 것입니다"라고 말문을 연다. 하지만, 소크라테스가 그 빚이 어떻게 단순히 세 배가 될 수 있는지 반문한다. 소크라테스의 이 말은 정치가, 철인에 대한 논의의 비중은 때 소피스트에 대한 논의의 비중보다 훨씬 높을 것이며, 그 두 논의의 비중도 같지 않다는 것을 암시한다.

지식을 통한 개신 가능성이 있는 인간유형으로는 소피스트, 정치가, 철인이다. 이 유형은 ***인간 가능성(human possibility)***의 각각 다른 발현형태라 할 수 있다. 가장 낮은 수준에서 인간 가능성이 발현되고 있는 존재가 소피스트라면, 가장 높은 수준에서 인간 가능성이 발현되고 있는 존재가 철학자이며, 이 두 수준 사이에서 인간 가능성이 발현되고 있는 존재가 정치가이다. 철인은 최고로 인간 가능성이 발현되고 있고, '신과 같은' (god-like) 존재이다.

플라톤에 의하면 인간 가능성이 발현하는 정도는 어떤 지식의 기술을 지녔는가에 따라 결정된다. 소피스트는 자신의 주장을 진실처럼 보이게 하는 모방의 기술을 가지고 있으며, 정치가는 사람들을 돌보는 측정의 기술을 갖고 있으며, 철인은 스스로 진리를 탐구해 나갈 수 있는 변증법의 기술과 남으로 하여금 진리를 깨닫게 하는 산파술의 기술을 함께 지니고 있다. 산파술은 대화를 통하여 철학자가 타인에게 지식을 잉태하고 낳는 법을 가르쳐준다. 산파술은 지식을 생성하는 것이 아니라 영혼의 기억을 상기시키는 것을 목적으로 한다.

이와 달리 변증법은 대상을 나누거나 결합으로 형상을 추구하는 내면적 대화의 방법이다. 이 세 가지 기술은 제각기 '지식의 사다리' 의 높고 낮은 부분을 구성한다. 지식의 사다리의 높은 부분에 위치한 철학은 궤변과 정치가 무엇인지에 대해 규정할 수 있지만, 그 사다리의 낮은 부분에 위치한 궤변이나 정치는 철학이 무엇인가를 규정할 수 없다. 전체에 대한 지식이며, 전체를 측정하는 척도인 철학이 없으면 합리정치는 불가능해지는 것이다.

「정치가」에서 엘리아에서 온 철학자는 소피스트에 대한 정의를 찾을 때와 같이 변증법으로 정치가의 정의를 추구한다. 이 과정에서 정치가가 인간 돌봄의 기술이 있음을 밝혀내게 된다. 정치가의 인간 돌봄 기술은 신이 인간을 돌보는 기술, 목동이 가축을 돌보는 기술과 다르다.

크로노스의 시대와 제우스 시대에 관한 신화를 소개하면서, 정치는 신이 일방적으로 인간을 지배하고, 목동이 가축을 일방적으로 지배하는 것과는 다르게, 인간의 한 유형인 지배자가 피지배자의 자발적인 동의를 얻어 인간을 돌보는 기술임을 밝혀주고 있다.

엘리아에서 온 철인은 정치를 '돌봄의 기술' 로 정의한다는 것은 완전하지 못한 것 같다고 하면서, '직물을 짜는 기술' (the art of weaving) 의 사례를 통해서 정치가들이 정의에 도달할 수 있다고 한다. 엘리아에서 온 철학자는, 직물을 짜는 기술은 씨줄과 날줄의 강함과 부드러움, 길고 짧음을 측정한 후, 그 두 줄을 잘 결합시켜 하나의 피륙을 생산하는 측정 기술이듯이, 정치기술도 인간영혼에 존재하는 부드러움과 강건함을 측정하고, 그것을 조화시켜서 절제 있는 인간을 만드는 측정 기술이라고 정의를 하고 있다. 정치는 강한 품성과 약한 품성을 지닌 인간들을 척도에 맞게 혼합하여 조화시키는 통치행위로서 나타나며, 인간영혼에 내재하고 있는 강약에 대해 적절한 척도(measure)를 형성하는 교육으로서도 나타난다.

플라톤은 「정치가」에서 정치가가 어떻게 측정의 기술을 습득하게 되는 가는 함구한다. 플라톤의 「국가」에서 철인 왕을 만들기 위한 상세한 교육 프로그램을 다루어 사용하였다. 플라톤은 정치가와 철인을 서로 다른 인간유형으로 분명히 파악하고 있다. 그 둘이 차이를 알기 위해서는 정치가와 철학자가 과연 '무엇에 대한' 척도를 지녔는가를 심도 있게 살펴보아야 할 것이다. 정치가는 인간영혼의 강함과 약함에 대한 척도를 알고 있는데 비하여, 철인은 이성으로써 측정 가능한 것과 측정 불가능한 것을 판단할 수 있는 척도를 지니고 있다는 점에서 그 근본적인 차이가 존재한다. '인간의 영혼이 이성, 기개, 욕망으로 나뉘어져 있다'는 플라톤의 의견을 따르면, 정치가의 척도는 기개에 관한 것이고, 철인의 척도는 이성에 관한 것으로 나타난다. 영혼의 한 부분으로 기개는 이성에 보다 가깝고 협력적인 것으로 나타난다.

철학사유에서는 물질적, 정신적, 도덕적, 나아가 정치적 삶의 모습과 가능성, 인간의 삶을 규정하고 제한하는 여러 조건을 파악하기 위하여 우주에 대한 사고를 추리하기 시작한다. 우주를 파악하기 위해 세 방법이 시도된다. 첫 번째는 감각과 경험을 통해 전체인식을 정립하는 방법이고, 두 번째는 이성을 활용하여 전체를 추론하는 방법이며, 세 번째는 신의 계시로서 전체를 믿는 방법이다. 감각, 경험에 근거한 인식방법은 진리를 산출하지 못하기에 소크라테스, 플라톤과 같은 고대 합리주의자나 데카르트와 같은 근대 합리주의자들에게 배척받았다.

플라톤은 '감각으로 느끼는 것이 아는 것'이라는 프로타고라스의 명제를 『테아테투스』(Theaetetus)에서 논파하였다. 그 첫 번째 방법이 전체를 제대로 파악할 수 있는 확고한 방법이다. 나머지 두 방법, 즉 이성을 통한 인식방법과 계시를 통한 인식방법이 대립적이고 경쟁적으로 형이상학의 축을 형성해 왔다. 크리톤은 사형선고를 받은 소크라테스를 살리기 위해 탈옥을 제의한다. 크리톤은 소크라테스가 자신의 제의를 받아들이지 않고 죽음을 맞이하게 된다면, 그를 파멸시키려는 부정한 자들의 음모대로 그 일이 이루어지는 것으로 설득하였다. 소크라테스는 대화법과 이성추론으로 크리톤의 의견에 반증하는 결론에 이른다.

소크라테스는 합리적 추론결과, 가장 좋은 것으로 여기는 원칙 이외는 어떠한 것도 따르지 않겠음을 밝히면서, 사후평가에 얽매이지 말 것을 당부한다, 소크라테스는 부당한 일을 당했다고 해서 앙갚음으로 부정한 짓을 해서는 안 된다는 것을 자신이 처한 상황으로 역설한다.

그는 한 나라에서 일단 내려진 판결이 무효화되고 무력하게 작용한다면 국가는 존속될 수 없게 될 것이라 말하면서 탈옥을 하게 되는 것은 악을 악으로 갚게 되는 부정한 짓이 되며, 자신이 국가와 합의한 것을 이행하지 못하는 부당한 짓으로 결론을 내린다. 결국 크리톤은 소크라테스가 합리적 지식에 이르는 이성추론에 따른 정당화 의견에 대해서 일체 반박을 하지 못하기에, 소크라테스의 탈옥을 포기하게 된다. 이는 곧 공학자도 합리적 추론으로 서로 대화하고 협력하여 개신행동으로 실천하는 개신의 인격자가 되어야 함을 역설한 셈이다.

이와 함께 스스로를 변화시킨 개신의 인격자의 사례로 신라의 정중무상선사를 들 수 있다. 정중무상선사는 신라왕자로서 728년, 사문으로 중국에 들어갔다. 그는 정중종(淨衆宗)의 수장이며, 홍주종(洪州宗)의 조사, 마

19) 白蓮禪書刊行會編, 『馬祖錄 · 百丈錄』(藏經閣, 1993), pp.17-21. 행록에서 마조도일(709-788)은 어린 나이에 資州 唐和尙(정중 무상선사)에게 머리를 깎은 것이라고 명시함으로써, 무상선사가 마조도일의 은사임이 명백해 밝혀졌다. 心印을 회양스님으로부터 비밀리에 전수받았지만 無相心地 法印은 법요와 일치한다.

조도일(馬祖道一)을 배출한 선종의 스승이다.[19] 무상은 '익주 김화상' 이라는 이름으로 티베트에 알려진 최초선승이며, 티베트에 선을 본격적으로 소개하고 공인받은 신화인물로 알려져 있다.[20]

육조혜능이 측천무후에 주어 간직하던 달마조사 가사를 처적이 입내하여 측천무후로부터 직접 하사받았다는 신의설(信衣說)은 당시 당나라에 널리 유포되었다. 달마이래로 한사람의 제자를 적통으로 안으로 법을 전하고, 밖으로 가사를 전했다. 육조 혜능 법이 안으로는 남악회양에게 전해졌고, 밖으로 측천무후가 달마가사를 혜능으로 부터 받아 내도량에 간직하다가 지선-처적-무상에게로 전해졌음을 의미한다.[21]. 돈황본『역대법보기』와 무상오경기(『無相五更轉』) 발견으로 연구가 되었다.[22] 오조홍인으로 부터 지선-처적-무상선사에 이르는 법맥은 티베트불교 요람에 공헌하였고, 한국 선종에도 많은 영향을 미쳤다.[23]『송고승전』에는 무상선사의 현장에서 전문가 정신으로 투철한 그의 고행모습을 이렇게 묘사하고 있다.

> "넝마 같은 옷, 머리는 자라서 헝클어져 있었다. 무상의 이상한 모습을 본 사냥꾼이 이상한 짐승임을 알고 활을 쏘려고 했으나 다시 보고 중지했다. 뒷날 城 市에 들어와 낮에는 묘지에서, 밤에는 나무 밑에서 좌선을 거듭했다. 무상은 두타(頭陀)의 진정한 실천자였다."[24]

이처럼 무소유와 무집착, 인욕을 체득하기 위한 무상의 두타행은 정중선의 면모를 보여준다. 무상은 독자적 인성염불(引聲念佛) 실천과 삼구법요를 설했다. 무상의 인성염불은 한목소리로 호흡과 함께 천천히 길게 내

---

20) 金知見(外) 編, 『新羅佛教研究』(東京, 1973), pp.3-36.

21) 『宋高僧傳』 권 19, 唐成都淨衆寺無相傳, 大正50, 832中.
'釋無相 本新羅人也…寂公與號曰 無相 中夜授與摩納衣'

22) 佛教映像會報社編, 『淨衆無相禪師』(佛教映像會報社, 1993), p. 21.

23) 佛教映像會報社編, 『人物中國禪宗史』(佛教映像會報社, 1993), pp.168-169.

24) 『宋高僧傳』, 唐西域亡名僧 T.50-830. 中.

쉬면서 내는 소리와 더불어 일념으로 수행하는 실천행이다. 이는 일체잡념을 소리가 끊어졌을 때 없애는 삼구법요와 연관된다.『역대법보기』에서는 무상의 삼구를 달마조사가 전한 교설이라고 주장하면서 그 요체를 다음과 같이 설명한다.

"과거의 한 망념도 일어나지 아니하는 것이 맑은 '계문(戒門)' 이고, 미래의 망념이 일어나지 않는 것이 밝은 '정문(定門' 이며, 현재의 망념이 일어나지 않는 것아 바로 훈훈한 '혜문(慧門)' 이다. 이와 같이 망념이 사라지면 그 자리에 복덕과 정혜를 구족하게 된다. 과거, 미래, 현재의 항하 같은 많은 제불도 모두 이 문에서 깨달은 것이니 다른 문이 있을 수가 없다."[25)]

이와 같이 무상의 무념은 당시의 신회(神會)가 주장한 무념점수의 선을 뛰어넘고 보리달마의 돈오정법을 계승한 선법이다. 이는 돈황본『육조단경』에서 주장한 바와 같이, 진여의 당체인 무념을 바로 깨치는 자는 항상 공적묘용(空寂妙用)을 갖출 수 있다는 '돈오문의 뜻이다. 다시 말하면 계정혜 삼학을 무념의 입장에서 바라보고 진여의 본체로 들어가기 때문에 무상의 무념에는 삼학이 구족되어 있다고 할 것이다. 이에 따른 무념은 여래의 여실지견(如實之見)과 같이 광대하고 심원한 생사해탈의 지혜라고 주장한다.[26)]

여기서 우리는 무상의 총지(總持)는 여래의 청정선을 계승하고 있고, 계 · 정 · 혜 삼학에 각각 '무억 · 무념 · 막망' (無憶 · 無念 · 莫妄)의 삼구를 배치시켜, 복덕구족, 생사해탈, 광도중생의 맑고 밝으며 훈훈한 마음의 이치를 반야지혜로서 제시하고 있다. 규봉 종밀은『원각경대소초』권3에서 이와 같이 기록하고 있다. "삼구는 무억, 무념, 막망이다. 이는 마음에 지난 일 남겨두지 말고, 미래영고도 염려하지 말며, 항상 평상심을 유지하며

25) 앞의 책, T.51-185.中

26)『神會和尙遺集』p.229. '知識, 要須三學等, 始名佛敎.何者是三學等. 戒正慧是. 妄心不起名爲戒, 無妄心名爲定, 知心無妄名爲慧,是名三學等.'

지혜와 상응하여 정확하게 행동함이라고 한다. 바깥 경계를 기억하지 않고 내심으로 불안해하지 않으며 자연스럽게 훈훈한 현재의 기운에 감응하는 것을 말하는 데, 이러한 삼학을 삼구에 배치시키고 있다. 이처럼 종지를 새롭게 개신하는 방편을 구사하지만, 본래의 뜻에 귀결되도록 하는 초지일관 하는 것이 바로 삼구이다."[27)]

이처럼 무상의 대중교화가 폭넓게 실행된 사실은 돈황본이 『무상오경전』에서도 분명하게 드러나고 있다. 하룻밤을 다섯으로 구분한 '오경전'에서 각 경마다 한 수를 배치하여 번뇌와 무명에서 벗어나서 개신의 참다운 깨침에 이르는 삶의 과정을 오경으로 비유하고 있다.

> "모든 망상으로 일어난 여러 인연을 어디다 쓰겠느뇨. 다만 올바른 관으로서 망념을 잊으면 생각 생각에 진여가 나타나리니. 정각의 묘한 이치를 맹세코 찾아가리니 넓고 또한 깊어서 거주가 없는 여여한 평등심을 증득하세. 지난날의 모든 티끌 이제 모두 끊고 삼세 윤회의 원인을 없애고 가르침에 의지하여 피안으로 가세. 정혜를 함께 닦아 집착을 벗고 색공의 둥근 정체를 바로 보니 맑고 맑아 계월이 맑은 하늘을 비추도다. 불일(佛日)의 광명에 묘한 경계가 드러나고, 사선(四禪)의 공적(空寂) 모두 비추나니, 일념에 상응해 여래를 뵙게 되도다."[28)]

이처럼『무상오경전』을 통하여 드러난 무상의 지혜의 개신사상은 일반

---

27) 宗密『圓覺經大疏抄』권3 下(Z.14-28.C)
'言三句者. 無憶無念莫忘也. 意令勿追憶. 已過之境. 勿預念慮. 未來榮枯等事. 常與此智相應. 不昏不錯. 名莫忘也. 惑不憶外境. 不念內心. 修然無寄 莫忘如上 戒定慧者. 次配三句也. 唯開宗演說方便多瑞. 而宗旨所歸在此三句.'

28) W.Pachow, 燉煌韻文集(高雄,1965), pp.50-51.
一更, 淺　衆妄諸緣何所遺 但依正觀具忘念 念念眞如方可顯
二更, 深　菩提妙理誓探尋 曠薇淸虛無去來 證得如如平等心
三更, 半　宿昔塵勞從此斷 先除過去未來因 伏喻成規超彼岸
四更, 遷　定慧雙行出蓋纏 了見色空圓淨體 證如戒月瑩晴天
五更, 催　佛日凝然妙境界 過透四禪空寂處 相應一念見如來

도속의 리듬에 맞추어 노래로서도 쉽게 회자되었다는 것을 확인할 수 있다. 이처럼 무상이 개신인격 수양으로 끼친 여러 가지 영향에 대한 자료는 이상은의『唐梓州慧義精舍南禪院四證堂碑銘』(欽定全唐文 권780)에 잘 나타나 있다. 여기서 말하는 '사증당'은 익주 정중무상대사, 보당 무주대사, 홍주 도일대사, 서당 지장대사의 진영을 벽에 그려놓은 사당을 말한다. 이 한가운데 무상선사를 상단에 모신 것을 보더라도 그 분의 위상을 능히 가늠할 수 있다. 무상의 인격을 공학윤리 관점에서 살펴볼 때, 지난날의 회한은 마음에서 털어버려 맑게, 미래의 걱정이나 염려를 하지 않아 밝게, 그리고 전문직의 자부심으로 훈훈하게 깨어있도록 함이다. 이처럼 정직하고 성실한 자세를 갖추어 공학자 스스로 자신을 ***'맑고, 밝게 그리고 훈훈하게'*** 개신(開新: 開放的 革新, Opening Innovation)함에 개신 공학자 인격의 요체가 있다고 할 것이다.

참고문헌

권혁길 외 5인 공저,『공학 윤리』서울; 인간사랑, 2007.

김정식,「공학기술 윤리학」 서울: 도서출판 인터비전, 2004.

김진국 · 정보주 공저,『공학인을 위한 윤리』, 서울: 미래컴, 2007.

배원병 외 3인 공저,『공학윤리』, 서울; 북스힐, 2006.

한양대 안산공대,『미래를 경영하는 공학인』서울: 한양대학교 출판부, 2005.

이대식 외 2인 공저,『공학윤리』, 서울: 인터비젼, 2003

Charles E. Harris, Jr.Michael S.Pritchard, Michael J. Rabins Engineering Ethics, Concepts and Cases, Belmont; Thomson Wadsworth. 2005.

Herkert, J. R., Social, Ethical and Policy Implications of Engineering, New York: IEEE Press, 2000.

제2장

공학윤리의 추론

〈Story-Telling : 마법의 당근〉

싸움닭 기질의 여자가 있었는데, 그녀 이름은 칼라하(벵골어로 "싸움")였다. 칼라하는 사소한 구실로 다른 사람들과의 말싸움을 하고, 다른 사람들이 선한 행위를 하는 것도 참지 못하였다. 마침내 죄의 짐이 엄청 무거워졌을 때 그녀를 지탱하던 삶의 다리들이 무너졌고, 죽음의 천사인 야마가 그녀를 육체적 천국에서 추방하였다.

그 다음 그녀의 유체는 어둠의 나선형 계단을 따라 내려가기 시작하였는데, 아래로, 아래로 삼도내 어둠이 지배하는 가장 깊은 지역으로 내려가서 드디어 그녀는 증기가 뿜어 나오는 지옥의 바닥에 털썩하고 내려앉았다. 공포에 질려 있던 그녀는 죽음의 천사가 죄인들이 고통과 절망 속에서 사는 곳인 음울한 땅에 그녀를 남겨두려고 하는 것을 보고는 자비를 베풀어 달라며 울부짖었다.

사악한 여자의 폐부를 찌르는 애처로운 울부짖음은 여하튼 야마의 마음을 움직여서 그가 그녀에게 돌아서게 하였다. 그는 그녀에게 물었다. "당신이 지상에 체류하던 동안에 선한 행위를 하나라도 한 것이 있는지 기억할 수 없겠소? 당신이 스스로 저지른 잘못들 때문에 내려앉은 이 무시무시한 장소에서 당신을 석방할만한 명목이 하나라도 있어야 하지 않겠소?"

그녀는 생각에 잠기며 머리를 긁적거렸다. 한참동안 마음속으로 생각하던 그녀가 외쳤다. "아 예. 존경하는 야마님. 제가 친절한 행위를 하나 한 것이 생각납니다. 언젠가 제가 당근 한 다발을 갖고 있었는데 모두 먹어치우려고 했었지요. 그런데 한 당근에 벌레 한 마리가 들어있지 않겠어요. 그래서 저는 하자가 있는 그 당근을 다른 사람에게 주면서 벌레 먹지 않은 부분만을 먹고 나머지는 버리면서 벌레는 죽이지 말라고 하였지요."

"그거면 충분하오."라고 야마가 대답하였다. 그가 손으로 주문을 외는 동작을 취하려고 하자 그 당근이 칼라하에게로 공중에 떠서 날아왔다. 그러자 야마가 계속해서 말하였다. “사악한 여자여, 이 당근을 움켜쥐고서 매달리시오. 움켜쥔 힘을 풀지 않고 있으면 당신은 천국에 도달할 것이오.”

칼라하는 그 당근을 붙잡고서 지옥의 바닥에서 떠오르기 시작하였다. 이것을 본 다른 죄인이 그녀의 다리를 붙잡았고, 두 번째 죄인이 첫 번째 죄인의 다리를 붙잡았고, 세 번째 죄인이 두 번째 죄인의 다리에 매달렸다. 이런 식으로 계속되어서 사슬처럼 연결된 백 명의 죄인들이 사악한 여자의 발에 매달리게 되었다. 야마 명령에 따라 당근은 사악한 칼라하와 사슬처럼 연결된 백 명의 죄인들을 끌고서 천국을 향하여 하늘로 치솟는 로켓처럼 오르기 시작하였다.

여자는 자신이 사후의 심판의 손아귀에서 그토록 쉽게 벗어나는 것을 보고는 너무나 기뻤다. 바로 그 때 그녀는 자신의 발을 뭔가가 잡아당기는 것을 느꼈다. 아래를 내려다본 그녀는 그 모든 다른 죄인들이 자신과 함께 천국을 향하여 날아오르는 모습을 보았다.

다른 사람들이 야마의 은총을 받는다는 것은 미처 생각할 수 없었던 그녀는 소리 질렀다. “이 자격미달의 죄인들아, 내 발을 놓아라! 어찌 감히 너희들이 나의 마법의 당근의 도움으로 천국으로 날아오르려 하느냐?”

다른 죄인들이 그녀의 발을 잡고 있던 손을 놓자마자 당근은 그녀의 손에서 빠져나갔다. 그녀는 공중에서 곤두박질쳐서 지옥의 바닥으로 다시 한 번 떨어졌다. 그녀의 사악한 동료들은 칼라하 같은 파렴치한 악행 자마저 신뢰하였기 때문에 신비스럽게도 첫 번째 남자의 손 근처에 와있던 당근을 잡았고, 그리하여 사슬처럼 연결된 그들은 모두 위로 오르고 또 올라서 천국의 불멸의 문에 도달하였다.

Point Up : 여기서의 교훈은 조그마한 선행조차 안심할 수 없는 죄의 심연을 건너는 구원의 뗏목이 될 수 있다는 것이다. 그러나 이기심의 술을 들이켜고 비열함의 배에서 무모하게 춤을 추는 사람은 무지의 바다에 가라앉는다. 다른 사람들의 안녕을 외면하고 목격하고 싶어 하지 않는 이기적인 행복은 불행을 당하게 되어 있다. 다른 사람들이 행복해 하는 꼴을 여러분이 차마 볼 수 없어한다면, 우주법칙은 여러분이 다른 사람들로부터 불행을 당하도록 확실히 준비할지도 모르다.

매우 현실적으로 보이는 모든 지상의 친구들은 언젠가 비현실적인 것이 될 것이고, 사라져 버릴 것이다. 그리고 감촉으로 만나기 어렵게 보이는 신이 현생에서 진정으로 영속하는 여러분의 유일한 친구로 판명날 것이다. 신을 아는 것은 가치 있는 일이다. 신을 제외한 모든 것을 밤낮으로 추구하는 사람들은 그들의 모든 인생의 노고가 헛된 것이었다는 것을 알게 될 것이다.

* * *

공학 윤리 문제에 대한 해답은 '한' 과 같이 하나가 존재할 수도 있고, 여러 해결책이 존재할 수 있거나 아니면 여러 해결책 사이의 중도묘책이 바람직할 수가 있다. 개신오거리의 교통 지체 문제를 해결할 경우, 지하도를 건설할 수도 있고, 개신오거리 위에 교량을 건설할 수도 있다. 교량을 건설하기로 결정하였다고 하더라도, 어떤 공법을 사용하며 교량의 크기는 어느 정도로 할 것이며, 어떤 용도에 초점을 둔 교량을 건설할 것인가에 따라 대안이 제시될 수 있다. 유능한 공학자라면 대안 가운데서 여론을 수렴하고 횡단매개 하는 중도 해결책을 강구할 것이다. 이 과정에서 고려해야 하는 요소들과 공학 윤리 문제 해결 방법과 절차, 그리고 공학 윤리 문제를 해결하는 구체적 기법을 사례를 통해 고찰할 수 있다.

제2장 공학윤리의 추론

공학윤리의 추론은 이성에 근거하여 상황을 충분히 이해하면서 창조적 중도의 지혜로운 판단을 통하여 공학자가 살아가야 하는 삶의 진실한 길에 대한 추론이 가능함을 보여주고 있다. 추론은 이성과 직관의 종합으로 이루어지며 전문 기술자로서의 참된 의견을 집약하여 그 상황에 맞는 판단을 내릴 수 있어야 될 것이다. 우리들에게 평상심을 제대로 관리하여 공학현장에서 이에 상응하는 이성과 직관추론을 제시하고 있다.

공학윤리의 과정에서 공학자는 자신의 공학지식을 활용하여 공학과제를 해결함에 있어 공학과 윤리의 횡단매개의 방안으로 윤리적 판단을 적용한다. 공학윤리의 문제는 공학자가 특정재화나 서비스를 설계 · 시공 · 생산하는 과정과, 소비자가 그 재화나 서비스를 사용하는 과정 및 사용 결과에서 발생하리라고 예상되는 윤리문제를 포괄하게 된다. 공학자는 공학적 실천 상황에서 발생될 수 있는 이러한 문제들을 사전에 예상하고 그 문제에 대한 해결 방안을 횡단 매개적으로 강구하게 된다.

탐구문제

1. 이기주의와 이타주의의 갈등에서 공학윤리가 합의의 도덕성에 이르는 방법은 무엇인가?
2. 공학자가 합의의 의사결정을 하면서 윤리적 측면을 검토할 때 고려할 사항은 무엇인가?
3. 공학윤리 문제 상황을 명료화하기 위한 세 단계는 어떻게 이루어지고 있는가?
4. 공학윤리 문제해결에서 결과주의 해법과 선긋기 기법의 해법은 어떻게 차이가 나는가?
5. 규칙주의 해법에서 나타나기 쉬운 의무와 권리의 충돌은 어떤 절차로 조정이 가능한가?

1. 공학윤리의 도덕성 추론

공학윤리의 도덕성을 옹호하기 위해서는 도덕성이 합리성에 기초를 두고 있다는 것을 논증할 필요가 있다.[1] 이기주의와 비도덕성이 합리적으로 허용되기에 단순히 인간의 도덕성이 합리적으로 허용된다는 것을 보여주는 데 그쳐서는 아니 됨을 말한다. 오히려 도덕성이 합리적으로 필요하지만 합리적으로 허용되는 범위에 이기주의와 부도덕성을 제외시킴을 의미한다. 공학 기술자가 합리적으로 이를 처리했더라도 이기주의와 부도덕성을 근간으로 하였다면 공학윤리의 도덕성 범주에 들어가지 못하게 된다. 그런데 불행하게도 도덕성 추론에서 합리성이 허용된다는 점을 대부분의 공학윤리 학자들은 외면했다고 할 것이다.[2]

그들은 공학윤리의 도덕성이 단순히 필요하다는 것을 나타내는 것에 만족하였으며 도덕성이 합리적으로 옹호된다는 사실을 포기한 셈이다. 공학윤리에서도 이기주의 행동과 이타주의 행동 사이의 횡단매개와 갈등조정을 어떻게 합리적으로 할 수 있느냐 문제와 연관된다. 우리는 공학윤리에서 기술자가 이기주의를 극복하기 위하여 '도덕 이성(moral reasons)' 을 어떻게 다루어야 되는지를 고찰해볼 필요가 있다. 이기주의가 합리적인 선택을 위해 도덕 이성을 거부하는 것에 의존하지 않고, 오히려 이타주의가 자기만족의 도덕 이성을 거부하는 것에 달려 있음을 이해할 수 있다. 여기서 순수한 이타주의 원리는 '우리 각각은 모두 타자의 이익을 위해 행동해야 한다.' 고 전제할 때, 합리적 선택을 통하여 이기주의보다 우선적인 이타주의원리를 우선시함으로써 더 이상 이기주의를 주장하지 않을 수도 있다는 것이다. 반야에 토대를 둔 자리이타의 보살 정신이 여기에 속한다.

---

1) James Sterba, "From Rationality to Morality", *Ethics: The Big Question*, Blackwell Publisher, 1992, pp.105-115 참조.

2) 이기주의가 어떻게 사람이 행동해야 하는지 규범을 제공하는 도덕적인 견해라면, 그것은 인간이 다른 사람을 위한 자기이익 희생을 감수하지 않기 때문에 도덕적 관점으로 타당성이 없다.

결과적으로 이기주의, 이타주의에 대한 의문을 제기하기 보다도 합리적인 결정을 위해 자기만족의 이성과 도덕적 이성을 함께 고려할 필요가 있다는 것이다. 현실적으로는 도덕 이성보다 자기만족의 이성을 선호한다는 점에서 이에 대한 반론이 제기될 수 있다. 우리 자신과 다른 사람을 관찰해 보면 우리는 종종 자기만족적 이유가 도덕적 이유보다 훨씬 동기부여가 잘 되어 감을 볼 수 있다. 실제적으로 이타주의 사람들보다 자기중심의 사람들이 더 많지 않은가? 동기부여에서 바라볼 때, 자기중심적 사고와 이타주의 사고는 합리적 선택의 측면에서 결코 동등하게 자명한 의무로 자리매김할 수가 없는 것은 명백하다고 할 것이다.

그러나 정말로 이 두 가지가 동기부여 면에서 차이가 나며 다른 것인가? 인간은 정말로 도덕적으로 이타주의 행동보다 자기 자신만을 위한 행동에서 더 큰 만족을 느끼게 되는가? 만약 우리가 여성의 행동변화에 초점을 맞춘다면 여성은 특히 가족을 돌보는 측면에서 이기주의보다 이타주의 요소가 더 많다는 것을 발견할 수 있다. 물론 우리가 가부장 사회의 남성에 초점을 맞춘다면, 이타주의보다 이기주의 요소를 보다 많이 발견하게 될 것이다. 그러나 남성과 여성에게 존재하는 이러한 차이점은 사회화 과정의 유형에서 비롯된 것으로 우리의 본성과는 관련이 없다.[3] 어떤 경우에도 우리 인간은 이기적 행동과 이타적 행동 모두를 할 수 있으며 공학윤리에서도 어떤 것이 우선적인 것이 되어야 하는 문제는 신중을 요구한다.[4]

인도 캘커타의 테레사 수녀처럼 순수한 이타주의 행위와 플라톤의 공화국에 나오는 트라시마코스처럼 완전한 이기주의 행위 사이에는 선택적인 기로가 있다. 분명히 두 가지 상황사이를 매개하는 우리의 능력은 우리의 행위 출발점과 습관의 힘, 우리가 살고 있는 사회상황에서 여러 가지 영향

3) Victor Seidler, *Rediscovering Masculinity* (New York: Routledge, 1989) 참조

4) 자기 이익을 먼저 구할 것인가의 문제와 타인의 이익을 앞서 생각할 것인가의 문제는 사회 맥락에 따라 차이를 보이며 이들 문제에 대한 보다 확실한 지식과 신뢰도를 추구할 가능성은 항상 열려 있는 것이다.

을 받게 된다. 그러나 결과적으로 이러한 개인적 변이에서 우리 모두의 공통적인 행동 모습을 추출하는 것이 가능하다고 볼 것이다. 우리는 이기주의와 이타주의가 합리적인 선택에서 관련이 있다는 것을 알고 있으며, 어떤 이성이 공학현장에서 더욱 우세한가에 대한 의문을 제기할 수 있다. 결론적으로 우리는 개인 차이와 사회화의 결과를 어떤 특정 개인이나 집단에 적합하도록 고려할 수 있음이다. 우리가 고려해야 할 것은 이기주의와 이타주의가 모두 합리적 선택을 위해 관련성이 있다는 점이다.

이러한 측면에서 우리는 두 가지 경우를 고려하게 된다. 첫째, ***이기주의 이성과 도덕적 이성간의 갈등***이다. 둘째, 두 가지의 ***갈등이 없는 경우***이다. 개발도상국가에서 유아용 이유식을 만드는 사업을 수락하였는데, 그 이유식이 유아사망을 초래할 수 있을 만큼 잘못 취급된 경우를 가정해보자. 같은 조건으로 선진국에서 같은 제안을 받았는데, 거기에서 이유식이 잘못 취급되는 일이 없다면, 이기적 이성이 하나를 선택하는데 영향을 끼쳤다고 보기 어려울 것이다. 동시에 첫 번째 제안을 거절하게 하는 도덕이성은 기본적으로 수용되는 이성이라 할 수 있다. 덧붙여 말하면. 도덕이성만이 이기주의 이성을 누르지는 못한다. 이기주의 이성이 잠잠해지면 도덕이성이 승리하게 된다. 결국 이성의 무게는 도덕이성 쪽으로 기울어진다.

그러나 이것은 다른 이성이 특히 도덕이성들과 반대될 경우, 즉 자신의 도덕이성이 아니라 다른 이성을 필요로 할 경우 반론이 제기된다. 그러한 이성들은 인간의 고통과 죽음에 대한 '호의적' 이성일 수도 있고, 인간복지를 희생시켜 비(非)인간 복지를 향상시키려는 '악의적' 인 이성일 수도 있다. 또는 다른 어떤 것으로 달리 인식되지 않는 미학 가치를 지닌 '미학적' 이성일 수도 있다. 그러나 악의적 이성이 궁극적으로 자기 자신이나 다른 사람을 위한 것에 기초하고 있는지 여부를 판명할 경우에는 다른 이성들이 모두 고려의 대상이 된다.

비인간적 복지를 향상시키는 '악의적' 인 이성을 고려하더라도, 이러한 이성들이 직접적으로 이기주의를 넘어서는 도덕성을 증명하는 것이 아니다.[5] 결국 미학 이성이 미학적인 것을 보존하고 향상시키는 것과 관련되고, 그 이성이 다른 어떤 것으로는 인식되지 않을 지라도, 이론적으로 모든 실제적 목적을 위해 그러한 미학가치는 인간과 관련된 미학경험 가치와 관련되는 경향이 큰 것이다. 따라서 다른 이성의 현존과 함께, 직업선택의 수락은 이 경우 관련된 여타의 다른 이성과는 상반된 모습으로 보인다.

이기주의 옹호자들은 결과적으로 당황할 수 밖 에 없다. 개인의 이익을 추구하는 두 가지 좋은 방법이 있을 때 둘 중 한 가지만 도덕성의 기본 요건과 상치되지 않는다. 또한 도덕성의 기본요건을 만족시키는 두 가지 좋은 방법이 있다고 가정할 경우라도, 둘 중의 하나만 인간의 자기 만족성과 상치되지 아니한다. 합리적으로 자기 불만을 해소하는 방법을 선택하는 것이 당연하다. 그럼에도 불구하고 도덕 이성과 자기만족 이성이 상치되지 않을 경우 이기주의의 이러한 약점을 노출하는 것은 도덕성 옹호론자에게 위안이 될 것이다. 만약 이러한 이성들이 상치될 경우, 도덕 이성은 자기만족의 이기주의 이성에게 우위를 점하기 때문이다.

이제 우리는 공학윤리 갈등 상황에서 관련 이성들을 합리적으로 평가할 때, 결국 자기만족의 이성과 도덕 이성 사이의 갈등이 아니라 자기만족 이성과 이타주의 이성 사이의 갈등이라는 것을 발견하게 된다. 이런 측면에서 볼 때, 세 가지 해법이 가능하다. 첫째 해법은 이기주의 이성이 항상 이타주의 이성보다 우위를 차지함이다. 둘째 해법은 이타주의 이성이 항상 이기주의 이성에 우위를 점유함이다. 셋째 해법은 이상 두 가지 경우에 대한 절충안으로 때로는 이기주의 이성이 이타주의 이성에 우선적이거나, 그 반대로 이타주의 이성이 이기주의 이성에 우선적일 수도 있다는 것을

5) 그 이성을 논쟁하는 측면에서 고려할 것이나, 그러한 이성들을 통합하는 방법은 단순히 자기중심적 이유와 이타주의 이유를 통합하는데 사용되는 것과 같은 것은 아니다. 어떻게 합리적인 선택으로 관련지어져 있는 이러한 이성들이 가능한지는 분명하지 않다. 그러나 만약 가능하다면, 그것들은 우리가 유동적으로 추구해야 하는 다른 종류의 것들과 관련되어야 할 것이다.

대강(about)의 '한' 으로 받아들이는 개신의 중도 해법이다.

일단 갈등이 이런 방법으로 기술된다면, 우리에게는 셋째 해법이 가장 합리적인 것으로 파악할 수 있다. 셋째 해법을 채택함으로써 다른 하나를 완전히 배제하는 문제점을 극복할 수 있게 된다. 이러한 문제제기가 정당화 가능성이 높은 이유는 배타적 우월성에 노출되지 않기 때문이다. 셋째 해법에 의하면, 경우에 따라 때로는 이기주의 이성, 때로는 이타주의 이성이 우위를 점한다는 상황윤리의 탄력성을 발휘함으로써 경직성을 회피할 수 있다.

이를테면, 쓰레기 매각 사업을 하고 있다고 할 때, 비록 미래 세대에게 해를 끼치지는 아니하지만 돈을 아끼기 위하여 독성 물질을 그대로 배출하기로 결정할 수 있다. 만약 조금 돈이 들어가지만 미래 세대에게 해를 끼치지는 않는 다른 대안이 있다고 하자. 이 경우, 미래 세대에게 위험한 독성 물질의 배출을 막는 이타주의 이성과, 돈을 아끼려는 이기주의 이성을 놓고 저울질하게 된다. 만약 금전손실보다 미래세대에 대한 손해가 엄청나게 클 경우, 이기주의 성과 이타주의 이성 사이에 횡단 매개하는 결정적 합의점이 나타나게 된다. 이 경우 이타주의 이성 쪽으로 기울어져 도덕 판단을 내리게 된다.

그런데 이러한 합리주의 잣대로서는 이기주의 이성과 이타주의 이성간의 합의점을 뒷받침해주지 못할 수도 있다는 점에 주목하여야 한다. 이 합의점은 임의로 결정 되어서는 아니 되며, 그렇지 않은 경우에 이기주의와 이타주의 견해에 반하는 것을 고려한다는 의문에 휩싸이게 된다. 그 합의점은 이기주의 이성과 이타주의 이성간의 순위를 매기게 한다. 그러나 각각 이러한 순위에 대한 인간의 도덕 판단이 서로 다르다는 문제점을 안게 된다.[6]

---

6) (-해야만 한다)"는 "(-할 수 있다)"와 바꾸어 쓸 수 있다. 만약 사람들이 행동하는데 있어 자기중심 이유와 도덕이성 사이에서 머뭇거리거나 따라야 할 여지가 없다면, 그것은 그들이 '어떻게 해야 한다, 하지

따라서 이성간의 어떤 결정적 합의점이 이기주의와 이타주의에 반하는 문제를 야기하지 않는다는 합의점이 각각의 카테고리에서 가장 높은 순위를 차지한다고 말할 수 있다. 가장 높은 순위의 이타주의 또는 이기주의 이성에 우위 점수를 매기지 않게 되는 것은 이러한 추론이 이성에 상반되는 결과를 도출하기 때문이다.[7)]

한 개인의 가장 높은 우선순위를 가진 이성에 반하는 행동 선택의 경우가 생길 수도 있다. 그 중의 하나가 "구명보트"의 예이다. 이러한 경우가 해결하기 어렵다고 하더라도, 이러한 사실이 우리가 현재 또는 과거에 추구했던 이기주의와 이타주의 이성간의 전형적인 갈등의 사례는 되지 못한다. 일반적으로 갈등 요소를 제공하는 사유들 간의 순위 매김이 분명한 해법이 될 것이다. 도덕성이 이기주의 이성과 이타주의 이성간의 결정적 합의점으로 도달한다는 것을 인식하는 것이 무엇보다도 중요하다.

첫째, 특정한 자존감이 도덕적으로 필요할 수도 있고, 그것이 최소한 도덕적으로 받아들여질 수 있다. 이 경우 높은 순위의 이기주의 이성은 낮은 순위의 이타주의 이성에 우세하게 나타난다. 둘째, 도덕성이 사람들에게 이기주의 사유를 추구하는 것에 대해 쐐기를 박아줄 수 있다. 이 경우, 높은 순위의 이타주의 이유가 낮은 순위의 이기주의 사고보다 우위를 점한다고 할 수 있다. 이런 방법으로, 도덕성은 이기주의 이성과 이타주의 이성간의 임의성을 배제한 타협점으로 결정이 나게 되는 것이다.

말아야 한다.'를 말함에 있어 아무런 의미가 없다. 도덕이성은 여기서 반드시 이타주의 이유를 포함하는 것이나 자기중심 사고를 배제하는 것을 뜻하지 않는다. 그래서 우리가 도덕이성보다 자기중심 사고를 따르는 것이 합리적인지 또는 아닌지에 대한 의문은 도덕이성의 영역을 포함하는 자기중심 이유와 이타주의 이유의 적절한 조합보다 완전히 자기중심 이유만을 따르는 것이 합리적인지에 대한 의문에서 출발하여 이해되어야 한다.

7) 무어는 그 누구도 경험하지 못한다고 가정하며, 아름다운 세상을 추한 세상보다 더 좋아해야만 하는지에 대한 실험을 생각했다. 무어의 아름다운 세상에 대한 선호는 인간선택에 의해 하나, 혹은 다른 방법에 의해 영향을 받을 수 없다는 가정에 근거한다. 덧붙여 말하면, 그것을 더욱 잘 보존하기 위해 우리 경험을 제한하는 많은 미학적인 것들이 있다면, 그러한 경우에도 그 가치가 미학경험들과 관련 있는 것으로, 미래존재를 위해서도 이루어질 수 있다는 주장이다.

공학윤리의 의사결정에서는 일반적으로 이기주의 견해와 이타주의 견해가 문제를 야기할 수 있는 여지가 있음에도 불구하고, 그 합의적 견해는 다른 견해들보다 우선적이며 바람직하게 작용한다. 그 반응으로, 이러한 합의적 견해가 이기주의 이유와 이타주의 이유를 비교할 때 똑같은 비중으로 문제가 되지는 않을 것이다. 왜냐하면 완전하게 문제를 야기하지 않는 관점은 모든 각도에서 논쟁을 허용할 수 있음을 전제로 하기 때문이다. 그 견해가 약간 낮은 순위의 문제 제기를 할 경우, 결국 마지못해 동의할 것이다. 그러나 이러한 높은 수준의 이타주의 이유가 갈등을 야기하는 낮은 수준의 이기주의 이유보다 우위를 점하게 된다는 도덕성 합의에 대한 이성추론의 가정은 이기주의 견해가 지배하면 결코 받아들일 수 없게 된다. 또한 그 반대의 상황 역시 그러하다. 상대적으로 이타주의 이성이 가정하는 상황은 다음과 같다.

1. 모든 높은 수준의 이타주의 이성은 갈등이 낮은 수준의 이기주의 이성보다 우세하다.
2. 모든 낮은 수준의 이타주의 이성은 갈등이 높은 수준의 이기주의 이성보다 우세하다.

대조적으로, 이기주의에서 가정하는 것은 다음과 같이 추론이 이루어진다.

a. 모든 높은 수준의 이기주의 이성은 갈등이 낮은 수준의 이타주의 이성보다 우세하다.
b. 모든 낮은 수준의 이기주의 이성은 갈등이 높은 수준의 이타주의 이성보다 우세하다.

합의적인 견해 도출로서 1과 a를 가정해 본다. 이러한 합의도출은 이성의 우월성을 가정한 것이다. 1은 이기주의 견해에서 받아들여질 수 없고,

그 역의 경우도 마찬가지다. a는 이타주의 견해에서 받아들여질 수 없다. 따라서 각각의 견해에 반하는 합의도출의 측면에서는 의문이 제기된다. 그럼에도 불구하고, 이기주의 이성이 우세를 가정하는 모든 상황에서는 1과 2는 이타주의 추론으로 받아들여질 수 없고, 이타주의 이성이 우세를 가정하는 모든 상황에서 a와 b는 이기주의 추론에서 받아들여질 수 없다. 이 각각의 견해는 합의적 견해가 두 견해에 의문을 제기하는 다른 문제보다 더욱 큰 비중을 차지하기 때문에 반론에 직면하게 된다. 물론, 전혀 의문을 제기하지 않는 대안을 갖는 것이 좋을 것이나, 이기주의 이성과 이타주의 이성의 우세를 구체화시킨다는 측면에서 다른 대안은 존재하지 않을 것이다. 결과적으로 의문이 제기될 수 없는 측면에서 주요 공통점을 공유하게 되는 이기주의와 이타주의의 견해를 동시에 고려하는 측면에서, 합의적 견해는 두 견해 사이 갈등의 임의성을 벗어나는 결정이 된다.

또한, 이러한 도덕성에 대한 옹호가 이기주의가 합리적으로 받아들여진다는 것을 반대하는 것일 뿐만 아니라, 이기주의와 도덕성이 합리적으로는 동일하다는 것에 대한 반론으로도 작용하는 점을 고려해야 한다. "약자의 견해" 에서 모든 인간이 이기주의가 되어야 한다는 것을 말하는 것은 아니다. 오히려 그것은 우리가 이기주의가 될 수 있는 이성을 가진 만큼 순수한 이타주의자가 될 수 있다는 것을 고려해야 할 것이다. 카이 닐슨(Kai Nielsen)은 이 견해를 다음과 같이 요약한다.

> ' 우리는 이성이 도덕적인 견해를 요구한다거나 모든 합리적인 인간들이 개인적 이기주의자라는 것을 지금까지 증명할 수 없었다. 이성은 여기에 대한 아무런 결정권도 없었다.' 8)

---

8) Kai Nielsen, "Why Should I be Moral? Revisited," *American Philosophical Quarterly*, vol.21,1984, p.90

그러나 도덕성에 대한 이러한 옹호론이 보여주듯이, 도덕성은 이기주의 이성과 이타주의 이성 사이의 갈등을 횡단 매개하는 ***'임의적이지 않은 결정'*** 이며, 이는 이기주의나 이타주의를 인정하는 만큼 도덕성을 인정하는 이유로 성립가능한 명제가 된다. 따라서 도덕성은 이기주의의 강한 우세를 배격하는 만큼 약한 우세에도 반대를 하게 된다. 만약 이기주의, 이타주의, 도덕성에 대한 논쟁에서 도덕성에 대한 옹호가 약해진다면, 우리는 쉽게 위의 견해 중 어떤 것을 합리적으로 다른 것들보다 우세하다는 견해를 포기해야 한다. 그런데 합리적으로는 그렇게 선택 할 수 없다. 우리가 이기주의 행동을 하는 사람들과 논쟁하든, 이타적으로 행동하는 사람들과 논쟁하든, 우리는 위의 세 방식 가운데 어떤 것이 합리적으로 정당화되는지를 찾으려고 노력한다. 이 문제를 합리적으로 해결하기 위해서는 우리는 위의 세 방식 중 어떤 것이 다른 것들보다 합리적 추론으로 옹호할 것인지를 결정해야 한다. 그래서 도덕성이 이기주의와 이타주의 그 어떤 것보다도 합리적 추론으로 보다 옹호할 만한 것이라는 결론을 내릴 수밖에 없다. 도덕성에 대한 이러한 접근 해법이 기존의 윤리 이론에서는 간과되었다. 도덕 이론가들이 도덕성과 이기주의 이성에서 갈등하는 것처럼, 이기주의를 전제로 기본적 갈등유발 분석에 치중하였던 것이다. 바이어(Kurt Baier)에 의하면 이와 같이 말한다.

> '도덕성의 존재 이유는 어떤 사람의 이기심에 근거한 자기중심 행동이 모든 사람에게 해로울 경우에 그 이기주의를 제압하는 도덕적 이성을 산출해 내는 데 있는 것이다.' 9)

이러한 측면에서 볼 때, 도덕이성이 자기중심 사고와 이타주의 이성 사이의 임의적이지 않은, 결정적 합의의 결과라는 것을 깨닫게 된다. 이와

9) Kurt Baier, *The Moral Point of View* (New York: Random House, 1965),p.150

같이 *'도덕성이 합의된 결과'* 임을 알지 못하기 때문에, 기존 해법에서는 개신의 중도해법에 근거하여 도덕성을 이런 식으로 논증할 수 없다는 사실을 깨닫지 못한다. 이런 도덕성의 옹호를 위해 우리는 인간이 이기주의와 순수한 이타주의 사이에서 자리를 차지한다고 가정할 수 있으며 공학기술자의 위상도 이와 같이 추론할 수 있다. 이 범위에 대한 역량은 도덕성 추론의 출발점과, 살아가는 우리의 습관, 그리고 사회 환경의 힘에 의존한다고 믿게 되는 것이다.

2. 공학윤리의 의사결정

우리는 공학윤리의 의사결정이 어떻게 이기주의 이성과 이타주의 이성 간의 합리적 선택과 관련이 있으며, 갈등이 생길 경우 어떻게 개개인의 개성 차이와 사회화의 결과가 의사결정에 영향을 미쳐서 특정 개인 또는 집단적 요구와 접목되는지를 살펴볼 필요가 있다. 이 두 가지 경우는 특별하게 관련성이 있다. 한 가지 경우는 어떤 측면에서 낮은 수준의 이기주의 이성과 갈등을 빚게 될 때, 높은 수준의 이타주의 이성에 따라 행동할 수 있는 능력이 태어날 때부터 결여되어 있는 사람의 경우이다. 또 다른 한 경우는 어떤 측면에서 낮은 수준의 이기주의 이성과 갈등이 빚어 질 때, 높은 수준의 이타주의 이성에 따라 행동할 수 있는 능력이 사회화의 결여로 말미암아 발휘되지 않는 사람들의 경우가 나타난다. 분명히, 이타주의 의지에 따라 행동하는 사람들은 필요로 한다면 이기주의 이성을 회피하려고 노력할 것이다.

이러한 능력이 결여된 사람들은 최소한 부분적이라도 이러한 결여에 대한 책임이 있으며, 결과적으로 비난받아서 마땅할 것이다. 그럼에도 불구하고, 대다수의 사람들은 선천적으로 또는 후천적으로 높은 수준의 이타주의 이성에 따라 행동하는 만큼 사회질서와 도덕요구를 결부 짓는 것이

가능하다고 말할 수 있다. 덧붙여 말하면, 우리가 남성, 여성을 가릴 필요 없이 대부분의 인간이 이러한 이타주의 능력을 가지고 있다는 것을 전제하게 된다.

이러한 도덕성의 옹호론을 ***"합의로서의 도덕성"***이라고 부를 수 있다. 우리는 이에 대한 두 가지의 구체적인 반론이 있음을 유의하게 된다. 이러한 반론은 레이만(Jeffrey Reiman)과 맥(Eric Mack)이 제기한 관점이다. 합의로서의 도덕성에 대한 논리에 대하여, 레이만은 우리의 논증에서 이타주의 이성이 합리적 선택을 위해 의심할 수 없는 명제로서 간주될 수 있는지 여부에 대해 의문을 품게 되었다. 그는 그것에 대해 의심할 수 없는 명제로 간주하기 위해서는 이타주의 이유를 거부하는 어떤 반대 입장도 제기될 수 없다는 것을 보여주는 것만으로는 충분하지 않다고 주장한다. 그 연관성을 다루기 이전, 그는 이미 이기주의 심성의 소유자가 의심할 바 없이 이타주의 이유를 선호하거나 그 역의 경우도 성립할 수 있다고 가정한다.[10)]

그러나 이미 입장을 밝힌 이성을 받아들이는 것이 명백함에도 불구하고, 과연 아직도 입장을 밝히지 않은 상황설정을 의심할 여지없이 합당한 일로 추론하는 것이 바람직한 것인가? 이미 수용한 이성에 대한 요구를 받아들이기 어려운 높은 수준의 적합성이 요구되는가? 이러한 상황은 우리 자신이 새로운 개신의 사고방식을 받아들이는 데 필요한 고려보다, 더욱 얄팍하게나마 낡은 사고방식을 고수하려고 꾀하려는 고집스러운 편견에 문제가 있다.

우리는 단순히 새로운 사고방식이 우리의 낡은 방식과 마찰을 일으킬지 모르기 때문에, 새로운 개신의 이성을 받아들이려고 준비하지 않는다. 분명히 더 나은 방책에 근거하여 같은 기준에 의해 새로운 개신이성과 낡은

10) 레이만은 다른 사람의 실재를 부인하는 것을 이해 하지만, 이는 이기주의를 필요로 하지 않고는 다른 사람들의 첫 대면실재를 깨닫는데 실패한다고 본다.

고집스러운 이성 두 가지를 동시에 평가할 수 있다. 만약 레이만의 관점을 밀고 나간다면 우리는 이기주의 이유와 이타주의 이유 둘 중 하나를 거부하기 위해, 의심함이 없이, 명백한 추론도 하지 않은 채 이기주의 이성과 이타주의 이성 모두를 타당한 명제로 받아들이는 모순을 결과적으로 범하는 셈이 된다.

그것은 우리 모두가 이기주의와 이타주의 사이의 어떤 스펙트럼 사이에 있으며, 한 쪽에서 다른 쪽으로 나아가기 위한 횡단 매개의 계기를 간과하고 있음이다. 우리가 슬기로운 방법으로 이 문제에 대처해야 할 때, 어느 쪽에 대해 관심을 가질지는 흥미로운 문제이다. 레이만이 이기주의 사고와 이타주의 이성 추론을 논증명제로 삼아 다루려는 것이 오히려 자연주의자들이나 초월주의자들에게 어울리는 관점이다. 많은 자연주의자들은 초월주의 관점을 거부하고자 의심할 바 없는 근거로서 추론하며, 초월주의자 관점에서는 자연주의자들의 관점을 거부하려고 의심할 수 없는 근거를 제시하려는 경향이 짙다. 따라서 이러한 예는 앞서 살펴 본, 이기주의와 이타주의가 현실적으로 공존하는 실제 스펙트럼의 경우에는 부합하지 않는다.

그러나 레이만은 자연주의자에게나 초월주의 자에게 똑같이 바람직한 이성이 있다고 가정하고, 자연주의 절반 · 초월주의 절반의 상황을 설정하여 합리적으로 요구할 수 있을 것으로 말한다. 이 경우, 더욱 바람직한 결론은 언젠가 이 문제를 해결한다는 희망을 가지고 관련된 사고방식을 주기적으로 재평가하는 동시에 자연주의자나 초월주의자의 삶을 현실적인 측면에서 유도해 가는 것이다. 이러한 잠정적 결론은 자연주의와 초월주의 서로의 견해에서 한 쪽을 선택하고 존중하기 위하여 두 견해 사이의 타당한 추론을 합의로서 도출해 낼 수가 없게 된다. 따라서 자연주의와 초월주의의 갈등이 이기주의와 이타주의의 갈등의 합의점을 찾는 과정보다 우세하는 언급은 설득력이 약하다고 할 것이다. 이는 높은 차원의 이기주의 이성이 낮은 차원의 이타주의 이성보다 우세하다는 것과 높은 차원의 이타주의 이성이 낮은 수준의 이기주의 이성보다 우세하다는 것과 현실적인 갈등의 문제로 봉착하게 된다.

이것은 절대 명제의 요구가 서로 다른 상황에서 서로 다른 결론으로 우세한지를 동시에 보여주려는 시도와 흡사하다. 자연주의와 초월주의 경우처럼, 절대명제의 요구의 두 견해 사이에서 어떤 것이 우세하며, 우세 이성이 어떤 대안을 선택하는지를 결정하는지를 알기 위해서는 주기적 상황으로 반복하여 검토할 필요가 있다. 만약 존재하는 대안을 묶을 수 있다면, 이기주의와 이타주의 경우처럼, 절대명제의 요구는 이러한 행동양식에 우세함을 나타낼 것이다. 이와 달리 에릭 맥은 합의로서의 도덕성에 대하여 또 다른 이의를 제기한다.[11] 그는 결정적인 모든 가능한 이기주의 이성과 이타주의 이성을 저울질하는 것이 과연 유세한 순위를 통하여 합의를 도출하는 결론까지 도달할 수 있는가를 의심하였다. 가난한 남자와 극도의 갈등을 겪고 있는 여자의 사례를 통하여, 이기주의 이유와 이타주의 추론의 사례로 들었다.

이타주의 이유

1. 가난한 남자를 죽이지 않는다.
2. 가난한 남자를 착취하지 않는다.
3. 가난한 남자에게 반드시 생계에 필요한 물품을 제공한다.

이기주의 이유

1. 자신의 몸만 생각한다.
2. 기본적 요구에 대한 그녀자신만의 소유를 생각한다.
3. 그녀자신의 소유물만 생각한다.
4. 자신의 물건들을 챙긴다.

11) Eric Mack, "Libertarianism Untamed," *Journal of Social Philosophy*, vol.22, 1991, pp.64-72.

이 순위에서 고찰해 볼 때, 맥은 부자 여자의 세 번째 이타주의 이성이 그녀의 네 번째 이기주의 이성보다 우세하여 추론적 승리를 거둘 것이라고 주장한다. 그러나 우리가 이타주의 이성을 두 가지의 다른 추론사항을 포함하여 생각해서 다시 정리해보면 이와 같다.

이타주의 이유

1. 가난한 남자를 죽이지 않는다.
2. 가난한 남자를 착취하지 않는다.
3. 가난한 남자에게 상처를 입히지 않는다.
4. 가난한 남자를 속이지 않는다.
5. 가난한 남자에게 반드시 생계에 필요한 물품을 제공한다.

위의 순위를 보면, 맥은 부자여자의 다섯 번째 이타주의 이유가 더 이상 네 번째 이기주의 이유보다 열세이기 때문에 도덕이성이 승리를 거두지 않는다고 주장한다. 이 순위를 매기는 추론자체가 임의적이라고 주장한다. 그 임의성은 이기주의 이성과 이타주의 이성의 순위들이 질적으로 같은 서열이 아니라는 점이다. 그의 이기주의 이성순위는 이타주의 이성순위가 좀 더 구체적으로 열거된 것에 비하면 매우 포괄적 성격을 지닌 것이라고 말할 수 있다. 맥이 이러한 목록을 작성한 것은 모든 사람이 거부하는 결과를 도출하기 위하여 당연한 것이다. 그러나 이것이 어떤 결정적 순위도 가능하다는 뜻 까지 함축하지는 아니한다.

이타주의 이유

1. 다른 사람의 기본적 욕구를 충족 한다
2. 다른 사람의 나머지 욕구를 충족 한다.

이기주의 이유

1. 자기 자신의 기본적 욕구를 충족 한다
2. 자기 자신의 나머지 욕구를 충족 한다

여기에 이러한 절대명제로서의 추론방식을 저울질함을 통해, 우리는 1순위 이기주의 사고가 2순위 이타주의 이유보다 우세하며 다른 것들은 동일하며, 1순위 이타주의 이유가 2순위 이기주의 이유보다 우세하고 다른 것들은 동일하다는 것을 결정할 경우, 여타의 반론 여지가 없게 된다. 물론, 어떤 특정요구가 기본적이고 기본적이지 않으냐 하는 것은 문제가 될 수 있다. 분명히, 어떤 요구는 이것도 저것도 아닐 수 있다. 그러나 명백하게도, 많은 요구들은 하나의 영역 또는 다른 영역에 속하는 것처럼 판명되며, 이미 ***합의로서의 도덕성***에서 제안했던 방식처럼 이기주의 이유와 이타주의 이유간의 갈등을 결정적으로 해결할 수 있다.

구체적 반론의 경우 레이만은 합의적 추론으로 이루어진 도덕성의 정당화가 이 방법으로는 성공하지 못하며, 결국 도덕성을 정당화하지 못한다고 주장한다. 거워드(Gewirth)의 정당화처럼 모순을 피하거나 단정적 의문제기를 피하게 되면, 부도덕한 것에 대한 공격이 논리적 공격보다 우선적이 될 수 있다. 레이만은 도덕성에 대한 정당화는 오로지 이기주의자나 부도덕한 사람들이 논리적인 말실수로 자책감을 보인 것에 불과하며, 그것만으로는 충분하지 않다는 지적이다. 레이만은 "예, 이성추론으로는 분명 모순되지만, 느낌에 따라 제가 한 짓입니다."라고 말하는 살인자를 상상해보라고 한다. 레이만은 도덕성의 우위를 요구하며, 그것은 다른 사람의 진실을 파악하는 것이고, 부도덕성은 이 사실을 거부하는 것이라고 하였다.

그러나 만약 레이만의 도덕성에 대한 견해가 옳다면, 이기주의자들과 부도덕 자들은 다른 사람의 진실을 거부함으로써 이기주의자가 될 수 있겠지만, 사실은 그렇지가 않다.[12] 도덕성의 정당화를 행동에 대한 이기주의 이유와 이타주의 이유간의 합의에 대한 문제제기를 하지 않음으로써 옹호할 수 있다는 레이만의 주장은, 나 자신을 위해 꼭 필요하지 않은 이익을 꾀하고자 다른 사람을 해치지 않겠다는 것과 관련된다. 그리고 그 해침은 이기주의자들이 요구하는 것이다. 따라서 도덕실패는 이성추론의 논리 축과 물질적 사실 축 사이에 자리 잡는다. 논리적 실수란 문제제기를 하거나 이성에 반하는 행동이다. 사실적 실수는 꼭 필요하지 않는 이익 때문에 상대에 해를 끼치는 것이다. 이 둘은 서로 맞물려 돌아가게 된다.

이제까지 도덕성에 대한 합의는 단순히 합리적으로 수용할 수 있을 뿐 아니라 합리적으로 요구할 수 있다는 것으로 요약된다. 공학윤리에서도도덕성 합의의 정신이 중요하다. 도덕성은 높은 수준의 이기주의와 낮은 수준의 이타주의 사이의 합의와, 높은 수준의 이타주의와 낮은 수준의 이기주의 사이의 개신의 ***합리적 추론***으로 해결되어 의사결정이 이루어지는 문제이다. 결국 이러한 논쟁은 더 이상 단서를 달지 않는다는 조건에서 이기주의와 이타주의 갈등을 합리적으로 해결할 경우, ***'합의로서의 도덕성'***에 관한 도덕이성의 추론을 통해 그 실마리를 찾을 수 있음을 말하며 공학윤리의 추론도 이러한 원칙을 근간으로 삼는다.

합의로서의 도덕성에 이르기 위하여 공학자는 재화나 서비스를 설계 · 시공 · 생산하는 과정에서 의사결정을 하게 된다. 공학자는 제품성능, 디자인, 가격, 생산방법 등의 정책결정에 참여하게 된다. 이 의사결정을 내리는 과정에서 공학자는 기술가능성, 제품의 상품성, 경제성, 안전성, 생산 효율성 등을 비롯한 여러 사항을 고려하면서 공공안전이나 복지의 문제이다.

공학자가 의사결정을 하면서 윤리적 측면을 검토할 때 고려할 사항이

---

12) J. Reiman, *Justice and Modern Philosophy*(New Haven, Yale University Press, 1990, pp.112-29.

있다.[13] 첫째로, 자신이 설계 · 시공 · 생산에 참여한 재화나 서비스의 생산과정과 사용 결과가 공공에게 어떤 영향을 끼칠 것인가를 고려함이다. 공학자가 자신이 생산한 재화나 서비스가 공공복지에 어떤 영향을 미칠 것인지를 검토하기는 쉽지 않다.

둘째로, 자신의 의사결정이 고용인이나 의뢰인에 대해 의무를 다하고 있는가라는 점이다. 공학자는 자신이 속한 조직의 영업거래 비밀을 준수하고 있는지, 연구 및 생산 기밀을 유지하고 있는지 혹은 다른 조직 구성원의 이해충돌을 적절하게 조절하고 있는지, 조직의 자원을 효율적으로 사용하고 있는지 혹은 고용인이나 의뢰인에게 공학적 전문 지식이나 정보를 충분히 제공하고 있는 지 등을 함께 검토해야 한다.

셋째로, 공학자는 다른 동료 공학자에 대한 의무를 다하고 있는지 생각해 보아야 한다. 예를 들어, 다른 공학자들과 정당하게 경쟁하고 있는지, 다른 동료 공학자에게 직업적으로 발전할 수 있는 동동 기회를 부여하지 있는지, 다른 동료 공학자에 대한 신의와 성실의 의무를 지키고 있는 지 등을 검토해야 한다.

넷째로, 공학자는 자신의 직업에 대한 의무를 생각해 보아야 한다. 공학자는 자신이 내리는 의사결정이 자신의 직업 전문지식에 따른 결정인지, 혹은 자신이 직업에 합당한 능력과 위신을 가지고 추진하는지 등을 검토해 보아야 한다.

---

13) 김 진 외 9인(2003),『공학 윤리』서울; 철학과 현실사. 북스힐. pp. 133-134.

3. 공학윤리의 상황이해

공학윤리의 상황이해는 사례화의 해법이 문제된다. 거웬(Gerwen)은 사례화의 장점은 실용적이며 복합적인 입장에서 설명하고 있다.[14] 먼저 사례화의 해법이 실용적인 이유는 사례의 해결법에 의해 선한 행위와 나쁜 행위에 대한 구체적인 사례들을 분석하고 평가함으로써 윤리문제들을 개신할 수 있으며, 행위자의 도덕성품을 함양하고, 윤리적 문제해법의 실제적인 학습에 매우 효과적일 수 있기 때문이다. 다음으로 복합적인 이유는 모든 사람들이 하나의 일반적이고 보편적인 윤리이론에 합의하는 것이 어려울 뿐만 아니라 특수상황의 문제가 다양하고 복합적 사례들에 대한 토론과 연구를 통해 합의에 이르기 때문이다.

공학문제 해법은 상황의 특수성에 대한 이해를 전제로 한다. 이에 따라 공학 윤리 문제 해법의 절차는 크게 두 단계로 나누어진다. 첫째 단계는 문제 상황을 분명하게 이해하는 단계이다. 이를테면, 사실쟁점, 개념쟁점, 도덕쟁점 등을 실용적으로 검토하는 단계이다[15]. 둘째 단계는 문제 상황에 대한 해법을 도출하는 단계로써 윤리이론이나 기법을 복합적으로 적용하여 해법을 모색하는 단계이다.

먼저 공학 윤리 문제 상황의 이해 단계는 공학실천 상황에서 발생한 윤리 문제를 명확하게 이해하거나 앞으로 발생할 문제 상황을 명확하게 설정하는 단계이다. 이 단계는 관련된 사실들을 명확하게 규정하는 사실쟁점 확인 단계, 문제 상황과 관련되는 개념이나 용어를 명확하게 정의하는 개념쟁점 확인 단계, 그리고 도덕적 불확실성이나 불일치점을 명확히 하는 도덕쟁점 확인 단계로 구성된다.

---

14) Gerwin J. V, "Three Methods in Applied Ethics", Chadwick, R. and Schroeder, D. *Appilied Ethics Critical Concepts in Philosophy*, vol I, Nature and Scope, Routledge, 2002, p.59.

15) 배원병외, 『공학 윤리』서울; 북스힐. 2006. pp. 39-45참조.

우선 사실쟁점 확인 단계는 문제 상황과 관련된 사실과 정보들을 검토하여 관련자들의 견해를 일치시키거나 사실적 불확실성을 최소화하려는 노력과 관련된다. 일상에서 특정한 사실들을 명백한 것으로 간주하고 이에 의거해 의사결정을 내리는 경우가 많다. 공학적 실천 상황에서는 사실에 대한 불확실성이나 불일치로 말미암아 문제가 발생하거나 의사결정을 내리지 못하는 경우가 많다.

천성산 일지
2001년 11월 지율스님, 천성산 관통 노선 재검토 민원 제기
2003년 2월 5일~3월 14일 지율, 노선 재검토 요구 1차 단식(38일)
2003년 10월 15일 지율, 울산지법에 도롱뇽소송 제기
2003년 11월 13일 철도시설공단, 천성산 터널구간 노반공사 착수
2004년 4월 8일 울산지법, 도롱뇽 소송(1심) 원고 패소 결정
2004년 10월 27일~ 2005년 2월 3일 지율, 4차 단식(100일)
2004년 11월 29일 부산고법, 도롱뇽 소송(2심) 원고패소 결정
2005년 2월 3일 지율스님-시설공단, 단식중단과 환경영향공동조사 합의
2006년 2월 28일 환경영향공동조사 결과 공개(일부 미합의)
2006년 6월 2일 대법원, 도롱뇽 소송 기각 결정

〈표 1〉 천성산 관련 논쟁

특정 공법의 안전성 문제에 대한 이견이나 핸드폰에서 발생하는 전자파의 유해성 문제 등과 같이 과학적으로 명확하게 규명하기 힘든 사실도 있어 윤리판단에 혼선을 가져오는 경우가 많다. 우리가 공학실천 과정에 발생하는 윤리문제를 해결하기 위한 첫 걸음은 문제 상황과 관련된 사실과 정보들을 최대한 수집하고 이에 대한 견해의 불일치나 사실 불확실성을 최소화하는 작업이 이루어져야 한다.

공학윤리에서 상황을 이해하기 위한 두 번째 단계는 개념쟁점 확인 단계로써, 관련된 핵심용어들에 대한 개념을 명확히 정의하는 것이다. 이 단계는 특정상황에서 사용되는 용어들이 관련사항에서도 동일의미를 갖고, 특정 상황맥락에 부합하도록 정의되는 것을 의미한다. 우리나라에서 천정산 터널공사와 도롱뇽사건을 놓고 분쟁을 벌여온 경우,

지율스님 요구는 자신의 절이 있는 천정산이 뚫릴 터널공사의 중지이다. 반면에는 터널을 포기함으로써 생기는 사회경제적 손실과 다른 루트의 환경파괴가 청계산의 환경보존만으로 보상된다는 개념이다.

스님의 요구사항이 일방적 국책사업의 제어에 있다면 정말 옳은 것을 위해 싸우고 있다고 할 수 있다. 그동안 많은 국책사업들이 충분한 사전환경성 경제성평가를 하지 않고 진행되어 온 사례들이 많았다 새만금사업도 그중의 하나이다. 그로 인한 불필요한 환경파괴경제력 낭비는 개념쟁점의 확인단계를 거쳐 진행여부를 논의할 사안이다.

공학윤리에서는 자주 사용되는 공공, 안전, 책임, 복지, 이해 충돌, 뇌물, 기업 비밀 등등의 용어들은 그 용어를 사용하는 사람에 따라서 그리고 상황에 따라서 다른 의미로 이해될 가능성이 많다. 예를 들어, 공공은 누구인가? 공공안전이나 복지라는 말이 의미하는 바는 무엇인가? 생산과정과 생산물에서 발생하는 책임범위는 어디까지인가? 특정상황에서 이해 충돌은 누구와 누구의 무엇이 충돌하는 것인가? 뇌물과 선물의 구분은 무엇인가? 많은 질문이 제기될 수 있으며 이러한 질문에 대한 답은 사람에 따라서 그리고 상황에 따라서 달리 규정되는 경우가 많다. 그러므로 공학자는 공학윤리 문제를 해결하기 위해서는 특정상황과 관련된 개념 규정이 선행되어야 한다.

셋째, 도덕적 쟁점들이 생기는 경우가 있다. 이 경우는 사실적 쟁점, 개념적 쟁점이 해결되지 않은 상태에서 주로 생긴다. 사실적 쟁점, 개념적 쟁점이 해결되지 않는 상황에서 윤리적 결정은 쉽게 이루어질 수가 없게 된다. 사실적, 개념적 쟁점이 완전히 해결되지 않는 경우도 많다. 또한 사실적, 개념적 두 쟁점들이 해결되더라도 문제가 분명해지지 않는 경우가 있는데, 이때에는 범례(paradigm)[16]가 분명하지 않은 경우이다. 이런 경

16) 여기서 범례는 어떤 행위방침에 관여되는 결정자들의 희망사항 즉, 소원, 목적, 목표, 이상 등을 의미한다. 이러한 사항들은 대체로 각 단체들의 윤리강령에 포함되어 있다.

우 이를 분명히 하지 않으면 문제 자체가 혼미에 빠지게 된다. 그리고 분명하지 않은 상태에서 어떤 결정을 내리는 것은 오히려 더 큰 문제를 야기한다.

다음으로 도덕적 문제 해결에 있어서 충돌문제에도 주목해야 한다. 다음의 상황이 일어 날 때 적용 원리들이 서로 충돌한다고 말한다. ① 준수하여야 할 원리들을 모두 지킬 수 없다. ② 한 원리를 따른다면 다른 원리를 위배하게 된다. 이럴 경우 어떠한 원리의 결정을 내려야 할의 문제가 발생하게 된다. 충돌문제를 해결하기 위해서 다음과 같은 선택을 취한다. 적용 원리들의 보편성, 혹은 결과의 공리성을 비교해서 최선, 차선, 절충 순으로 선택을 한다. 최선을 선택하고자 하지만 결과의 심각성 때문에 최선의 선택이 어려우면 차선을 선택하게 된다.

그런데 최선과 차선책이 모두 어렵게 된다면 개신의 중도해법이 가능하다. 이를테면 도덕규칙과 의무들이 적용되어야 할 상황이 있고 서로 다른 양립 불가능한 도덕 판단을 해야 할 경우 도덕적 충돌이 생기는 것이다. 이런 상황은 다른 분야에서도 마찬가지지만 공학윤리에서 자주 발생하게 된다.

이처럼 공학윤리 문제는 문제의 상황 속에서 도덕적 불확실성이나 불일치점이 항상 내재해 있다. 인간 배아 복제 연구의 허용 여부에 대한 논란의 경우에도 연구의 자유와 배아의 생명권이 충돌하는 것을 확인할 수 있다. 따라서 공학윤리 문제 상황을 명확하게 이해하기 위해서는 문제 상황에서 발생하는 도덕적 불확실성 혹은 도덕적 불일치점을 확인하고 어떤 가치와 충돌하는 지 혹은 어떤 권리 · 의무와 충돌하는 지 여부를 확인하는 것이 필요하다.

인간 배아 복제에 대한 각국 입장

구분	주요정책내용
일본	o 2004년 6월 문부성 산하 과학기술회의 생명윤리위원회에서 배아복제 연구를 제한적으로 허용하겠다는 입장. o '난치병 치료를 위한 기초연구' 에 한해 인간배아복제를 할 수 있도록 세부지침 마련.
영국	o 복제배아를 자궁에 착상시킬 경우 최고 10년형에 처할 수 있도록 하는 긴급 입법안을 발표. o 2004년 8월 뉴캐슬대학이 신청한 복제배아줄기세포 실험을 세계 최초로 승인. o 복제양 돌리를 만든 로스린 연구소의 이안 윌무트(Ian Wilmut) 박사에게도 연구목적의 인간배아 복제 연구 승인.
미국	o 법률로는 인간배아복제 금지 하지는 않음. o 부시 행정부는 연방정부의 기금으로 치료용 배아복제 연구를 지원하지 않도록 규정 o 각 주별로는 연방정부와 달리 줄기세포 연구를 공식 인정하는 법 제정을 추진 중
프랑스	o 2004년 7월 의회에서 인간배아 이용 연구 승인 o 치료용 배아복제는 금지
유럽회의(EC)	o 2001년 3월, 41개 회원국 중 24개국에서 '배아 분리, 세포핵 이식 및 기타 기술을 통한 인간복제를 금지하되, 오로지 연구 목적으로 세포나 조직을 복제하는 경우에만 엄격한 조건 아래 허용하는 것' 을 주요 내용으로 하는 '인간복제금지협정' 에 비준
한국	o 2005년 1월, 난치병 치료 목적의 배아복제 허용하는 법률 시행

이처럼 공학윤리의 문제 상황을 이해하는 데는 먼저 사실지식과 개념 정의를 확인하고 도덕쟁점을 규명하는 것이 필요하다. 그러나 문제 상황을 이해하는 절차가 반드시 사실, 개념, 도덕 쟁점 순서로 진행될 필요는 없다. 검토한 내용을 다음 단계 진행 과정에 들어가기 전에 다시 되돌아가 검토할 수도 있으며, 사실지식의 확인이나 개념규정 확인 과정으로 되돌아 갈 수도 있다.

또한, 공학윤리 문제 상황을 명확하게 이해하는 과정에서 윤리적 해결책이 모색될 수도 있다. 우리는 일상생활에서 해결하고자 하는 문제를 명확하게 규정하고 나면, 그 해법이 쉽게 얻어지는 경우를 목격한다. 하루 생활에서 운동할 시간이 부족하다는 문제를 해결하려고 한다면, 하루 동안에 행하는 일들을 구체적 사실로써 나열하고 운동에 대한 개념을 재규정함으로써 그 해법이 쉽게 드러난다.

4. 공학윤리의 문제해법

공학윤리의 문제해법은 윤리 이론이나 해법을 문제 상황에 적용하여 실질적으로 해법을 모색하는 단계를 말한다. 문제 상황을 명확하게 이해했다면, 그 해법이 비교적 쉽게 모색되는 경우가 있겠지만, 문제 상황에 따라서는 좀 더 치밀하게 해법을 추구하는 경우도 있다. 이 경우에는 윤리 이론이나 해법을 적용하여 해결책을 모색해 보아야 한다. 공학 윤리 문제를 해결함에 있어서는 결과주의 윤리해법, 규칙주의 윤리해법, 선긋기(line drawing) 해법이 있어 이를 살펴본다.[17)]

가. 결과주의 해법

결과주의 해법은 행위결과에 의거하여 올바른 행위임을 판단하는 윤리 이론이다. 행위가 가져오는 결과에 의해서 판단이 된다. 최선의 행위는 행위결과가 '최대 다수에게 최대 행복'을 창출하는 행위가 된다. 그러므로 이 윤리방법에 의하여 올바른 행위를 선택하려면, 그 행위의 결과가 누구에게 얼마만큼의 행복 또는 고통을 가져다주는 가를 계량화하는 것이 필요하다. 이러한 계량화를 위해 많이 사용되는 방법이 비용-편익(이익) 분석법(costs-benefits analysis)이다[18)].

비용-편익 분석법은 문제 상황을 해결하는 모든 대안들을 강구해 보고, 각각의 대안을 시행하는데 들어가는 비용과 이득을 예상하고 이를 정량화

17) 권혁길 외, 앞의 책. pp.389-396.
18) 김 진 외 9인(2003), 앞의 책. pp. 188-191.

한 후, 각각의 대안을 비교해서 가장 많은 이득이 예상되는 방안을 선택하는 방법이다. 비용-편익 분석은 크게 세 단계를 거치면서 진행된다. 첫 단계는 문제 상황을 해결하고자 모든 방안을 고안하는 것이다. 둘째 단계는 각 방안의 시행 결과를 예상하는 단계이다. 시행으로부터 영향을 받을 사람을 생각하고, 부담해야 할 비용과 편익을 예측한다. 셋째 단계는 편익과 비용차이가 가장 큰 방안을 선택한다.

그런데 거웬(Gerwen)은 공학윤리 해법으로 사례화의 해법을 도입함으로써 얻을 수 있는 장점을 다음과 같이 제시하고 있다. 먼저 사례화의 해법은 구체적 사례를 통한 윤리판단의 과정을 보여주기에 학생들의 미래의 직업적 책임과 관련된 상황들에 가상적으로 직면할 수 있게 해준다. 또한 윤리적 판단의 모든 요소들이 단계별 문제와 해법들의 대화적 과정으로 분석된다. 그리고 사례화의 해법은 과학적 엄밀성을 주관적 확신들과 결합시킬 수 있다.[19] 비용-편익 분석법을 적용하기 위해 사례화의 해법을 살펴보자.

〈사례 1〉 시멘트 공장의 공해 문제[20]

〈시멘트 공장이 석회석 광산이 있는 마을 근처에서 시멘트에서 나오는 분진으로 인하여 근처 마을 사람들은 창문을 열 수 없고 빨래도 널 수 없을 정도로 공해가 심각하여 생활이 어렵고 주택이나 토지의 가격도 폭락하였다. 시멘트 공장에 마을 사람들 상당수가 고용되어 있다. 이 공해 문제를 어떻게 해결해야 하는가? 비용-편익 분석법을 적용하는 첫째 단계는 공해 문제 상황을 해결하는 데 가능한 여러 방안을 강구하는 것이다. 분진을 최소화하는 공해방지 시설을 설치하고 마을 주민들의 생활 불편과 재

19) Gerwin J. V, 앞의 책, pp. 56-9.
20) 비용-편익 분석은 배원병 외, 『공학 윤리』앞의 책, pp. 72-73.

산상 손해에 대해 보상을 하는 방안 등이다. 다른 방안은 시멘트공장을 분진피해가 예상되지 않는 곳으로 이전하는 방안이다. 비용-편익 분석법을 적용하는 둘째 단계는 각 방안의 시행 결과를 예상하는 단계이다. 각각의 방안을 시행함으로써 영향을 받을 사람들을 생각하고, 그 사람들을 위해 부담해야 할 비용과 이득을 예상한다. 먼저 공해에 대한 보상비용을 산정하기 위하여 몇 가지 요소를 고려한다. 주택이나 토지에 대한 보상비용은 공해 없는 다른 마을의 주택과 토지비용을 비교하여 산정한다. 생활불편에 따른 비용을 추정하고, 매년 주민들의 건강진단에 필요한 비용과 건강비용도 고려한다. 시멘트공장이 마을사람에게 직장을 제공하고 지방자치단체는 세금소득원이 된다. 시멘트공장에는 공해방지 시설에 따른 세금감면 혜택이 주어진다.

다른 해결 방안으로 공장을 이전할 경우, 석회석 광산에서 먼 거리에 있는 시멘트 공장까지 석회석을 운반하는 물류비용과 새로운 공장부지 구입비용 및 이전 비용이 산정된다. 또한 공해방지 시설비용이 추가된다. 그렇지만 공해에 따른 주민 보상비용이 없으므로 그만큼 이득이 된다. 셋째 단계는 이러한 각각의 방안에 대한 비용-편익 계산 과정을 거쳐 해결방안에 대해 예상된 이득과 비용의 차이를 비교하여 가장 실질적 편익방안을 선택하는 과정을 겪게 된다.

그러나 공리주의적 관점에서 볼 때. 비용-편익 분석의 사용에는 몇 가지 함정들이 있다.[21)]첫째, 비용과 편익의 경제적 측정이 다른 고려사항들을 압도한다는 점에서 문제가 있다. 옳고 그름을 이익으로 따져도 되는가 하는 문제이다. 이익을 가져오는 일도 옳지 않은 경우가 있고, 손해를 보더라도 올바른 일이 있다.

둘째, 먼저 비용을 들이고 나중에 이익을 찾아야 하는 일일 때 계산이 쉽

---

21) Charles E. Harris. JR, Michael S. Pritchard, and Michale J. Rabins, *Engineering Ethics : Concepts and Cases*, Wadsworth Publishing, 2005, pp.82-4.

지 않다는 것도 문제가 될 수 있다. 대다수 프로젝트들의 비용 계산은 비교적 쉽지만 그에 따른 이득의 예상과 금전적 환산은 비용계산보다 더 어렵기 때문에 비용과 이익으로 프로젝트를 결정하는 것은 문제가 된다.

셋째, 비용계산 중 금전적으로 계산할 수 없는 것들이 많다. 사고가 났을 경우 생명의 손실, 신체적 상해, 자연 환경의 파괴, 문화재의 파손 등은 금전으로 계산하기 어려운 높은 가치의 손해이다. 회사의 프로젝트가 이런 것들과 관련될 경우 이것들을 비용 계산에 넣어야 하는데 이런 것들의 주관적 성격 때문에 높이 계산되지 않는 것이 허다하다. 즉 문화유산의 수몰, 천연 자연경치의 파괴 혹은 현재로는 경제적 가치가 없어 보이는 멸종위기의 생물 종의 상실과 같은 것이 좋은 예이다. 이와 같은 것은 금전적으로 계산하기 매우 어려운 일이고, 한번 파괴되면 복구 불가능하거나 복구하기 어려운 것들이다.

넷째, 비용과 편익의 분석은 종종 비용과 이익의 불평등한 분배에 대해서는 고려하지 않는 경향이 있다. 비용의 부담자가 프로젝트의 주체만이 아닌 경우가 많다. 비용은 가난한 사람들이 부담하고 이익은 부자들이 얻게 된다면 비용과 이익이 불평등하게 분배된 것이다. 프로젝트가 환경의 변화를 초래할 경우 인근 주민이 피해를 보게 되고, 피해의 복구에 드는 비용은 전 주민의 납세에 의존한다. 비용부담자와 수혜자가 일치하지 않는 문제가 생기는 것이다. 이러한 문제점들에도 불구하고 비용과 편익 분석은 도덕적 문제 해법에 중요한 기여를 한다. 이와 같이 윤리문제의 해법에 있어서 공리주의 해결은 대단히 편리한 방법이다. 특히 공학윤리 사례화의 해법으로 편리한 기준을 제공하고 있다.

나. 규칙주의 해법

규칙주의 해법은 도덕규칙에 부합하는 행위는 올바른 행위이며, 그렇지 못한 행위는 올바르지 못한 행위가 된다. 도덕규칙을 의무관점에서 규정하면 의무윤리가 되고, 권리관점에서 규정하면 권리윤리가 된다. 논란이 되는 안락사 문제에서 '말기 환자도 살 권리가 있다' 는 것은 '어느 누구도 말기 환자를 죽이지 않을 의무가 있다' 로 바꾸는 것이 가능하다. 이 같은 형식에서 알 수 있듯이 권리론과 의무론은 상호 보완성을 지닌다. 정언명령에서 모든 사람들을 목적으로 대우할 것을 요구하는 데, 이는 바로 도덕적 인간들은 어떤 종류의 대우를 받을 권리를 갖는다는 것을 의미한다.22) 내가 어떤 권리를 가지고 있다는 말은 다른 사람이 내 권리를 보호하는 행동을 할 의무가 있다는 말이 된다. 의무론적 윤리조항은 대체로 금지 조항들이 많다. 그러므로 의무론의 윤리규칙을 세우다 보면, 인간의 권리를 제한하는 사례들이 많아진다. 의무론 윤리로 어떤 행동을 제한할 경우는 권리론의 윤리로 재검토해보아야 한다. 이상으로 의무론과 권리론을 살펴보았는데 의무론적 윤리나 권리론 윤리도 어느 이론이나 학설이 그렇듯이 문제점이 지적될 수 있다.

첫째, 권리와 의무가 상관적이라 하더라도 권리가 적극적인 의무도 부과하는지의 여부는 논란이 될 수 있다. 공학자들에게 권리와 의무의 충돌은 가장 큰 도덕적 갈등 사태를 낳게 된다. 둘째, 권리와 의무 논의는 소속 집단 혹은 사회의 공동선을 고려하지 않는 것은 문제점이 될 수 있다. 개인의 권리를 주장하게 되는 경우 전체의 이익과 상반되는 경우 공익이 훼손되는 일이 생길 수 있다. 셋째, 인식과 실천의 문제로서, 의무와 권리에 대하여 잘 알면서도 실천하지 않는 사람들이 많다는 것이다. 개인 수준에서 권리와 의무를 수행하지 않는 경우 권리보호와 의무의 수행을 보장하기 위해 어떤 법과 정책을 선택해야 할 것인지를 문제 삼을 수 있다. 공학 영역에서는 이를 보완하고자 공학윤리헌장을 통해 다룬다.

---

22) 드보라 G. 존슨 지음, 추병완 외 옮김, 『컴퓨터 윤리학』 (서울 : 한울 아카데미, 1997), p.42.

그런데 공학윤리헌장에 열거된 공학자의 의무와 권리는 일반적 형태로 기술되어 있으므로, 공학자들은 실제 상황과 맥락에 적합하도록 구체적 형태로 변형해야 한다. 이 과정에서 공학자의 직관과 이성이 충분히 활용될 수 있다. 공학 윤리 문제에 규칙주의 해법을 적용할 경우에도 의무와 권리가 충돌하여 문제가 나타나며, 그 절차는 이와 같다.[23)]

1) 서로 충돌하는 권리와 의무를 파악한다.

2) 가능한 해결방안을 모색한다.

3) 각각의 해법으로 영향 받게 될 사람의 범위를 결정한다.

4) 각각의 해법에 따른 권리위반이나 침해를 평가한다.

5) 전반적으로 권리침해나 위반이 가장 적은 해법방안을 선택한다.

〈사례 2〉 상급자의 상습 음주 보고 여부[24)]

카렌(A)은 큰 석유회사의 하급 공학자이다. 그는 지난 3년 동안 앤디(B)의 감독을 받아 일했다. A는 B가 좋은 관리자인 것을 알고 있지만, 상습적인 음주로 인해 업무에 실수를 하는 것을 목격했다. 어느 날 A는 B가 회사의 모든 석유굴착 장치의 안전 검사를 책임지는 자리로 승진하게 된 것을 알게 되었다. A는 B의 습관적인 음주가 안전 검사 책임자로서의 업무 수행에 적합하지 않음을 알고, B에게 안전 검사 책임자로서의 직책을 맡지 말 것을 촉구하였다. B는 음주의 양을 줄여야 하는 데는 동의하였지만, 자신이 그 직무를 수행하기에 충분하다고 주장하였다. 또한 B는 A에게 아무에게도 자신의 음주 습관에 대해 말하지 말라고 요구하였다. A는 B의 상습적 음주를 경영자에게 말해야 하는가? 이 사례를 앞에서 제시한 절차에 따라 살펴본다.

---

23) 배원병 외, 『공학 윤리』서울; 북스힐. 2006. p. 83.

24) 같은 책, p. 83.

1) 이 사례에서 서로 충돌하는 권리와 의무는 석유 굴착 노동자의 안전, 동료에 대한 신의, 경영자에 대한 신의 등이다.
2) B가 안전검사 책임 직책을 사양하지 않거나 금주를 하지 않는다면, A의 선택은 경영자에게 B의 상습 음 습관을 알리거나 알리지 않는 것이다.
3) A의 선택에 따라 영향을 받게 될 사람들은 B, B와 같이 일하게 될 부서 직원, 석유 굴착 노동자, 경영자 등이다.
4) A가 B의 음주 습관을 경영자에게 알린다면, 침해되는 권리는 B의 명예와 승진할 기회이다. A가 B의 음주 습관을 경영자에게 알리지 않는다면, 석유굴착 노동자들의 생명권과 신체적 안전, 회사의 명예가 침해당할 것이다.
5) A가 경영자에게 B의 습관적인 음주를 알리지 않으면 석유 굴착자의 생명권과 신체적 안전이 위협을 받고, 경영자에게 알리면 B의 명예와 승진할 기회가 위협을 받는다. 생명권과 신체적 위협이 명예와 승진할 기회보다 더 소중하므로 A는 경영자에게 B의 습관적 음주를 알리는 것이 정당하다.[25]

다. 선긋기 기법의 해법

선긋기(line drawing)기법은 여러 가지 도덕 원리들을 적용한 다양한 해결책들 가운데서 정량분석을 통해 윤리문제 해결을 시도한다.[26] 선긋기 기법은 두 땅 사이의 경계가 어디에 있느냐를 결정하는 측량기사가 있다고 할 때, 측량하여서 어느 쪽으로 선을 그어야 소유주를 제대로 밝혀 줄

25) 같은 책, p. 84.
26) Charles E. Harris, Jr.Michael S.Pritchard, Michael J. Rabins(2005), *Engineering Ethics, Concepts and Cases*, Belmont; Thomson Wadsworth. pp. 64-69 참조.

수 있겠는지에 관한 해법이다. 선긋기 기법은 결과주의 해법이나 규칙주의 해법에서 고려해야 할 사항을 모두 망라하여 중도적 개신방안으로 활용할 수 있다.

선긋기 방법을 활용하기 위하여 윤리결정을 내리고자 할 때, 고려사항을 빠짐없이 최대한 열거하는 과정에서 '브레인스토밍(brainstorming)' 방법을 활용하는 것이 좋으며 고려할 사항은 신중하게 선택하되, 그 중요도에 따라 가중치를 부여하게 된다.

그리고 선을 긋고 왼편에 부정범례(NP, negative paradigm)를, 오른편에 긍정범례(PP, positive paradigm)를 배치한다. 부정범례의 고려사항은 가장 부도덕한, 부정적인 특징을 의미하고, 긍정범례는 가장 긍정적, 도덕적인 특징을 의미한다. 즉 측량하듯이 선을 긋고 왼편의 고려사항으로는 가장 극단적인 부도덕의 특징을 기록하고, 오른편에는 고려사항으로서 가장 극단적으로 도덕적인 특징을 기록한다. 그 다음으로는 각 고려 사항을 신중하게 평가하여 도덕 가치를 선 위에 표시한다. 고려사항에 대한 가중치를 부여하며 마지막으로 가중치를 포함한 평가분석표를 작성하여 최종결정을 선택하게 된다.[27]

〈사례 3〉 연구 아이디어 활용사례[28]

연구원 K는 A회사와 연구 비밀을 누설하지 않을 의무에 대한 협정서에 서명하였다. 그 후 K는 B회사로 직장을 옮겼다. K는 자기가 A회사에 있을 때 구상했던 몇 몇 아이디어들을 B회사에서 활용할 수 있음을 알았다. A회사는 K의 아이디어들이 회사주력 품목의 이미지와 부합하지 않는다고 제품화시키지 않았다. B회사는 A회사와 경쟁관계도 아니었다. K는 B회사

27) 배원병 외, 『공학 윤리』서울; 북스힐. 2006. p. 56.
28) 같은 책, pp. 58-59.

에서 아이디어들을 활용하는 것이 도덕적으로 허용 가능한 것인지 궁금하여 선긋기 방법을 사용하게 되었다.

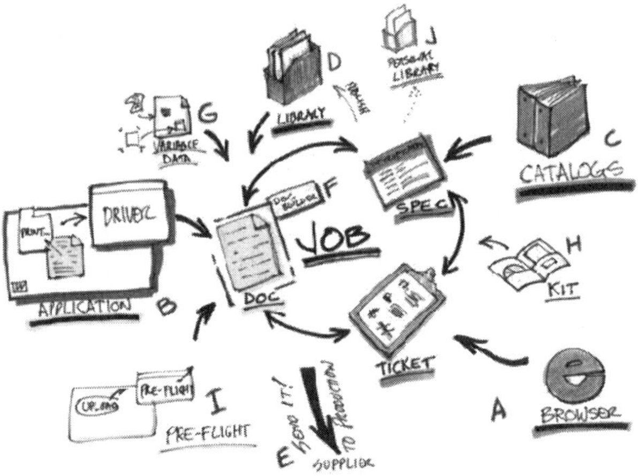

〈그림 2〉 브레인스토밍의 예

연구원 K는 선긋기 해법을 적용하여 윤리결정을 내리기 위해서 고려해야 하는 사항을 생각해 본다. 이 경우에 고려할 사항은 K가 서명한 협정서의 위반, K의 아이디어 사용에 대한 A사의 허용, A와 B사의 경쟁사, 아이디어들이 연구원 K의 단독 아이디어인지 아니면 A사 동료들과의 공동 아이디어인지의 여부, A사 근무시간에 개발한 아이디어인지 혹은 근무시간 외에 개발한 아이디어인지 여부, A사의 연구실이나 장비를 많이 사용한 아이디어인지 혹은 그렇지 않은지 여부, A사에서 K의 아이디어를 제품화하지 않은 것이 회사가 아이디어를 채택하지 않은 것이었는지 혹은 K가 아이디어를 회사에 제시하지 않았는지의 여부 등이다. 이 사례에서 윤리결정을 내리기 위해서는 선을 긋고 고려사항의 부정범례와 긍정범례를 배치한다. 신중하게 평가하여 윤리적 가치를 선위에 위치를 표시한다.

고려사항들	부정범례	평가											긍정범례
		0	1	2	3	4	5	6	7	8	9	10	
협정서 위반	위반		V										준수
A사의 허용	미 허용	V											허용
A와 B사의 경쟁관계	경쟁관계										V		경쟁 아님
K의 단독 아이디어	협력 아이디어											V	K 단독 아이디어
근무시간 중 개발	근무시간 중 개발						V						근무시간외 개발
A사 장비 사용	A사 장비 사용										V		A사 장비 미사용
미제품화 이유	아이디어 미제출											V	회사 방침
제품화시 A사에의 영향	영향 심대										V		영향 없음

〈표 2〉 선긋기 해법을 이용한 K의 사례에 대한 윤리적 평가

〈표 2〉은 K의 사례에서 각 고려 사항에 대한 범례를 배치하고 윤리적 가치를 선 위에 표시한 것이다. 〈표 2〉에서는 완전히 부정범례면 0점을, 완전히 긍정범례이면 10점을 부여하였다. 이 점수는 상황에 맞게 조정된다. 그리고 가중치를 계산하여, 평가 분석표를 작성하고 최종적인 의사결정을 선택하면 되는 것이다.

평가 항목	가중치	평가점수	가중된 평가 점수
협정서 위반 여부	2	1	2
A사의 허용 여부	2	0	0
A와 B사의 경쟁관계	1	9	9
단독/협력 아이디어 여부	1	10	10
근무시간 중 개발 여부	1	5	5
A사 장비 사용	1	9	9
미제품화 이유	1	10	10
제품화시 A사 영향 여부	1	9	9
합 계	10		54

〈표 3〉 K의 사례에 대한 공학윤리 문제평가 분석표

〈표 3〉는 K의 사례에 대한 평가 분석표이다. 이 평가표에서는 편의상 가중치의 합을 10으로 하고 가중치를 부여한 평가점수의 합을 100점으로 하였다. 고려사항에서 완전긍정이면 100점이 되고, 고려사항에서 완전부정이면 0점이 나올 것이다. 〈사례 3〉은 총 54점의 점수를 얻었다. 이제 54점의 점수를 해석해서 의사결정을 내리면 된다. 만약 100점에 가까운 점수이거나 0점에 가까운 점수라면 의사결정을 내리기사 쉬울 것이다. 일반적으로 문제 상황에 따라 다르지만, 평가된 점수합계가 75점 이상이면 긍정 패러다임으로 해결책을 모색하고, 25점 이하이면 부정 패러다임으로 해결책을 모색한다.[29] 중간점수이면 쌍방 이해관계를 절충하는 개신의 해법을 고려하는 것이 타당하다. 〈사례 3〉의 경우는 55점의 점수를 얻었기 때문에 의사결정이 쉽지 않다. 이 경우에는 개신의 해법을 모색해 보는 것이 필요하다. 예를 들면, K가 아이디어 사용허용 여부를 A사에 문의한다거나, B사로 하여금 A사에게 양해를 얻거나 적절한 보상을 요구하는 방법이다.

라. 개신의 해법

우리는 공공안전을 고려하는 의무윤리 관점의 최선의 해법과, 공학기술 문제가 있음에도 불구하고 회사이익을 고려하고 경영방침에 따르는 차선의 '고육지책'의 해법 사이에서 개신의 중도해법을 모색하게 된다. 이는 곧 최선과 차선의 대화와 협력, 개신의 발상을 동원하는 해법이다. 먼저 사실쟁점(factual issues)과 개념쟁점(conceptual issues)을 차례대로 검토한 후, 보편성(상황적용)과 가역성(특수고려), 자율성(심사숙고의 책임)에 근거한 도덕쟁점(moral issues)을 살펴본다.

29) 같은 책. p. 60.

그리고 선긋기 해법에 의해 정량분석을 시도한다. 이 과정에서 사실쟁점, 개념쟁점, 도덕쟁점에 대한 문제가 달리 나타나지 않는지를 피드백(feedback)을 통하여 다시 점검해 보고 마지막으로 개신의 해법으로 매듭을 짓게 된다. 최선의 선택의 지지자와 차선책의 지지자 모두가 수용할 수 있는 근거를 발견하고 이에 대한 타협 등이 필요하므로 이러한 개신의 중도 해법의 발견은 대단히 어려운 경우가 많다. 이 해결책은 가끔은 최선책으로 오해되기도 한다. 실제로는 양측 아무도 원하는 바를 얻지 못하는 해결책으로 모두 다 만족하는 해결책은 아니다. 독성 폐기물을 강물에 버리기보다는 폐기물 생산을 최소화하는 생산 과정을 발견하는 방법, 혹은 독성을 제거하는 장치의 개발이 개신의 중도해법이 된다.

챌린저호의 경우에는 탑승 우주 항공인 들에게도 알 권리와 생존권이 있었으며, 프로젝트의 가장 중요한 참여자이므로 그들의 결정에 따르는 방법이 개신의 중도해법이 될 수 있다. 종종 도덕적으로 갈등하고 있는 둘 이상의 가치와 직면할 수 있다. 하나의 가치가 다른 것보다 더욱 더 중요하다면 더 중요한 것을 선택하면 된다. 이런 경우는 도덕적으로 비교적 쉬운 선택이 된다. 그러나 관련된 가치들의 중요도를 서열 지울 수 없을 때는 선택과 개신의 문제에 봉착한다.

이 과정에서 사적(私的) 기술혁신과 공적(公的) 공공안전의 공사공매(公私共媒)가 이루어지고 있는지와 '한' 의 방법으로 통섭되는지를 확인할 필요가 있다. 만약에 다른 묘책이 나타나면 피드백을 다시 거쳐야 한다. 여기서 '한' 은 '하나' (一, One)의 '사실전체의 한' 과 '여럿(多, Many)' 의 '개념일반의 한' 을 횡단 매개하는 과정에서 '가운데(中, Middle)' 의 '선긋기 한' 의 중도에 이르게 하는 작용을 한다. 이 과정에서 공사공매의 '공공가치' 의 공공안전을 제대로 살리도록 하는 '위대' (偉大, Great)한 도덕적 한' 을 직관하면서 심사숙고하게 된다. 공학윤리 추론의 최종적 단계에서는 '위대' (偉大, Great)한 도덕의 한' 을 살리고, 앞으로 발생할 수 있는 문제를 예방윤리 차원에서 예측하여 '대강'(或, About)의 '한'으로 융통성을 발휘할 수 있는지를 최종 검토함으로써 결국 사리분별(事理分別)로 합당한 '개신의 해법'(Innovation Solution)을 채택할 수 있게 되는 것이다.

공학윤리에서도 이러한 기준을 활용하여 적절한 해법을 찾을 수 있을 것이다. 만일 적절한 해법이 가능하지 않다면 계속해서 다음으로 가장 바람직한 해법을 개신해나가야 한다. 쟁점이 해결될 때까지 이러한 고려는 계속되어야 한다. 공학자들의 도덕적 판단의 결과가 미치는 파장을 생각한다면 섣부른 선택에 따른 큰 손실에 비할 때, 시간적으로 조금 더 지연되는 것이 아무 것도 아닐 수 있다.

참고문헌

권혁길 외 5인,『공학 윤리』서울; 인간사랑. 2007.

김 진 외 9인,『공학 윤리』서울; 철학과 현실사. 2003.

박성수 외 9인, 『한류와 한사상』서울; 모시는 사람들, 2009.

배원병 외,『공학 윤리』서울; 북스힐. 2006.

일리야 프리고진, 이사벨 스텐져스 공저, 『혼돈으로부터의 질서』, 신국조 옮김, 서울; 고려원미디어,1993.

존 브리그스/데이비드 피트, 『혼돈의 과학』, 김광태/조혁 옮김, 범양사, 1990.

E. Lumsdaine, M. Lumsdaine & J. Shelnutt, 명지대 창의공학연구회 역, 『창의적 문제해결과 공학설계』서울; 파워북. 2001.

Charles E. Harris, Jr.Michael S.Pritchard, Michael J. Rabins Engineering Ethics, Concepts and Cases, Belmont; Thomson Wadsworth. 2005.

Fleddermann, Charles B., *Engineering Ethics*, Englewood Cliffs, NJ : Prentice Hall, 1999.

제3장

공학자의 덕성함양

〈Story-Telling : 덕성의 교훈〉

옛날에 인도의 어떤 마을 바깥에 있는 바위 근처에 두건달린 머리를 한 독사가 살고 있었다. 이 파충류는 독니로 마을의 아이들을 많이 죽였는데, 그는 너무 교활해서 그를 죽이려는 마을 사람들의 온갖 노력이 수포로 돌아갔다. 마을 사람들은 마지막 수단으로 자신들의 성자를 찾아가서 탄원하였다. "성스런 스승이시여, 당신의 영적 힘을 사용하여 그 뱀이 계속해서 우리 어린 아이들을 물어 죽이는 끔찍한 짓을 하지 못하게 하소서."

성자는 그들의 요청에 응하는데 동의하였다. 그는 뱀이 사는 장소의 근처로 가서 자신의 신성한 사랑의 자기(磁氣)의 힘으로 뱀을 설득하여 나오게 하였다. 그러자 성자가 명령하였다. "오 뱀아, 우리 마을의 사랑스런 사람들을 물어 죽이는 짓을 중단하라. 비폭력을 수행하라." 뱀은 두건을 겸손하게 모으고 약속하였다.

이 일이 있고나서 곧바로 그 성자는 순례를 떠났다. 그는 일 년 만에 마을로 돌아왔는데, 뱀이 살던 바위 옆을 지나갈 때 뱀에 대한 생각이 나고 그 뱀이 약속을 지켰는지 궁금하였다. 그는 둘러보다가 등에 심한 상처들을 입고 피에 젖어있는 뱀을 발견하고는 놀랐다.

무슨 일이냐고 성자가 묻자 뱀은 힘없는 목소리로 대답하였다. "성스런 스승이시여, 당신의 가르침 때문에 저는 등에 일곱 군데나 상처를 입었습니다. 마을의 아이들은 제가 해를 끼치지 않는다는 것을 알게 된 이후로 먹이를 구하러 나가는 저를 볼 때마다 저에게 돌팔매질을 하였습니다. 저는 가능한 한 빨리 굴속으로 숨거나 굴에서 나가려고 하였지만 이와 같이 척추에 일곱 군데나 상처를 입었습니다. 스승님, 처음에는 그들이 저를 보고 달아났지만 지금은 당신의 비폭력의 가르침 때문에 제가 그들로부터 달아나야만 합니다."

스승은 뱀의 등을 다독거리면서 그를 치유하여 주었다. 그 다음에 그는 미소를 지으며 다음과 같은 말로 그를 꾸짖었다. "이 가련한 바보야, 나는 물지 말라는 말을 한 것이지. 왜 쉬잇 소리를 내지 않았지?"

* * *

공학기술이 발달할수록 너무 과도하게 그것에 의지하고 줏대 없이 매어달리면 결국 자신에게 상처를 입히게 된다. 그렇다고 상해의 독소 때문에 획기적인 공학기술을 멀리 해서도 문명의 이기에서 멀어져 피해를 보게 된다. 그렇기 때문에 내면적 덕성을 고양하면서 발달된 공학혁신 기술과 일정한 거리를 유지하여야 할 것이다. 우리는 공학기술에 담겨 있는 가난과 번영, 아픔과 건강, 무지와 지혜의 야누스 얼굴을 똑같이 기억하게 된다. 우리가 향유한 즐겁고 건강한 세월들을 기억하면서 고마워하도록 심성을 일깨워야 한다. 공학기술에 대해 불신이라는 감은 두 눈을 뜨면서 기술을 통해 흐르는 신성한 치유의 본래 빛을 깨닫도록 한다.

제3장 공학자의 덕성함양

〈그림 1〉 니코마코스

공학기술은 공학에 새로운 기술을 도입하여 혁신하고 개신함으로써 경제상의 대변혁이 이루어지고, 삶의 획기적 환경변화를 초래하였다. 제이 차 세계 대전 이후 원자력, 생명공학, 전자공학 등에서 새로운 기술 개발이 경제의 장기적 상승과 삶의 편리를 가져왔다. 공학현장에서 공학자들에게 전문직 판단을 하는 데 있어 정직하며 편견 없기를 기대하게 되었다. 이 관점에서 전문가의 공학기술은 기술발휘가 도덕적으로 옳은지 어떤지는 그가 행한 결과의 옳고 그름에만 달려있지 않으며, 오히려 그의 개성이나 동기에 달려있다고 말한다. 왜냐하면 기술우위의 판단은 기술혁신에 따라 엄청난 결과를 초래하기 때문이다. 이에 기술혁신과 함께 도덕적 판단의 가치가 중요함을 발견하고 기술자의 덕성함양에 관심을 갖게 되었다.

역사적으로 아리스토텔레스는 『니코마코스 윤리학』에서 덕의 실천윤리 성격을 밝히고 있다. 그는 인간의 궁극적인 선이 행복을 추구하는 것이며 그 행복은 쾌락이나 부유함, 명예를 추구하는 데 있는 것이 아니라고 말한다. 덕의 완전한 탁월성을 발휘하는 이성적 영혼의 특성에서 행복이 가능함을 밝히고, 우정, 정치력, 아름다움 같은 외적 요건들은 행복실현에 필요조건으로 거론하였다. 또한 과도함과 부족함의 극단을 피할 줄 아는 중용의 도리를 특성으로 삼아 덕성함양의 가치를 밝히면서, 정직은 신뢰형성에 근간이 된다고 보고 있다.

반면에 현대의 맥킨타이어(Alasdair MacIntyre)는 '덕의 본성(The Nature of Virtues)' 에서 덕의 상대적 개념을 밝히고 있다. 그는 덕의 개념을 실천의 역사적 맥락의 차이에 따라 덕의 전제가 상대적임을 부각시키고 있다. 호머(Homer)의 경우에서 보듯이, 덕은 개인으로 하여금 사회역할을 충실히 행하도록 하는 자질로 볼 수 있지만, 아리스토텔레스와 성격과는 다른 특성을 드러낸다. 벤자민 프랭클린(Benjamin Franklin)의 유형에서, 덕은 세속의 성공이나 천상의 길로 들어가는 데 필요한 효용성을 구비한 것으로 파악하고 있다.[1)]

여기서 맥킨타이어는 덕은 그 내면적 특성, 품성이 외적인 행동체계를 이루게 하는 '실천' 의 가치를 강조하며, 언급된 첫 번째와 두 번째 유형을 통해서는 탁월성을 발휘하는 데 반해, 세 번째 유형에서는 공리주의 개념으로 결과의 고려 없이 과정의 효율성을 나타내기 때문에 덕성함양이 요청되는 바, 전체적으로는 덕의 실천에 대한 상대적 성격을 표현하고 있다.

공학기술과 덕성함양의 조화를 칸트의 형식을 빌어서 표현하게 되면, 【덕성 없는 공학기술은 공허하며(impotent), 공학기술 없는 덕성은 맹목적(blind)이다】고 말할 수 있다. 우리는 덕성에 관해 살펴보고, 중용의 품성 가치를 이해하면서 전문가로서 공학자들에게 요구되는 덕성에 관하여 구체적으로 고찰해보고자 한다.

우리나라는 공학기술 개신에 따라 낙태, 뇌사, 장기이식의 분야를 다룰 때 생명존중의 덕성을 발휘하면서 공학기술과 조화를 이루는 방향으로 이루어질 때, 위험을 최소화 할 수 있다. 덕성윤리는 윤리적 결정을 하고 그 것을 실천하는 것을 습관화하여, 자기의 습성이 됨으로써, 자유로운 인격을 가지는 일들을 모두 포함한다. 덕성윤리는 성품 윤리(character ethics)라 칭하는데 개성 윤리(personality ethics)와는 구별된다. 개성 윤리는 사람이 가져야 할 성격, 태도, 예절 등을 중시한다.

---

1) Alasdair MacIntyre, *After Virtue*(Nortre Dame, IN: University of Ntre Dame Press, 1984),

탐구문제

1. 덕의 윤리와 의무 윤리의 상관관계는?
2. 중용의 성격과 가치는?
3. 니코마코스 윤리학에서 행복의 의미는?
4. 태아의 '도덕적 지위'에 대한 기준을 통해 어떻게 낙태문제를 결정짓는가?
5. 낙태에 관한 의사 결정에 대한 조정은 어떻게 이루어지는가?
6. 뇌사인정에 따르는 문제점과 뇌사 수용의 법적·종교적 기준은?
7. 중도실상의 이치와 장기이식의 윤리기준은 무엇인가?
8. 다음 글을 읽고 물음에 답하시오.

(준호) : 덕은 선과 행복을 효과적으로 산출한다. 선(좋은 것)이 무엇인지를 아는 사람은 필연적으로 그것을 산출한다. 왜냐하면 (가)누구든지 알면서 고의적으로 악을 행하는 사람은 없기 때문이다. (유미) 도덕적인 덕은 중용의 상태를 말한다. 그러나 (나) 어떤 일에서 중용을 발견한다는 것은 항상 어렵다. 예를 들면, 누구나 원의 중심을 발견할 수 있는 것이 아니라, 다만 그것을 아는 사람만이 할 수 있기 때문이다. (경수) : 인간은 고통, 슬픔보다는 쾌락, 기쁨을 선호하는 것이 일반적인 경향이다. 그러므로 인간 각자는 자신에게 쾌락과 기쁨을 가져다주는 행위를 해야 한다. (지연) 가치는 사유작용이 아닌 가치 감정이라는 지향적 작용에 의해 파악되는 객관적인 것으로서 (다) 위계적인 특징이 있다.

① (가)의 견해가 갖는 약점이 무엇인지를 쓰고, (나)와 관련하여 아리스토텔레스가 주장하는 중용의 의미와 중용적인 삶을 살기 위해 필요한 요소에 대해 쓰시오. 경수와 같은 논리를 행동의 기준으로 삼을 때, 많은 문제들이 발생할 수 있다.

② 지연이가 말한 (다)를 근거로 경수의 관점을 비판하시오.

9. **아리스토텔레스의 관점에서 이 군인이 어떤 선택을 할 것인가를 쓰고, 그 근거를 밝히시오.**

〈불우한 처지의 군인 한 사람이 있다. 그는 조국을 위해 싸우다 비참하게도 적국의 포로가 되어 생사의 기로에 서 있다. 그는 조국의 운명을 결정짓는 중대한 기밀을 알고 있다. 그는 자국의 군사 기밀을 넘겨주면 살아서 귀환할 수 있도록 해주겠다는 제안과 함께, 만약 그러한 제안을 거부하면 처형시킬 것이라는 최후통첩을 받는다. 그에게는 아직도 살아갈 날이 더 많고 조국에는 노모와 처자식이 기다리고 있다. 이제 그에게는 중대한 기밀을 넘겨주든가 아니면 침묵하다가 죽음을 맞이하는 일만 남아 있다.〉

1. 덕성함양의 원리

도덕성은 규칙이나 원리가 아닌 기질의 교화나 인격의 습성으로 이해해야 한다고 말한다. 플라톤이나 아리스토텔레스도 이런 방법으로 도덕성을 이해하였다. 왜냐하면 그들도 무엇이 권리이고 무엇이 의무인지 보다는 덕과 덕스러움이 무엇인지를 주로 언급하였기 때문이다. 아리스토텔레스는 플라톤의 형상이론, '사물의 본질을 이상적이고 영원불변하는 형상으로 파악하며 그러한 형상은 일상적인 대상들의 세계와는 분리된 비공간적이고 초월적인 영역에 존재한다고 주장하는 이론' 을 단호히 거부하였다. 그에 따르면 두 가지 근본적인 형태의 탁월성 또는 덕이 존재하는데, 지적인 덕과 도덕적인 덕이다. 지적인 덕은 이해력, 이성, 판단력 등과 같은 정신의 우수성이다. 도덕적 덕은 우리가 잘 행위 하도록 한다. 이런 덕들은 가르침이 아니라 반복에 의해 습득되어진다. 용기나 정직을 실천함으로써 더 용감해지고 정직해진다.

연습을 통해 악기연주가 더 능숙해지는 것과 마찬가지로 정직한 행위를 반복함으로써 더욱더 정직해진다. 정직의 덕을 소유한 사람은 그런 덕을 갖지 않은 사람보다 훨씬 더 정직해지기 쉽다. 그것은 그에게 제2의 천성이 된다. 동일한 것이 반대의 덕, 악에도 적용된다. 거듭해서 거짓말을 하는 사람은 점점 더 거짓말이 쉬워지고, 진실을 말하는 것이 점점 더 어려워진다. 사람들은 좋은 습관(virtue)과 마찬가지로 나쁜 습관(vice)도 가질 수 있다. 아리스토텔레스 덕의 목록에는 용기, 절제, 정의, 자부심, 관용이 포함된다. 덕은 두 가지 극단사이의 중간을 의미한다. 용기의 덕은 너무 적은 용기인 비겁과 과도한 용기인 만용사이의 중간이다.

흄의 경우에도 비록 자비심과 정의 같은 도덕적 습성과 함께 활기나 위트와 같은 도덕과 무관한 습성을 융합시켰지만 결과적으로 이와 비슷한 용어를 사용했다. 이 견해를 지지하는 사람들은 의무 윤리, 원칙, 또는 행위에 반하여 미덕의 윤리 혹은 존재(being)를 옹호한다. 덕의 윤리라는 개념은 그것의 긴 역사 때문만이 아니라 '신도덕성(the new morality)' 주장자들도 이것을 신봉한다는 이유에서라도 재고할 가치가 있다.

덕성윤리는 옳고, 그릇된 행동을 구분하는 데 도움이 된다. 즉 좋은 성품을 가지는데 맞는 행동은 옳은 행동이라 칭하고, 좋은 성품을 가지는데 어긋나는 행동은 그릇된 행동이라 칭한다. 도덕적 원리를 지키는 것은 앞에서 언급한 바와 같이 인식의 문제라기보다는 실천의 문제이다. 그러므로 여기에는 윤리적 규범들을 지키는 습관이 중요한 역할을 하게 된다. 윤리적 의무와 권리는 지키지 않아도 아무런 제재를 받지 않는 경우가 허다하고, 공리주의적으로 아무런 문제가 되지 않는 상황들도 존재한다. 이런 경우 규범들을 지키지 않다가 보면 이것은 습성으로 바뀌게 되고, 이것이 습관화된다면 비도덕적 성품을 얻게 될 것이다. 덕성윤리는 사안에 따라 원리, 원리를 적용하는 윤리설이 아니라 전반적으로 기본적인 덕을 갖춤으로써 윤리적 문제를 해결할 수 있는 바탕능력을 기르는 것을 지향하고 있다. 성품 윤리는 누구나 준수하는 것이 습관화되어야 함을 의미한다. 이처럼 덕성윤리는 실천 윤리, 개인적 수양 및 수련, 교육 이론의 기초가 될 수 있다는 점에서 장점을 지니고 있다.

덕성 윤리는 인간의 행위가 도덕적으로 옳은지 어떤지는 그가 행한 것의 옳고 그름이나 그 결과에 달려있지 않으며, 그의 개성이나 동기에 달려있다. 이를테면, 어떤 사람이 전적으로 의무감이나 옳은 일을 하려는 욕망에서 행동의 동기화가 되었다면 행위자와 그의 행동은 도덕적으로 옳다고 말할 수 있다. 칸트주의에 따르면, 의무감이나 또는 옳은 것을 행하려는 욕망에서 동기화되었다면 도덕적으로 옳다는 견해를 고수하는 반면에 덕성이론에서는 의무적이며 동시에 목적론적 성격을 보여주고 있다. 따라서 한 사람의 행동이 도덕적으로 진실하다면, 옳은 것을 행하려는 욕망이 너무 강해서 그의 의무를 다하도록 부추긴다거나 그의 실제의 동기가 어떠하든 간에 도덕적으로 옳다는 것이다.

어떤 행동이 그 결과 때문에, 예시되는 규칙 때문에, 또는 동기나, 의도 또는 연관된 개성의 특징이 도덕적으로 옳은지 또는 그른지 때문에 옳거나 그른 것으로 판단되는지에 대한 질문을 다룰 수 있다. 그 해답은, 어떤 행동이 규칙에 대한 관련성에 의해 또는 일련의 규칙에 의해 옳고 그른지 판단되어진다는 것이다. 그 결과 때문에 옳은지 또는 그른지 판단한다면, 이것은 유용성의 규칙이나 또는 다른 목적론적 규칙에 의해 옳고 그름이 됨을 의미한다. 그러나 어떤 행동이 칭찬받을만한지, 비난받아야하는지, 고귀한 것인지 비열한 것인지 판단되어질 수 있고, 이것의 도덕자질은 행위자의 동기, 의도 또는 그것을 행하는 기질에 달려 있다.

또 다른 중요한 질문이 여기 있다. 무엇이 '도덕적 선성(moral goodness)' 인가? 언제 사람은 도덕적으로 옳으며 언제 그의 행동이나, 기질, 동기 또는 의도가 도덕적으로 선한가? 그가 실제로 옳게 행했을 때, 나쁜 동기에서 옳은 것을 행했을 수 있으므로, 이 경우 그는 도덕적으로 선하지 않으며, 그는 그것을 진정으로 하려고 했을지라도 옳은 것을 행하는 데 실패할 수 있다. 이 경우 그는 도덕적으로는 나쁘지 않다. 그와 그의 행위가 도덕적으로 옳은지 어떤지는 그가 행한 것의 옳고 그름이나 그 결과에 달려 있지 않으며, 그의 인격이나 동기에 달려있다. 그래서 흄이 강조한 바가 옳다.

그러나 언제 그의 동기와 기질이 도덕적으로 선한가? 어떤 사람들은 선적으로 의무감이나 옳은 일을 하려는 욕망에서 동기화되었다면 그것 자체로 한 개인과 그의 행동이 도덕적으로 옳다고 말한다. 스토아 철학자와 칸트 같은 이들은 종종 이러한 극단적인 견해를 채택하는 것 같다. 다른 사람들은 비록 다른 동기가 존재하더라도 한 사람과 그의 행동이 주로 의무감이나 또는 옳은 것을 행하려는 욕망에서 동기화되었다면 도덕적으로 옳다는 견해를 고수한다. 여전히 아리스토텔레스와 더불어 일부의 사람들은 최소한 그러한 면에서나 욕망에서 부분적으로 동기화되지 않는다면 도덕적으로 선하지 않다고 논쟁한다. 좀 더 책임감 있는 견해는, 내 생각에, 한 사람과 그의 행동이 도덕적으로 만약 그것이 진실하다면, 옳은 것을 행하려는 그의 의무감이나 욕망이 너무 강해서 의무를 다하려고 노력하도록 부추긴다면 그의 실제 동기가 어떠하든지 도덕적으로 옳다는 것이다.

사실 옳은 것을 하려는 의지를 제외하고는 어떤 기질이나 동기도 선하거나 또는 미덕적인 것이 아니라는 것을 믿기 어렵다. 이것이 도덕적으로 선한 기질이나 개성 습성의 두 종류를 좀 더 유사하게 구별하는 것이다. 첫 번째로, 보통 이것들은 도덕적 미덕이라고 불리며 옳은 것을 행하려는 의지를 포함하며, 두 번째로, 순수한 자연스러운 친절함이나 감사와 같은 것은 그것들이 우리에게 도덕성이 요구되는 행동을 하도록 하기 때문에 도덕기반이며, 의무감을 넘어서는 모성애의 경우에 행해지는 경우에 흔히 발견된다. 의무감만으로 행동하려는 기질의 개념에서 양심이나 도덕적 선함은 옳거나 미덕이 아니고 우정이나, 감사, 존경, 사랑과 같은 동기에서 사람들을 행동하게 만드는 것이 좀 더 바람직하다고 주장된다. 이러한 견해에 대해 비록 이것이 훌륭한 도덕적 용기와 도덕적 이상주의에 좀 더 다가가려는 고귀함을 무시할지라도 말하는 뜻은 있다. 그러나 칸트 믿음처럼, 양심이나 선의지가 무조건적으로 옳은 유일한 것이 아닐지라도, 또한 루소의 주장처럼, 그것이 본질적으로 가장 훌륭한 것은 아닐지라도, 그것은 분명히 도덕적 관점에서 선한 것임에 틀림없다.

그렇지만 덕성윤리도 몇 가지 문제점이 있다. 우선, 윤리학에 관한 덕 지향 개념화가 그 행위에 있어서 의무론이나 권리론 또는 공리주의에 비해서 얼마나 우위에 있는지 어떤 이유로 우위에 있는지를 입증해야 하는 근본적인 과제를 가지고 있다. 그리고 덕성윤리가 받는 주된 비판은 도덕적 인격과 행위자들의 내면 상태에 일차적으로 초점을 맞춤으로 인해서 구체적 상황들에서 우리가 마땅해 해야 할 것과 해서는 안 될 것에 관해서 많은 것을 언급해 줄 수 없는 구조적인 문제를 가지고 있다는 것이다. 이러한 문제점이 있음에도 불구하고 점점 더 많은 학자들이 덕성윤리를 의무론, 권리론, 공리주의의 제한된 전망들에 대한 제3의 대안으로서 보게 되었다. 최근 환경윤리, 기업윤리, 의료윤리, 공학윤리 등의 쟁점들에 있어서 덕성윤리를 적용하려고 하는 시도들이 늘고 있다. 자신들의 권리를 행사하는 사람들은 종종 이기적이며, 자신들의 의무를 행하는 사람들은 종종 다른 사람들에 대해 냉정하며 비동정적일 수 있다. 하지만 모든 덕들이 사실상 긍정적인 행동 처방을 제공하는 특성이 있다.[2)]

덕성윤리는 의무론과 공리주의 윤리 보다는 실생활에 보다 근접하며 따라서 구체적인 도덕문제들을 다루기에 보다 나은 측면이 있다. 공리주의와 의무론, 권리윤리들은 맥락을 초월하려 하는 바 공허한 귀결을 갖는데 비해서 덕성윤리는 생활맥락에 따라 도덕적 판단을 할 수 있도록 한다. 오늘날의 덕목은 아리스토텔레스와 다르다. 오늘날은 충성심과 정직함이 포함될 수 있다. 만일 충성심이 덕목이 된다면 많은 충성심이나 적은 충성심이라는 것이 있을 수 있는가? 모든 종류의 덕목들이 두 극단사이의 중용으로서 말할 수 있는 것이 아니다.

우리는 아리스토텔레스의 덕목들을 당대의 시민의 덕으로 생각할 것이다. 우리시대의 덕목은 우리시대를 반영해야 할 것이다. 현대의 도덕철학자 매킨타이어(Alasdair MacIntyre)는 덕이 문화나 사회를 구성하는 실천에 달려 있다고 생각한다. 전시사회는 영웅적 덕목을 가치게 여기지만 평화로운 사회에서는 관용을 특별히 중요한 덕목으로 생각할 것이다. 자신의 자연법 윤리학과 일관성 있도록, 이들은 덕을 인간존재에게 특수한 것으로 여기며, 그렇지 않으면 인간의 탁월성에 대해 말할 수 없다는

2) R. Hursthouse, G. Lawrence, and W. Quinn, Eds. *Virtues and Reasons : Philippa Foot and Moral Theory* (Oxford :Clarendon Press, 1995) 참조.

것이다.[3)]

2. 중용이론

아리스토텔레스의 중용의 덕성이론은 도덕성 계발이론이다. 여기서 도덕성이란 각 개인의 활발한 자기 계발과 관련되는 문제이며 인간으로서 우리에게 주어진 본성적인 선을 추구하는 문제이다. 인간으로서 지니는 수많은 잠재성들을 완전히 실현하는 것이 우리의 목표이며 본성적인 인간의 선에 도달하는 것이 도덕의 궁극적인 목적이다. 인간의 궁극적 선이란 인간의 본성만이 지니고 있는 고유한 측면을 반드시 반영해야 한다. 우리는 직관적으로 선이란 우리의 고유한 것이며 우리로부터 쉽게 떼어낼 수 없는 어떤 것이라고 믿는다. 이제 덕성함양이론의 고전인 『니코마코스 윤리학』에 나타난 덕의 윤리적 기초를 살펴보자.

행위구조와 목적론 접근

인간의 행위를 이해하는 하나의 방식은 행위를 하게 한 목적이 무엇인지 밝히는 것이다. 병원에 가는 사람의 행위를 보면 아프지 않으면서 병원을 단지 구경할 목적으로 가는 것인지 아니면 아파서 치료받을 목적으로 가는 것인지가 그 행위를 이해하는 데 중요한 차이를 만들기 때문이다. 이러한 방식으로 인간의 행위를 설명하는 사람에게 행위는 주로 그것이 지향하는 목적을 통해 이해되고 설명된다. 아리스토텔레스의 『니코마코스 윤리학』은 인간적 행위의 이러한 목적 지향성에서 출발한다. 선은 아리스토텔레스 자신의 표현을 빌리면 어떤 목적으로 이해될 수 있다. 그는 신중

3) 이성이 인간의 고유한 특성이라면 이성의 활동에 있어서의 탁월함은 곧 인간의 기능을 탁월하게 수행하는 것이며 이 탁월함은 그리스인들이 arete, 즉 덕이라고 불렀던 개념이다. "각각의 기능은 거기에 알맞은 적절한 덕과 더불어 완전하게 표현될 경우에만 가장 잘 완성된다."

하게 행해진 인간의 모든 행위는 그 특성상 목표 지향적 또는 목적을 추구하는 행위라고 주장한다. 그는 인간의 행위를 이해하는 문제와 관련해서는 자연과학이 택하고 있는 기계론적인 입장에 반대한다. 그와 그의 추종자들은 한 개인의 의도와 행위 근거를 더 나아가서 행위의 목표 또는 목적을 동일시하는 것이 왜 그 개인이 그러한 행위를 행하는가를 설명해 주는 최선의 방법이라고 주장한다. 그는 우리가 행위를 통해서 추구하는 몇몇 목적들 또는 선들은 더 이상의 다른 어떤 선을 얻기 위해서 필요한 것이거나 필요한 행위라는 점을 지적한다. 도구적인 선과 대조적으로 본래적 가치를 지니고 있다고 생각할 수 있는 것들도 존재한다.

그런데 하나의 행위를 설명하는 목적에 대해 다시 그 목적을 정당화하는 상위의 목적을 물을 수 있다. 병원에 가는 행위를 '질병의 치료' 라는 목적을 가지고 설명했다면 다시 '질병의 치료' 는 '건강의 회복' 이라는 보다 상위의 목적을 가지고 설명될 수 있기 때문이다. 그런데 보통 목적을 가지고 행위를 설명할 경우 행위 자체는 그 목적을 위한 수단으로 이해되는데, 예를 들어 병원을 가는 행위는 '질병치료' 라는 목적을 달성하기 위한 수단이다. 인간 행위를 수단과 목적의 관점에서 분석하는 사람에게는 어떤 행위의 목적은 동시에 다른 보다 상위의 목적을 위한 수단일 수 있다. 공부를 하는 것이 사범대생의 경우 대부분 자신이 원하는 교사 임용시험에 합격하는 것, 다시 다른 것, 예를 들어 확실히 교사가 되기 위한 수단이다. 그런데 여기서 좋은 직장을 얻는 것의 목적을 다시 묻고, 대답으로 주어진 것에 대해 다시 그 목적을 묻는다면 어떻게 될까? 보다 상위의 목적에 대한 질문과 대답은 무한히 계속될 것인가 아니면 어느 순간 더 이상의 목적을 얘기할 수 없는 곳에 이를 것인가? 아리스토텔레스는 이러한 질문과 대답이 무한히 간다면 우리가 무엇인가를 선택하는 일, 우리의 욕구 자체가 어디선가는 더 이상 상위의 목적을 얘기할 수 없는 지점에 이른다고 말한다.

안정된 직장을 얻는 것은 '남부럽지 않은 삶' 을 살거나 '인간다운 삶' 혹은 '보람 있는 삶' 이라는 목적을 위해서라고 대답할 수 있을 것이며 무엇 때문에 혹은 무슨 목적으로 '인간다운 삶' 이나 ' 보람 있는 삶' 을 살아야 하는지에 대해서는 더 이상의 상위의 목적을 얘기하기 어려울 것이다. 만약 그렇다면 '인간다운 삶' 이나 '보람 있는 삶' 은 더 이상 다른 것의 수단이지 않으면서 오직 목적으로만 주어지는 것이 될 것이다. 아리스토텔레스는 이러한 목적을 '궁극목적' 이라고 부른다.

이 궁극목적을 그는 '최상의 선' , 또는 '행위를 통해서 추구되는 모든 선들 중 최고의 것' 이라 부르는데 이는 결국 그 궁극목적이 최고선이라고 말한다. 최고선이 존재한다면 그것을 분명히 파악하는 것은 매우 중요하며 그렇게 함으로써 우리는 그것에 도달하려는 우리의 노력을 올바르게 인도할 수 있다. 그러한 최고선은 바로 행복이라는 것이다. 더욱이 모든 사람들이 행복을 "잘 살고 잘 행하는 것 '과 동일시한다고 그는 주장한다.[4)]

행복의 윤리학

아리스토텔레스는 이 궁극목적을 어떤 이름으로 부르는가와 관련해서 대부분의 사람에게서 동일한 대답을 듣는다고 한다. 다시 말하면, 궁극목적의 이름은 '행복(eudaimonia)' 이라는 데 의견의 일치를 보인다는 것이다. 문제는 ' 행복' 이라는 이름으로 무엇을 이해하고 있는가, 즉 행복의 구체적 내용에서 차이를 보인다는 점이다. 당대의 통념은 부(富)나 명예, 쾌락과 같은 것을 행복의 내용으로 놓지만 아리스토텔레스는 분석을 통해

---

4) 행복이 최고선의 기준이 될 수 있는가? (1) 최고선은 우리 인간이 오직 그것을 위하여 다른 모든 것을 추구하는 그러한 목적이 되어야 한다. (2) 최고선은 무조건적으로 완전하여야 한다, 본래적 가치를 가져야 만 한다. (3) 최고선은 자기 충족적이어야 한다. 자기충족적인 목적이란 거기에 다른 어떤 것이 더해지지 않더라도 그 자체만으로 삶을 더욱 바람직한 것으로 만드는 목적이며 행복은 세 가지 조건 모두를 만족시키며, 우리는 다른 어떤 것을 위해서 행복을 바라지 않는다.

이러한 것들은 진정한 행복의 내용이 될 수 없음을 보여준다. 부는 그것 자체가 목적이 아니라 다른 어떤 목적을 위해서만 유용하다는 단순한 이유로 궁극목적이 될 수 없다. 또 행복은 우리에게 고유한 것이며 쉽게 박탈될 수 없는 것이어야 되는데, 명예의 경우 명예를 받는 사람이 아니라 주는 사람이 더 결정적이기에 명예 또한 행복의 내용을 이루지 못한다. 쾌락을 극대화 하는 삶은 짐승들에 알맞은 삶이며 욕망의 노예가 될 뿐 보람된 삶이 될 수 없다는 이유로 역시 거부된다.

인간은 이성이라는 영혼을 소유하고 있다.[5] 먼저 인간에게는 능동적인 사고와 추론을 담당하는 이성적인 부분이 있다. 다음으로 비이성적인 부분이 있는데 이는 영양을 담당하는 부분과 욕구를 담당하는 부분 모두를 포함한다. 이는 영양을 담당하는 부분과 욕구를 담당하는 부분 모두를 포함한다. 욕구를 담당하는 부분은 그 자체가 직접 추론에 관여하지 않기 때문에 이성과 무관한 부분이지만 이 부분은 또한 이성으로부터 상당한 영향을 받을 수 있으며, 이성에 따르거나 이성의 명령을 받아들일 수 있다. 영양과 관련되는 부분은 이성의 범위를 넘어서는 것이며 우리의 도덕적 삶에 있어 어떠한 역할도 하지 않는다. 아리스토텔레스는 이렇게 기존의 통념과 철학적 논변을 검토하면서 행복의 토대가 되는 의미를 확보한 후 인간의 '고유한 기능(ergon)' 을 통해 행복을 정의한다.

기능논변에 따른 행복의 정의

우리는 어떤 외과 의사를 보고 훌륭한 외과의사라고 하는 이유는 무엇인가? 그의 외모가 멋있어서 혹은 그가 여가시간에 운동을 잘 해서 훌륭한 외과의사라고 불리는 것이 아니다. 그가 외과수술을 잘 해서이다. 혹은 어떤 목수를 보고 좋은 목수라고 하는 이유는 무엇인가? 그가 들고 다니는

5) 첫째, 추론능력 - 영혼의 이성적 부분에 속하는 것, 둘째, 이성에 따를 수 있는 능력 - 영혼의 비이성적 부분 중 욕구와 관련되는 영역에 속하는 것을 말한다.

연장가방이 멋있기 때문이라거나 보통사람보다 밥을 많이 먹어서가 아니라 목수로서의 일을 잘 해내기 때문이다. 이렇게 우리는 수행해야 할 기능 혹은 해야 할 행위를 가지고 있는 사람에 대해서 '잘' 한다거나 그 분야에서 '좋은' 혹은 '훌륭한' 사람이라고 얘기할 경우 기준이 되는 것은 그 기능 또는 해야 할 행위이다. 외과의사로서의 기능 혹은 목수로서의 기능을 잘 수행해 내는 사람이 '훌륭한 외과의사' 이거나 '좋은 목수' 이다.

아리스토텔레스는 이렇게 목수나 외과의사가 갖는 특수한 기능과 행위를 넘어 인간으로서 갖는 기능을 물음으로써 '훌륭한 인간' 혹은 '좋은 인간' 을 얘기하는 기준이 무엇인지를 찾고자 한다. "눈이나 손이나 발이 그리고 일반적으로 신체의 부분들의 하나하나가 분명히 어떤 기능을 가지고 있듯이, 우리는 이와 마찬가지로 인간에게도 이 모든 것들 이외에 어떤 무언가의 기능을 상정해야 하지 않는가?" 아리스토텔레스는 이렇게 전체로서의 인간이 갖는 기능을 삶에서 찾기 시작하지만 식물이나 동물과 공유하는 삶의 기능, 즉 성장이나 감각 내지 감각에 수반되는 욕구는 배제한다. 인간의 기능은 인간에게만 고유한 것, 혹은 인간만이 잘 할 수 있는 것이어야 하는데 성장이나 감각 등은 식물, 동물의 삶과 공유하는 것이기 때문이다. 이러한 탐구를 거쳐 남게 되는 것은 영혼의 이성적 부분에 의해서 규정되는 삶이다.

인간의 고유한 기능은 이성 능력을 현실화하는 삶이다. 좋은 혹은 훌륭한 하프 연주자가 하프를 잘 연주하는 사람이듯이 훌륭한 인간도 인간의 고유한 기능인 이성적 삶을 잘 살아 내는 사람이다. 만약 인간 고유의 기능 중의 하나가 마땅히 분노를 느껴야 할 때 마땅한 정도로 분노를 느끼는 것이라면, 또 다른 사람과의 거래에서 마땅한 것 이상으로 너무 많은 이득이나 너무 적은 이득을 취하지 않는 것이라면, 인간에게 열려있는 모든 행위와 태도의 가능성에서 가장 좋은 행위와 태도를 취하는 것이 인간 기능의 탁월한 발휘일 것이다. 용감할 수도 있고 비겁하거나 무모할 수도 있는 순간에 용감하게 행위 하는 것, 탐욕스럽거나 매번 다른 사람의 탐욕의 희생양이 되어 너무 적게 받을 수도 있지만 정의롭게 처신하는 것이 인간 기능을 잘 발휘하는 것이지만, 발휘의 기회가 오면 언제나 잘 처신할 수 있는 품성상태에 따라 그렇게 처신하고 행위 하는 것이 인간의 기능을 최고로 발휘하는 것이다.

이와 같이 주어진 기능 발휘의 기회가 오면 언제나 잘 발휘할 수 있는 영혼의 품성상태가 곧 덕(arete)이므로 덕은 자신 속에 '잘함' 혹은 탁월성의 계기를 함축한다. 인간 고유의 기능을 어쩌다 한번 탁월하게 발휘하는 것이 아니라 기회만 주어지면 언제든지 탁월하게 발휘할 품성상태에 따라 발휘하는 것, 그것이 바로 덕에 따른 활동이다. 행복은 인간 영혼의 덕에 따른 활동이다. 즉 인간 고유의 기능을 발휘하되, 발휘의 기회가 오면 언제든지 잘 발휘할 수 있는 품성상태에 따라 발휘하는 활동이라고 말할 수 있다.

덕의 특성

궁극목적으로서의 행복이 '덕에 따른 영혼의 활동'으로 정의되면, 행복을 이해하기 우해 필요한 다음 단계의 과제는 당연히 '덕'이 무엇인가의 문제이다. 이성적 삶이라는 인간의 고유한 기능이 어떤 방식으로 수행되는 상태가 '덕'에 따른 활동인가? 아리스토텔레스는 영혼을 크게 이성적 부분과 비이성적 부분으로 나누되 비이성적 부분 중 일부는 이성을 가지고 있지는 않지만 이성의 얘기를 듣고 따를 수는 있다고 한다. 이 비이성적 부분이 어떤 방식으로 이성에 의하여 설득된다는 사실은 훈계를 하고 권고하는 관행을 보면 알 수 있다는 것이다. 이 부분의 영혼이 보여주는 기능은 인간에게 '품성' 혹은 '성격'으로 나타난다.

어떤 사람은 절제 있는 혹은 온화한 품성 혹은 성격을 가질 수도 있고 무절제한 품성 혹은 화를 잘 내는 성격을 가질 수도 있다. 따라서 이런 영혼의 부분이 담당하는 기능을 잘 발휘하는 품성상태, 혹은 성격이 바로 품성의 덕이다. 어떤 사람이 '절제'라는 품성의 덕을 가졌다는 말은 그러니까 자신의 육체적 쾌락에 대한 욕구가 지나치게 풀어놓거나 지나치게 억누르지 않는 적절한 방식으로 통제할 수 있으며 바로 이런 방식에서 인간 고유의 기능을 잘 발휘하는 성격을 가졌다는 말이다.

마찬가지로 어떤 사람이 '용기'라는 품성의 덕을 가지고 있다는 말은 두려움이라는 감정과 관련해서 지나치게 겁을 먹거나 지나치게 무모하지 않은 적절한 상태에서 행위 할 수 있다는 말이며 이런 방식으로 인간이 갖는 고유한 가능성을, 언제든 발휘의 기회가 오면 잘 발휘할 수 있는 성격을 가지고 있다는 뜻이다. 아리스토텔레스는 이런 관점에서 품성의 덕이 지나침과 모자람이라는 두 악덕들 사이의 중용이라고 정의한다.[6)]

구체적인 경우에 있어서 어떤 것이 너무 지나치지도 않고 너무 모자라지도 않는 중용인지를 결정하는 것은 실천적 지혜(phronesis)이며 이것이 처음에 지적했던 영혼의 이성적 부분에 속하는 덕이다. 실천적 지혜라는 사유의 덕이 주로 행위와 관련해서 중용을 결정하는 기능을 수행한다면, 기술 혹은 기예(techne)라는 사유의 덕은 제작과 관련해서 인간의 고유한 이성적 기능을 잘 발휘하는 이성의 상태를 말한다. 마찬가지로 철학적 지혜(sophia)라는 사유의 덕은 수학적 대상이나 형이상학의 대상과 같이 그 원리가 다르게 있을 수 없는 대상들에 대한 관조와 명상이라는 순수이성적인 기능을 담당한다. 이처럼 아리스토텔레스의 윤리학의 중심개념인 행복을 구체화하는 것이 덕이므로 아리스토텔레스가 제시하는 덕들이 무엇인지 살펴본다.

---

6) 중용으로서의 덕이 지니고 있는 특성 중 하나는 그것이 절대적인 산술적인 중간점이 아니며 모든 사람에게 동일한 어떤 것이 아니다. 중용은 우리들 각각에 따라 달라지는 상대적인 중간점이다. 상대적인 것으로서의 중용은 사람에 따라 달라질 수 있으며 각자가 지니고 있는 변화하는 욕구나 상황에 따라서도 서로 달라진다. 각자에게 주어진 상황에 비추어 무엇이 중용인가를 판단함에 있어 항상 이성의 판단에 따라 무엇을 행하고 어떻게 느낄 것인가를 결정해야 한다.

(1) 품성의 덕

품성의 덕을 규정하는 방식은 덕과 악덕이 일반적으로 칭찬과 비난의 대상이라는 점에 착안한다. 덕이 고유한 기능과 관련되어 정의되며 덕의 규정 안에 이미 탁월성의 계기가 함축되어 있음을 상기한다면 왜 덕과 그것의 반대로서의 악덕에 칭찬과 비난이 결부되는지를 어렵지 않게 이해할 수 있을 것이다. 아리스토텔레스는 영혼 안에 있는 세 가지 것으로 능력, 감정, 품성 상태를 들고 칭찬과 비난의 관점에서 능력이나 감정 모두 덕과 악덕을 설명할 수 없으므로 덕은 품성상태라는 것이다. 덕에 대한 설명에서 이미 언급되었듯이 덕과 악덕은 인간 고유의 기능이 탁월하게 발휘되는 상태인가 아닌가에 달려있는데, 탁월하지 않은 발휘는 주로 지나치거나 모자라는 쪽에서 나온다. 그렇다면 탁월한 발휘의 품성상태, 즉 덕은 지나치지도 모자라지도 않은 중간적 상태일 것이다. 품성의 덕은 결국 우리와의 관계에서 성립하는 중용 안에 있으면서 합리적 선택을 하는 품성상태이다.

아리스토텔레스는 품성의 덕을 다시 무엇에 관계한 기능의 발휘인가로부터 세 부류로 나눈다. 그 첫 번째는 우리의 감정을 대상으로 하는 품성의 덕으로 용기와 절제를 포함한다. 그 두 번째는 명예나 재물과 같은 외적인 선을 대상으로 하는 품성의 덕이다. 명예를 대상으로 하는 품성의 덕이 포부나 명예심이며, 재물을 대상으로 하는 품성의 덕이 호기와 관대함이다. 그 세 번째 부류는 사회적 관계를 대상으로 하는 품성의 덕이다. 타인에 대한 분노에 대한 품성의 덕이 온화이며, 말과 행위로 교제하는 경우에 진실성이라는 품성의 덕이, 여흥이라는 구체적 교제관계에서의 덕이 재치이며 여흥 이회의 일상생활에서의 교제에서 발휘되는 덕이 '필리아(philia)' 혹은 우애이다.

(2) 이성의 덕

품성의 덕이 주로 습관화의 결과로 얻어진다면 사유의 덕은 주로 가르침에 의해 얻어진다. 아리스토텔레스는 사유의 덕을 다섯으로 분류하는데, 그 다섯은 학문적 인식(episteme), 기예(techne), 실천적 지혜(phronesis), 직관적 지성(nous), 철학적 지혜(sophia: 이론적 지혜를 드러내는 덕성 상태)이다. 아리스토텔레스 자신은 설명하지 않았지만 영혼의 이성적 부분을 둘로 나누었던 첫 번째 분류와 지금의 다섯으로의 분류를 대응시키기는 어렵지 않다. 그 원리들이 달리 있을 수 있는 그러한 존재자들을 성찰하는 사유의 덕은 실천적 지혜와 기예일 텐데, 기예는 제작과 구별되는 행위 자체에 관심을 갖는 윤리학 논의에서 비교점만 제공하고는 사라지고 결국 실천적 지혜만 남게 된다. 단순한 규칙의 파악으로 이러한 실천적 지혜를 터득할 수 없다.[7)]

그 원리들이 달리 있을 수 없는 그러한 존재자들을 성찰하는 사유의 덕은 학문적 인식과 직관적 지성, 철학적 지혜인데, 설명과정에서 원리에 관한 직관적 통찰을 주로 의미하는 직관적 지성과 원리로부터의 추론을 담당하는 학문적 인식을 통합한 철학적 지혜가 대표의 자격으로 남는다. 사유의 덕에 관한 마지막 물음은 철학적 지혜와 실천적 지혜의 관련으로 향하는데 이 물음은 영혼의 이성적 부분의 근원적 통일성에 관한 물음으로 들린다.

예를 들어 수학에서 이성의 기능을 탁월하게 발휘하는 사유의 덕과 도덕적 실천에서 이성의 기능을 탁월하게 발휘하는 것 사이에 접점이 있는

---

7) 행위를 결정하는 데 있어서 일반적 규칙에 의존할 수 없는 이유는 이와 같다. (1) 일반적인 것으로서 규칙은 그 자체만으로 우리가 어떤 특수한 행위를 해야 하는지를 확인해 주지 않는다. (2) 어떤 규칙도 특수하고 끝없이 변화하는 행위를 둘러싼 모든 세부적인 상황을 포괄할 수 없다. (3) 규칙들은 항상 특수한 상황들에 적용되어야만 하는데 기계적으로 이루어지지 않으며 특수한 상황에서 무엇이 요구되는지를 파악하기 위한, 즉 상황을 올바르게 인식하기 위한 눈을 필요로 한다. 올바른 결정에 도달하기 위하여 우리는 직접적인 통찰에 의존해야 하며 이것은 이미 파악된 복잡한 상황의 특수성에 비추어 그런 상황에서는 과연 어떤 행위와 감정이 중용이 될 것인가를 깨닫는 것을 의미한다.

가? 이에 대한 아리스토텔레스의 대답에서 우리는 플라톤과는 다른 방식으로 형이상학과 윤리학이 만나는 모습을 볼 수 있다. 이성적 부분의 기능을 담당하는 덕들 사이의 통일성을 물을 수 있듯이 영혼의 이성적 부분과 품성의 부분적 통일성도 물을 수 있을 것이다. 구체적으로 실천적 지혜는 어떻게 품성의 덕들과 하나가 되는가? 이 문제에 대한 해답을 우리는 '합리적 선택' (prohairesis)에서 발견하게 된다.

합리적 선택과 실천적 지혜

아리스토텔레스는 품성의 덕을 지나침과 모자람의 중간적인 것, 중용으로 규정하면서 이 중간적인 것이 '올바른 이성(orthos logos)' 이 얘기하는 것이라고 정의했었다. 그러나 중용을 추구해야 품성의 덕에 이르고 중용의 상태를 올바른 이성이 규정한다는 일반적 원칙에 관한 앎만 가지고는 충분하지 않다. 올바른 이성은 사유의 덕에 관한 6권의 검토에 따르면 바로 실천적 지혜이다. 아리스토텔레스는 행위를 구체적으로 일어나게 한 원리는 일차적으로 우리의 합리적 선택(prohairesis)이라고 한다.

그러나 그 합리적 선택의 원리는, 다시 말해서 우리가 왜 그러한 합리적 선택을 했는지는 다시 욕구와 '어떤 목적을 지향하는 이성(logos ho heneka tinos)' 없이는 설명될 수 없다고 한다. 목적을 지향하는 이성과 욕구는 따라서 행위를 직접적으로 불러일으키는 합리적 선택을 움직이게 한다는 관점에서 행위의 원리가 되는 것이다. 합리적 선택을 욕구의 지성으로 규정하건 혹은 사고의 욕구로 규정하건 변함이 없이 확실한 논점은 욕구의 요소와 사유의 요소를 동시에 조회하지 않고는 한 행위의 설명이 온전하기 어려울 것이라는 사실이다.

아리스토텔레스가 이러한 실천적 행위의 원리로 인간을 지목하는 것은 바로 인간이 이 두 요소를 동시에 품고 있기 때문이다. 결국 이러한 분석에 따르면 인간의 고유한 기능은 서로 상관없는 영혼의 두 부분에서 각각 발휘되는 것이 아니다. 품성의 덕이 자신의 목표에 적절히 도달하기 위해 실천적 지혜가 필요한 만큼 실천적 지혜 역시 자신의 성립을 위해 품성적 덕의 도움을 필요로 한다. 가치중립적인 영리함이 나쁜 목적을 위해 수단을 강구하는 '교활함' 이 아니라 좋은 목적을 향한 '실천지혜' 가 되려면 '바라보는 목표를 올바르게 만들어주는 덕' 을 필요로 하는 것이다. 목표를 이렇게 올바르게 만들어 주는 덕이 없이는, 즉 좋은 사람이 아니고서는 실천적 지혜가 있는 사람일 수 없다. 그래서 아리스토텔레스는 다음과 같이 말하는 것이다.

> "우리는 실천적 지혜와 품성의 덕을 따라 고유한 기능(ergon)을 성취한다. 왜냐하면 덕은 바라보는 목표를 올바르게 만들어 주고, 실천지혜는 이것을 위한 수단들을 만들기 때문이다."

쾌락과 방종 현상

『니코마코스 윤리학』 6권까지의 논의를 거쳐 행복과 덕에 관한 대강의 얘기를 한 다음 아리스토텔레스는 7권에서 지금까지의 접근 방법과는 다른 방식으로 문제에 접근한다. 지금까지 주로 추구의 관점에서 어떤 것이 추구해야 할 목표이며 품성 상태인지를 살폈다면 이제는 거꾸로 회피의 관점에서 무엇이 피해야 할 성품(ethos)인지를 살피는 것이다. 피해야 할 세 가지 성품 중 악덕의 경우는 덕의 반대이기에 어렵지 않게 이해된다.

7권에서 주로 문제가 되는 피해야 할 성품은 바로 '자제력 없음' (akrasia)이다. 자제력 없음은 자신이 최선이라고 알고 있는 것에 반하는 행위를 하는 현상을 의미한다. 담배를 피우면 건강에 해롭다는 것을 알면서도 담배를 피우는 일 과 같다. 자제력 없음에 관한 논의는 통념 점검과 소크라테스의 '자제력 없음' 의 부정이 가져오는 역설 현상분석, 연관주제인 무절제와의 세심한 분석을 통해 자제력 없음의 위치를 잡아주고 있어서 아리스토텔레스 윤리학의 고유한 방법을 충분히 음미할 수 있게 한다. 아리스토텔레스와 소크라테스 사이의 충돌을 '자제력 없음' 에 관계하는 앎의 성격과 무지의 성격을 분석함으로써 중재하려 한다.[8)]

자제력 없음이 대상을 분석하는 과정에서 쾌락과 고통이 중요하게 등장하고 동일한 대상에 관련하는 무절제와의 비교가 피할 수 없게 된다. 이 비교의 과정에서 아리스토텔레스는 왜 무절제는 악덕이지만 자제력 없음은 악덕은 아니고 피해야 할 상태인지를 논증할 수 있게 된다. 자제력 없는 사람은 "마침내 올바른 이치를 따라 행동하지는 않을 정도까지 감정에 지배당하지만, 그러한 여러 가지 쾌락을 무한정으로 추구해야만 된다고 설득당할 수 있을 만큼 감정에 지배되지 않기 때문" 이다. 무절제한 사람이 아예 쾌락을 지나치게 추구하기로 합리적으로 선택해서 이미 설득되어 있는 반면, 자제력이 없는 사람은 그러한 합리적 선택과 설득의 계기가 없다. 그는 그러고 싶지 않은데 그럴 수 없을 뿐이다. 자제력 없음은 외적인 감정이 행위자가 원래 내렸던 합리적 선택에 반하여 행위의 주인이 되는 사태이지만 합리적 선택이 악을 향하지 않은 한 그 원리 내지 단초를 여전히 보전하고 있는 사람이다.

심사숙고와 실천 삼단논법

우리가 결정한 것은 특수한 행위를 하거나, 감정을 느끼기 위하여 간접적인 단계를 취하도록 한다. 이 단계들을 구체적으로 확인함에 있어 심사숙고는 실천적 삼단논법의 형태를 취한다. 이것은 전형적으로 어떤 종류의 것을 선 또는 욕구의 대상으로 규정하는 대전제, 이러한 선에 도달하는 방법 중의 하나를 제시하는 소전제, 그리고 우리에게 어떤 행위를 할 것을

8) 무지한 채로 한 행위와 무지로부터 한 행위는 구별된다. 무지로부터 한 행위는 반자의적 행위이며 무지한 채로 한 행위는 자의적 행위이다. 반자의적 행위는 항상 후회나 고통의 결과를 낳는 것이며, 행위의 원인이 내부적인 것이거나 어떤 방식으로 행위를 통해 쾌락을 얻게 된다면 그런 행위는 결코 본의 아니게 행해진 것이 아니다. 고통을 겪지 않는다면 우리의 행위는 자의적인 것 또는 자의와 무관한 것으로 분류될 수 있을 것이다.

요구하는 결론으로 구성되며 이러한 심사숙고는 어떤 목표에 도달하기 위한 수단을 산출하는 문제인데 이 경우 목적은 덕이 있는 행위 또는 행복이다. 실천적 추론이 옳은 것이 되기 위한 조건은 다음과 같다.

(1) 행위자로 하여금 진정으로 선한 것을 목표 삼도록, 행복을 구성하는 행위나 감정에 도달하기 위한 수단을 추구하도록 인도해야 한다.

(2) 선이 직접적으로 성취될 수 없는 것이라면 심사숙고는 그것을 성취하기 위해 거쳐야하는 간접적인 과정들을 확인해주는 것이어야 한다.

의지의 나약함은 욕망이 우리의 인식을 가리는 문제로, 현재 상황에서 무엇을 행해야 하는가를 결론으로 도출하는 실천적 삼단논법의 과정에서 소전제에 대한 지식이 가려지게 된다. 나의 욕구가 존재하지 않거나 존재하더라도 잘 조절된다면 자신은 위험한 상태에 놓여있음을 충분히 깨닫고 이런 상태를 개선하기 위해 무언가를 할 것이며 그렇지 않다면 자신의 의지는 나약한 것이다.

두 가지의 인식능력을 발휘함으로써 이론적 지식에 도달할 수 있는데 그것은, (1) 논리적으로 생각하는 능력이 존재하는데 이는 공리들로부터 정리를 이끌어내고 그 후에는 보다 일반적인 정리들로부터 보다 특수한 정리들을 이끌어 내는 능력(과학적 능력), (2) 공리들이 자명하게 참이라는 사실을 파악하는 능력 또한 갖추어야 하는데 이는 일종의 지적인 직관 또는 정신적 지각을 통해서 이루어진다. 이러한 능력을 발휘하는 것을 이해라고 하며 이론적 인식은 이해에 과학적 인식능력이 더해져서 형성된다. 이성이 이론적 능력을 잘 발휘하여 이해와 과학적 인식에 도달하게 되면 그것은 지혜의 덕을 드러낸다. 지혜는 보편적인 것에 대한 인식으로 구성된다. 과학적, 이론적 인식은 진리를, 사물의 일반적 본성이 무엇인가를 논증하는 것이 목표이다. 사고나 과학지식은 그 자체만으로는 아무 것도 움직일 수 없으며 그것은 단시 사물들의 영구한 본성을 밝힐 뿐이며 오직 실천적 지식만이 행위 하도록 동기를 부여한다.

형이상학

그에 따르면 자연은 수많은 개별적인 실체들로 이루어지는데 이들은 공간과 시간상에 존재하는 실재로서 최소한 우리의 사고 작용 또는 추상화의 과정상에는 두 가지 요소로, 즉 물질적인 기초와 감각적이고 파악 가능한 형상으로 나누어 생각될 수 있다. 개별적 실체의 형상은 바로 그 실체를 그러한 종류의 것으로 만들어주는 것이며 영원하고 비공간적이며 현실과 분리되어 있는 형상(이데아)이 존재한다는 플라톤의 생각을 이어받은 요소이다.

그러나 그는 이를 현실적인 것으로 끌어내려 우리가 지각할 수 있고 파악할 수 있는 개체의 특성으로 즉 개체가 어떤 종류에 속하는 것인지를 구별하고 확인해주는 속성으로 간주한다. 실체의 질료는 그 실체를 구성하는 재료에 해당하며 있는 그대로의 질료에 어떤 형상이 부여됨으로써 구체적이고 특수한 고유한 어떤 실체의 모습이 드러내게 된다.

제 1 질료는 어떤 형상도 더해지지 않은 질료를 의미하며 이 반대쪽 끝에는 순수형상이 존재한다. 순수형상은 어떤 질료를 통해서도 실체화되지 않은 형상 자체이다. 그는 이것을 신과 같은 존재라고 생각한다. 모든 개별적인 실체들은 변화하며 하나 또는 그 이상의 형상을 잃기도 하고 다른 형상을 얻기도 한다.

인간의 삶을 생각해 보면, 사람은 이미 그가 존재하는 바대로 그가 잠재적으로 존재하는 바대로 되어가는 것이며 변화는 자신이 지닌 잠재성들을 실현해 나가는 과정이며 잠재적으로 존재하는 자신을 현실적으로 존재하는 자신으로 바꾸어 나가는 문제이다. 그에 있어서 도덕적 삶은 어떤 본성에 도달하기 위한 삶, 즉 어떤 느낌과 감정, 행위들이 더해져서 탁월한 지적인 삶을 살아가기 위하여 노력하는 것이며, 이러한 삶의 목표는 본질적으로 자신을 만들어 주며 실천적이고 이론적인 이성을 갖춘 존재를 규정해주는 형상들을 실현하는 것이 된다.

이처럼 아리스토텔레스의 『니코마코스 윤리학』은 궁극목적으로 설정된 '행복'의 진정한 내용이 무엇인지 그 목적으로 이끌어주는 영혼의 '덕'에 따른 활동이 무엇인지를 하나하나 설명하고 있는 작품이다. 이러한 설명에 따르면 이성이라는 인간의 고유한 기능을 잘 발휘해서 자신의 욕구와 감정을 잘 설득하는 품성상태를 갖는 것은 자신에게 달린 문제가 된다. 인간에게 자연적으로 주어진 것 이상을 논의에 도입하지 않는다는 점에서 그의 논의는 자연주의적 지평에 머물고 있다고 할 수 있다. 물론 아리스토텔레스는 이러한 인간적 노력들이 외적인 상황에 의해 심각한 영향을 받을 수 있다는 사실을 잘 알고 있었다.

인간이 사회적 동물인 한 행복한 삶에는 말과 행동을 함께 나누는 친구의 존재도 필요한데, 그러한 친구가 불의의 사고로 먼저 세상을 떠나는 일은 나의 노력을 가지고 어찌할 수가 없는 일이기 때문이다. 아리스토텔레스는 소위 '운명'이 개인의 행복에 심각한 영향을 줄 수 있음을 인정하지만 그럼에도 불구하고 운명의 노예가 되지는 않을 가능성을 역설함으로써 행복의 불완전성을 변호한다. 아들을 잃은 슬픔으로 영향을 받지 않을 수 없지만 그렇다고 자신의 인생을 포기하는 사람이 인간 고유의 기능을 잘 발휘하는 사람은 아니기 때문이다.

궁극목적에 대한 숙고 없이는 어떻게 살아야 할 것인가의 문제에 대한 답이 나올 수 없다는 그의 통찰은 이후의 중세에 이르기까지 윤리학적 사유를 지배했던 통찰이었다. 앞에서 지적했던 운명개념이 신의 섭리로 포섭되면서 죽음 이후의 세계를 포괄하는 보다 큰 궁극목적의 체계가 등장하기도 하지만, 이것은 아리스토텔레스는 의도하지 않았던 초자연적 지평이 이론적 반성 안으로 들어와야만 가능한 일이었다. 근세의 인간중심주의는 행복 개념 자체가 상당 기간 동안 윤리학에서 사라지는 결과를 낳았다. 20세기에 들어와서 다시 행복 개념을 윤리적 사유의 중심에 놓으면서도 초자연적 지평으로 가지 않는 방식을 모색하는 과정에서 아리스토텔레스의 『니코마코스 윤리학』은 다시 주목 받는 것이다.

3. 낙태의 윤리문제

생명존중은 생명의 존귀함을 소중히 여기는 덕성윤리에 해당한다. 살아 있는 모든 것을 귀하게 여기고 모든 생명에 가치를 부여하는 덕성이다. 우리 민족의 생명존중 사상에는 인간과 자연을 구별하지 않는 조화의 정신과 인간의 생명을 유지하기 위해 필요한 경우에만 살생을 제한적으로 한다는 살생유택의 덕성이 내포되어 있다. 이러한 생명존중 사상은 단군신화, 화랑도의 세속 오계, 태고보우의 돈오사상, 인내천의 동학사상에서 찾아볼 수 있다. 단군신화에 나오는 홍익인간 이념에는 생명존중 덕성이 깃들여져 있다. 그런데 공학기술의 발전에 따라 산모의 자율권을 중시하면서 낙태를 쉽게 간주하는 생명경시 풍조가 나타났다.[9)]

단군사상의 홍익이념에는 생명을 중시하기 때문에 임신이전부터 '주원유잉'(呪願有孕)의 간절한 기도 심정으로 태교하는 정신이 강조되었다. 이러한 정신을 계승한 전통태교에서는 임신여성이 지켜야 하는 일곱 가지 태교정신이 담긴 '7태도'를 지켰다. 먼저 제1도에서, 아기를 낳을 달에는 머리를 감지 말고 높은 마루나 바위 등을 오르지 않는다. 술을 마시지 말고 무거운 짐을 지지 말며 험한 산길과 위험한 냇물을 건너지 않는다. 제2도에서, 임산부는 지나치게 말을 많이 하거나 지나치게 웃지 않고, 놀라거나 겁을 먹거나 울지 않는다.[10)] 제3도에서, 임신 첫 달은 마루, 둘째 달은 창문, 셋째 달은 문턱, 넷째 달은 부뚜막, 다섯 째 달은 평상, 여섯째 달은 부뚜막, 일곱째 달은 학돌, 여덟째 달은 측간, 아홉째 달은 문방에 가지 말

9) 권혁길 외(2007),『공학 윤리』서울; 인간사랑. pp.126-142.

10) 현대의학에서도 임신부가 지나치게 흥분하면 호르몬의 작용으로 혈관이 수축하거나 대사 장애 등을 일으켜 태아에게 해가 된다고 한다.

고 태살 장소를 피하게 된다. 제4도에서, 임신부는 조용히 앉아 아름다운 말을 듣고, 성현문구를 외우고, 시를 읽거나 쓰고, 품위 있는 음악을 듣는다. 제5도에서, 임신부는 가로 눕지 말고, 기대지 말며, 한쪽 발로 서 있지 않는다.

제6도에서, 임신3개월부터 태아 기품이 형성되므로 주옥, 명향 등 기품 있는 물건을 가까이 두고 감상한다. 또 소나무에 드는 바람소리를 듣고자 노력하고, 암향에 해당하는 매화와 난초의 은근한 향을 맡는다. 제7도에서, 임신 중에 금욕한다. 산달에 관계하면 아이가 병들거나 일찍 죽는다는 민간신앙을 반영하고 있다.

이처럼 전통태교 정신이 담긴 '7태도' 를 통하여 임산부가 지켜야 할 실천 내용은 모성태교에 관한 것으로, 임신부가 주의해야 할 언행과 마음가짐, 금기사항 등을 세세하게 이르고 있다. 먼저 임신을 하고자 할 때도 때와 장소를 가리도록 했다.[11] 현대에서도 전통태교의 정신을 살리되 현대문화의 상황고려가 중시된다. 현대태교의 구성요건으로 과학적인 태교지침이 임신단계에 따라 구체적으로 지원되는 태교, 남편과 가족이 공동으로 수행하는 태교, 태아 성장이 로맨틱한 이벤트로 이어지는 태교, 가족기쁨과 주변친지의 덕담이 기록으로 보존되는 한얼태교로 이루어지는 것이 바람직하다. 신세대를 위한 한얼태교를 통하여 홍익이념의 태교정신을 오늘에 살려서 쉽게 낙태를 생각하지 않도록 할 필요가 있다.[12]

공학기술의 발달에 따라 낙태는 전 세계적으로 격렬한 논쟁주제가 되고 있다. 이 주제를 놓고 토론 수업할 경우, 토론의 목적은 자신의 의견이나 주장을 관철시키는 데에 있는 것이 아니라 의견의 합의를 구하는 것이 필요하다. 우리는 낙태 찬반에 대한 입장을 숙지함으로써 이 문제에 보다 합

---

11) 큰 비, 천둥이 크게 치는 날 등 기상이변이 있는 때나 술을 마셔서 정신이 혼미할 때, 과식을 했거나 허기졌을 때, 중병을 앓은 때 등 심신이 평안하지 못할 때는 성교를 피하는 게 좋다.

12) http: //www.babykinder.co.kr 참조

리적인 걸음으로 다가설 수 있다. 이제 낙태문제에 대한 반대론, 찬성론, 중도이론을 각각 살펴본다.

가. 낙태반대론

(1) 생명우선론과 태아인성

〈그림 2〉 멕시코 낙태 반대 시외

낙태를 반대하는 측은 "생명 우선론(proto-life)"의 입장에 서 있다. 이는 생명권이 모든 다른 권리보다 중요하다는 초역사적 인식과 함께 태아는 수정 순간부터 인간이며 태아의 생명권이 여성의 이해에 앞서 존중되어야 한다는 사회적 입장에 의해 형성된 견해이며 대부분의 종교계가 이에 동조하고 있다. 이러한 입장에서 중요하게 다루어야 할 문제는 태아의 인성과 도덕적 지위에 관한 문제이다. 이러한 관점의 논의는 다섯 가지로 집약된다. 첫째, 낙태는 살인행위이다. 태아의 도덕적 지위를 강조하면서 태아를 죽이는 것은 살인행위에 속하는 것으로 간주한다. 둘째, 낙태는 위험한 제반환경을 만들게 된다. 셋째, 낙태는 임산부에게 심리적인 상실감과 위축감을 유발한다. 넷째, 낙태이외의 대안의 강구가 이루어질 수 있다. 다섯째, 임산부는 자신의 성행위에 대한 책임의식을 수반해야 한다.

이와 병행하여 유전학적 관점에서는 인간의 유전인자가 형성되는 임신 시초부터 인간으로 간주한다. 모든 형태의 생명을 귀중히 여긴다는 점에서는 긍정적이나 원치 않는 임신의 경우 임산부의 의사를 무시한다는 점에서는 그리 환영받을 의견은 아니다. 반면에 사회경제적 관점에서는 사회 도덕적 정책에 관한 사회의 요구를 중시하며 태아가 인간인지 아닌지의 여부를 결정한다. 섬너의 경우와 같이 발달학적 관점에서는 태아가 자신의 독특한 방식으로 그 주변 환경과 상호작용을 함으로써 비로소 충분히 실현된다. 여기서는 임신 후 신체기관이 기초적으로 형성될 때, 또는 태아가 생존능력을 가질 수 있을 때, 또는 태아의 두뇌가 어느 정도 발달했을 때의 시기 구분이 적용된다.

태아가 수정의 순간부터 태아의 도덕적 지위와 연관된 인격 가능성을 내포한다는 사실은 의심의 여지가 없다. 임신과정을 단계적으로 파악하여 인간생명 이전 상태를 상정하는 것은 타당하지 않다. 인간형성의 초기단계에서 인격의 형태와 독립성을 경험적으로 인지할 수 없음은 사실이지만, 현대의학은 수정 순간부터 태아는 하나의 독립적 인격체로 파악될 수 있다는 점을 밝힌다. 인간형성 과정도 하나의 연속과정으로 이해되어야 한다. 의식과 의사소통능력이 과정 끝에 가서 고정적으로 형성되지 않듯이 인격은 수정 순간부터 자기동일성을 가지고 시작한다. 발전단계에 있어서 모든 침해행위는 개인 정체성과 전체 삶에 영향을 준다. 태아 단계도 예외는 아니다. 인격전체로서 파악하고 삶 전체 과정에서 정체성을 확인한다면, 태아를 시기 특이성을 고려한 도덕적 인격체로 파악해야 한다. 돈 마퀴스(Don Marquis)의 낙태 반대론을 살펴본다. [13]

(2) 살생의 부도덕성

살인의 부도덕성은 생명존엄에 대한 도적이며, 그 사람의 부재로 인한 지인들이 상실감이라고 할 수 있다. 어떠한 성인을 죽이는 것이 나쁜 것은 미래의 상실 때문이다. 이러한 분석의 초점은 자연적인 특질이 최후로 살

13) Don Marquis, "Why Abortion is Immoral?", *The Journal of Philosophy*, No.4.(April 1989), pp.183-195.

인의 옳지 않음을 설명하는 것을 확립하는 것과 그것이 옳지 않다는 것이다. 살인을 그릇된 것으로 만드는 것은 희생자 미래의 소거이며 상실이다. 살인을 나쁘게 만드는 것은 희생자 미래의 추가적 이익 가치를 희생자가 상실하는 것이라는 관점은 그러한 함축이 몇 가지의 정당성을 갖출 수 있을 때 비로소 지지된다.

첫째, 그것은 단지 생물학적인 인간을 죽이는 것이 옳지 않다는 관점과 양립할 수 없다. 둘째, 미래의 상실은 죽임을 당한 사람의 미래를 잘못되게 만드는 것이라는 주장은 지구에 사는, 인간이 아닌 동물을 죽이는 것 또한 우리들과 마찬가지로 심각하게 나쁘다는 가능성을 수반한다. 셋째, 이러한 주장은 인간의 삶이 신성하다는 이론처럼 실제 안락사가 그릇됨을 수반하지 않는다. 아이들과 유아들을 죽이는 것은 그들이 가치 있는 미래를 가지기 때문에 잘못되었다. 살인을 잘못된 것으로 만드는 주된 특징은 윤리에 중요한 영향을 갖는 가치 있는 미래의 희생에 있다. 태아의 미래는 경험, 계획, 활동 등 성인의 미래와 동일한 것들을 포함한다. 인간을 죽이는 것이 잘못된 것처럼 낙태는 태아로서의 도덕적 지위를 박탈하기 때문에 도덕적으로 문제시된다.

이 논쟁은 살인은 잘못이기 때문에 잠재적인 사람을 죽이는 것이 잘못이라는 추정을 하지 않아도 된다. 이 분석의 도덕적 핵심은 우리와 같이 가치 있는 미래를 갖는 것에 대한 문제 제시이며 이는 미래 인격성에 관한 논란은 아니다. 가지 있는 미래지향적 논의는 낙태가 근본적으로 잘못되었다는 것을 보여줄 뿐이지 어떠한 모든 환경에서 잘못되었다는 것은 아니다. 보통의 태아에게 미래의 상실은 어른의 미래 상실만큼 큰 상실이기 때문에 낙태는 보통의 살인처럼 가장 강력한 이유로 정당화되기가 어렵다. 생명 상실은 그 자체로 큰 불행이다.

살인의 부당성 윤리는 태아의 삶으로 확대되어야 하고 어떠한 낙태도 도덕적으로 승인될 수 없다는 전제의 정당성을 보여줘야 한다. 이 분석은 피임이 잘못되었다는 것 까지 수반하지 않는다. 물론 피임은 가치 있는 미래의 실현 가능성을 막는다. 피임으로 인해 가치 있는 인간의 미래가 명백히 부정되면 그것 또한 잘못된 것이다. 그러나 피임으로 인해 그러한 미래는 개연성을 지닐 뿐이다.

피임이 잘못된 것으로 인식되어 있다. 피임이 정자와 난자의 수정에서부터 생명 가치의 존엄성을 빼앗는 것으로 주장할 수 있다. 그러나 피임의 경우 미래상실의 문제는 확정적이 되지 못한다. 낙태의 도덕적인 허용 가능성에 대한 문제에 대해 태아의 도덕적인 지위를 세우기도 한다. 태아는 도덕적 고유성을 가지기 때문에 낙태는 잘못되었다는 논증이다. 물론 강간에 의한 임신이나 산모의 생명이 태아 때문에 위험하다면 낙태를 생각할 수 있다. 이처럼 태아를 미래적, 잠재적 인격체 차원에서 받아들여 낙태를 나쁘다고 간주한, 마퀴스 관점은 태아를 도덕적 인격의 잠재형태로 보고 있음이다. 그러나 잠재인격체는 '잠재' 라는 점에서 한계를 지니며, 마퀴스의 "미래의 가능성" 문제는 다소 추상적이며 이상적인 것으로 비판받을 수 있다. 마퀴스의 피임에 대한 입장은 역설적 논리를 드러낸다. 왜냐하면 낙태를 반대하면서도 피임을 찬성하기 때문이다. 낙태에 대한 윤리적 보편화 가능성을 근본적으로 묻고, 산모의 자율권을 존중하는 가운데 낙태를 좀 더 현실적이며 객관적으로 바라보는 자세가 요청된다고 할 것이다.

나. 낙태찬성론

(1) 선택 우선론과 여성신체의 자율성

낙태를 허용하는 측은 "선택 우선론(proto-choice)" 의 입장에 있다. 임신과 출산은 여성의 몸 안에서 일어나는 현상으로 이로 인한 물리적, 심리적 사회적 영향을 여성들이 받고 있다는 현실적 이해와 여성들이 사회적 지위를 향상시키려면 가정 내 역할이라는 기존의 역할을 변형하여야 하고 이를 위해서는 임신과 출산의 자율적 결정이 기초 요건이 된다는 역사적 지각에 의해 형성된 견해이다. 여성 자신의 신체에 대한 완전한 자율권을 주장하는 것이 초창기 산아제한의 모토였다. 책임을 회피하고 발뺌하는 남성으로부터 자유로워지고자 하는 여성의 선택은 당연한 것이기도 했다. 이른바 여성주의 권리운동의 의미라고 보아야 할 것이다. 산모의 자율권을 강조하는 선택 우선론의 정당화는 크게 네 가지로 집약된다. 첫째, 산모는 자신의 신체에 대한 자율권을 갖고 있다. 둘째, 원하지 않는 임신 자체가 임산부에게 육체적 심리적 저항감을 야기한다. 셋째, 임산부가 낙태 이외의 대안을 생각할 수 없는 불가항력의 상황이 발생할 수 있다. 넷째, 태아보다 생명가치 측면에서 임산부를 우선시해야 한다.

낙태를 윤리적으로 판단하는데 있어 중요한 것은 태아가 과연 인격 생명체인가 하는 문제와 함께 인간을 자연적 인간존재를 토대로 인류공동체의 구성원으로 받아들일 것인가 아니면 특정한 기준과 능력의 조건을 붙일 것인가 하는 물음으로 압축된다. 아울러 태아의 도덕적 지위에 대한 현실상황적 맥락을 충분히 고려해야 하는 점 등을 언급할 수 있을 것이다. 탐슨은 그녀의 논문 『낙태 옹호론』(A defence of Abortion) 에서 이렇게 논증한다, 설령 태아에게 생명권이 있다고 하더라도, 태아를 임신중절 시키는 것이 생명권 자체를 침해하는 경우는 드물 것이다.[14) 탐슨은 임신중절이 태아의 생명권을 침해하는가 하지 않는가 하는 문제는 그 권리에 의해 보호되는 것들이 정확히 무엇이냐에 달려 있다는 것에서부터 출발한다. 탐슨이 고려하는 첫 번째의 견해는, 생명권이 그 권리를 소유한 존재가 생존을 계속하기 위하여 필수적으로 요구되는 최소한의 것들을 그것이 무엇이든지 간에 요구할 수 있는 권리를 포함한다는 것이다. 만약에 이것이 참이라면, 임신중절은 어떤 경우들에 있어서 이 권리를 침해할 것이 분명하

14) J. J. Thomson, "A Defense of Abortion", *Philosophy & Public Affairs*, No.1(Fall 1971), pp.47-66.

다. 왜냐하면, 임신중절은 태아가 생존을 계속하기 위하여 태아가 필요로 하는 것, 즉 산모가 태아로 하여금 자신의 신체를 사용하지 못하도록 하는 것을 포함하기 때문이다. 탐슨은 생명권이 소유 권리를 전혀 발생시키지 않는다는 점을 지적한다.

탐슨은 우리에게 다음의 상황을 상상해 보기를 요구한다. 즉, 탐슨 자신이 지금 아파서 죽을 지경이고, 그녀의 생명을 구할 수 있는 유일한 길은 미남 배우 헨리 폰다(Henry Fonda)가 나타나서 그의 시원한 손을 그녀의 펄펄 끓는 이마에 대 주는 것뿐인 상황에 직면할 경우를 생각해 보자. 탐슨이 생각하기에, 헨리 폰다가 그렇게 해서 그녀의 생명을 구해 준다면 그것은 대단히 친절한 일이겠지만, 탐슨 자신은 헨리 폰다에게 그렇게 해 주기를 요구할 아무런 권리가 없다는 점을 지적한다. 탐슨의 논점은, 생명권이 어떤 것에 대한 권리라고 전제할 때, 생명권은 어떤 존재가 생존을 계속하기 위하여 필수적인 모든 것을 무엇이든지 요구할 수 있는 그런 권리는 아니라는 것이다.

〈그림 3〉 헨리 폰다

다음으로 탐슨은, 생명권은 죽임을 당하지 않을 권리라는 견해를 고려한다. 그런 견해는 위의 반례에 의해서 논박되지 않는다. 그 까닭은, 생명권에 대한 이 견해에 의하면, 헨리 폰다가 탐슨을 도와주러 오기를 거절한다고 해서 그가 그녀의 생명권을 침해하는 것, 즉 그가 그녀를 죽이는 것이 되지는 않기 때문이다. 그리고 그렇게 정의된 생명권이 태아에게 있다고 가정한다면, 임신중절을 하는 것은 태아의 생명권에 대한 명백한 침해가 된다. 그런데 탐슨에 의하면 생명권에 대한 이러한 설명도 옳지 않기는 마찬가지라고 한다.

그녀는 바이올리니스트의 예를 들면서 그 설명을 비판한다. 탐슨 주장에 따르면, 만약 당신이 아프다고, 당신 자신과 바이올리니스트를 연결하는 관을 뽑아 버린다면 당신은 그 바이올리니스트를 죽이는 것이다. 만약 당신이 그렇게 한다면, 그것은 단지 당신이 바이올리니스트에게 그가 생존을 계속하기 위해서 필요로 하는 최소한의 것을 제공하지 않았다는 것만을 의미하지는 않는다. 헨리 폰다의 경우와는 달리, 여기서 당신의 행동은 도덕적으로 무고한 한 사람의 죽음을 가져오게 된다. 그럼에도 불구하고, 탐슨은 만약 당신이 바이올리니스트와 당신 자신을 분리시킨다면 당신은 부정한 일을 저지르는 것이 아니라고 선언한다. 탐슨은 생명권에 대한 두 번째 견해도 받아들이지 않게 된다.

탐슨은 생명권에 대한 그녀 자신의 설명을 제안한다. 생명권은 죽임을 당하지 않을 권리에 있는 것이 아니라 오히려 부당하게 죽임을 당하지 않을 권리에 있다는 것이다. 만약 탐슨 제안이 옳고 임신중절이 부당한 죽임을 포함한다면, 임신중절은 태아의 생명권을 침해하는 일이 될 것이다. 그러나 탐슨에 의하면 이러한 경우는 거의 없다는 주장이다. 탐슨은 다음 인용으로 주장을 옹호해 나간다.

> 태아가 하나의 사람이라는 것을 보여주는 것, 그리고 모든 사람들이 생명권을 가지고 있다는 것을 우리에게 상기시키는 것으로는 전혀 충분하지 않다. 태아를 죽이는 것이 태아의 생명권을 침해한다는 것, 즉 임신중절이 하나의 부당한 죽임이라는 것이 우리에게 증명될 필요가 있다. 그런데 과연 그러한가?

이제 탐슨의 논증들로부터, 임신중절이 도덕적으로 허용되는가의 여부를 결정하기 위해서 우리가 해야 할 일은 태아의 생명권이 임신중절에 의하여 정말로 침해되는가의 여부를 살펴보는 것이라는 점이 명백해졌다. 다시 말해, 이제 임신중절의 도덕성에 대한 논의는 태아의 생명권에 대한 논의에로 환원되었다. 탐슨은 만약 태아에게 산모의 신체에 머물거나 산모의 신체를 사용할 어떤 권리가 있다면 태아를 죽이는 것이 부당하다는 점을 전제하고 있다. 그런데, 탐슨이 실제로 주장하고 있는 바는 그 가정보다 훨씬 더 강한 것이다. 왜냐하면, 탐슨은 태아를 죽이는 것이 태아가 산모의 신체를 사용할 권리를 가질 때에만 그리고 오직 그러할 때에만 부당하다고 생각하고 있음이 탐슨의 논의에서 암시되고 있기 때문이다. 탐슨에게 있어서, 태아가 산모의 신체를 사용할 권리를 소유한다는 것은 임신중절이 부당하기 위한 충분조건일 뿐만 아니라 필요조건이기도 한 것 같다.

아울러 탐슨은 태아에게 (비록 태아가 산모의 신체 내에 머물게 된 것은 우연히 그렇게 된 것이지만 그럼에도 불구하고) 산모의 신체 내에 머물거나 그 신체를 사용할 어떠한 자동적인 또는 자연적인 권리도 없다는 점을 논증한다. 탐슨에 의하면, 태아에게 그런 권리가 부여되기 위해서는 다음의 두 조건들 중 적어도 하나가 만족되어야만 한다. 즉, 산모가 태아에게 그녀의 신체를 사용하도록 허락하든지, 또는 산모가 적절한 방법으로 피임하지 않음으로써 임신의 위험을 자발적으로 그리고 의식적으로 감수하든지 해야만 한다. 그러나 산모가 임신중절을 원하는 경우들을 살펴보면 많은 경우 위의 두 조건들 중 어느 하나도 만족시키지 못한다. 탐슨은 이 경우에는 임신중절은 불의를 범하는 것이 아니라고 주장한다.

그러므로 만약 태아가 산모의 신체 내에 머무르며 그 신체를 사용할 권리를 소유하든지 아니면 태아에게 그러한 권리가 없든지 하다면, 태아는 이러한 자연적 환경을 점유하고 이용할 어떤 자연권을 가지고 있다고 말해야 옳을 것이다. 만약 우리의 자연적 거처인 지구가 우주라는 거인의 신체기관의 일부로 판명되었다고 상상해 보자. 이것으로부터, 우리가 그 거인으로부터 지구에 머무를 권리를 부여받지 않았다고 해서, 만약 산모신체에 대한 태아권리를 증명해 내려 시도했었다면, 자신의 몸속에 있는 기생충들에게도 태아가 산모의 신체에 대해 가지는 것과 똑같은 종류와 정도의 권리를 인정했어야만 했을 것이다. 몸속에 있는 기생충들에게 필자의 신체는 하나의 자연적인 거처일 뿐만 아니라 그 신체에는 초대받지 않은 손님을 길러내는 자연적인 기능이 있다고 말해질 수 있기 때문이다.

한편, 설령 탐슨의 논변이 옳다고 치더라도, 임신중절이 부당한 죽임이 아니라는 주장에 대한 탐슨의 첫 번째 논변은 여전히 논박되어져야만 할 것 같다. 왜냐하면, 이미 앞에서도 언급했던 바와 같이, 이 논증은 태아가 산모의 신체 내에 머무르며 그 신체를 사용하는 것이 임신중절이 태아의 생명권을 침해하기 위한 필요충분조건이라는 것을 전제하고 있기 때문이다. 하지만, 태아가 산모의 신체 내에 머무르며 그것을 사용할 수 있는 권리를 가지는 것이 임신중절이 도덕적으로 허용 불가능한 것으로 되기 위한 충분조건일지언정, 그것이 필요조건이기도 한 것인가? 다시 말해서, 임신중절이 도덕적으로 허용불가능하게 되기 위해서 태아는 필연적으로 산모신체를 사용할 권리를 가져야 하는가? 반드시 그렇지는 않다.

설령 태아에게 생명권이 있다 하더라도 임신중절은 부당하지 않다는 주장에 대한 탐슨의 두 번째 변호 또한 적절하지 않기는 마찬가지인 것 같다. 바이올리니스트의 예에서 나오는 납치된 신장 기증자와 임신에 의해 생명의 위협을 받지 않는 임산부 사이에는 결정적인 차이점들이 두 가지 존재한다. 우선, 임신중절을 원하는 정상적인 임산부들의 경우와는 달리, 오직 신장 기증자만이 무력의 사용에 의해 곤경에 처하게 된다. 이 경우는 기껏해야 강간에 의한 임신과 유사할 뿐이다. 우리는 이미 이 글의 첫머리에서 강간에 의한 임신을 논의의 대상들로부터 제외시킨 바 있었다. 강간에 의한 임신과 유사한 바이올리니스트의 예를 통해서 정당화하려는 탐슨의 시도는 성공하지 못한 것 같다.

만약 우리가 바이올리니스트의 예를 수정하여 그것을 죽게 방치함의 케이스이라기보다 죽임의 케이스에 더 가깝게 만들 수 있다면, 바이올리니스트의 죽음을 가져오는 것이 도덕적으로 허용된다는 점이 더 이상 명백하지 않게 될 것이다. 가정하기를, 만약 당신으로부터 바이올리니스트를 떼어 낸다면 어떤 의료적 이유들 때문에 그가 즉시 죽게 될 것이라고 하자. 이 경우, 떼어 내는 과정은 더 이상 단순히 바이올리니스트를 '죽게 내버려두는 것(letting die)' 이 아니다. 만약 당신이 그렇게 한다면, 당신은 그를 죽이는 것(killing)이다. 이렇게 수정된 경우가 실제의 임신중절의 경우들과 더욱 흡사한 것 같다. 탐슨이 자신의 견해를 뒷받침 하고자 들었던 원래의 바이올리니스트의 예가 가지는 위력이 상당히 약화된다. 당신생명이 위태롭지 않은 경우 당신이 바이올리니스트를 곧바로 죽게 만드는 것이 정당화되지 않을 것이 분명하기 때문이다. 이처럼 바이올리니스트 예는 임신중절의 경우들이 도덕적으로 허용된다는 것을 보여주지 못하는 것 같다.

다. 낙태중도론

섬너(L. W. Sumner)는 낙태의 문제에 있어서 시기적 단계를 현실적으로 고려한 중도적인 입장을 취한다.[15]이 입장은 로잘린 허타우스(Rosalind Hursthouse)의 덕성이론 입장에서 낙태는 신중하게 다루어져야 한다는 주장과 그 맥을 같이 한다.[16] 이는 곧 태아의 도덕적 지위에 대한 일관된 설명으로 낙태의 도덕성 문제를 직결시키는 방법이다. 즉, 자유주의적 입장에서 낙태는 피임과 유아살해를 포함해서 전혀 도덕적으로 문제될 것이 없다는 것이다. 그러나 보수주의적 입장은 태아에게 성인과 같은 도덕적 지위를 부여함에 따라 낙태를 살인과 동일시하여 도덕적으로 문제시한다. 즉, 그들은 각각 모든 태아들이 달라질 수도 있다는 어떠한 사항도 무시한 채 모든 태아들은 같은 도덕적 지위를 가지고 있다는 것을 고수한다. 기존

15) L. W. Sumner, "Abortion", *Health Care Ethics* (Philadelphia: Temple university Press, 1987), pp.43.ff.

16) Rosalind Hursthouse, "Virtue Theory and Abortion", *Philosophy & Public Affairs*,(Princeton: Princeton University, 1991)

관점들은 두 가지의 문제가 나타난다.

중도적인 낙태정책은 기간의 한계를 중시하는 현실적 관점이다. 임신초기의 낙태는 임신후기의 낙태시술보다 덜 문제시 된다는 암묵적 동의가 있다. 여기서는 사후피임약과 낙태용 링의 사용이 염수주사나 자궁절개 시술에 비해서 문제가 되지 않는다. 그 근거는 치료적 범주, 유전적 범주, 인도주의 범주, 사회경제 범주로 분류된다. 다만 치료의 목적에서 낙태는 거의 만장일치로 찬성을 얻지만, 사회경제적 목적의 낙태는 그 타당성이 떨어지는 문제가 있다. 이에 따라서 중도적 입장은 태아의 도덕적 지위에 대한 기준을 제시한다.

그 새로운 기준이란 '감각기준'으로, 감각이 있는 모든 존재에게 도덕적 지위를 부여하는 것이다. 그러나 이러한 기준은 정신장애자에게 그들의 인식능력의 약화를 무시한 채 도덕적 지위를 부여하게 되고, 또한 인간이 아닌 동물들에게까지 도덕적 지위를 부여하게 된다. 인간 발달의 과정에 감각기준을 적용할 때, 도덕적 지위의 단서는 기쁨과 고통을 경험할 수 있는 능력이 처음으로 갖추어지는 동안의 단계라는 결론을 낳는다. 그러나 그것이 정확히 언제란 말인가?

임신의 정상적인 단계를 각각 13주 단위로 구성된 세 시기로 나누는 표준관행에 따르면, 태아는 이 분류의 두 번째 시기쯤에 기쁨과 고통을 느끼기 시작하는 것으로 보인다. 따라서 태아는 두 번째 시기에 도덕적 지위를 차지한다. 그 이전의 태아에게는 도덕적 지위가 결여되어 있다. 따라서 이 시기에 행해지는 낙태는 피임과 동등한 도덕적 관심을 갖는다. 반면에 태아가 도덕적 지위를 갖게 된 후 행해지는 낙태는 유아살해와 같이 심각한 도덕적 문제를 야기한다. 그러나 태아가 도덕적 지위를 갖게 된 후에라도, 앞에서 말한 네 가지 범주 중, 치료 목적과 유전학의 문제를 이유로 낙태가 행해진다면, 그것은 중도적인 낙태 정책에 부합되어 고려될 수 있는 여지가 있다.

이처럼 섬너는 자유주의적 입장을 취하는 사람들처럼 낙태를 남발함으로써, 신의 권리에 도전하는 오만함을 보이거나, 보수주의 입장과 같이 비극적인 산모의 희생도 요구하지 않는다. 보수주의적 입장과 자유주의적 입장의 절충적인 합의의 관점에서 낙태에 대한 중도 관점의 기준을 확실히 제시하며 자신의 주장을 정당화 시키고 있다.

우리나라에도 [모자보건법 제정]으로 낙태를 허용하는 법적인 문이 열리면서 우리의 성개방적인 생활태도와 가정 붕괴가 심화되어 낙태를 경시하는 악순환이 계속되고 있다. 낙태는 가장 취약한 약자를 강자들의 여러 가지 사정을 내세워 미래의 생명체를 살해하는 행위라고 말할 수 있다. 강간 및 근친상간에 의한 임신, 태아가 기형아일 경우 및 산모의 생명이나 건강에 중대한 위험이 있을 경우에 한하여 낙태를 허용하되 그것도 임신 후기에서는 허용하지 않도록 기간제한을 가하는 것이 타당하다. 여성의 자율적 선택권은 제도적으로 제한을 가해야 한다. 실제로 낙태의 주체인 개별 여성은 기술발전 덕택으로 종족보존과 인구재생산의 자연적 의무로부터 벗어나 자신의 삶을 자율적으로 결정할 수 있다고 믿게 되었다. 이로 말미암아 현대사회에서는 낙태의 문제에 관련하여 여성의 이해관계와 태아의 이해관계라는 담론이 역사적으로 형성되었다. 낙태에 관한 도덕적 갈등은 본래 산모자율과 태아 생명가치가 대립적으로 충돌할 때 발생한다. 그러므로 중도실상의 가치를 살리는 것이 주요하다고 할 것이다.

라. 중도실상 덕성

붓다는 깨달음을 얻고 난 후 처음 콘단냐를 비롯한 다섯 비구에게 자신의 깨달음을 펼 때 깨달음에 이르는 중도(中道)의 길을 설했다. 중도는 곧 8정도(八正道)이며, 실천을 통해 고집멸도(苦集滅道)의 사성제(四聖諦)를 깨달아 열반에 들 수 있는 길임을 가르쳤다.[17]

'수행자들이여, 출가자가 가까이해서 안되는 두 극단이 있다. 무엇이 그 두 극단인가? 하나는 여러 가지 애욕에서 쾌락을 즐기며 빠져 지내는 것이다. 그것은 낮고 세속적이고 저급하고 성스럽지 못하고 이익이 없다. 또 하나는 스스로를 괴롭히는 것에 빠져 지내는 것이다. 그것은 괴롭고 성스럽지 못하고 이익이 없다. 제자들아, 진리로서 오신 붓다(如來)는 이 양 극단에 치우치지 않고 중도로써 진리를 깨달았다. 그 가운데 길이야말로 눈을 만들어 주고, 앎을 만들어 준다. 고요함과 명료한 인식과 원만한 깨달음과 진리의 세계-열반으로 이끌어 준다. 제자들아, 어떤 것이 진리로서 오신 붓다(如來)가 깨달은 중도인가?'

여덟 가지의 성스러운 길이 있다. 곧 정견(正見, 올바른 견해), 정사(正思, 올바른 생각), 정어(正語, 올바른 말), 정업(正業, 올바른 행위), 정명(正命, 올바른 생활수단), 정정진(正精進, 올바른 노력), 정념(正念, 올바른 마음집중), 정정(正定, 올바른 선정)이다. 이것이 여래가 깨달은 여덟 가지 성스러운 길이며, 이는 눈을 만들어 주고, 앎을 만들어 주고, 고요함과 명료한 인식과 원만한 깨달음과 진리의 열반으로 이끌어 준다.[18]

실제로 중도실상은 무아행(無我行)이라는 실천면에서 생명력을 갖게 된다. 즉, 이 세상의 모든 것은 고정성이 없는 무아이고 끊임없이 변화하는 무상이기 때문에 무아를 자각하여 수양하고 노력함에 따라 역경을 극복하여 향상할 수 있음을 뜻한다. 열반은 무아성의 자각 아래 철저하게 무아행이 이루어질 때 나타나는 경지이다. 무아는 인무아(人無我)와 법무아(法無我)로 나뉘어 설명된다. 실천적인 면에서는 무소득(無所得)과 무괘애(無罣碍)라는 두 가지 측면이 있다. 무소득이란 집착이 없다는 것이며, 무

17) 사제는 인생문제와 그 해결방법에 관한 4가지의 진리이다. 신성(arya)한 것이라 하여 사성제(四聖諦)·사진제(四眞諦)라고도 한다. 미혹세계와 깨달음 세계의 인(因)·과(果)를 설명하는 교리조직으로 고제(苦諦:dubkha)·집제(集諦:samudaya)·멸제(滅諦:nirodha)·도제(道諦:marga)의 네 가지 진리를 말한다.

18) Dhammacakkappavattana Sutta: *Turning the Wheel of Dhamma*, 최봉수(1994) 옮김, 『팔리경전이 들려주는 고타마 붓다』, 서울: 불광출판부. p.370.

괘애는 무집착이 진전되어 완성된 상태이다. 팔정도의 실천도 이 무아에서 전개되며, 무아라는 말은 시대가 흐름에 따라 공성(空性)이라는 말로 바뀌어 사용되었다. 마조는 자신의 게송을 통하여 '태어나지 아니하는 자리' 를 강조하였으며, 마조의 제자였던 분주무업선사는 이렇게 말하고 입적하였다.

> "자네 등이 보고 듣고 느끼며 아는 본성은 하늘과 수명이 같아서 생겨나지도 않고 없어지지도 않으며 모든 경계가 본래 스스로 비었고 고요하기에 법 하나 얻을 수가 없다네. 모든 공함을 알기 때문에 마음에 둘 법이 하나도 없는 것이 바로 여러 부처님이 마음을 쓴 곳이니라." (『직지』권상)19)

중국의 마조도일은 중도실상을 깨닫는 데 요체가 있으며 마음의 작용에는 상관하지 말라고 가르쳤다. '진여(眞如)' 라는 것은 마음도 아니고[非心], 부처도 아니며[非佛]. 그것은 시공(時空)의 우주를 초월하면서 일체에 편재(遍在)하는 것이다.

> '세운 법이 한 마음에서 나온 것이니 세워도 되고 싹 쓸어 버려도 된다. 모조리 오묘한 작용이니 진여를 떠나 따로 세울 것이 없고 세운 그 자리가 진여이며 모두 자기인 것이다. 이처럼 닦을 것도 좌선할 것도 없는 것이 바로 여래의 청정선이다.' 20)

화두참구의 과정에서 주인공에 대한 질문에 대한 선사들의 대답에는 번득이는 기지, 해학, 덕산 스님의 몽둥이, 임제 스님의 할(喝) 등으로 이루어

---

19) 汝等見聞覺知之性 與太虛同等壽 不生不滅 一切境界 本自空寂 無一法 可得 了一切空 無一法當情 是諸不用心處

20) 선림고경총서, "마조록", p.30.

진 다양한 방법이 전해 내려오고 있다.[21] 마조도일은 그의 제자 백장스님에게 화두참구의 방법으로 '할' 을 함으로써 사흘 동안 귀를 멀게 하였다. 붓다는 깨달음을 무상정등정각(無上正等正覺)이라 불렀는데, 이 선언은 확신에 찬 것이며 구체적 선언이었다.

> "비구들이여! 전에는 들어본 적도 없는 법들에 관해서 눈(眼, Cakkhu) · 지(智, Nana) · 혜(慧, Panna) · 밝음(明, Vijja) · 빛(光, Aloka)이 나의 내면에서 나타났다. 비구들이여! 이 네 가지 성스러운 진리에 관한 나의 지혜와 통찰이 움직일 수 없는 확실한 것으로 밝혀지기 전에는, 나는 결코 자신이 비할 바 없는 무상정등정각(無上正等正覺)을 얻었다고 선언하지 않았다. 그러나 비구들이여! 네 가지 성스러운 진리에 관한 나의 지혜와 통찰이 움직일 수 없는 확실한 것으로 분명해지자 그때 비로소 나는 비할 바 없는 무상정등정각을 얻었음을 선언했던 것이다. 그리고 바로 그때에 나의 내면에서 지혜와 통찰이 솟아났다. 내 마음의 해탈(心解脫)이 확고한 것이며, 금생이 나의 마지막 태어남이며, 더 이상 몸 받음(后有)이 없다는 것을 스스로 알게 되었다." (『전법륜경』)

이것은 사성제의 진리성에 대한 확신과 괴로움의 발생과 소멸은 철저한 연기관계(緣起關係)에 있음을 선언한 것이다. 붓다의 중도실상의 내용은 "모든 것은 상호의존 되고 연관된다."는 "연기법(緣起法, Paticca-samuppada)"이기에, 후대 선불교의 선사들이 지은 오도송도 연기법에 근거한

---

21) '할' 은 사람을 인도할 때 질타하는 일종의 고함소리로서 언어로 표현할 수 없는 절대의 진리를 나타내기 위해 발한다. 이러한 의미의 할은, 임제 의현(臨濟義玄)에 이르러 널리 사용되었다. 의현의 할에 의한 지도를 '임제사할(臨濟四喝)' 이라고 하는데, 이는 할을 사용하는 경우를 4종으로 구분한 것이다. 제1할은 학인(學人)이 지해정량(知解情量)에 묶여 명상언구(名相言句)에 집착할 때 할을 하여 깨우치는 것으로 보검(寶劍)이 물건을 절단하는 것과 같다. 제2할은 수행자가 스승의 역량을 헤아리려 하거나, 근기가 얕음을 드러낼 때 위의(威儀) 있게 할하는 것, 사자가 포효할 때 뭇짐승이 놀라는 대기대용(大機大用)의 할이다. 제3할은 스승이 수행자를 시험하기 위하여 할하는 것으로 이를 감험(勘驗)의 할이라고 한다. 제4할은 제1할의 용(用)을 짓지 않는 것으로 향상의 나일할(那一喝)이라고 하며, 위의 3할에 들어가는 것이 아니라 그것들을 수렴 · 포섭하게 된다.

것으로 홍주종의 창시자, 마조도일에게는 무상선사와 관계에서 여래청정선이 강조된다. 이는 망념이 일어나면 망념인 줄 알아버리는 방법과 망념이든 정념이든 일체를 놓아버리는 방법이다. 앞의 것을 각찰(覺察)이라 하고 뒤의 것을 휴헐(休歇)이라 한다.

마조도일이후 중국 5가7종에서는 깨달음의 기연과 그것의 게송을 통하여 조사선의 본질적 내용을 담고 있다. 회통의 이면에서 정중무상선사로부터 청정여래선의 의미를 계승하고 남악회양선사로부터 돈오돈수론 법연을 함께 계승한 것이라고 할 것이다. 중국의 5가7종의 선사들은 한결같이 "행주좌와 어묵동정(行住坐臥 語默動靜)"이 선수행의 공간임을 주장해 왔으며, 이는 조사선을 통해 평상심(平常心)으로 살아가는 인간의 일상을 부처의 마음으로 노래하고 있는 것이다. 우리는 이처럼 중도실상의 묘용의 도리를 살려 피고용인에게는 인정할 권리는 부여하고 고용자로서는 자율적으로 의무를 부담하는 평상심을 유지하려는 인격의 함양이 개신의 공학자에게 거듭 필요하다고 할 것이다.

4. 뇌사와 장기이식

죽음의 의미

우리 생각의 뿌리에는 여전히 옛날 사람들이 지녔던, 「애니미즘」이라던가 「샤머니즘」이라던가 아니면 「신체발부수지부모(身體髮膚受之父母)」라는 유교적 윤리도덕의 관념이 남아 있어 일상 생활면에서 우선시 된다. 죽음은 장례절차가 장엄하게 이행되듯 삶을 마감하는 독특한 의미를 부여받는다. 우리 문화의 기저(基底)의 무속에서 나타나는 영혼천도의식 중 진오귀굿 무가에서 드러나듯이, 대부분 영혼이 존재한다고 믿으며, 영혼은 살아 있는 사람들에게 영향을 미칠 수 있다고 본다. 사람이 죽으면 혼(魂)

과 백(魄), 귀(鬼)로 나뉘어 혼은 하늘로 올라가 신명이라는 양(陽)의 기운이 되고, 백은 땅에 묻힌 시신에 깃들어 묘에서 3년 동안 제사를 받고 흙으로 돌아가며, 귀는 공중으로 올라가 사당에서 4대에 걸쳐 제사를 받고 인간에게 깃드는 음(陰)의 기운이 된다. 이상적인 죽음은 사후 삼 년 만에 대상(大喪)이 지나고 나면 죽음의 부정을 씻고, 재수와 부귀를 가져다주어 후손을 보호하는 조상반열에 오른다는 것이다.[22]

이처럼 무속에서는 인간을 육신과 영혼의 이원적 결합체로 보고, 영혼이 육신을 떠나간 것을 죽음으로 본다. 곧, 죽음을 단지 이승에서 저승으로 가는 것으로 육신은 없어지지만, 영혼은 영원하다고 본다. 영혼은 사령과 생령(生靈)으로 구분하는데, 사령은 조상과 원귀(冤鬼)로 구분한다. 몽달귀신, 객귀, 영산, 수비, 수부라고 하는 원귀는 떠돌아다니는 악령 귀(鬼)의 개념으로 묶어지는 영혼들이다. 영혼은 이승에 머물러 있다가 3년이 되어 탈상을 함으로써 저승으로 들어가게 된다. 원령은 3년이 지나도 저승에 들어가지 못하고 이승에 남아 원한이 풀릴 때까지 인간을 괴롭히다가, 진오귀굿 과정을 통해서 한을 풀어야 조상신이 된다한다.

오래된 전통으로서 알려진 불교전통의 죽음에 대한 해석을 살펴볼 필요가 있다. 초기불교에서 죽음은 '정신 신체적 요소들(五蘊)이 파괴되고, 유해(遺骸)가 내던져지는 것' 을 말한다. 정신 신체적 요소의 파괴는 정신신체적인 요소의 결합이 파괴되는 것이고 유해가 내던져지는 것은 수명, 체열, 물질 대사, 의식이 포기되는 것을 말한다. 이러한 의식포기는 뇌사와 직접 연관이 있다. 뇌사는 뇌간을 포함한 뇌전체가 비가역적으로 기능을 정지하였지만 인공호흡기나 중환자 관리로 호흡을 하고 심장이 박동하는 상태를 뇌사라고 한다. 뇌 전체 기능이 정지하였다는 것은 의식의 소생가능성이 비가역적으로 소실된 것으로 의식을 비롯한 지각이나 느낌이나 사

22) 권혁길외(2007),『공학 윤리』서울; 인간사랑. pp.142-150

고 작용 등의 정신요소들이 완전히 파괴된 상태에 해당한다.

뇌사자는 체열이 인공호흡으로 유지되면서 장기의 물질대사가 가능하다고 하더라도, 그것은 외부의 힘에 의해 강제로 주어지는 것이고, 자발적으로는 이미 포기되어 정신신체적인 요소들이 해체되어 유해로 버려진 상태이므로 죽은 자라고 볼 수 있다. 불교적으로 보면 뇌사의 순간에 이번 생에서 윤회는 종식됨과 동시에 이번 생에서의 정신 신체적 요소들의 관계성은 다른 생에서의 윤회의 시작의 조건이 됨과 동시에 이번 생에서는 그 삶은 해체되는 것 즉 죽음을 맞이하는 것이다. 초기불교 관점에서 뿐만 아니라 대승불교 관점에서도 아라야식이 신체를 대상으로 집수할 때만 인간생명을 유지한다고 볼 때, 의식이 신체를 대상으로 집수하지 못하는, 통제하지 못하는 상태인 뇌사상태는 죽음의 상태라고 볼 수 있다.

그러나 아뢰야식의 존재를 이승에서 저승으로 연관을 맺는 항존 의식으로 볼 경우, 그 해석을 달리한다. 아뢰야식의 대상은「집수(執受)」와「처(處)」이다. 집수에 대해『성유식론술기』에서는「집섭(執攝)」「집지(執持)」라고 하였다.[23]「집(執)」이라는 것은, 아뢰야식이 종자를「간수하다」하고, 종자를「보존하다」한다고 하였다. 이것이 아뢰야식의 대상이 된다.「수(受)」라는 것은「수령(受領)」·「각수(覺受)」의 의미이다.[24] 아뢰야식이 종자와 신체를 수령하여, 그것을 대상으로 하며, 신체[身體]를 구족하여 감각이나 의식의 움직임을 일으킨다. 장기이식은 뇌사상태를 죽음으로 전제하기 때문에 널리 행해지는데, 장기가 제 기능을 발휘하기 위해서는, 그 장기에 대하여 활동성 여부를 확실하게 검증해 보아야 한다. 즉 의식이 있는 다른 생명체에 대한 장기이식을 통해 그 장기가 다른 의식과 인과적인 연결성을

---

23)『대정장』43, 315c10-11

24) 1. 執(집) : 아라야식은 종자를 유지·보존하는 기능을 한다. 그리고 종자가 아라야식의 대상이 된다는 것이다.

2. 受(수) : 受領한다는 의미이다. 아라야식은 有根身(신체)을 수령하고, 그것을 대상으로 하여, 신체에 感覺이나 마음의 움직임을 일으키게 한다.

찾게 되면, 그 장기는 다른 의식과 결합하여 생명체의 일부로서 작동한다. 살아있는 자의 자발적인 장기기증에 의한 장기이식은 불살생을 실천하거나 보시와 방생을 적극적으로 실천하는 계기가 된다. 이 경우에 우리는 장기매매의 유혹이나 위험을 실제적으로 경계하지 않으면 안 된다.

장기기증은 보상에 대한 기대나 처벌에 대한 공포에서가 아니라 사실에 대한 올바른 사유인 자비정신에서 나와야 될 것이다. 모든 살아 있는 것은 고통을 싫어한다. 장기가 손상된 환자들의 고통을 자신의 고통으로 인식한다면, 소극적으로 괴롭히거나 죽이지 않는 대신에 적극적으로 장기이식을 통해 치료와 새로운 생명을 기증할 수 있다. 공학의 발달로 사람 생명도 인공호흡기 등을 통해 연장이 가능해졌다. 뇌사와 관련된 가장 중요한 동기는 장기 기증 때문이다. 뇌사는 뇌가 파괴되어 기능이 완전히 상실되고 결코 회복될 가능성이 없는 뇌 기능의 완전 정지를 의미한다. 장기이식을 고려할 때, 뇌사의 진단이 정확히 요청되고 있다.

① 각종 장기가 부패하기 이전에 장기를 떼어내어야 이식성공률이 높다.
② 환자 가족들의 경제 부담이 크며 심장은 뛰더라도 뇌는 회복시킬 수 없다.
③ 이식할 때, 친권자의 동의는 인간존엄성의 훼손문제를 해소한다.

(1) 죽음의 정의에 대한 문제

의학적으로 단지 인간의 죽음을 실용주의적인 입장에서 제창한 것이 심폐사설로서 비록 생물학적인 면에서는 불완전하다 할지라도 사회적인 면에서는 합리적인 것으로 받아들여져 오랫동안 인간의 죽음을 결정하는 데 활용되어 왔으며, 토착화되어 왔다. 그런데 전통적인 기준인 심폐사설에서 뇌사설로 바꾸는데 있어서, 뇌의 기능장애, 즉 혼수의 불가역적인 시점을 결정 하는 데는 많은 의문을 가지게 되었다. 즉 이론적으로는 대뇌가 파괴되어도 심장과 폐의 기능은 계속 유지될 수 있다는 것이다. 그 이유는 호흡중추는 뇌간에 있으며, 심박동의 중추는 일차적으로 심장 자체에 있기 때문이다. 따라서 뇌간 기능소실을 나타내는 임상증상은 뇌기능 장애 여부 결정에 중요한 의의가 있다.

한 사람의 죽음의 순간, 즉 죽음의 정확한 시간을 누가, 어떠한 방법으로 측정할 수 있겠는가 하는 문제로서 죽음이 하나의 과정이라면 뇌사는 하나의 죽어가는 단계에 불과할 뿐이므로, 그것은 결코 죽음을 규정할 수 있는 필요충분조건이 될 수 없다. 전통적으로 '존재의 다발들(五蘊)이 나타나고 감각기관(六處)들을 획득함(khandhānaṁ pātubhavo āyatānaṁ paṭilābho)' 이 태어남이라고 한다면[25], 죽음은 존재의 다발들이 파괴되고 감각기관을 망실하는 것이라고 볼 수 있다. 이처럼 인간의 생사문제는 의사뿐만 아니라 종교철학적 이해를 함께 고려하게 된다.

(2) 장기 이식과 관련한 문제

첫째, 뇌사에 대한 의사의 오진으로 바로 장기를 드러낼 경우 문제가 된다.

둘째, 생사에 대한 문제에 예외적인 경우 또한 염두에 두지 않을 수 없다.

셋째, 인간 생명의 존엄성 문제가 야기되며 장기이식을 원하는 사람 중에는 부유층이 많다. 이에 따라 인간 생명의 존엄성을 지키기 위한 최대의 안전 방책을 강구해야 한다. 공리적인 면에서 뇌사를 인정하는 것은 인간의 존엄성과 생명 경시를 야기 시킬 수 있다. 기증으로 이루어진 뇌사자의 장기 이식은 한 사람 뿐만 아니라 여러 사람의 생명을 동시에 살릴 수 있는 기회를 제공하는 점에서 합리적인 제도화가 요청된다.

25) SN. II. p.3 "태어남이란 무엇인가? 낱낱의 중생들의 유형에 따라 낱낱의 중생들이 출생하고 탄생하고 강생하고 전생하고 모든 존재의 다발들이 나타나고 감역들을 얻는 그것을 수행승들이여, 태어남이라고 부른다."

〈표 1〉 장기이식 현황 도표

구분 \ 년도		'00	'01	'02	'03	'04	'05	'06	'07	'08
장기이식	단위:건	1,306	1,785	1,744	1,882	2,076	2,086	2,346	2,361	2,763
뇌사장기이식		233	216	167	285	363	400	598	675	1,142
뇌사기증자	단위:명	52	52	36	68	86	91	141	148	256
장기이식대기자		5,43	6,819	8,386	9,619	10,684	12,127	13,741	15,897	18,064

자료 : 국립장기이식관리센터

뇌사와 장기이식

1968년 미국 하버드 의료센터의 특별 위원회는 어떤 사람이 죽었는지를 결정하는 기준을 세웠다. 이 위원회는 사람이 영구적으로 탐지할 수 있는 뇌 기능을 모두 상실했을 때, 어떤 사람이 죽었다고 간주한다는 것을 결정했다. 뇌사는 다른 유사상태와 구별되어야 한다.

첫째, 뇌사(brain death): 사람의 모든 뇌가 영구적으로 손실된 상태를 유지할 때이다. 둘째, 식물인간(persist vegetative state): 대뇌의 피질 기능은 전부 잃지만, 다른 부분은 양호한 뇌 상태를 유지한다. 호흡, 심장박동, 얼굴 반응, 근육의 움직임 등을 계속 된다. 이러한 식물인간 상태에서 인간은 의식적인 기능을 모두 잃는다. 그들은 의식은 없으나, 깨어 있다. 셋째, 혼수상태(coma): 식물인간처럼 뇌 전체가 죽지 않았지만, 그들의 뇌간(brain stem)의 기능은 형편없다. 그들은 의식이 없는 사람이나 수면의 사람이다. 식물인간 상태처럼 오래 살지 못한다.

우리나라의 뇌사판정기준에 대하여는 대한의사협회가 주도적으로 그 설정에 관여해왔다. 1983년 대한의사협회 「죽음의 정의위원회에서 최초로 뇌사판정기준안이 만들어졌으며, 1989년에는 「뇌사연구특별위원회」가 「심장 및 호흡기능의 정지 또는 뇌간을 포함한 전뇌기능(全腦機能)의 불가역적 소실」을 죽음의 정의 및 뇌사판정기준으로 발표한 바 있다. 그 후 1993년 3월에는 「뇌사에 관한 선언」을 선포하고, 「뇌사판정기준 및 뇌사자 장기이식 의료기관 요건」을 제정하였다. 1998년 10월에는 「뇌사판정

기준 및 뇌사자 장기이식기준 개정안」을 새로이 발표하였다. 이식법의 뇌사판정기준은 대한의사협회의 1998년도 그것과 그 내용에 있어서 완전히 일치하고 있다.[26)]

의식할 수 없는 뇌의 기능이 있을 때, 혹은 상태가 임시적일 때, 사람은 죽었다고 여겨지지 않는다. 더구나, 다양한 반응의 테스트는 손실된 뇌의 모든 기능이 영구적인 것인지 아닌 지를 결정하는데 필요하다. 이런 조건을 현재 우리는 전체뇌사(whole brain death)라고 알고 있고, 이는 우선적으로 법적인 사망으로 사용되어지는 기준이다. 이것은 다른 두 번째의 기준 혹은 맥박의 손실 같은 테스트에 비해 우선적인 기준이다.

뇌사를 죽음의 기준으로 받아들이려는 문제와, 만일 뇌사를 죽음의 기준으로 받아들였을 때 그 사람의 장기를 이식수술에 사용해도 되는가의 문제가 뇌사판정에 대한 윤리문제이다.[27)] '뇌사자의 가족들' 의 이익고려를 우선시하는 경향이 있다. 뇌사를 죽음의 기준으로 찬성한 사람들은 '알수는 없지만 환자 본인의 고통도 고려해 주어야 한다.' 고 말하면서 뇌사자가 고통을 느끼고 있으므로 이 고통을 없애주기 위해 뇌사 자체를 죽음으로 인정해야 한다는 논변을 펼친다. 뇌사를 법적으로 인정하지 않으려고 할 경우 시민 불복종 운동 까지 전개한다.

장기이식의 공정성(equity)과 효율성(utility)간 선택의 문제로 불가피한 점이 있으며, 이에 따라 국립장기이식관리센터는 법률이 허용하는 범위 내에서 행정절차에 불편을 느끼지 않도록 장기이식 관리업무를 신축적으로 운영해야 한다.[28)] 이러한 사실을 고려하여 다양한 윤리적 기준이 제시되는 데, 현대의 윤리학자로서 넬슨(James. Nelson)은 장기이식의 다섯 가지 윤리적 표준을 제시하였다.[29)] 첫째, 장기이식이 환자를 치료하는 최후

26) 주호노(2000), 『축조해설 장기 등 이식에 관한 법률』, 서울 : 육법사, pp. 34-35.
27) 고영관 외(1999). 『의료윤리』, 서울 : 계축문화사, p. 165.
28) 이상용(2000). 『장기이식법의 시행과 향후전망』, 서울 : 한국형사정책연구원, p. 65.
29) James. Nelson(1973). "Human Medicine", Augsburg Publishing House, p. 152.

수단이 되어야 한다. 둘째, 장기이식의 일차적 의도는 환자복지여야 한다. 셋째, 수술 받는 환자의 자유로운 동의가 있어야 한다. 넷째, 무고한 사람을 보호하고 환자가족과 장기 공여자를 우대한다, 다섯째, 비례의 원칙을 지켜야 한다. 치료비용을 능가하는 유익함을 얻어야 한다. 이에 따라 행복한 삶을 이루는 공동선을 위해서 다음과 같은 개선안이 요청되고 있다.

첫째, 장기이식의 국가 독점관리체계의 비효율성을 막기 위해서는 장기이식관리기구의 민영화가 시급하다. 한국에서도 미국에서 운영되는 장기구득기구(OPO : Ogran Procurement Organization)와 같은 민간기구의 도입을 고려해 볼 필요가 있다. 둘째, 뇌사자가 동의를 하였더라도 가족이 반대하면 장기이식을 할 수 없는 것을 개선하기 위해 운전면허증과 같은 신분증에 기증의사를 밝히는 사전 동의를 명시화하는 법률제정이 필요하다. 셋째, 행정절차의 간소화이다. 뇌사판정위원회를 해체하자는 것이다. 최종적인 뇌사판정의 권한이 뇌사판정위원회에 부여되는 것은 부적절하다. 왜냐하면 뇌사판정위원회의 판정은 이미 3인의 의사가 제출한 뇌사조사서에 대한 중복판단이기 때문이다. 넷째, 장기기증에 대한 거부의사를 밝히지 않은 경우 사망 시 장기기증에 동의한 것으로 간주하는 묵시적인 동의방식을[30] 우리도 채택하여야 할 것이다. 다섯째, 장기기증자에 대한 처우개선의 법제화가 필요하다. 여섯째, 뇌사인정 문제에 매달리지 말고 원하는 종교인들을 중심으로 사후 장기기증을 원활히 대화하고 협조한다면 장기이식이 보다 활성화될 수 있을 것이다. 쌍으로 가진 장기, 신장 등과 같이 산 사람이 기증하게 하는 것이나 사체에서 장기를 적출할 수 있도록 하는 장기기증 희망자를 늘려가고 그 수혜범위가 높아지도록 덕성함양과 제도정비를 정비해야 한다.

---

30) 오스트리아, 프랑스 아르헨티나의 경우 장기기증의 활성화를 위하여 '장기기증을 절대 거부한다.'는 표시가 없으면 장기기증 의사를 갖고 있는 것으로 본다.

참고문헌

구영모 엮음, 『생명의료윤리』(서울: 동녘, 1999).

권혁길외,『공학 윤리』서울; 인간사랑, 2007.

김상득, 『생명의료 윤리학』(서울: 철학과 현실사, 2001).

김용환, 『현대사회와 윤리담론』(청주: 도서출판 개신, 2006).

김중호, 『의학 윤리란 무엇인가?』(서울: 바오로딸, 2002).

Jeremy Bentham, The Utilitarianism: An Introduction to the principles of Morals and Legislation, New York: Garden City, 1961.

Kung-Helmut Schmidt, Hans(eds.), A Global Ethic and Global Responsibilities, Two Declarations, London, SCM Press, 1998.

Nodings, N., Caring, Berkeley: University of California Press, 1984.

Singer, Peter, Practical Ethics: Second Edition, Cambridge: Cambridge University Press, 1993.

Hall, 1999.

제4장

공학자의 위험진단

〈Story-Telling : 진실을 말하고자 지옥에 간 성자〉

숲 속에 사는 거룩한 한 성자는 큰 나무의 그늘에 앉아서 깊은 명상에 잠기곤 하였다. 동이 트면서 성자는 자신의 잠자는 정신을 일깨워서 신에게 바치는 것이었다. 어느 날 아침 이슬방울들이 흐느끼면서 가녀린 풀잎들에게 임종의 고별을 하고 있고 성자는 방금 마친 명상의 기쁨에 잠겨있었을 때, 그는 갑자기 자신에게 빠르게 다가오는 발자국 소리에 주의를 약간 빼앗겼다. 성자는 차분하여 소음의 원인을 알기 위하여 돌아볼 생각조차 하지 않았다. 그러나 얼마 지나지 않아서 극심한 공포로 얼굴이 일그러진 사나이가 성자 앞에 잠시 서있더니 애원하는 목소리로 말하였다. "영예로운 성자님, 진리와 진실한 행위들을 최고로 사랑하는 분이여, 제가 당신 위에 있는 나무에 숨어 있을 것인데 저를 쫓는 산적들에게 제가 숨어 있는 곳을 말하지 마소서. 그러지 않으면 그들은 저를 죽일 겁니다." 겁에 잔뜩 질린 사나이는 이렇게 말하고서 나무 꼭대기까지 거의 뛰어오르다시피 하면서 올라가서는 감싸주는 친절한 나뭇잎들 속에 숨었다.

성자는 침묵을 지키면서 겁에 질린 사나이의 애원에 가타부타 아무런 말도 하지 않았다. 그러자 그 사나이는 자연스럽게 그 침묵은 동의를 의미하며 배신을 하면 그 불청객이 죽게 될 것을 아는 고결한 분이 자신을 배신하지는 않을 것으로 생각하였다. 그러나 사나이가 나무 꼭대기에 숨어 있는 동안, 경전을 매우 엄격하고 철저하게 따르고 있었던 성자는 사나이를 쫓는 자들에게 경전의 가르침에 일치하는 말로서 무슨 말을 할 수 있을지에 대하여 마음속으로 갈등을 겪고 있었다. 그렇게 그는 속으로 생각하면서 다음과 같이 추론하였다. 경전에서는 거짓을 말하지 말라고 한다. 그러므로 나는 쫓기는 사나이의 적들이 질문을 하면 그가 어디 있는지 나는 모른다고 말할 수 없을 것이다. 그래. 거짓말을 범하느니 차라리 혀를 잘라버리는 편이 낫지.

그 다음에 그는 쫓기는 사나이의 애원에 대하여 생각하였고 자신이 진실을 말할 때 결과적으로 발생할 살인에 대하여 생각하였다. 거짓을 말함으로써 경전을 위반하는 것과 진실을 말함으로써 결과적으로 발생할 살인 사이에서 어떤 것을 선택해야 할지 당혹해 하던 성자는 마침내 마음속으로 결심하였다. 산적들이 자신들의 사냥감을 보았는지를 나에게 묻는다면 나는 다음과 같이 대답할 것이다. "나는 그가 어디 있는지 알지만 당신들에게 말하지는 않을 것이오." 성자는 이렇게 생각하면서 조용히 앉아서 어려운 곤경을 맞이할 준비를 하였다.

마침내 사악한 산적 두목이 부하들을 데리고 나타났다. 시야에서 성자만을 발견한 그는 퉁명스럽게 말하였다. "수행자여, 우리가 찾고 있는 사나이가 숨어 있는 곳을 당신이 아는지 말해주기만 하면 우리는 당신을 괴롭히지 않겠소." 성자는 자신이 대답을 하지 않으면 산적이 더 이상 묻지 않을 것으로 희망하면서 침묵을 지켰다. 그러나 계획대로 이루어지지 않았으니, 산적 두목은 자신의 의사를 관철하려고 들면서 그를 때리기 시작하였다. 심하게 때려도 소용이 없자 산적 두목은 칼집에서 칼을 뽑아들고는 성자 앞에서 휘두르면서 말을 할 것인지 결심하는데 5분을 주겠노라고 하였다. 성자가 말을 듣지 않으면 그의 몸은 머리 없이 나무 아래에 영원히 앉아있게 될 것이라고 산적은 선언하였다.

심한 정신적 갈등이 성자의 마음속에서 잇달았다. 제한 시간이 만료되자 그는 신중하게 대답하였다. "나는 당신들이 찾고 있는 사람이 숨어있는 곳을 알지만 말하지는 않을 것이오." 산적이 빈정거리며 말하였다. "흥! 때리고 칼을 빼서 휘두르니까 당신이 침묵을 깬 것이지! 자 내가 하는 것을 잘 보라구. 당신은 입을 열게 될 걸." 산적은 그렇게 말하고 성자의 한 손을 잘라버리고 나서 비웃으며 말하였다. "당신에게 진실을 말할 시간으로 5분을 더 주겠소. 그러지 않으면 당신의 머리도 땅바닥에 뒹굴 것이오."

성자는 자신이 무슨 일을 해야 하는지에 대한 단서를 제공할 경전상의 권고를 마음속으로 찾기 시작하였다. 그는 한 구절을 기억해내었다. "무엇보다도 여러분 자신을 보호하라. 그것이 가장 중요한 일이기 때문이다. 신을 발견한다는 여러분의 최고의 야망을 획득하기 위해서는 무엇보다도 살아야 한다. 여러분이 진실을 말해야 할 때 진실을 말하지 않아서 죽게 되면, 여러분은 바보이다." 그래서 5분이 지나고 산적 두목이 그의 머리를 베려고 하였을 때, 성자는 불운한 도망자가 숨어 있는 곳을 산적에게 알려주려고 손가락으로 위를 가리켰다.

즉시 산적들 중의 한 명이 나무로 올라가서 불운한 그 사나이를 끌고 내려와서는 성자 앞에서 그의 사지를 난도질하여 조각내버렸다. 이 사나이는 살해당하면서 성자에게 소리를 질렀다. "당신은 이 일로 지옥에 가게 될 거요!" 그러나 성자는 동요되지 않았고, 자신은 쫓기던 사나이의 발달이 덜된 (그래서 유용성이 떨어지는) 영혼의 수레보다 자기 자신의 더 많이 진보한 (그래서 더욱 쓸모 있는) 영혼의 수레를 구하기 위해서 자신의 의무를 다한 것으로 생각하였다. 그는 죽어가는 사나이의 저주를 어리석은 짓으로, 그리고 진실만을 따른 자신에게는 일어날 가능성이 없는 것으로 무시하였다.

몇 년 후 성자는 우주의식의 법열(法悅)을 느끼며 의식적으로 자신의 육체를 이탈한 다음 자신의 유체형체로 천국으로 올라갔다. 지옥의 수호신인 야마가 즉각 천국에 있는 그를 방문하여 그에게 말하기를, 그는 천국에 머무르라는 옥황상제(Supreme Spirit)의 최종적인 판결을 획득할 수 있기 전에 역겨운 지옥을 참관해야 한다고 하였다. 당황한 성자는 이의를 제기하였다. "영예로운 야마님, 이건 너무 하십니다. 저는 진리의 관점에서 저의 모든 행위를 수학적으로 정확하게 평가하면서 도덕적인 삶을 살았습니다. 저는 언제나 진리를 따랐고 진실하고 올바른 행위들을 행하였습니다. 저는 아주 잠깐 동안이라도 지옥을 참관하는 벌을 받을 이유가 없다고 확신합니다."

위대한 야마가 대답하였다. "영예로운 선생님. 의심할 바 없이 당신은 하나의 행위만을 빼고는 모든 면에서 당신 자신에 대하여 올바릅니다. 당신은 진실하고 올바른 것 이외의 다른 것은 전혀 행하지 않았다고 말합니다. 그렇다면 당신은 왜 사실대로 말하는 바람에 당신의 손은 잘려나가고 한 사람의 머리도 잘려나가게 하는 고통을 겪을 만큼 어리석었는지요? 당신은 정의와 진리 그리고 사실의 공개 간의 차이를 온통 혼동한 것으로 보입니다. 올바르고 진실한 행위는 언제나 좋은 결과를 가져옵니다. 반면에 당신이 사실을 고백한 것은 당신 자신과 그 사람에게 큰 해를 끼쳤으면서도 궁극적인 진리와 정의와는 거리가 멀었습니다."

"당신이 손가락으로 다른 곳을 가리켰다면 당신 자신은 손상을 안 입었을 것이고 한 사람의 생명도 구했을 것이 아닙니까? 당신이 거짓말을 한 것이 된다고 하더라도, 자신을 안전하게 보호해 줄 것으로 믿고 당신을 찾아온 무고한 사람이 살해당하는데 당신이 결정적인 요소가 되는 것보다는 훨씬 덜 끔찍한 죄를 범하는 셈이 되었을 겁니다. 당신이 침묵을 지키는 바람에 달아나던 사람은 당신이 자신을 보호해 줄 것으로 믿게 되었습니다. 그렇게 해서 당신은 그가 당신이 모르는 다른 은신처를 찾아갈 기회를 빼앗은 것입니다."

* * *

독일의 사회학자 울리히 벡(Ulich Beck)은 현대공학사회 인간의 삶을 '문명의 화산 위에서 살아가기'로 비유한다. 현재 상태를 부의 생산이 위기의 생산을 지배하는 위험사회로의 전이로 규정한다. 미국의 9 1테러사건이나 대구 지하철 방화참사 등은 현대사회의 위험을 증명한 것이며 안전문제는 산업현장 근로자의 안전문제에서 벗어나 세계인의 관심사로 부각되고 있다.

인간이 행복을 추구하기 위해 일하는 직장에서 산업재해로 인해 생명을 잃거나 부상당하고 직업병에 이환된다는 것은 역설이 아닐 수가 없다. 안전은 공학자가 추구해야 하는 최고 가치로서 극복해야할 도전이며 해결해야 할 과제가 된다. 미국 안전협회 전회장인 제럴드 스캐널(Gerard F. Scanell)은 '안전이란 상황에 따라 달라지는 우선순위(Priority)에 관한 문제가 아니고 인간이 지속적으로 추구해야할 영구불변의 가치이자 최고의 선' 이라고 지적한 바가 있다.

이제는 공학기술사회를 위험사회로부터 구출하여야 하며 그 최선의 방법은 우리가 살아가는 삶의 방식에 대한 전면적인 자기반성이며 기존의 안전관리 방식과 기법으로는 재해예방에 한계가 있을 수밖에 없다는 인식 위에 새로운 개신가치의 패러다임 구축이 절실히 요구되고 있다고 할 것이다.

최근 몇 년간의 재해발생경향은 종전의 재래유형 재해와 신기술 및 신물질 도입에 따른 신종 재해 및 직업병이 병존하며, 뇌심혈관질환 등 작업관련성 재해가 급증하는 추세이다. 제조 산업의 설비 대형화와 신기술 도입이 가속됨에 따라 산업재해의 피해 규모도 커져서 국민 총생산액의 약 1.8%에 해당되는 금액으로 이는 국가경제와 기업경영의 경쟁력 약화요인으로 작용하고 있다. 스토리텔링에서 보듯이 성자마저도 안전을 소홀히 대한 책임에서 자유로울 수가 없는 법이다.

제4장 공학자의 위험진단

공학현장의 정신은 위험기술에 대하여 공공안전을 최우선 과제로 삼도록 한다. 공학자들은 안전과 허용이 가능한 위험의 기준으로부터 '정상적 일탈' 의 증가를 허용할 것을 요구한다. 공학자들은 위험에 관하여 진단하고 전문가의 쟁점에서 파악하는 훈련이 요청된다. 공공복지와 개인보호의 상관관계에서 허용할 범위의 위험은 공공이익을 보존해야 할 필요성과 정보에 입각한 동의를 획득하는 능력에 달려 있다. 공학에서의 위험과 안전은 공공보호 차원에서 주요쟁점이 되고 있다.

차세대 선도 산업 기술 연구개발을 위한 과학기술 진흥, 세계화에 따른 산업 환경변화에 대응할 지방과학기술 혁신역량을 배양, 새로운 시장 창출을 선점할 수 있는 차세대 핵심기술 개발, 고부가가치형 산업구조로의 재편주도, 체계적인 과학기술진흥계획수립, 핵심전략산업기술의 혁신역량, 과학기술개발을 지원하는 체계적인 사업제시, 산 · 학 · 연의 기술개발역량 결집 등의 공학기술의 혁신과제일수록 사전에 위험진단의 예방윤리 접근이 요처오디는 것이다.

탐구문제

1. 비용/편익 분석을 통하여 허용할 수 있는 위험범위는 어떻게 설정되는가?
2. 허용할 범위의 위험의 정의와 진단방법은 어떻게 이루어지는가?
3. 위험에 관해 윤리적으로 책임을 다하는 과정단계는 어떻게 설정되는가?
4. '피해로부터 사람을 보호 한다' 는 명제의 공학윤리의 의미는 무엇인가?
5. 위험수준에 따른 책임부담은 어떻게 달라진다고 말할 수 있는가?
6. 일탈의 정상화는 무엇인가?
7. ㉮, ㉯, ㉰를 사성제와 관련짓고, ㉯는 그 명칭과 특징을 설명하시오.
   ㉮ 석가모니는 인간의 현실적 삶의 모습은 어떠하며 ㉯ 거기에서 벗어나는 방

법은 무엇인지를 고민하던 끝에 출가하여, 35세에 보리수 아래에서 ㉰ 진리를 깨우침으로써 불타가 되었다.

8. 다음 두 주장에 공통으로 포함된 내용을 쓰고, 그 내용의 의의를 소승불교와 대승불교의 관점에서 비교하여 서술하시오.【 만물은 항상 변화하므로 영원한 것이란 없다(諸行無常), 만물은 인연에 따라 생기고 사라지므로 고정된 실체로서의 자아가 없다(諸法無我)】

1. 위험범위와 공공부담

공학자에게 위험대처가 중시된다. 위험은 해로운 결과와 재해의 개념을 함께 포괄한다. 공학기술과 관련된 해로운 결과는 건강과 복지 문제이며, 우리는 건강문제로서 육체적 사고, 상해를 들 수 있을 것이다.

재해는 사람의 자유나 복지를 침해하는 것으로 육체적 안녕과 정신적 안녕, 그리고 경제적 안녕의 위해를 함께 수반하게 된다. 이는 곧 육체적 건강과 경제적 손실에 모두 영향을 미치게 됨이다. 잘못된 설계로 건물을 올리면 위험이 가시화되어 마침내 붕괴하여, 건물주에게는 경제적 손실을 끼치게 되고, 입주자의 생명을 앗아갈 수 있게 한다. 화학공장의 설계오류는 위험사고를 유발하여 경제재앙을 불러올 수 있는 것이다.[1)]

위험에 대해 로렌스 (William W . Lowrance)는 '해로운 결과의 규모와 확률 결합의 정도(a compound measure of the probability and magnitude of adverse effect)' 로서 정의한다.[2)] 로렌스(Lowrance)에 따르면 위험은 두 요소로 구성되어 있다. 즉, 하나는 해로운 결과와 재해의 가능성이고 다른 하나는 해로운 결과와 재해의 크기이다. 그에 따르면, '결합한(com-

---

1) Charles E. Harris, Jr.Michael S.Pritchard, Michael J. Rabins(2005), *Engineering Ethics, Concepts and Cases*, Belmont; Thomson Wadsworth.pp.163-4.

2) William W. Lowrance, "The Nature of Risk," in Richard C. Schwing and Walter A. Albers, Jr., eds., *Societal Risk Assessment : How Safe is Safe Enough?*(New York: Plenum Press, 1980),p.6.

pound)' 이라는 말은 산출(product)을 의미한다. 따라서 위험은 재해의 크기와 재해 가능성의 산출물이다. 발생가능성이 높은 비교적 가벼운 재해는 발생가능성이 훨씬 적은 비교적 큰 재해보다 더 큰 위험을 구성하게 된다. 1992년 환경 보호국(EPA)에서 시행된 국가공영(National Public)의 라디오 방송에서 위험전문가의 위험에 대한 개념을 예시하는 EPA 직원 린다 피셔(Linda Fisher)의 인용문을 소개한 바 있다.

> 우리 삶의 많은 우선권은 공공의견으로 정해진다. 공공은 실제로 위험을 일으키는 것보다 더 큰 위험을 일으킬 것이라고 생각되는 것들에 대해 더욱 많은 걱정을 점유하게 된다. 우리의 우선권은 매번 의회를 통해서 결정된다. 그리고 그러한 결정은 실제 위험을 반영할 수도 있지만 하지 않을 수도 있는 것이다. 또한 그 결정들은 위험에 대해서는 공공의견이나 의회의원들의 의견으로 반영될 수가 있다.[3)]

이처럼 피셔(Fisher)가 "위험" 또는 "실제 위험"이라고 언급할 때, 우리는 로렌스의 정의 혹은 "사망이나 상해 확률"과 같이 단순용어로 대체할 수 있을 것이다. 피셔는 미국 의회 사람들이나 보통사람들 모두가 위험에 관해 혼동하고 있다고 생각하는 있는 반면에, 전문가들은 그것이 무엇을 뜻하는지를 안다고 생각한다. 위험은 객관적 측정치로서 재해에 대한 크기와 그 가능성의 산물에 해당한다.

위험에 대한 전문가 접근은 윤리적으로 공리주의 태도가 중심을 이룬다. 이는 어떠한 도덕문제에 대한 해답은 복지를 최대화 할 수 있는 행동방침을 산정함으로써 이루어짐을 의미한다. 공리주의는 "비용/편익 분석(cost/benefit analysis)" 기법을 위험평가에 있어서 중요한 도구로 활용한다. 위험적용에서, 이 기법을 위험/편익분석(risk/benefit analysis)이라 부

3) 'Morning Edition' 은 1992년 12월 3일, 국가공영(National Public)의 라디오로 방송된 것이다.

른다. '비용' 은 주어진 행동방침에 관련된 사망이나, 상해, 그리고 기타 재해들에 대한 위험으로 환산하여 측정되기 때문이다. 그러나 단순화시켜, '비용/편익분석' 이라는 용어로 사용할 수 있다.

예를 들면, 피해를 막는 비용을 계산하기 위하여, 우리는 가스를 산출하는 과정을 수정하는 비용, 보호마스크를 제공하는 비용, 더 나은 환기장치를 설치하는 비용, 그리고 죽음을 예방하는 데 필요한 여타 다른 안전대책 비용을 포함한다. 우리는 가스로 인해 야기된 죽음을 예방하지 않은 데 드는 비용을 계산해야 한다. 여기에 우리는 부가적인 건강관리비용과 사망으로 발생할 수 있는 법적소송 비용, 명예훼손의 비용, 근로자 가족의 수입 손실 같은 요소들을 포함해야 한다. 생명 손실을 예방하는 총 비용이 사망을 예방하지 않는 총 비용보다 크면, 현재 수준의 위험은 허용범위의 수치이다.

그러나 생명 손실을 예방하지 않는 총 비용이 손실을 예방하는 총 비용보다 크면 현재수준의 위험은 허용할 수 없다. 비용을 결정할 때, 당장 확실치 않거나 분석결과를 바꿔버릴 수 있는 비용을 포함하도록 세심한 주의가 필요하다. 이 두 가지 선택의 다양한 비용이나 이익에 대해 금전 평가를 하는 것과 허용할 만한 위험의 엄격한 수치산출 등이 가능하지 않을 수 있다. 공학자는 전체효용에 대한 그들의 기여라는 관점에서 여러 선택에 대한 보다 직관적 평가로 만족해야 한다.

공리주의 입장에서는 유해가스에 근로자들이 노출되는 것을 제한하기를 원하는 이들에게 증명에 대한 부담을 제거하기를 원하는 것은 당연하다. 산업에 대한 과학연구에 의해 필요하다고 입증되지 않은 규제를 가하는 것은 경제 생산에 부당한 부담을 지우는 것이다. 이것은 경제적 비효율성, 더 적은 일터, 더 낮은 생활수준으로 유도하게 된다. 만약 노출이 제한되지 않는다면, 소수의 근로자에게 나타날 때는 아마도 더 적은 제한으로 생기는 보다 큰 사회이익에 의해 그 가치를 소홀하게 간주하는 경향이 있을 것이다. 허용할 만한 위험은 주어진 가능한 선택에서 피해를 산출할 확률은 적어도 이익을 창출할 확률과 같게 된다. 그러나 채용된 공리주의 분석의 정확한 형식과 관계없이, 허용할 만한 위험을 결정할 때 이 방식에 오로지 의존하는 것은 공리주리의 특징적인 한계를 경험하게 된다.[4)]

첫째, 모든 위험과 편익을 금전적으로 환산하는 것은 항상 가능하지 않다. 어떻게 우리가 새로운 기술이나, 습지대를 제거하는 것, 또는 다른 나라의 우림에서 특정 종을 멸종시키는 것과 관련된 위험을 비교 평가할 수 있겠는가? 이것은 비용-편익 접근을 불확정한 상태로 만들게 된다.

둘째, 각각의 선택과 관련된 이익이나 비용 전부를 예상하는 것이 가능하지 않을 수도 있다. 이것을 예상할 수 없는 한, 비용/편익 방법은 확정적이지 않은 결과를 야기할 것이다. 사람들은 보다 위험한 일을 할 때는 거기에 걸 맞는 임금을 요구한다. 더 위험한 일에 대해 사람들이 요구하는 증가한 임금과 증가한 위험도를 계산함으로써, 사람들이 자신들의 생명에 부여하는 금전가치를 계산해낼 수도 있을 것이다. 우리는 자신들이 사용하는 자동차나 다른 것들에서의 안전을 위해 얼마나 많은 돈을 지불할지를 계산할 수 있다. 문제는 부유한 사람들이 다른 사람들 보다 안전을 위해 더 많은 돈을 쓸 것이고, 여자들은 대개 위험을 금전으로 교환하는 환산 평가에서 남자들보다 자신의 생명가치를 높게 평가하게 된다.

셋째, 이러한 적용방법은 비용과 편익의 분배를 고려하지 않는다. 공장에서 근로자를 병과 사망에 이르는 심각한 위험에 노출시킴으로써 더 많은 전체 효용이 창출된다면, 그 노출은 정당화될 수 있다고 가정해보자. '선(good)의' 관점에서 근로자의 고통과 사망에 관련된 비용보다 그것을 더욱 높이 평가한다면, 그 위험은 정당화 될 수 있다. 허용할 만한 위험에 대한 난해한 해석이 될 것이다.

---

4) Charles E. Harris, Jr.Michael S.Pritchard, Michael J. Rabins(2005), *Engineering Ethics, Concepts and Cases, Belmont*; Thomson Wadsworth. p.165.

넷째, 이 방법은 기술에 의해 부여되는 위험정보에 근거한 동의를 받기 위한 여지를 배제하고 있다. 위험에 대한 일반인 접근법에 대한 논의에서 정보에 입각한 동의가 정당화된 위험의 가장 중요한 면이라고 간주되는 경향이 높다. 이러한 제한들에도 불구하고, 비용/편익 분석은 위험평가에서 합당한 지위를 누리고 있다. 개인권리에 대한 심각한 위협이 관련되지 않을 때, 비용/편익 분석이 결정적일 수가 있다. 비용/편익 분석은 체계적이고, 상당한 객관성을 제공하며, 금전적 비용이라는 공통적인 측도를 사용함으로써 위험, 이익, 그리고 비용을 비교할 수 있는 방법을 제공하는 셈이다.

공공위험에 대한 일반적 접근은 전문가 접근과 구분되며 차이점을 나타낸다. 첫째, 공공은 다양한 활동이나 기술로부터 발생하는 사망이나 상해 가능성을 평가하는 데서 실수를 범하게 된다. 위험 전문가, 촌시 스타(Chauncey Starr)는 일반인들이 사망의 원인과 관련하여 낮은 확률을 가진 위험의 가능성을 과대평가하거나 높은 확률을 가진 위험의 가능성을 과소평가하는 경향이 있다고 말한다. 후자의 경향은 과신하는 편견이나 고착(anchoring)으로 끝나게 된다. 고착에서는 위험에 대한 최초예측이 이루어지는 데 그 예측은 실제로 잘못될 수도 있다. 비록 그 예측이 수정된다 하더라도, 최초의 예측과 완전히 달라지지는 않는다. 그 최초의 예측은 장차 이루어질 모든 예측을 고정시키면서, 새로운 증거에도 아랑곳없이 충분한 조정을 방해하기가 쉽다.[5)]

위험 전문가와 일반인이 위험에 대해 다른 태도를 보이는 이유는 위험을 다르게 볼 수 있음이다. 일반인들은 위험과 허용할 만한 위험의 개념을 통합하는 경향이 있는 반면에, 전문가들은 명백히 그 두 개념을 구분하여 사용한다. 전문가들은 보통 위험을 피해확률과 크기의 산물이라고 정의한

---

5) Chauncey Starr, "Social Benefits versus Technological Risk," *Science*, 165, Sept. 19, 1969, pp.1232-1238.참조

다. 허용할 만한 위험을 공리주의 관점에서 환산하여 정의한다.

일반인들은 위험을 엄격한 보험 통계방식으로 평가하지 않고, 다른 요소들을 또한 고려하게 된다. 일터에서 위험은 부가위험에 대한 보상으로 지급되는 임금상승의 제곱에 비례한다. 두 배 임금을 받고서는 일꾼들이 보통 여덟 배가 넘는 위험을 감수한다. 자발적으로 떠맡은 위험은 더욱 허용할 만한 것이라기보다 본래부터 덜 위험한 것으로 간주하는 경향이 크다.[6] 만약 위험이 인위적으로 기원된 것이라면, 예상 위험은 자연적으로 발생한 것보다 훨씬 크다고 할 것이다. 무의식적으로 떠맡은 위험은 자발적으로 떠맡은 위험보다 월등하게 큰 것으로 인식된다. 즉각적인 위험은 자연적인 위험보다 상당히 큰 것으로 지각한다. 파괴적 위험도 일반적 위험보다 상당히 큰 것으로 인식된다. 일상 위험은 이따금 발생하는 위험과 거의 동등하게 인식하며, 필요한 위험은 사치적 위험과 대등한 것으로 인식된다. 여기서 위험과 허용할 만한 위험 사이의 혼용이 이루어질 수 있다.

일반인은 흔히 무의식적으로 떠맡은 위험이 자발적으로 떠맡은 위험 보다 본래부터 더욱 위험하다고 생각하는 경향이 있다. 공공에게 위험한 목록을 주고 그들에게 이로 말미암아 매년 사람들이 얼마나 죽는지를 기준으로 분류할 것을 요구하면, 심각하게 생각하면서 분류할 것이다. 그들에게 똑같은 목록을 주면서 그들에게 단순하게 이것들이 위험한지를 분류할 것을 요청한다면 위험순위에 있어 의식화된 영역과 구별되는 결과를 보게 될 것이다. 이는 우선권에 대한 논증들에서 부분적으로 예상 사망사 수를 근거로 판단하는 것과 이 모든 요인들을 고려해서 판단하는 것 사이에는 차이가 있기 때문이다.

공공피해의 가능성이나 크기를 항상 정확히 평가할 수 있다고 믿든 믿지 않던 간에, 위험에 대한 평가에 있어, 위험정보에 입각한 자유로운 동의

6) Charles E. Harris, Jr.Michael S.Pritchard, Michael J. Rabins(2005), *Engineering Ethics, Concepts and Cases*, Belmont; Thomson Wadsworth. pp.166-7.

를 하는지와 위험성의 분배에 있어서의 형평이 있는지의 여부가 포함한다. 이러한 고려사항들은 일반인의 접근이 공리주의보다 인간존중의 윤리를 중시함을 시사한다. 이 관점에 따르면, 개인들의 도덕적 힘을 부인하는 것에 잘못이 발견된다. 도덕적 행위 주체들은 그들 자신의 목적을 추구하면서 조직화할 수 있는 능력을 가지고 있다. 우리가 그들 자신들의 목표를 추구하고 조직화하는 그들의 능력을 부인할 때와 다른 도덕적 행위 주체들에 대해 불평등한 방식으로 다룰 때는 개인의 도덕적 힘을 무시하는 경향이 크다.

기술에 수반되는 위험에 대해 자유롭고 정보에 입각한 동의를 하기 위해서는, 세 가지 요소가 필요하다. 첫째, 사람을 강요해서 안 된다. 둘째, 사람은 관련정보를 가져야 한다. 셋째, 정보를 평가하기에 충분할 정도로 합리적이고 역량 있는 사람이어야 한다. 불행하게도, 정보에 입각한 의미 있는 동의는 한계가 있다. 동의가 언제 자유로운지 알기 힘들고 위험에 대해 적절한 정보를 받기도 어렵다. 일어나지 않았거나 주의를 끌지 않는 사고는 과소평가되며, 극적이거나 비참한 사고는 과대평가 되고 있다.

또한 기술에 수반되는 위험에 처한 개개인에게서 어떤 의미 있는 종류의 정보에 입각한 사전의 동의를 얻는다는 것은 거의 불가능한 일이다. 이를테면 공장장이 낮은 비율의 인구에게 가벼운 호흡기 문제를 일으키는 물질을 대기 중으로 방출하고자 공장 주위에 사는 사람들의 동의를 어떻게 얻을 수 있을 것인가? 실제로 사람들은 그 영향을 정확히 모르거나, 다른 것에 너무 신경을 쓰느라 미처 모르고 지내는 경우가 허다하다.

정보에 입각한 자유로운 동의를 얻는 관점에서, 우리는 기술적으로 그들에게 가해진 실제적 피해들에 대한 사실이 밝혀지게 되면 개개인들에게 보상할 수도 있다. 실제로 화학 공장에서 유독 가스의 누출이나 자동차의 결함 있는 설계 때문에 발생하는 피해를 보상받을 수가 있지만, 몇 가지 단점이 드러난다. 적절한 보상수준을 결정하는 방법이 없으며, 몇몇 사람들이 결코 동의하지 않을 것이기 때문에 개인의 자유를 제한하게 되고, 때때로 심한 상해나 사망의 경우 같은 피해에 대해서는 적절한 보상이 불가능해진다. 기술에 수반되는 위험에 노출된 사람들의 도덕능력을 존중하기 위한 윤리적 요구사항을 다루는 방법에서 정보에 입각한 동의와 보상은 모두 문제점이 노출된다. 그럼에도 불구하고, 이러한 요구사항들을 존중하기 위해서는 어떠한 노력이 강구되어야 한다.

인간존중을 위한 윤리는, 사회적 비용과는 관계없이, 개개인의 도덕적 능력을 존중하는 데 크게 강조점을 두게 된다. 사회의 각 구성원들은 그 밖의 모든 사람들의 복지조차도 무시할 수 없을 정도의 정의에 기반을 둔 불가침성을 가지고 있다. 인간 존중의 윤리로부터 파생된 정의를 위한 요구한 사례를 살펴보자. 박씨는 15살이던 1970년 석면방직업체인 부산 제일화학에 입사했다. 하루 12시간씩 일한 공장은 석면 먼지로 자욱했지만 누구도 위험하다고 말하는 사람이 없었다. 먼지 속에서 일하고 도시락을 먹고 쪽잠을 잤다. 박씨는 "석면가루가 눈처럼 날렸다. 마스크를 벗으면 코 주변에 하얗게 가루가 쌓였다"고 당시 공장의 모습을 기억했다. 아내 하씨를 만난 곳도 공장이었다. 공장 야유회 때 몰래 손수건을 건넨 아내에게 조개 목걸이를 사준 게 인연이 됐다. 두 사람은 77년 결혼했다.

아내가 기침을 시작한 것은 85년 무렵. '감기 참 지독하다' 고 생각했는데 나중엔 숨이 갑갑하다고 했다. 병원을 돌아다녔지만 병명을 찾을 수 없었다. 집에 산소 호흡기까지 달아야 했던 아내는 95년 폐가 굳어 세상을 떠났다. 유난히 기침을 많이 하던 처형, 박씨의 누나와 동서도 석면폐증으로 진단됐다.

박씨는 "지난해 동료로부터 '공장 석면에 문제가 있었다.' 는 말을 듣고 무릎을 쳤다"고 했다. 석면입자가 폐에 들어가 허파꽈리를 굳게 만든다는 석면폐증은 아내와 가족들이 겪은 증상이었다. 박씨는 "죽음이전까지 아내고통을 지켜본 나로서는 겪게 될 고통이 도저히 감당되지 않고 두렵다"

며 고개를 떨어뜨렸다. 70-80년대 건축재로 널리 쓰인 석면은 석면폐증 · 악성중피종 등 호흡기질환을 일으킨다는 사실이 알려지면서 사용이 금지되는 추세다.

우리나라도 모든 석면제품의 제조 · 수입 · 사용이 금지되게 된다. 그러나 지금도 석면의 고통은 진행형이다. 박씨는 "국가가 석면피해 역학조사를 실시하고 피해자들의 산업재해 승인 절차를 간소화해 적절한 보상을 하길 바란다."고 말했다. 공리주의자는 면섬유 흡입으로 생기는 폐질환의 위험으로부터 근로자들을 보호하라고 제일화학에 강력히 요구하는 데 실패함으로 발생한 엄청난 피해를 엄청나게 많은 수의 사람들에 대한 더 적은 이익들과 기꺼이 맞바꾸려고 할 수도 있을 것이다. 결국 그러한 보호는 흔히 너무 비용이 많이 들고 이러한 비용은 결과적으로 석면제품의 가격 인상과 같은 형태로 소비자에게 떠넘겨질 것이다. 그리고 높은 가격은 석면제품을 더 비싸게 만들어 시장에서 경쟁력을 약화시켜서 그 때문에 노동자에게서 일자리를 빼앗게 만들 수 도 있다.

하지만 인간존중 윤리의 입장에서 보면, 그러한 생각이 하씨가 부당하게 취급되어 왔다는 사실을 가리도록 허락되어서는 안 된다. 비록 많은 사람들이 공장을 통해서 이익을 보지만, 하씨와 박씨, 소수의 다른 사람들은 건강치 못한 작업조건의 결과로 고통을 받는다. 이익과 해가 불공평하게 분배되었다. 육체적인 온전함과 생명에 대한 그의 권리가 부당하게 침해당했다. 황금률의 관점에서 보면, 어떠한 관찰자라도 박씨의 입장에 있기를 원하려는 사람은 아마도 거의 없을 것이다.

모든 위험과 이익을 똑같이 분배시킨다는 것은 불가능할 것이다. 많은 사람들이 새로운 기술 프로젝트로 혜택을 볼 것이지만 위험을 떠안게 될 것이다. 위험을 균등히 분배시키는 방법이 없기 때문에, 정보에 입각한 동의와 보상은 이 프로젝트를 계획하는 데 중요한 고려사항일 것이다.

따라서 정보에 입각한 동의, 보상, 공평은 도덕적 평가에서 밀접히 관련된 고려사항들이다. 흔히 일반인들은 위험의 개념을 허용할 만한 위험의 개념과 묶어 생각한다. 허용할 만한 위험은 자유로이 그리고 정보에 입각한 사전 동의에 의해 위험부담을 떠안거나, 적절하게 보상되거나, 공정하게 분배될 수 있는 위험을 말한다. 물론 우리는 자유로이 그리고 정보에 입각한 동의, 보상, 정의라는 요구조건들을 이행하는 데 많은 어려운 점이 있다는 것을 안다. 그럼에도 불구하고, 그것들은 평범한 일반인들에게서 나온 도덕관점에서 공적 일과 사적 일을 함께 매개해면서 고려할 사항이 된다.

우리나라 사망원인 가운데 수년째 부동의 1위를 지키고 있는 질병은 '암' 이다. 매년 12만 여명의 새로운 암 환자가 발생하고, 매년 늘고 있다. 얼마 전, 국정감사에서 도마 위에 올랐던 삼성전자반도체와 한국타이어 노동자 집단사망 사건 역시 모두 암과 관련이 있다. 삼성전자반도체의 경우 최소 13명에서 최대 18명이 이르는 노동자들에게서 조혈기계 암(백혈병)이 발병했다는 의혹을 받고 있고, 한국타이어의 경우 췌장암과 폐암 2건이 업무상재해로 인정됐다. 국립암센터의 암 등록 자료에 따르면 우리나라에서는 매년 11만 명의 암환자가 발생한다. 미국의 경우 매년 암으로 사망하는 50만 명 중 최소 4%인 2만 명이 직업성 암으로 추정되고 있다. 우리나라 암 환자 10명 중 1명은 직업원인에 의해 발병하였다.

그러나 우리나라에서 직업성 암 발병률을 보여주는 유일한 공식자료인 근로복지공단 산재요양승인자료에 따르면 2006년 암으로 산재를 신청한 153명 가운데 18명만이 산재로 승인됐다. 135명은 불승인 판정을 받았다. 지난 93년 석면 방직공장 여성노동자가 '악성의 피부종양' 으로 직업성 암으로 처음 산재인정 받은 후 지난 13년간 177건에 불과하다. 직업성 암 환자 추산과 실제 업무상재해로 인정된 암 환자 사이의 간극은 산업재해보상보험법 때문이다. 업무상 질병 인정기준이 명시되어 있는 산재보험법 시행규칙에는 뇌심혈관계 질환과 달리 암은 별도의 항목으로 규정되어 있지 않다. 근로복지공단은 "암의 직업 관련성을 평가하기가 매우 어렵다" 면서 "때문에 지금까지 암 관련 질환은 벤젠이나 석면처럼 이미 인정된 발암물질에 노출된 기간과 노출부위 등을 종합적으로 고려해 업무상 질병으로 인정한다."고 설명하고 있다.

산업안전보건연구원 직업병연구센터 역학조사팀에 따르면, "직업성 암의 규모는 암질환의 원인을 조사하고 추정해야 하기 때문에 정확히 밝히기는 어렵다"고 한다. 일단 대부분 암 질환의 발병원인이 아직까지 밝혀지지 않았거나 명확하지 않은데, 직업성 암의 경우 암질환의 원인을 조사하고 추정해야 하기 때문에 그 규모는 더욱 밝히기 어렵다는 것이다. 예를 들어 폐암에 걸린 노동자가 벤젠을 취급하고 흡연경력도 있다면 직업성 암으로 판단하기가 쉽지 않다. 폐암의 발병원인은 80-90% 가까이가 흡연으로 추정된다. 그러나 벤젠 역시 폐암과 직접적인 관련이 있는 발암물질이다. 이렇듯 직업상 발암물질에 노출돼 있었더라도, 업무상재해로 인정되기란 매우 까다로운 조건의 심사를 받게 된다.

노동부는 총 698종의 유해물질에 대해 노출기준을 관리하고 있는데 이 가운데 발암성 물질은 39가지다. 직업성 암으로 인정되기 위해서는 이러한 발암물질에 의해 노출된 사실이 확인됐을 경우에만 가능하다. 노동부는 암을 유발하는 물질로 확인됐거나 의심되는 물질을 발암성물질로 정의하고 있으며, 이마저도 미국산업위생전문회의(ACGIH)의 기준을 따르고 있다고 밝혔다. 그런데 금속노조가 ACGIH의 규정과 산업안전공단에서 제공하는 물질안전보건자료(MSDS)에 나와 있는 발암물질 독성정보를 비교해 봤더니 틀린 곳이 여러 군데 발견됐다.

미국을 비롯한 국제암연구소(IARC) 등은 '4-아미노디페닐' 이라는 화학물질을 발암물질로 규정하고 있지만 우리나라는 비발암성 물질로 분류돼 있다. 반면 메틸요오드 등은 우리나라에서는 발암물질로 규정되지만 미국이나 국제암연구소 등에서는 그렇지 않은 것으로 간주한다.

우리나라 정부는 직업성 암 조기발견과 관리를 위해 92년부터 건강진단 수첩제도를 시행하고 있다. 석면 10여개 발암물질을 제조 · 취급하거나특정분진 작업에 3년간 종사해 진폐증이 있는 노동자들이 그 대상이다. 2005년부터는 벤젠 · 니켈 · 카드뮴 취급업무 종사자로 확대했다. 건강관리수첩을 발급받은 노동자는 1년에 1회 무료 건강진단을 받는다. 정부는 오는 2015년까지 이 같은 직업 관련 발암물질 노출 현황과 노동자를 파악해 직업성 암에 대한 감시체계를 구축하고 있다. 그러나 과로나 교대근무와 같이 국제의학계가 발암 가능요인으로 분류하는 업무적 환경으로 인한 인정기준은 고려하지 않고 있다.

이러한 사실들을 가정하면, 과학적인 연구들이 우리가 생각하는 것만큼 발암물질들과 다른 유해물질로부터 공공을 보호해주지 못할 수도 있다. 위험에 대한 역학적인(epidemiological) 평가와 관련된 가치판단이 있으며, 이러한 가치 판단은 과학적 진리의 발견, 경제적 효율성, 그리고 공공을 보호하는 것보다 연구를 지원해부는 사람들의 이해관계를 우선시 한다. 공공의 자금지원이 과학적 연구를 지원하고 있음에도 불구하고, 순수과학에 공헌하는 연구들과 공공정책 결정의 기초를 형성하는 연구들 사이의 불균형이 존재한다. 결국 허용할 만한 위험은 공공에게 이익을 주는 것보다도 오히려 공공이 피해를 입지 않도록 위험으로부터 보호하는 것에 훨씬 더 비중을 두는 것이 중요하다고 할 것이다.

2. 위험수준과 공공안전

위험은 평가하기 어렵고 공학자들은 위험을 제거하려는 행동을 취하지 않고 오히려 위험에 대해 변칙적인 것이 쌓이도록 방치하고 심지어 허용할 만한 위험범위를 확장시켜 그 변칙을 그 범위에 수용하고 싶어 하는 유혹을 받게 된다. 우리는 위험 전문가, 일반인, 정부 단속자들이 제시하는 허용할 만한 위험의 정의에 대해 서로 다르며 때로는 양립할 수 없는 접근법이 있다는 사실도 알고 있다.

공학자들에 대한 윤리적이고 전문적인 관심들을 불러일으키는 또 다른 쟁점은 위험에 대한 법적 책임과 관련이 있다. 여기에는 적어도 두 가지의 논점들이 있다. 하나는 불법행위의 증거표준과 과학에서의 증거표준이 매우 다르다는 점이고, 다른 하나는 불필요한 위험으로부터 공공을 보호함에 있어 공학자들 스스로가 법적 책임을 초래할지도 모른다는 것이다.

피해로부터 배상을 받으려는 소송은 가장 일반적으로 불법행위법에 호소한다. 이 법은 다른 사람에 의해 야기된 상해를 다루는 것으로, 대개 가해 당사자의 잘못 혹은 태만의 결과로 생기는 것이다. 기술로부터 받은 피해의 배상요구를 포함하는 가장 유명한 법적 사례들의 대부분은 불법행위법에 놓여진다. 석면으로 인한 피해, 유기질 섬유판 종이 제조회사를 상대로 한 소송 등이 보고되고 있다.[7)]

석면침작증(asbestosis)으로 무력하게 되는 경우에 대한 역학조사가 이루어졌다. 석면(石綿) 광산 인근에 살고 있는 마을 주민들에게 석면 관련 질환이 집단 발병한 사실이 정부 조사로 처음 확인됐다. 조사 대상 마을 주민들의 절반가량이 석면폐(석면이 폐에 쌓여 폐가 딱딱하게 굳고 하얗게 변하는 것)나 흉막반(석면이 폐를 감싼 흉막을 뚫어 흉막이 판처럼 두꺼워지는 것) 같은 각종 석면 노출 후유증에 시달리고 있는 것으로 나타났다. 가톨릭대 예방의학 팀은, 과거에 석면 광산이 있었던 충남 홍성군 광천읍(2곳)과 은하면, 보령시 오천면과 청소면 등 5개 마을 주민 가운데 215명을 무작위로 골라 흉부 X-레이를 촬영한 결과 100여 명에게서 석면폐와 흉막반, 폐섬유화로 추정되는 흔적이 관찰됐다고 한다.

역학조사는 부산 연산동의 옛 석면공장 근로자들에게서 석면 질환이 잇

7) Charles E. Harris, Jr.Michael S.Pritchard, Michael J. Rabins(2005), *Engineering Ethics, Concepts and Cases*, Belmont; Thomson Wadsworth. pp.172-3.

따르자 환경부가 작년 4월 홍성군 '광천석면광산' 등 3개 광산 인근 주민들 건강영향 조사를 위해 연구 용역을 발주하면서 시작됐다. 일본의 경우 석면 수도관 생산업체인 구보타사(社)의 근로자 등 79명이 석면 질환으로 숨진 것으로 2005년 밝혀져 피해자보상법이 제정되는 계기가 됐다. 폐섬유화 같은 흔적이 관찰된 100여 명의 주민 가운데 절반가량은 광산 주변에 살았다는 이유만으로 석면 관련 질환에 걸린 것이라고 한다. 이들 마을주민들은 광산에서 수십-수백 미터 떨어진 거리에 살고 있다. 100여 명 주민을 상대로 현재 컴퓨터 단층 촬영을 통한 정밀 조사를 통해 33명의 주민 대부분에게 '석면폐나 폐섬유화, 흉막과 흉벽이 딱딱해지는 증상 등이 관찰됐다' 는 최종 조사결과가 통보됐다. 일단 석면에 노출되면 석면의 특성상 치료 자체가 불가능하다. 환경부는 사태의 심각성을 감안해 조만간 보건복지부 등 관계 부처와 대책 수립에 나설 것으로 알려졌다. 석면침작증은 메소틸리오마(Mesothelioma)라고 알려진 폐암의 형태로 전이된다고 할 것이다.

주어진 한 물질이 피해의 직접적인 원인이었다는 증거 기준은 과학자가 요구하는 증거 기준보다 덜 엄중하다고 할 것이다. 불법행위를 통해 입은 피해들의 복구를 위한 더 높은 증거 기준들을 부과하고 있다. 그래서 자세히 검토되어진 과학적 연구들로 뒷받침되거나 아니면 견고한 과학적 지지를 받아야 한다고 요구한다. 이처럼 더 높은 증거 기준을 요구함으로써 법정분쟁은 피해보상을 규명하려는 원고 측에 상당한 입증 부담을 주게 되며, 많은 사례에서 드러나듯이 과학적 지식은 인과관계들을 결정하는 데 적합하지 않으며 원고 측에 불리하게 작용된다. 여기의 윤리문제로서는, 부당하게 피해를 입은 원고 측의 권리를 보호하는 것에 더 관심을 가져야 하는지 아니면 경제적 효율에 관심을 증진시키나가야 되는지와 피해에 대한 부당한 책임에서 피고 측을 보호하는 것에 더 관심을 가져야 하는지 등에 대해 공학자의 책임의식에 대한 규명이 관건이 된다.

예부터 동양윤리에서는 인(仁)·의(義)·예(禮)·지(智)·신(信)이라는 주요덕목은 4번째 '지(智)'를 제외하면 어느 것이나 대인관계의 책임의식을 포함한다. '인'과 함께 중시된 '의(義)'는 글자꼴이 보여주듯 자기(我)가 양(羊)을 등에 짊어지고 있는 형상인데, 양이란 『논어』에서 명백히 나타나듯이 제물로 쓰는 짐승의 상징이며 자기가 속하는 공동체의 희생을 대표하는, 책임을 나타내는 개념이다. 책임을 다하지 못할 때 인간으로서의 존엄을 잃고 인간사회에 대한 명예는 소실된다. 동양에서는 책임을 다하지 못했기 때문에 자살을 하는 것을 볼 수 있다. 이런 자살은 인간의 내적 존엄과 외적 명예를 혼동하는 데서 발생한다.

이러한 혼동의 이유는 사회적 관계로서의 일면에만 치우친 대인적 존재로서의 인간파악뿐 인간의 기본존재로서의 인격이라는 의식이 적었다. 책임을 부담하는 인격주체로서의 '양지(良知)'는 16세기의 왕양명, 이탁오에 이르러 처음으로 발견된다. 왕양명은 초기에 이학(理學)을 공부하다가 주자(朱子)의 성즉리(性卽理)와 격물치지(格物致知)에 회의를 느끼고 육상산의 설을 이어 심즉리(心卽理)렬±瑩 致良知)려置璠藍究 知行合一說)을 주창하고 나왔다. 즉 원리와 원리 실현의 소재[氣]를 엄격히 구별하여, 마음은 기이고 마음이 갖춘 도덕성 등의 이치는 이(理)라고 한 주자의 견해에 대하여, 만물일체와 불교의 삼계유심(三界唯心)의 입장에서 마음이 곧 '이'라고 주장하게 되었다.

이에 따라서 객관세계에 실재하는 사물의 이치를 탐구하여 지식을 이룩하는 이론적 방법으로도 대학의 격물치지를 해석한 주자의 입장에 반대하고, 외재사물(外在事物)을 문제 삼으려면 이미 마음이 발동해야 하므로 물(物)을 마음이 발동하여 이룩한 사(事)로 해석하고, 밖에 있는 이치의 파악 이전에 파악하는 주체로서 마음의 선천적인 앎의 능력인 양지(良知)를 이룩하여 사물을 바르게 하는 방법을 강조함으로써 신유학의 윤리학을 전개했고, 동양의 인격개념화에 공헌하였다.

이처럼 동양에서는 인간의 자기반성의식이 부각되었다. "효제(孝悌)는 인의 근본이다"라는 공자의 표현에서 드러나듯이, 혈연적인 가족 결합의 윤리를 중시하여 거기에서 찾을 수 있는 자연스런 애정을 전개하는 것이었다. 따라서 인은 '남을 사랑하는 것' 이라 하여 사랑을 바탕으로 삼은 조화된 정감(情感)에 의거한 덕이며 그것을 가까운 혈연에서 비롯하여 멀리 미치게 함으로써 사회적 · 국가적 평화를 얻을 수 있다고 하였다. 따라서 여기서는 그 상태를 형성하는 계기로서 개개의 인격이 문제가 되기에 앞서 이상적 관계가 추구되었다. '관계가 계기를 규정 한다' 는 일종의 장(場)의 이론이 인륜의 기초가 된다.

유교의 '인' 이라는 개념이외에 불교의 삼법인(三法印)이 책임과 연관된다. 이는 제행무상(諸行無常), 제법무아(諸法無我), 일체개고(一切皆苦)이며, '모든 것은 변화하며, 이 세상에 영원히 존재하는 그 어떤 것이란 없다' 는 의미를 담고 있다. 그럼에도 불구하고 영원한 것으로 생각하고 집착하는데 바로 그렇기 때문에 고통이 따른다. 이 세 가지를 기본적인 통찰로 갖는 불교의 정신은 사실, 다양성으로 특징 지워지는 변화무쌍한 현상계를 마야로 규정하면서 동시에 그 현상계를 초월하여 언제나 항상 변화하지 않는 모습으로 무상무아에 근거하여 책임지되 현상세계의 집착을 철저하게 거부하고 있음이다.

위험수준을 예측하여 책임지려는 자세가 공학자에게 요청된다고 할 것이다. 불법행위에서 직접적인 주요 원인은 쉽게 정립될 수 있다. 법정이 허용할 만한 위험에 대한 엄격한 기준 또한 부과해야 한다. 그런데 법적 책임이라는 위협은 공학자들로 하여금 공공을 위험으로부터 적절하게 보호하지 못하게 방해할 수도 있다. 개인 사업을 하는 공학자들은 책임과 위험에 관한 어려운 고려사항들에 직면할 수 있으며, 책임으로부터 더 많은 보호를 요청할 수도 있다. 기초공사나 파이프라인, 하수관을 위해 땅을 굴착하는 데 있어서 안전쟁점을 고찰해보자.

깊고 경사면이 있는 도랑은 원래 불안정하다. 조만간 옆 벽면이 무너질 것이다. 도랑의 벽들이 붕괴되기 전까지 버티는 시간의 길이는 수많은 요인들, 이를테면 절단면의 길이와 너비, 기후 조건, 토양의 습도, 토양의 성분, 그리고 굴착 방법 등에 의존한다. 깊은 도랑 안에서 일하는 사람들은 상당한 위험 하에 놓여 있으며 매년 그 벽들이 붕괴될 때 수백 명의 노동자들은 다치거나 목숨을 잃게 된다.

그 위험을 줄이기 위해 건설 공학자들은 그들의 설계 속에 도랑압축 팩의 사용을 명기할 수 있다. 도랑압축 팩은 노동자들은 보호하기 위해 도랑 안에 삽입되는 거꾸로 된 U자 모양의 횡단면을 지닌 긴 압축 팩이다. 노동자들이 도랑압축 팩에서 일을 하는 동안은 사망이나 부상의 위험이 크게 감소한다. 불행하게도 도랑 팩의 사용은 건설 프로젝트에 포함되는 비용과 시간을 상당히 증가시킨다. 그 팩들은 구매되거나 빌려야만 하고 그런 다음에 굴착이 진행될 때 이동되어야만 하므로, 건설 작업은 늦어지고 경비는 더욱 많이 추가된다.

공학자들은 도랑 팩의 사용에 관하여, 그 팩들의 사용이 건축 법규들에 의해 요구되지 않는 곳에서는 거북한 입장에 놓이게 된다. 만일 그들이 팩의 사용을 명시하지 않으면 노동자들을 높은 사망과 부상 위험에 처하도록 하는 상황에 기여하게 될 수도 있다. 또한 만일 그들이 팩의 사용을 명시한다면 도랑 팩들의 사용 때문에 어떤 사고의 소송에서 책임이 초래될 수도 있다. 공학자들이 보다 효과적으로 노동자들의 안전을 도모할 수 있도록 해주는 도랑 팩 사용에 대한 제안들은 입법화되지 않아 많은 문제점을 내포한다. 공학자들이 그 방치 또는 부적절한 사용에 대한 책임을 지지 않고 자유롭게 안전 조치를 명기한다면 그들은 공공안전을 보호해야하는 공학자의 책임에 대해 쉽게 이행이 가능해진다.

새로운 기술의 개발은 위험과 밀접한 관계가 있다. 첫 번째 공학자의 의무는 위험에 관해서 윤리적으로 책임을 다하는 것이다. 위험에 관해 윤리적으로 책임을 다하는 과정의 첫 단계는 위험이 대체로 평가하기 어려우며, 미묘하고 믿을 수 없는 방식으로 증가될 수 있다는 사실을 인식하는 것이다. 두 번째 의무는 허용할 만한 위험을 결정하는 데에는 여러 접근들이 있다는 것을 인식하는 것이다. 공학자들은 위험에 대한 접근에서 양화로 흐르기 쉬운 경향을 지니고 있어 공공과 심지어 정부 단속자의 관심사에 대해 충분히 대응하지 못할 수가 있다. 세 번째 단계는 위험에 관한 법적 책임을 인식하는 것이다. 법은 위험과 이익에 관해 상반된 의견을 유지하고 있다.

공공복지와 개인권리 사이에 균형해결을 찾으려는 시도가 종종 나타났다. 1976년의 유독물질통제 법령(Toxic Control Act, TOSCA)은 환경보호국이 "건강이나 환경에 대한 상해라는 불합리한 위험"의 발견을 기초로 어떤 화학약품을 규제하도록 권한을 위임했다. 그러나 단속을 유발하는 것은 단지 "부당한 위험"일 뿐이며, 어느 정도의 위험은 명확히 허용된다. 규제를 필요로 하지 않는 단일물질과 혼합물질로의 대체 가능성과 제안과 규제조치가 사회에 미칠 수도 있는 다른 역효과를 고려하여, 제안조치가 혼합물질의 사회이용 가능성에 미치는 영향과 대비하여 해가 발생할 가능성과 그 해의 크기, 심각성을 평가하게 되어 있다.[8)]

2009년 3월부터 위해성 평가 결과 건강피해가 우려되는 어린이용품 중 유해물질에 대한 리콜 권고 및 어린이활동공간에 대한 환경안전관리기준 적용 등 "어린이용품 및 활동공간에 대한 위해성 관리제도"가 시행될 예정이다. 이 제도의 시행을 통해 장난감, 학용품 등 어린이용품, 유치원, 학교, 어린이놀이터 등 생활공간 중 유해물질 위협으로부터 어린이들을 보호하는 생활환경을 제공할 수 있다.

어린이활동 공간에 대한 환경안전관리기준은 2009년 3월 21일 이후 신

---

8) *Ibid*., pp. 176-7.

설되는 시설에 대하여만 적용하는 것으로서, 기존 시설에 대하여는 의무화되지 않으나 소유 · 관리자들이 이 기준에 맞게 자발적으로 개선하도록 유도하기 위해 친환경 놀이터 공모, 시범개선사업 추진을 골자로 환경안전관리기준의 주요 내용으로 도료, 마감 재료의 중금속 등 유해물질 함량을 제한하고, 유해 목재방부재를 사용한 목재의 사용을 금지하고, 바닥재로 쓰이는 모래 및 합성고무 재질 바닥재의 중금속 함량 제한하고, 해충, 미생물 등이 서식하지 않도록 해야 한다.

이러한 고려사항들이 주어지면, 우리는 허용할만한 위험에 관한 보다 일반적인 원칙을 만들 수 있는데, 그것은 언제 위험이 도덕적 허용가능성의 한계 내에 있는지를 결정하는 데 있어 어떤 지침을 제공할 수도 있다. 기술의 해로운 영향으로부터 사람들은 보호되어야 한다. 사용은 그것 자체의 장점 위에서 고려되어야 한다. 이 원칙들을 적용할 때 생기는 쟁점들 가운데 몇몇을 열거할 수 있다.

첫째, 우리는 피해로부터 사람을 "보호 한다"는 것이 무엇을 의미하는지를 정의해야만 한다. 이것은 사람들이 어떤 형태의 기술은 위험으로부터 자유롭다고 안심한다는 것을 의미할 수는 없다. "보호"는 단지 피해확률로 환산하여 공식화할 수 있을 뿐이며, 이런 것들이 상당히 잘못 적용되기 싶다는 것을 알 수 있다.

둘째, 무엇이 해를 구성하는지에 관해서 많은 논쟁들이 일어날 수 있다. 불쾌한 냄새를 하루 종일 맡아야 한다는 것은 해로운 것인가? 양조장이나 하수 처리 공장의 노동자들은 어떠한가? 이곳에서는 더럽고, 불쾌한 냄새가 제거될 수 없고, 그래서 어떤 해가 제거되어야 하는가에 대한 질문은 다른 좋은 것들을 제거하지 않으면서 해로운 것들을 제거할 수 있는지를 묻는 질문과 분리될 수 없다.

셋째, 무엇이 크고 대체할 수 없는 이익을 구성하는가에 대한 결정은 특정 상황맥락에서 이루어져야 한다. 냉동 야채에 색깔을 더 진하게 만드는 음식 첨가제는 크고 대체할 수 없는 이익이 아니다. 만일 그 첨가제에서 강한 발암 물질이 발견되었다면, 그것은 제거되어야 한다. 대부분의 사람들은 자동차를 아주 소중히 생각한다. 그래서 자동차 사고로부터 사람이나 상해의 가능성이 있음에도 불구하고 그것이 제거되기를 원하지 않는다.

넷째, 우리는 많은 상황들 속에서 정보에 입각한 동의를 결정하는 데 있어서 생기는 문제들과, 정보에 입각한 동의를 얻는 데 있어서의 한계를 고려해야 한다. 인간 존중 윤리의 관점에서 보면, 정보에 입각한 동의가 제일로 중요한 고려사항이지만 그것은 종종 해석하고 적용하기도 어렵다.

다섯째, 피해의 부당한 분배를 판단하는 기준도 또한 적용하기 어렵다. 위험과 관련 있는 어떤 해들은 아마도 불공정하게 분배되어 있다. 예를 들어, 제대로 건설되지도 않았거나 감시되지도 않는 유독한 산업폐기물 처리장에 근접해 있는 것과 연관된 위험들은 불공정하게 분배되어 있다. 석탄 채광과 관련된 위험들 역시 불공정하게 분배되어 있다고 생각될 수 있지만, 석탄 채광을 더 안전하게 하고 더 보상을 하기에 충분할 만큼 석탄 가격을 올리는 것을 요구할 수도 있다.

여섯째, 어떤 주어진 시점에서 허용할만한 위험이 또 다른 시점에서는 허용할 만한 위험이 아니 될 수도 있는 것이다. 공공의 안전과 건강을 도모해야 하는 공학자들의 책임은 기술혁신의 결과로 처리해야 하는 위험을 줄이도록 공학자들에 요구한다. 위험을 감소하는 새로운 기술을 이용할 수 있게 됨에 따라서 위험을 감소시켜야 하는 공학자들의 책임도 변하게 되는 것이다. 따라서 위험과 책임은 의존적인 상관성이 높다고 할 것이다.[9)]

9) *Ibid.*, p.177

3. 위험수준과 책임범위

공학현장은 공학자들에게 공공안전, 건강복지를 우선시하라고 요구한다. 이는 허용할 수 없는 위험으로부터 공공을 보호해야 함이다. 그렇지만 이러한 요구의 이행은 공학자들에게 많은 문제점들을 야기한다. 고도로 위험한 기술은 '정상적인 사고' 라고 항변하게 되는 기술 체계와 연관되거나 복합적인 상호작용에 근거하는 위험이 항상 뒤따르게 마련이다. 공학자는 위험에 대한 적어도 세 가지의 다른 접근법이 있다는 것을 인식한다. 하나는 위험 전문가의 접근법이다. 전문가들은 위험을 피해가 일어날 확률과 피해크기의 곱으로 정의한다. 그들은 허용할 만한 위험을, 공리주의 개념에서 가능한 선택들이 주어질 때, 피해가 일어날 확률은 적어도 이익을 산출할 확률과 같은 위험으로 수반된다고 정의를 하게 된다. 반면에 비전문가들인 일반인들은 위험과 허용할 만한 위험 개념의 구분을 하지 못한다. 그들의 위험에 대한 개념은 위험이 결국 큰 재해로 이를 수 있다는 통찰이 결여되어 있지만, 정부 관리자는 공공보호에 대한 관심을 가질 의무를 갖게 된다. 불법행위의 증거는 과학에서 요구되는 높은 증거기준을 요구하게 된다. 이 경우에 보다 낮은 기준은 원고에게 유리하며, 보다 높은 기준은 피고에게 유리하게 작용한다. 이 차이점은 공공정책의 주요쟁점을 불러일으킨다. 법률에 의해 발생하는 쟁점에서 공

〈그림 1〉 엠파이이이어스테이트 빌딩 - New York Times

학자들이 부당위험으로부터 공공을 보호하려고 시도할 경우, 불공평한 책임으로부터 그들 자신을 보호할 자구책을 마련할 필요가 있음이다.

개인보호의 문제와 공공 보호의 문제는 어느 정도 수위조절을 감안하게 된다. 허용할 만한 위험원칙은 크고 대체할 수 없는 유익을 보존해야 할 필요성과 함께 정보에 입각한 동의를 획득하는 능력의 한계를 고려함과 동시에, 기술로부터 입게 되는 해로운 효과들로부터 공공을 보호할 의무를 부담하게 된다.

1945년 7월 28일, 안개 자욱한 토요일 아침, 쌍발 엔진의 미 육군 B-25 폭격기는 안개 속에서 길을 잃어 지상 914피트 높이에서 엠파이어스테이트 빌딩에 충돌했다. 충돌은 빌딩 북쪽 표면에 너비 18피트 안길이 20피트의 구멍을 내고 불타는 연료를 빌딩 안으로 흩뿌렸다. 뉴욕 소방대원은 불길을 40분 만에 껐다. 승무원 3명과 일하던 사람 10명이 사망하였고 그 후 빌딩은 복구되었다.[10)]

그로부터 꼭 10년 후인 1955년, 뉴욕의 은행업과 부동산 업계의 리더들이 함께 모여 뉴욕 시 '세계 무역 센터'(World Trade Center)를 위한 계획에 착수했는데, 이 건물은 후에 세계에서 가장 높은 쌍둥이 빌딩으로 알려지게 되었다. 하지만 그 계획이 모습을 드러냈을 때, 빌딩은 새로운 건축공법과 건축법규 조건의 완화를 요청하기에 이르렀고 그 빌딩은 1972년에 마침내 완성되었다.

2001년 9월 11일, 테러리스트는 727 제트 여객기 두 대를 공중 납치하여 쌍둥이 빌딩으로 돌진해 들어가, 각각의 여객기는 각각의 건물 위 대략 2/3 지점을 강타하게 되었다. 이러한 9 · 11, (2001 attacks)는 알 카에다 테러리스트들에 의해 납치된 여객기가 미국 뉴욕 세계 무역 센터와 워싱턴 국방부에 자살 충돌한 사건이다. 또 하나의 비행기는 미국 동부의 펜실베

10) Ibid., pp.154-6.

이니아 에 추락하였다. 2974명이 사망했다.

그 이후 부시정부는 서아시아의 테러집단들과의 전쟁을 선포하였다. 이 공격의 첫 번째 결과는 항공 연료에 의한 대여섯 층의 화재 사고였다. 그 화재는 화재가 일어난 층들 위에 있는 2000명의 사람을 고립시켰다. 2000명 가운데 결국 18명만이 불타오르는 계단을 뚫고 안전하게 내려오는 데 성공했다. 2000명 대부분은 뒤따른 건물 붕괴로 사망하였다.

〈그림 2〉 미국무역센터 9.11 테러

화재가 난 층의 아래층에 근무하던 사람들 대부분은 건물이 붕괴되기 전에 계단을 내려올 수 있었다. 뉴욕 타임지가 보도한대로, 9/11 참사 기념관을 위한 계획은 이런 종료의 비극 가능성을 감소시키려는 고도의 계단통로 설계를 요청하기에 이른다.

비행기 충돌 이후의 시간에, 불꽃의 강렬한 열기가 각 건물 내부 층들의 바닥 강철 빔들을 휘어져 내려앉게 만들었다. 그 결과, 층 구조들이 하중을 떠받치는 외부 수직 빔들에서 무너져 떨어졌다. 층들이 내려앉으면서 외부 수직 빔들이 떠받치지 못하는 더 낮은 층들 위로 하중을 배가시켰고, 결국 양쪽 빌딩이 모두 붕괴되었다. 공학자들에게 9월 11일 테러는 이러한 구조적 실패가 어떻게 발생할 수 있으며, 왜 건축 법규는 공공을 더욱 잘 보호하지 못했는가와, 장차 그러한 참사를 어떻게 예방할 수 있는 방안에 대한 안전문제를 제기하게 된다.

공공의 안전관심은 공학자에게 필수적이다. 공학자는 위험과 안전이라는 쟁점을 다뤄야 할 때, 쌍둥이 빌딩 사례에서 볼 수 있듯이, 건축 현장들에서 야기된 새로운 구조 설계의 사용을 검사하도록 요구를 받게 되지만, 보다 이전의 건축 법규를 더욱 약화시키는 해법으로 임하게 됨으로써 그 위험은 오히려 증가되었다고 할 것이다.

공학자들은 항상 혁신적인 일로 개신하기 때문에 위험 요소는 크게 증가한다. 다리나 건물은 새로운 재료나 새로운 설계로 지어진다. 생태환경이나 인류에 미치는 장기적인 영향에 대한 충분한 지식을 고려하지 않고서 새로운 기계는 만들어지고 새로운 재료는 합성되는 것이다. 실제로 위험을 다루는 일은 공학자에게 많은 위험을 부과한다. 기술과 관련된 분야의 사고들은 불가피한 것이며 "정상적인 사고(事故)"와 같은 것으로 인식되고 있다.

〈그림 3〉 챌린저호 폭발〈AP〉

챌린저호 폭발의 사례에서 보듯이, 사건이 터지기 전까지 사고의 가능성은 항상 높다는 것을 확인시켜 주게 된다. 1986년 1월 28일 미 우주 왕복선 챌린저호가 발사 73초 만에 공중에서 폭발했다. 이사고로 탑승자 7명이 전원 사망하였다. 이 사고는 기계적 결함이 나타날 수 있는 낮은 온도에서 무리하게 발사를 강행하여 연료 탱크 이음새 부분인 오링(O-ring)에 결함이 생겨 발생했다. 챌린저 호 발사 9일전에 오링의 기능이 발사 날짜의 예상 기온에서는 제대로 동작하지 않을 수 있다는 것을 인지하고 공학자들은 일제히 발사에 반대하며 발사 하루 전날에도 발사 연기를 권고 했지만 무시되었다. 챌린저호의 고체로켓 부스터는 서로 구획된 몇 개 부분을 짜 맞추어 만들어지는데 오링은 연결부위의 틈새를 밀폐하는 역할을 한다. 이 밀폐 부품이 제대로 기능을 못하면서 그 사이로 빠져나온 배기가스가 화염방사기처럼 분출했다.

이것이 지지대를 뚫고 타오르면서 결국 참사로 이어졌다. 이처럼 공학자는 사회 집단에 따라 허용할 만한 위험에 대한 정의가 달라지며 위험의 적절한 관리에 대해서도 서로 다른 계획을 가진다는 사실을 인식할 필요가 있다. 하나의 접근법은 위험 전문가의 접근법이다. 여기서는 전체 공공의 복지를 최적화시키는 방식으로 위험과 이익을 비교 평가하게 된다. 비전문가는 부당하게 혹은 정보에 입각한 자유로운 동의를 수반하지 않고 부과된 위험에서 부터 자신을 보호하기를 원하게 된다. 특히 그 위험이 핵 참사와 같은 무서운 사건들과 연루되었을 때 더욱 그러하다. 이 접근법은 허용할 만한 위험에 대한 정의를 위험 전문가의 정의와 다르게 내리는 경향이 크다. 정부의 감독자는 공공이 예상하지 못한 피해에도 쉽게 노출되지 않도록 가능한 한 많은 보장을 해주기를 원하게 된다. 이 접근법은 앞의 두 접근법과 구별된다.

위험을 책임 있게 처리하기 위해, 공학자는 위험에 대한 법적 책임이 부과되는 일부 쟁점들을 인식해야 할 것이다. 이 쟁점들 중 한 가지는 입증기준이 과학과 불법행위법 기준에서 매우 차이가 난다. 여기서 윤리적인 문제가 제기된다. 왜냐하면 불법행위법 기준에서는 기술 때문에 부과되는 위험의 희생자들을 더욱 많이 보호해주기 때문이다. 그리고 과학 기준에서는 기술 때문에 부과되는 위험창조자에게 더욱 많은 보호를 해주게 된다. 또 다른 쟁점은 공공을 불필요한 위험으로부터 보호하려고 할 때 공학자가 부담하는 법적 책임의 문제라고 할 것이다.

공학헌장은 안전을 최우선시하면서, 공학자는 공공의 안전, 건강, 복지를 최고로 중요하게 생각해야 한다고 한다. 위험과 안전의 관계는 역의 상관관계이다. 공학과 통계학의 법칙 때문에 우리가 공학 프로젝트에서 위험을 더 많이 허용할수록 그만큼 덜 안전해진다. 어떤 프로젝트에 전혀 위험이 없다면, 그 프로젝트는 절대적으로 안전하다. 만약, 제품, 구조물, 공정, 재료가 안전하지 못하면, 그러한 것들은 인류나 환경을 부당한 위험에 빠뜨리게 된다. 따라서 안전과 관계있는 지역 건축 법규의 진술들은 위험이라는 주제와 관련이 있다.

미국전문공학자협회(NSPE)윤리헌장은 공학자에게 안전하게 설계할 것을 명하며, "널리 인정된 공학기준"이라는 용어로 이것을 정의한다. 예를 들어, 공학자에게 "널리 인정된 공학기준에 부합하지 않거나 공공의 건강이나 복지에 해가 될 수 있는 설계에 들어있는 계획이나 명세서를 쓰거나 서명하거나 날인하지 말라"라고 지시하고 있다. 아울러 공학자들에게 "만약 공공의 안전이나 건강, 재산, 복지가 위험에 처하는 상황"에서 자신의 전문직 판단이 어떤 권위에 위축받으면, 공학자는 "고용주나 의뢰인 또는 적절한 다른 관계당국에게 알릴" 의무가 있다고 한다.

많은 다른 공학 헌장들도 공학자들에게 비슷한 지시를 하고 있다. 윤리헌장은 세 가지 방법으로 공공의 안전과 건강에 대한 공학자들의 책임을 강조한다. 첫째, 전기 공학자는 "공공안전, 건강, 복지와 일치되는 공학적 결정을 내릴 때 책임을 수락함에 있어서 환경이나 공공을 위험에 빠뜨리게 할지도 모르는 요소를 즉각 드러나게 할 것"이다. 둘째, "기술에 대한 이해와 그 적절한 응용, 그리고 잠재적 결과들을 개선"하도록 한다. 셋째, "기술적 역량을 유지하고 개선하는 데 그리고 타당한 제한들을 완전히 밝힌 다음이거나 경험이나 훈련을 통해 자격을 얻었을 경우에만 다른 사람들을 위한 기술적 일들을 맡는다."고 명시하고 있다. 마지막의 두 항목에서는 정보에 입각한 동의의 중요성을 강조하고 있다.

공학실천은 안전과 관련되며 공학적 실천에 있어 가장 널리 퍼져있는 개념 중 하나는 "안전계수(factor of safety)"라는 개념이다. 안전계수는 재료, 제품 특성의 불균일성, 하중 추정 및 응력, 해석의 불확실성에 대비하여 운용 중에 기대되는 최대 하중에 대하여 과거의 경험을 근거로 하여 설계할 때 여유를 두는 하중 배수(倍數)를 말한다. 예를 들어, 만약 도로가

한 번에 지탱할 수 있는 최대 무게가 1000kg이라고 한다면, 신중한 공학자는 3000kg을 지탱할 수 있는 도로 구조를 설계할 것이다. 이때 정상적 사용량 도로치수는 안전계수 3으로 설계된다.[11)]

널리 인정된 공학적 실천은 한층 더 멀리 나아간다. 도로를 건설하기 위한 자재를 선정하는 데 있어, 공학자는 제곱 인치 당 주어진 파운드 중량의 공시된 항복응력(降伏應力)을 가지고 있는 자재를 가지고 시작한다. 그런 다음에 도로 건설에 사용될 자재를 얼마나 포함시켜야 할지 결정할 때는 그 역량의 절반을 발휘하는 것으로 자재를 취급한다. 자재에 안전계수 2를 추가로 끌어들인다. 이 도로 건설에서 최종적 종합적 안전계수는 두 개의 분리된 요소의 곱, 6이 된다.

따라서 신중한 공학자는 예상치 못한 큰 하중이나 까닭 없이 이상한 불량 건설자재를 고려하여, 보통 하루 이용량이 요구하는 강도의 6배가 되도록 도로를 설계하도록 되어 있다. 이러한 접근법은 자격을 위한 교육 초기에 모든 공학자들이 습득한다. 6이상의 안전계수는 예외가 아니라 오히려 일반 표준이 되는 것이다. 안전에 관해 인정된 공학실천은 법에 명시되어 있고 건축법규도 이에 속한다.

지역의 건축 법규는 그 지역에서 요구되는 내화 시공과 자재 조건 같은 건축 방법과 안전계수를 자세히 명시한다. 건축 법규는 준법의 성격을 가지며, 공청회나 입법 활동 없이는 변경될 수 없다. 입법부는 새로운 건축 법규나 현행 법규상의 필요한 수정을 제안하기 위하여 종종 전문가 위원들을 임명한다. 예를 들어 세계무역 센터의 쌍둥이 빌딩의 붕괴 이후에 붕괴 원인들을 판정하고 장차 일어날 붕괴를 예방할 뉴욕 건축 법규의 변경을 제안하려는 여러 기관들을 포함하는 주요한 조사 노력이 그 사례에 해당한다. 전문 공학자들이 공공안전에 대한 관심을 보여주게 된다.

---

11) Ibid., pp.151-2

그 중요한 방식 가운데 하나는 건물, 엘리베이터, 에스컬레이터, 다리, 인도, 도로, 육교 등을 설계 할 때 그 지역 건축 법규 조건들을 이행하는 데 있다. 책임 있는 공학자가 설계에서 건축 법규 위반을 인식하고 그것에 이의를 제기하지 않을 때, 그 공학자는 야기되는 몇몇 부상이나 사망에 대해 특정의 책임을 떠맡게 된다. 마찬가지로 공학자가 공공위험을 만들어낸다고 확신하는 어떤 건축 법규의 개정이 제안된 것을 알면서도, 그러한 개정을 막기 위해 아무런 일도 하지 않는다면, 그 공학자는 발생한 피해에 대해 결국 그에 상응하는 책임을 떠맡게 되는 것이다.

쌍둥이 빌딩 사례는 이 쟁점을 예증하고 있다. 1945년 그 자리의 뉴욕 시 건축 법규는 모든 계단통은 무거운 석조나 콘크리트 구조물로 에워쌀 것을 요구했다. 그 결과, 1945년에 소방관들이 계단통을 통하여 즉각 엠파이어스테이트 빌딩 내부 지역에 도달할 수 있었고 40분 만에 화재를 진압할 수 있었다. 하지만 쌍둥이 빌딩 프로젝트를 계획하는 사람들과 설계자들이 초기 설계들을 고찰할 때, 그들은 그 프로젝트가 재정적으로 실행 가능하도록 만드는 계획에 충분한 임대 공간이 없을 것이라고 보았다. 해결책은 재정을 계획하는 사람들을 위해 그 빌딩들 내의 임대 공간을 늘리기 위하여 계단통 주위에 석조물을 설치하라는 요구조건을 제거하는 것이었다. 그들은 이 안전 요구조건을 무시하기 위해 뉴욕 시로부터 허가는 받게 되었다. 그 결과 소방대원들은 빌딩의 위층으로 접근할 수 없었고 화재 난 곳 위층에 있던 사람들은 화재에서 빠져나올 수도 없었다.

쌍둥이 빌딩 내의 구조 강철 위에 뿌려지도록 요구되는 내화재료의 양을 반으로 감소시키기 위해 건축 법규까지 1960년대 중반에 개정되었다. 이 감소는 건물 무게를 줄여 여분의 높이를 허용한다. 그것 역시 더 많은 임대 공간을 제공한다. 불행히도 그것도 또한 구조물의 붕괴를 촉진했다. 규정된 최소량의 내화재료도 사용하지 않고 건축회사들의 범죄적 요인들이 비용을 착복했을 때, 내화재료는 새로 더 낮게 조정된 건축 요구조건들이하로 더욱 더 줄여 뿌려졌다. 이처럼 뉴욕 시 건축 법규의 두 가지 개정의 결합으로 말미암아 2001년 9월 11일 아침에 2000명 이상이나 되는 사람들의 죽음의 사지로 내몰렸다고 할 것이다.[12)]

〈그림 4〉 외부철골

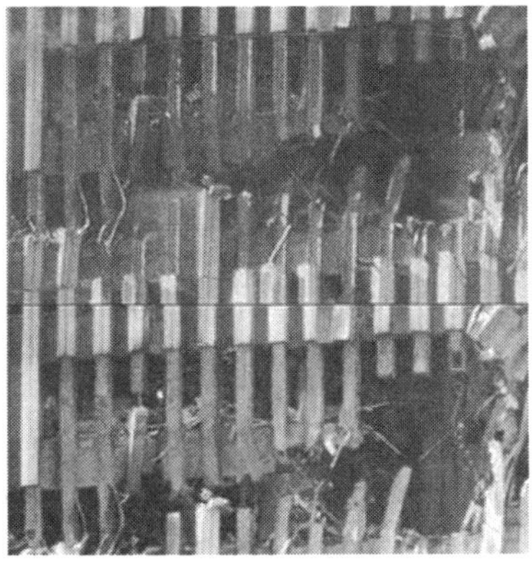

〈그림 5〉 끊어진 외부철골

1945년 오늘날 뉴욕 시 건축 법규는 하중을 떠받치는 강철 구조물 건축 자재 성분은 구조물들이 주요 화재의 혹독한 조건과 같은 용광로에서 반드시 테스트되어야 한다는 요구조건을 포함한다. 비록 1975년에 주요 화재가 북쪽 빌딩의 9층에서 19층까지 번져 2001년 9월 11일에 빌딩이 붕괴되기 직전에 관찰되었던 층 구조물의 휘어져 내려앉음과 유사한 강철 바닥 층 트러스의 심각한 휨을 야기했지만, 규정된 테스트를 한 번도 시행하지 않았다. 이러한 법규에서 규정된 테스트를 빼먹은 것이 참사에 기여한 주요 원인이었다. 비록 건축법규는 아니지만, 공공안전을 보호하는데 도움이 되는 제조업과 공학의 실천법규에 해당한다고 할 것이다.

모범적인 방식의 한 예증으로서, 그 밖에도 안전 불감증에 대형사고가 여러 경우 나타났다. 1985년 8월 22일. 영국 맨체스터에서는 영국 여객기 737이 여객기 이륙 중지 후 화재가 발생하였다. 비행기가 이륙할 때 좌측

12) Ibid., pp. 154.

날개의 엔진이 연소실에 균열이 생겨 튕겨져 날아갔고, 그 파편 하나가 날개 아랫부분을 관통했다. 그 구멍으로 연료가 새어나와 비행기는 이륙을 정지했지만 화재가 발생했다. 객실은 유독가스로 탈출이 지극히 힘들었다. 이 사고로 55명이 사망했다.

그 이듬해 1986년 1월 28일. 미국의 플로리다에서는 미국 우주왕복선 챌린저호 케네디 센터 인근 공중폭발 하였다. 발사 직후, 고온의 가스가 오른쪽 부스터의 마개를 침투했고, 외부 탱크와 오른쪽 부스터를 연결하는 받침대를 고열로 달구었다. 곧 이 받침대가 파손되었기 때문에 부스터는 윗부분의 연결점을 축으로 회전하기 시작했다. 이 회전으로 외부탱크가 파괴되었고, 챌린저호는 탱크에서 떨어져나가 초음속으로 날아가 공중에서 분해되었다. 그때까지도 승무원 실에서 생존해 있던 몇몇 우주인들은 이 승무원 실이 추락하면서 바다 수면과 부딪힐 때 그 충격으로 사망했다. 이 사고로 7명이 죽었다.

같은 해 4월 26일, 러시아 우크라이나에서 체르노빌 원자력 4호기 폭발하였다. 연 1회의 정기점검수리를 위해 원전 4호기를 운전 정지하는 시간을 이용해서, 정지할 때 관성에 의해 회전을 계속하고 있는 발전기가 어디까지 비상용 전력을 공급할 수 있는지 테스트 하라는 명령이 내려왔다. 그 명령을 실행하면서 기술자들은 긴급자동정지 장치를 해제해 버렸다. 이것은 안전규칙 위반이었다.

그리고 그러한 위반은 원자로가 갖고 있던 설계상의 문제를 표면화시켰다. 위기를 느낀 기술자들이 시스템을 정지하기 위해 모든 제어봉을 삽입하려 했을 때 결정적 위기가 찾아왔다. 이러한 상황 하에서는 제어봉이 매우 높은 위험을 초래한다는 것을 누구도 몰랐다. 제어봉의 끝이 핵반응을 급속히 증진시켰기 때문에 원자로는 뒤틀렸고 붕괴하기 시작했다. 열 출력이 최대허용출력의 100배에 달한 뒤 노심연료가 폭발하였고 무게가 1100톤이나 되는 원자로의 뚜껑을 날려버려 우라늄과 방사성부산물을 대기 중으로 방출했다. 1945년에 미국이 일본에 투하했던 두 발의 원자폭탄의 방사능의 대략 200배에 상당하는 양을 대기 속에 마구 뿌려버린 것이었다. 이 사고로 5천에서 만 명이 사망했다.

그 후 1988년 5월 4일. 미국 네바다 주 핸더슨에는 퍼시픽 엔지니어링 앤 네바다 프로덕션 컴퍼니 화재가 발생하였다. 이 사고로 라스베이거스 인근에 있던 고체연료공장인 이곳에는, 챌린저호의 사고 때문에 우주선이 당분간 활동을 하지 않았기 때문에 연료로 쓰이는 과염소산암모늄이 평소보다 많이 저장되어 있었다. 그 때문에 화재가 일어났을 때 4천 5백 톤의 암모늄이 불타고 폭발했다. 소방당국은 용접공의 불꽃이 화재의 원인이라고 했고, 회사 측은 가스 파이프가 샌 것이 화재의 원인이라고 했다. 이 사고로 2명이 사망했다.

1996년 5월 1일. 미국 플로리다 주 에버글레이드에 밸류제트 DC-9 여객기 추락하는 사고가 있었다. 정비사들이 기한이 지난 산소탱크 12개를 밸류제트 본사로 보내기 위해 여객기 화물칸에 실었다. 산소탱크를 포장하고 화물칸에 가지런히 세웠다. 국가운송위원회의 보고에 따르면 비행 초기에 산소탱크의 안전핀이 빠졌고 누출된 산소가 화학반응을 일으켜 발화했다. 이 불이 마이애미 공항으로 회황하려는 기장의 조종을 불가능하게 했다. 이 사고로 110명이 사망했다.

1998년 7월 21일. 미국 뉴욕에서 포타임 스퀘어 빌딩 건설현장 발판 붕괴되는 사고가 일어났다. 건설현장의 210미터 높이의 타워에서 발판이 무너져 내려 옆 건물의 지붕과 길거리로 떨어졌다. 옆 건물인 주거용 호텔의 꼭대기 층에 살던 사람이 지붕의 뚫고 들어온 발판에 맞고 사망했다. 이 사고로 1명이 사망했다.

1999년 9월 30일. 일본 토카이마루에서 JCO 우라늄 처리 공장 토카이 웍스의 방사능 누출사고가 발생하였다. 실무자들은 나중에 원자로에서 쓸 우라늄 원료를 화학적으로 처리하는 임무를 수행하는 사람들이었다. 그들은 작업을 단축시키기 위해 다른 용기에 넣어 용해시켜야 하는 우라늄에 직접 침전제를 투입했다. 그 결과 낮은 단계의 방사능이 누출되어 3명이 방사능에 오염되고 한 명이 사망하는 사고가 있었다. 이러한 사례에서처럼 피해를 일으킬 잠재성을 사전에 대비하고 안전점검을 하였다면 사고는 방지할 수 있으며 지역마다 다른 건축법규를 감안하여 국제 표준 기준을 생각하며 안전을 우선시하는 자세가 중요하다고 할 것이다.

4. 위험예상과 일탈의 정상화

위험을 예상한다는 것은 한계가 있다. 만약 우리가 공학적인 일로 발생하는 재앙을 정확히 예측할 수 있다면, 위험은 존재하지 않을 것이다. 그러나 일어날 재해를 정확히 알기는 대단히 어려운 일이다. 그보다도 우리는 단지 재해의 크기와 확률을 추정할 수 있을 뿐이다. 설상가상으로, 우리는 흔히 예상조차 정확하게 할 수 없다. 그래서 실제 상황에서는 위험예상 혹은 위험 평가는 재해가 일어날 확률의 불확실한 예측에 지나지 않는다.[13]

새로운 기술에 관하여, 공학자들과 과학자들은 그 기술 때문에 영향을 받게 되는 사람들에게 그들이 부과하는 위험들을 예측할 수 있는 어떤 방식을 가지고 있어야 한다. 위험을 평가하는 하나의 방법은 고장 결과 예상도(fault tree)를 이용하는 것이다. 고장 결과 예상도 분석에서 우리는 시동이 걸리지 않는 자동차라든지 아니면 핵발전소의 안전 시스템에 전력이 나가는 경우처럼 달갑지 않은 사건으로부터 시작한다. 고장 결과 예상도는 고장이나 사고가 일어날 수 있는 경우의 수에 대한 하나의 다이어그램이다. 고장 결과 예상정도는 핵붕괴와 같은 직접적인 경험이 거의 없거나

13) 배원병 외 3인(2006), 『공학 윤리』서울; 북스힐. pp.150-1.

전혀 없는 위험들을 예상하는 데 흔히 사용된다. 이것은 공학자에게 많은 실패유형을 체계적으로 분석할 수 있게 해준다.

실패유형은 구조물이나 메커니즘, 또는 공정이 제대로 움직이지 않을 수 있는 경우를 나타낸다. 예로서, 구조물은 응력에 의해 둘로 갈라질 수 있고, 압축으로 으깨어질 수도 있고, 구부러짐에 의해 둘로 갈라질 수 있고, 압축으로 으깨어 질 수도 있고, 구부러짐에 의해 금이 가고 파열될 수도 있고, 부식으로 본래의 모습을 잃을 수도 있고, 내부 압력으로 폭발할 수도 있고, 과열 때문에 타버릴 수도 있다. 실패 유형에 대한 체계적인 조사를 위한 또 다른 접근법은 사건 결과 예상도 분석이다. 우리는 가설적인 고장으로부터 무엇이 최종 사건을 이끌었을 지를 결정하기 위하여 미리 추론한다. 사건 결과 예상도 분석에서 최종적인 사건을 귀속시킬 수 있는 시스템의 상태보다 앞선 원인 규명이 가능해진다.

전형적인 원자력 발전소에서 냉각수의 손실을 포함하는 사고에 대한 단순화된 이 사건 결과 예상정도는 어떤 실패로부터 시작해서 이 실패가 만들어 낼 수 있는 다양한 사고들을 열거한다. 이 사건 결과 예상정도는 원자력 발전소에서 파이프 고장이 안전시스템에 영향을 미치는 가능한 방법들 사이의 필연적인 관계들을 보여준다. 파이프가 고장 나는 동시에 현장의 전원이 나가면, 결과적으로 엄청난 양의 방사성 냉각제가 방출될 것이다. 만약 이 두 시스템이 독립적이라면, 이러한 사고의 확률은 독립적으로 일어나는 두 확률의 곱에 해당한다. 예를 들어, 파이프가 고장 날 확률이 1/10,000(P1=0.0001)이고, 현장의 전원이 동시에 꺼질 확률이 1/100,000(P2=0.00001)이라면, 많은 양의 방출 피해 확률은 1/1,000,000,000(P=P1× P2), 즉 10억분의 1이다.[14)]

첫째, 실패를 야기할 수 있는 기계적, 물리적, 전기적, 화학적 문제들을

---

14) Charles E. Harris, Jr.Michael S.Pritchard, Michael J. Rabins(2005), *Engineering Ethics, Concepts and Cases*, Belmont; Thomson Wadsworth. pp.158-9.

모두 예상할 수는 없다. 둘째, 실패를 야기할 수 있는 인간 실수의 모든 부분들을 예상할 수는 없다. 셋째, 실패 유형에 할당된 개연성은 주로 추측적인 것이고, 실험적인 테스트로 확인될 수 없는 분석에 기반을 둔 것이다. 예를 들어, 연쇄 핵분열 폭발을 야기하는 그러한 사건 발생의 개연성을 알아내기 위해 원자로를 녹일 수는 없는 일이다. 많은 경우에서 우리는 온도가 극도로 높아졌을 때의 물질의 반응을 알지 못한다. 넷째, 사건 결과 예상도에 포함된 혹은 오른쪽 순서로 놓여 있음직한 처음 고장 전부를 우리가 인식하고 있다고 결코 확신할 수가 없다.

사회학자 찰스 페로우(Charles Perrow)는 사고에 특히 영향 받기 쉽게 만들며 "정상적인 사고(事故, normal accident)"라는 용어를 쓸 수 있게 해주는 위험성 높은 기술에는 두 가지 특징이 있다고 논함으로써 이런 문제들의 일부를 확인한다. 그 두 가지 특징은 기술 시스템 부분들의 "단단한 결합(tight coupling)"과 "복잡한 상호작용(complex interaction)"이다. 이 두 가지 요인으로 말미암아 사고는 잘 일어나고 예측이나 통제가 불가능하게 된다.

어떤 공정이 다른 어떤 공정에 영향을 미치고 또한 짧은 시간 내에 대개 그렇게 되는 식으로 공정들이 연계되어 있다면, 이 공정들을 밀접하게 결합되어 있을 것이다. 밀접한 결합에서는 대개 실패를 수정할 시간이 거의 없거나 시스템의 일부에다 실패를 한정할 가능성은 거의 없다. 그래서 전체 시스템이 손상을 입는다.

화학 공장은 밀접하게 결합되어 있다. 왜냐하면 공장의 일부에서의 실패가 공장의 다른 부분들에 빠르게 영향을 미치기 때문이다. 이와 반대로 대학교는 느슨하게 결합되어 있다. 왜냐하면 하나의 학부가 기능을 멈추더라도, 전체 대학교의 운용은 대체로 위협 받지 않는다.

공정들도 또한 시스템의 부분들이 예상치 못한 방법으로 상호작용할 수 있다는 점에서 복잡하게 상호작용을 한다. X가 고장 났을 때, 그것이 Y에 영향을 미치리라고는 아무도 생각지 못했다. 화학 공장 역시 부분들이 항상 예상할 수 없는 피드백 방식으로 서로서로 영향을 미친다는 점에서 복잡하게 상호작용한다. 이와 대조적으로 우체국은 그다지 복잡한 상호작용을 하지 않는다. 우체국 시스템의 부분들은 대부분 선형적인 방법으로 서로서로 연결되어 있고 우체국의 기능을 멈추게 하는 예상치 못한 방법으로 대개 상호작용하지는 않는다. 어느 우체국의 기능이 중단되면, 그것은 대개 잘 알 수 있는 실패 때문이다.

복잡한 상호작용과 밀접한 결합을 지니는 기술시스템의 예로는 화학공장만이 아니라 핵발전소, 전력 송전선망, 우주산업, 핵무기 시스템들도 포함된다. 복잡하게 상호작용하고 밀접하게 결합되어 있기 때문에, 그것들은 예상치 못하게 실패할 수 있고 그 문제를 수정하거나 전체 시스템에 영향을 미치지 못하게 할 만한 시간이 거의 없다. 이것이 사고를 예상하기 힘들게 만들고, 일단 오작동이 발생하면 참사를 피하기 힘들게 만든다.

안타깝게도, 복잡한 상호작용과 밀접한 결합을 지닌 시스템에서 사고가 더 적게 일어나도록 하기는 힘들다. 복잡성을 줄이기 위해서, 예상치 못한 고장들에 운전자들이 독립적으로 혹은 창조적으로 대응할 능력을 갖추기 위해서는 분산이 필요하다. 그렇지만 밀접한 결합에 대처하기 위해서는 집중화가 필요하다. 즉, 운전자는 실패를 피하거나 실패의 영향을 제한하기 위해 재빨리 그리고 확실히 지시에 따른다. 더군다나 어떤 시스템의 결합을 느슨하면서도 동시에 복잡하지 않게 만들기란 불가능할 것이다. 따라서 복잡하고 밀접하게 결합된 시스템 속에서 사고(事故)란 불가피한 것이고, 이런 의미에서 사고는 "정상적인" 것이다. 공학자들은 복잡한 상호작용에 의한 실패를 막기 위해 국부적이고 자율적인 제어를 할 수 있다는 것과 밀접한 결합에 의한 실패를 막기 위해 손으로 하는 제어 정지 장치로 결합시킬 수 있다는 것을 어느 정도 안다.

복잡하게 상호작용하며 밀접하게 결합되어 있는 그리고 앞에서 방금 이

야기한 훌륭한 공학유형으로[15] 예방될 수 있었던 사고의 예를 살펴보다. 1962년 여름에, 뉴욕 전화 회사는 뉴욕의 용커스(Yonkers)에 있는 새로운 회계사무소 건물에 난방 시스템을 추가해 완료했다. 3층짜리 정사각형 블록 건물은 최근 기술을 이용한 안전설계의 전형적인 사례였다.

1962년 10월, 빌딩에 입주를 다하고, 거기서 근무하는 사람들이 다 들어온 후에, 지하실에 있는 새로 늘어난 보일러 시설에 최종 조정 작업이 이루어지고 있었다. 이 시스템은 세 개가 나란히 붙어있는 기름보일러로 구성되어 있었다. 보일러들은 제곱인치 당 6.0파운드 미만의 낮은 저압으로 설계된 것이어서 ASME의 보일러 및 압력용기 법규를 지키지 않았다. ASME는 미국기계학회(美國機械學會)를 말한다. 1880년 기계학의 발전과 보급을 위하여 알렉산더 라이먼 홀리(1832-1882), 헨리 로지터 워싱턴(1817-1880), 존 엣슨 스위트(1832-1916)가 중심이 되어 설립된 미국의 기계공학 분야의 학술단체로서, 1911년 당시의 수많은 보일러 폭발사고 등에 따른 인명과 재산의 손실을 방지하기 위한 목적으로 ASME 코드가 제정된 이후 북아메리카 지역을 중심으로 ASME 공인제도가 발전해왔으며, 세계적인 공인제도로서 역할을 수행하였다.

각 보일러는 보일러 압력이 너무 높아지면 공기 중으로 스팀을 방출하도록 열리게 설계된 스프링 식 안전밸브가 달려 있었다. 각 보일러는 또한 고압이 걸리는 경우에 보일러 버너에 흘러 들어가는 기름을 차단하도록 압력에 의해 작동하는 차단 밸브도 장착되어 있었다. 보일러로부터의 스팀 압력은 각각 안전밸브를 가지고 있는 스팀 라디에이터로 전달된다. 최종적으로, 다른 모든 밸브가 고장 났을 경우에는, "위험 압력"이라고 빨간색 눈금으로 표시되어 있는 1피트 직경의 압력 계량기가 각 보일러 꼭대기에 각각 설치되어 있다. 압력이 너무 높게 올라가면, 이 계량기는 보일러

15) Ibid., p.154.

를 운영하는 관리인에게 버너를 끌 수 있도록 경보를 울리도록 되어 있다. 1962년 10월 2일, 다음의 사건이 일어났다.

건물 관리인은 그해 가을 처음으로 보일러 시스템 중 1번 보일러를 가동시키기로 결정했다. 전기 공학자들이 새로운 짝인 3번 보일러의 제어 시스템을 막 설치하였고 성공적으로 전기 신호 흐름 테스트를 완료하였다. 그 관리인은 전기 공학자들이 연료차단 시스템을 연결되지 않은 상태로 놔뒀다는 사실을 알지 못했다. 전기 공학자들은 다음 주에 3번 보일러에 추가 작업을 해야 했기 때문에 그 시스템을 연결하지 않았던 것이다. 그들은 세 대의 보일러가 연속적으로 연료 차단되는 장치를 설치할 작정이었다. 이는 어떤 한 보일러에 고압이 걸리면 모든 보일러가 정지하게 됨을 말한다.

관리인은 기계적으로 으뜸 밸브를 잠갔다. 왜냐하면 날씨가 인도 여름 날씨처럼 따뜻해 위층의 라디에이터로 스팀을 보내고 싶지 않았기 때문이다. 그래서 보일러는 잠긴 밸브에 대해 스팀 압력을 계속 가하는 중이었고, 개개의 스팀 라디에이터는 제어 고리가 없었다. 사건 이후에 실시한 테스트가 보여주듯이, 안전밸브는 보일러가 마지막으로 사용된 지난 봄 몇 가지 테스트 후 닫힌 채 녹이 슬어 있었다. 이 날은 월급 전날인 목요일이었다. 그래서 관리인은 1번 보일러를 켜놓고, 현금을 바꾸러 점심시간을 이용하여 잠시 은행에 갔다.

카페테리아는 보일러에 인접한 벽의 반대편에 있었다. 피고용자들은 카페테리아 서빙테이블에서 자기 차례가 올 때까지 기다리면서 그 벽을 등지고 한 줄로 서 있었다. 거기에는 평소의 금요일보다 사람이 더 많이 줄을 지어 서있었다. 왜냐하면 월급날 많은 일꾼들은 수표를 현금으로 바꾸려고 근처 식당으로 나가 점심을 먹기 때문이다. 1번 보일러가 폭발했다. 카페테리아 옆의 벽에서 가장 멀리 있던 보일러의 끝이 날아갔다. 보일러가 마치 로켓처럼 솟아올라 카페테리아에 충돌했다. 그리고 건물의 모든 층을 엄청난 속도로 통과하여 계속 솟아올랐다. 25명의 사망자가 발생했고 거의 100명 정도가 큰 상해를 입었다.

이 재앙을 일으킨 사고들은 복잡하게 서로 연결되어 있다. 여기에 고장 결과 예상도 분석이나 사건 결과 예상도 분석이 연쇄적인 이 사고들을 예측할 수 있는 가능성이란 전혀 없다. 만일 외부의 온도가 더 차가웠다면, 관리인은 으뜸밸브를 잠그지 않았을 것이고 위층들 각방에 있는 개개의 스팀 라디에이터 밸브는 열렸을 것이다. 만일 안전밸브를 매일 손으로 작동시켜 왔었다면, 그것의 고장을 밝혀졌을 것이고 아마도 고쳐졌을 것이다. 만약 시간이 정오가 아니었다면 그리고 월급 전날이 아니었다면, 관리인은 지하에 머물러 있었을 것이고 계량기의 고압 눈금을 보고 버너를 껐을 것이다. 점심시간만 아니었다면, 불쌍한 피해자들은 보일러가 있는 벽을 따라 카페테리아에서 줄을 서지도 않았을 것이다.

이 사고들은 또한 밀접하게 결합된 상호작용이었다. 압력이 올라가기 시작하는 순간 문제를 수정할 만한 시간적 여유가 없었다. 그리고 빌딩 주위에서 참사로부터 보일러의 폭발을 막을 수 있는 방법이 없었다. 만약 채택되었다면 사건들의 연쇄 고리를 깨뜨려 사고를 예방할 수가 있는 공학적 설계 변경을 망각했다. 만약 연료 차단 시스템이 어쨌든 고장이 났으면, 연료 흐름 차단 시스템을 포함하는 단순한 문제였을 것이다. 이와 같은 복잡한 상호연결 시스템에서 때늦은 깨달음은 언제나 가장 쉬운 것이다.

기술 시스템의 복잡성과 밀접한 결합이 사고를 보다 잘 일어나게 만드는 유일한 요인들은 아니다. 공학자들은 안전과 허용할만한 위험의 적절한 기준에서 벗어난 일탈(逸脫)들의 허용할 만한 수를 점점 증가시킴으로써 공공에게 위험을 증가시킬 수 있다. 사회학자 다이앤 본(Diane Vaughn)은 이러한 현상을 '일탈의 정상화(normalization of deviance)' 라고 말하였다.[16)]

16) Diane Vaughn, *The Challenger Launch Decision*(Chicago: University of Chicago Press, 1996), pp. 409-422.

모든 설계는 설계된 장치를 실제 사용할 때 어떻게 작동하는지에 관한 예측도 함께 이루어진다. 때때로 이 예측은 맞지 않고, 흔히 "변칙" 이라고 부르는 것을 만들어 낸다. 공학자들이나 관리자들은 사람들이 변칙들을 야기하는 운영 조건이나 설계를 바로잡기보다는 오히려 별로 바람직하지 않은 것을 하는 일이 너무 흔하다. 그들은 단순히 변칙을 받아들일 뿐만 아니라 심지어 받아들일 수 있는 위험의 범위를 넓히기조차 할 것이다. 때때로 이런 식의 처리는 재앙을 초래한다.

이러한 처리는 챌린저호 참사를 이끈 사고들에서 극적으로 그리고 비극적으로 잘 예시되고 있다. 마디를 봉인하는 고무 오링이 엔진 점화의 뜨거운 가스에 손상당하리라고는 예기치 못했으며, 더구나 부분적으로 타버릴 것이라고는 전혀 예측하지 못했다. 여러 비행들에서 봉인 링에 문제가 있는 것으로 나타났을 때, 변칙을 야기한 문제점들을 고치려고 애쓰지 않고 그 변칙을 수용하는 것이었다.

여기에 일탈의 정상화 사례를 살펴볼 수 있다. 1977년에, 테스트 결과는 SRB의 접합부분이 점화 시에 풀리면서 열려 탱과 클레비스 사이에 큰 틈을 만든다는 것을 보여주었다. 나사 공학자에 따르면, 그 틈은 주요한 첫 번째 오링이 점화 사이클에서 고장이 날 때 보조하는 두 번째 봉인도 제구실을 하지 못할 만큼 크게 벌어졌다는 것이다. 그럼에도 불구하고, 오링 뒤에 봉인 퍼티(접합제의 일종)를 바르는 것 등의 몇 번의 수정 후, 접합부분은 허용할 만한 위험으로 공식적으로 보증되었다. 그 접합부분의 작동이 설계에서 예상했던 것에서 벗어나는 데도 말이다.

또 다른 변칙은 1981년 11월 Flifht STS-2에서 발견되었다. 오른쪽 SRB의 뒤쪽 접합부분에서 첫 번째 오링의 "충돌에 의한 침식" 이 있었다. 뜨거운 추진 가스는 접합부분의 아연 크롬 퍼티, 접합제의 바람구멍을 통해 새어 나왔다. 바람구멍은 퍼티가 설치될 때 갇힌 공기에 의해 생성된 것이다. 이 문제가 되는 현상을 예상치 못했는데도, 접합부분은 허용할 만한 위험으로 공인되었던 사례로서 많은 경각심을 불러일으키고 있다.

세 번째 변칙은, 1948년에, 뜨거운 가스의 "블로바이(blowby,실린더와 피스톤 회사의 가스 유출)" 이 노즐 접합부분의 보조 봉인에 닿았을 때 발생했다. 노즐 접합부분은 안전하다고 판단하였다. 왜냐하면 필드 접합부분과는 달리, 노즐 접합부분은 다른 종료의 매우 안전한 보조 봉인인 "페이스 씰" 을 가지고 있기 때문이었다. 문제는 비슷한 결함이 필드 접합부분에도 나타날 수 있다는 것이다. 이 경우 위험은 훨씬 심각해지고 이 문제는 처리되기 어렵게 된다.

위험의 범위를 넓히는 가장 기가 막힌 예는 발사 시의 적정 온도의 범위에서였다. 챌린저호를 발사하기 전, 발사시간에서 봉인의 가장 낮은 온도는 53℃ 이었다. 당시 주위 공기는 60℃정도였다. 하지만 챌린저호 발사 전날 밤, 봉인 온도는 29℃가 될 것이며 주변온도는 빙점 이하일 것으로 예상되었다. 결국 조잡한 봉인 설계와 같은 기본적인 문제를 바로잡으려는 어떤 적절한 노력도 하지 않고 이러한 변칙을 받아들인다든지, 아니면 발사 시에 허용할 만한 온도 기준을 더 낮춘다든지 하는 식의 결과는 챌린저호와 그 승무원 손실이라는 엄청난 비극을 낳았다. 다이앤 본(D. Vaughn)은 이런 종류의 문제가 기술 시스템으로부터 제거될 수 없다고 주장한다. 그 결과 사고는 피할 수 없다고 한다. 이것이 사실이든 아니든 간에 기술이 공공에 대해 위험을 내재하고 있고, 이러한 위험들은 찾아내거나 제거하기가 너무나 힘들다는 것이 분명하다. 이른바 '일탈의 정상화' 의 경우에 해당된다고 보았다.

참고문헌

권혁길 외 (2007),『공학 윤리』서울; 인간사랑.

김 진 외 (2003),『공학 윤리』서울; 철학과 현실사.

배원병 외 (2006),『공학 윤리』서울; 북스힐.

E. Lumsdaine, M. Lumsdaine & J. Shelnutt, 명지대 창의공학연구회 역(2001), 『창의적 문제해결과 공학설계』서울; 파워북.

노베르트 슈페만 지음, 박찬구 · 류지환 옮김, 『도덕과 윤리에 관한 철학적 사유』, 철학과 현실사, 2001

Charles E. Harris, Jr.Michael S.Pritchard, Michael J. Rabins(2005), *Engineering Ethics, Concepts and Cases*, Belmont; Thomson Wadsworth.

제5장

공학윤리의 국제규범

제5장 공학윤리의 국제규범

공학윤리의 국제규범은 공학윤리가 국제적인 상황에도 적용해야 함을 전제로, 자국의 문화적 규범을 벗어나 국제적인 적용에 가치를 부여한다. 이처럼 보편적이며 세계윤리 가치와 호흡할 수 있는 규범을 국제규범 또는 '문화초월 규범' (Cultural-Transcending Norms)이라고 부르고 있다.[1] 이러한 국제규범을 상식이 존중되며 공학자들은 도덕적 방종주의나 도덕적 엄격주의의 양극단을 피하고 개신의 중도실상을 추구하게 된다.

공학윤리의 국제규범이 호스트국가 규범과 마찰하지 않을 때는 호스트국가 규범을 인정해야 하고, 자국의 규범과 상대국가 규범 사이에서 개신의 중도를 찾아야 하고, 때로는 문화초월의 국제규범조차도 경우에 따라서는 벗어나야 함을 깨필 필요가 있다. 아울러 문화초월을 지향하는 국제규범 사이에도 충돌이 있다는 것을 인식하고 그 사이를 횡단매개 할 준비를 해야 한다. 공학자가 국제적 경계선인 국경을 넘어 갈 때, 그에게 직면한 문제는 뇌물수수일 것이다.

탐구문제

1. 공학윤리 국제규범으로서 문화초월 규범을 위한 근거는 무엇인가?
2. 비폭력 문화와 생명존중에로 헌신에는 어떠한 문화초월 규범이 존재하는가?
3. 관용의 문화와 신뢰의 삶에 대한 헌신에는 어떤 문화초월 규범이 존재하는가?
4. 평등한 권리문화와 남녀협력에 대한 헌신에는 어떤 문화초월 규범이 존재하는가?
5. 공직부패의 원인과 의식각성은 어떻게 이루어지는 것이 바람직한가?
6. 국제적인 노동착취 현장에서 공학 전문가 정신은 어떻게 발휘되는가?
7. 선물, 갈취, 접대비, 뇌물수수는 어떻게 구별되고 있는가?

---

1) Charles E. Harris, Jr.Michael S.Pritchard, Michael J. Rabins(2005), *Engineering Ethics, Concepts and Cases,* Belmont; Thomson Wadsworth. pp.245-268 참조하여 기술함.

8. 다음 글을 읽고 물음에 답하시오.

(A) 세계윤리는 근대 자연관과 세계관의 부작용인 인구 폭발과 식량 부족, 지구 온난 화, 오존층 파괴, 산성비, 열대림 감소, 사막화 등과 같은 총체적인 문제를 극복하기 위하여 등장하였다. 이런 문제들을 해결하기 위해서는 전 지구적이고 보편적인 기준을 지닌 윤리가 요구된다.

(B) 우리는 모두 서로 의존하고 있다. 우리 각자는 전체의 복리에 의존하고 있고, 따라서 생명의 공동체, 인간, 동물, 식물, 그리고 지구의 보전을 위해 공기와 물, 흙에 대한 경외심을 가져야 한다. 우리는 인류가 하나의 가족이라고 생각한다. 우리는 자신만을 위해서 살아서는 안 되며 남을 위해 봉사하는 삶을 살아야 한다. (B)는 큉(H. Küng)의 「세계 윤리 선언문」 중 일부이다. 이를 참고하여 그가 제시한 '세계 윤리'의 기본 방향 3가지와 그 한계를 쓰시오.

1. 세계윤리와 문화초월의 국제규범

세계의 모든 국가들은 경제적이며 법적인 질서를 가지고 있으나, 어떠한 나라도 이러한 질서가 윤리적 일치와 민주주의적 법률이 살아 있는 국가의 시민들 사이에 도덕적 관심이 없이는 제 기능을 발휘하지 못하게 될 것이다. 만약 하나의 새로운 세계질서가 유지되려면, 최소한의 공통된 가치, 규범과 기본적인 태도가 필요하다. 시간적인 제약을 지닌 성격이지만, 전 인류가 공감할 수 있는 윤리는 세계윤리이다. 공학윤리의 국제규범은 국제적인 공학 전문가 정신을 다루고 있으며, 이는 세계윤리 정신과 연관된 개념으로 구성되어 있다.

지금은 세계가 국제화 시대에 접어들었다. 경제, 기술, 통신의 지구화는 또한 재정과 노동 시장으로부터 환경과 조직적 범죄에 이르기까지 문제들의 국제화를 의미한다. 따라서 필요로 하는 것은 윤리의 세계화, 국제규범이다. 인간을 위해 하나의 공유된 기본적인 윤리는 필요 불가결하게 공유된 최소한의 도덕적 가치, 기본 태도와 규범을 동의할 수 있어야 한다. 진정, 세계윤리가 없어서는 어떠한 새로운 세계질서도 가능하지 않을 것이다. 상호간에 많은 구체적인 문제에 있어서는 서로 다르다. 그러나 국제문화는 인간의 모든 위대한 도덕적, 종교적 전통들의 바탕에는 서로 공통된 요소, 문화초월 규범의 요소가 있음을 보여주고 있다.

새로운 세계질서가 평화를 증진시키고, 자국문화를 초월하며 자연 친화적이고 종교일치의 (ecumenical) 공동의 파트너십으로 드러나는 다원세계 사회에서는 더 나은 질서가 될 수 있다. 1899년의 인류의 희망은 위대한 것이었다. 19세기의 신은 오늘날 우리가 알고 있는 것과 같이 "발전(Progress)" 이었으며, 사람들은 영원하고, 어마어마한 발전이 20세기에도 있을 것이라고 확신하였다. 그러나 우리의 세기에 두 세계 전쟁과, 대학살(Holocaust), 원자폭탄 등을 경험하였다. 21세기는 더 좋아질 것인가? 공산주의, 파시즘(fascism), 나치즘 등은 진정 "극단의 세기" 의 결정적이며 거대한 반동이데올로기가 되었으며 마침내 1989년에 그 막을 내렸다.

1945년, 새로운 세계질서는 UN 헌장에 기초하여 마련되었지만, 소련 스탈린(Stalin)의 "현실정책(Realpolitik)에 의해 황폐화되었으며 하나의 새로운 세계질서 대신 세계분리가 이루어졌다. 하나의 새로운 세계질서가 걸프 전쟁(Gulf War)이후 국제규범의 의미를 모르는 부시 대통령에 의해 발표되었다. 이제 문제는 "인류는 이번 세기의 이러한 세 번째 기회를 잃을 것인가?" 이다. 종교와 문화 간의 대화 없이는 종교의 평화는 있을 수 없다. 종교초월, 문화초월의 세계를 위한 국제적 윤리규범을 고려하지 않고서는 국가 사이의 성공적인 대화는 있을 수가 없다. 그러므로 국제규범으로 적용될 수 있는 세계윤리가 없다면, 우리의 지구의 생존은 그 미래를 보장 받을 수가 없게 된다. 2009년 미국에 오바마 정권이 들어서면서 문화다원주의에 근거한 대화와 협력을 통하여 개신의 변화를 강조하고 있으니 희망이 솟아난다.

국제적으로 인간의 생존문제에 있어 의류산업은 세계에서 가장 경쟁적 산업이다. 홍콩, 한국, 대만, 중국, 미얀마, 방글라데시, 스리랑카, 몰디브, 라오스, 베트남, 인도네시아, 엘살바도르. 온두라스, 도미니카 공화국과 같은 국가에서 의류제조업은 근대화의 양상으로 진행되는 산업화의 첫 단계였다. 방글라데시 노동권리 옹호자는 아이들을 일터에서 내쫓아 거리로 내몰게 되는 것 자체를 '인권의 심각한 침해' 라고 주장하기에 이른다. 어린 여성들은 회사 기숙사에서 생활하며 하루에 800원의 급료를 받으면서 낮은 임금수가로 의류를 생산하게 된다. 그들은 쾌적하고, 안전하며, 조명이 밝은 공장에서 하루 12시간을 일한다. 어린 여성들은 일이 힘들기는 하지만 마을에서의 생활보다는 낫다고까지 말한다.[2)]

인도네시아 까와산 봉세수출단지에서 삼보기업 방사장은 자녀결혼을 이유로 5월 8일 자카르타 국제공항에서 출국하였다. 그 후 2달이 다 되어가는 7월 3일 아침, 공단에 들어서 약 500여 미터를 걸어온 800여 명의 공장 노동자들은 공장 문이 닫혀져 있는 것을 목격하며 문 밖에서 술렁대기 시작했다. 한참을 기다려도 한국인 관리자가 보이지 않아 '공장이 뭔가 잘못된 게 틀림없다.' 는 직감이 순식간에 노동자 속으로 퍼지기 시작했다. 불안해진 대부분의 여성노동자들은 공장 문을 뚫고 공장 안으로 들어갔다. 그리고 얼마 후 노동자들은 깜짝 놀랄 소식을 듣게 되었다. 인근 공장에서 일어났던 일들이 그들에게도 닥쳐왔다. 방사장이 수십 대의 재봉틀 기계만 놔 둔 채 기업부도를 내고 한국으로 도망간 것이다.

이날부터 노동조합 위원장인 라흐만(여. 25세)을 중심으로 약 400여 명은 공장 안에서 밀린 연장근무수당과 퇴직금, 작년에 받지 못한 휴가보너스 등을 요구하며 농성에 들어갔다. 이미 야반에 도주한 사장들과 다를 바 없이 사장이 인도네시아를 빠져나가자 수출단지 내 관리자들은 파산 4일 만에 공장 안 물과 전기를 모두 끊어버렸다. 20대부터 40대를 어우르는

2) Charles E. Harris, Jr.Michael S.Pritchard, Michael J. Rabins, *Engineering Ethics, Concepts and Cases*, Belmont; Thomson Wadsworth, 2005. p.244.

300여 명의 여성노동자들과 약 50여 명의 남성 노동자들은 빛도 없는 공장 안에서 하루 한 끼로 목숨을 이어가면서 재봉틀 위에서 새우잠을 자며 대책 없이 지내고 있었다. 지방에서 올라와 매달 받는 임금으로 방세를 내던 이들이 더 이상 방세를 낼 수 없는 처지로 전락하였다. 이들이 받아야 할 총액은 우리나라 돈으로 약 5천여만 원으로 알려졌다. 농성자 중 사니아(여.30세)는 삼보공장에서 4년 동안 미싱사로 일해우면서 받은 돈의 대부분은 고향에 있는 두 자녀를 위해 보냈다. 그러나 7월 3일 이후 그녀는 너무나 절망에 빠져 농성장에서 투쟁을 하면서 이렇게 말했다.

"지금 처한 상황은 혼란스럽다. 내 주머니 안에는 돈이 한 푼도 없다. 방세를 못 내서 얼마 전 주인에게 쫓겨났다. 나는 7월 2일까지 지난 4년 동안 한결같이 열심히 일했다. 손 껍질이 까질 정도로 재봉틀을 한 적도 있다. 믿었던 한국 사람이 나에게 남긴 것은 무엇이란 말인가? 절망뿐이다" 우리나라 정부마저 인도네시아 대사관을 통하여 직접 나서지 않고 방치한 채로 소극적이며 안이한 태도를 보인다면, 결국 공학윤리의 국제규범에 반하는 일로서 도산과 파산에 대한 아무런 책임도 지지 않은 채 남의 나라에서 야반도주하는 기업주들이 계속 양산될 될 것이다. 여기에 국제적인 공학 전문가 정신이 절실히 요청된다고 할 것이다.

많은 선진국 공학자들이 해외의 일을 떠맡거나 다른 나라에서 사용될 제품들을 설계하거나 제작하고 있다. 공학 기술자의 출신 나라를 '홈(home) 국가' 로, 공학기술자의 출신지 이외의 나라를 '호스트(host) 국가' 로 부른다. 홈 국가에서 호스트 국가로 이동하는 데 있어서의 문제는 두 가지 유형이 있다. 한 가지 유형은 홈 국가의 기준들이 호스트 국가의 조건들이나 기준과 충돌하는 것처럼 보이는 경우이다. 여기서 문제는 호스트 국가기준이 국제규범으로 적합한가 아니면 홈 국가의 기준이 국제규범으로 적합한가, 혹은 두 나라 규범의 타협으로서 개신하는 규범이 타당한지를 결정해야 할 것이다.

◆ 국제 NGO 윤리헌장의 기금 관련조항

▲ 기증자

NGO는 후원자의 권리를 존중한다. 후원자는 NGO가 왜 기금을 모금하는지, 기금이 어떻게 사용되는지, 나아가 기부단체의 실상에 대해 알 권리가 있다. NGO의 독립성을 좌우할 정도로 그들의 명성을 보호받을 수 있다.

▲ 기부금의 사용

기금 모금 과정에서 NGO는 주요 활동 방향과 그 필요성을 정확히 설명해야 한다. 특정 목적을 위해 기금을 모금할 때 NGO는 기증자의 요청을 존중해야 한다. 만약 일반을 대상으로 특정 목적의 기금을 모금한다면 초과 · 부족 자금을 어떻게 처리할지도 미리 밝혀야 한다.

▲ 금품 협찬

NGO 후원은 상품이나 서비스 형태로 할 수도 있다. 그러나 NGO의 효율성과 독립성을 보호하기 위해 모든 후원금품의 세부내용을 기록, 공개해야 한다.

▲ 재무 통계

NGO는 기금의 효율적 사용과 오 · 남용을 막기 위해 내부에 재무통계 절차를 갖춰야 한다. 또 NGO는 모범적 재무관리의 기본 원칙을 준수해야 한다.

▲ 내부 제보

NGO는 소속 관계자들에게 조직의 목적과 법에 부합하지 않은 일들에 대해 운영진들에게 보고할 것을 권장한다.

또 다른 유형은 경제발전과 기술이전으로 일어나는 문제이다. 아직 충분한 산업화를 이루지 못한 나라들을 저개발국이라 부르는 데, 여기서 누군가는 윤리적으로 가장 용인되는 방법으로 호스트 국가들의 발전에 이바지할 수 있는 지침을 모색할 것이다. 이러한 종류의 국제교류 문제에 대한 지침을 찾을 때, 두 가지 극단적 경우들을 피해야 한다. 한 극단은 우리 자신의 고유 문화가치와 규범이 항상 우리의 행동을 이끌어야 한다는 단순방식이다.

이에 대하여 상대 국가는 우리자신의 가치들을 그대로 적용할 수 없을 만큼 너무도 다르다는 것을 발견하게 된다. 부패가 너무 만연해서 부패하지 않은 장사나 고객, 정부 관료와 사업상의 모든 일이 불가능할 수도 있다. 다른 하나는 호스트 국가의 기준들이 홈 국가의 기준들만큼 좋거나 혹은 더 나을 수도 있다는 것이다. 서구의 개인주의가 많은 문화들에서 지배적인 집단시향 보나 더 나은가에 대해서는 논쟁의 여지가 있다. 흔히 서구처럼 일과 개인적인 우정을 별개로 하는 것이 과연 최선인가 하는 것은 의문의 여지를 남긴다.

또 다른 하나의 극단은 소위 '로마에서는 로마의 법을 따르라' 는 지침을 채택하는 것이다. 다시 말하면 홈 국가의 공학자들은 지역의 관습과 법을 따르고 마치 호스트 국가의 시민들처럼 행동하기만 하면 된다. 이러한 선택은 흔히 도덕적 상대주의, 즉 우리의 도덕적 신념이라는 진리는 우리가 살고 있는 문화에 의해 상대적으로 결정된다는 견해와 관련되어 있다.

이 견해도 비판받기 쉽다. 첫째, 불법적 학자 갑이 여전히 NSPE 헌장에 의해 구속받고 있음을 알리고, 설령 뇌물 주는 일이 그 나라에서는 관습적으로 행해지고 있다 하더라도 그 일에 참여해서는 안 된다고 판정하였다. 그러나 우리는 국제규범으로 발생하는 모든 상황에 충분한 지침을 제공할 수 있는 헌장을 기대할 수는 없다. 국제적 환경에서 일어날 수 있고, 홈 또는 호스트 국가의 윤리기준보다 뒤떨어진 문화문제에 대하여 분명하게 대처할 수 있는 추가적인 규범이 바람직하다. 이러한 규범을 공학윤리의 국제규범, 자국문화 초월의, '문화초월 규범' (Cultural-transcending Norm) 이라고 한다.[3)]

문화초월 규범을 식별하는 방법은 모든 문화에서 수용될 수 있는 보편가치를 가려내는 일이다. 세 가지 가치범주 식별이 요청된다. 무엇보다도 모든 인간 집단, 모든 종교, 도덕, 법률전통은 어떤 행태의 상부상조, 충성심, 상호작용에 관하여 긍정적 의무를 강조한다. 첫째, 어린이를 양육해야 하고, 약자와 병든 자는 돌보아주어야 하며, 부모를 공경하여야 한다. 둘째, 모든 문화는 해로운 행위를 삼가도록 한다. 이는 폭력, 사기, 배반에 대한 금지명령을 포함한다. 셋째, 처음 두 가지 범주에서 충돌이 발생 할 경우에 기본적 공평성과 절차정의를 명시한 규범을 활용하게 된다. 예를 들어, 위증하는 것은 사실상 모든 사회에서 비난받을 일이다.

두 가지 문제가 문화초월 규범을 식별하려는 접근방법에서 나타난다. 첫째, 모든 사회가 다소 제한된 이러한 종류의 공통가치의 집합을 받아들이지 않는다는 것이다. 많은 사회들이 이러한 가치들을 흔히 문맹이거나 좀

3) Ibid., pp.247-9.

모자란 인간으로 여겨지는 이방인이 아닐 경우에는 적용하지 않는다는 것이다. 심지어 사회내부에서조차도 가치들이 보편적으로 적용되지 않는다. 여자, 어린이, 노예에 대한 폭력은 오래전에는 흔히 있어온 일이다. 뚜렷한 해결책은 사회가 그들 자신의 가치기준을 적용하는 데 일관성 없었다고 주장하는 것처럼 보인다. 우리는 흔히 사회가 다른 영역에서 수용하려는 가치를 여러 가지 이유로 말미암아 일관성 있게 적용하지 않는다는 입장을 이해할 수 있다.

이렇게 일관성이 결여된다. 이유는 결정적인 용어가 똑같이 해석되지 않는다는 점이다. 예를 들면, 어떤 문화권에서는 여성 생식기 접촉이 여성에 대한 성폭력 사례로 인식되지 않을 수도 있는 것이다. 외국인에 대한 폭력 금지조항에서는 외국인은 자국민과 구별되어야 한다는 논리를 내세워 차별적 해석이 가능해질 수도 있다. 심각한 두 번째 문제는 이 가치규범들은 "최소주의자들의 온건목록"이라는 점이다. 그 가치들은 '사랑', '진실', '삶에 대한 경외', '충성', '평등'. '성실', '정의' 등과 같이 추상적이고 복잡한 가치이념의 뼈대일 뿐이다. 국제규범의 필요성의 관점에서 바라본다면, 뇌물, 착취, 환경오염, 인권에 대한 언급이 없다. 만일 이 규범들을 문화초월 규범으로 포함할 수 있어야 한다면, 우리는 공동가치의 목록을 넘어서는 국제규범들을 탐색해 보아야 할 것이다.

문화초월 규범을 찾아내는 다른 접근방법은 데비드 웡(David Wong)이 제시하였다. 그는 도덕적 다양성의 한계를 실체적 규범에서가 아니라 도덕헌장의 조항들을 평가하기 위해 사용하는 두 가지 기준에서 찾아 가는 방안이다. 만일 어떤 공학윤리 헌장의 실체적 규범들이 이 기준에 일치하지 않는다면 그 규범들을 거부하여야 할 것이다.

첫째 기준은 내적 일관성이다. 한 규범은 그 문화의 다른 규범과 일관성을 가져야 한다. 예를 들어 웡은 여자를 남자에게 종속시키는 것이 중국의 문화전통이지만, 효도나 자식의 부모에 대한 친숙관계를 위한 유교 전통과 일치하지는 않는다. 윙은 공동체에 전적으로 공헌함으로써 모든 사람이 그 가치들을 실현할 수 있도록 허용해야 한다는 국제규범의 보편성이 중요하다고 믿었다.[4)]

둘째 기준은 외적이다. 그 사회의 도덕법이 모든 적합한 도덕을 위한 보편적인 기준에 맞지는 않는다는 주장에 의해서 비판을 받을 수 있다. 어떤 사회든 충돌하는 이해관계를 다루어야 한다. 비록 그것을 효과적으로 다루는 방법이 하나 이상 있다고 하더라도, 어떤 방법들은 성공적이지 못할 수 있다. 예를 들면, 많은 문화가 뇌물에 대해서 관대하다 하더라도 그러한 허용이 결코 사람사이의 이해관계의 충돌을 조정하는 효과적인 방법은 아니라고 주장할 수 있다. 뇌물수수는 최고의 서비스나 상품을 가장 좋은 가격에 제공하는 것에 기초를 두는 공개적인 경제적 경쟁을 하는 것 대신에 돈에 의해 경제적 충돌이 해결되도록 허용하는 것이다. 따라서 뇌물은 어떠한 도덕법에서도 합당한 부분이 되지 않는다. 정치적 반대파에 대한 고문은 어떠한 합당한 도덕성의 부분이 될 수 없을 것이다.[5)]

우리의 목적을 위하여 공학윤리의 국제규범, 문화초월 규범으로서 자격이 있는 것들을 찾아내기 위하여 전문가들에게 의뢰하여 주어진 나라의 규범들에 그러한 2차 준거를 적용하여 정교한 과정을 다 수행하여 나가리라고 기대할 수는 없다. 기껏해야 그 많은 노력을 들여서도 결국 어떤 나라의 관행이 기준 중 하나 또는 모두를 위반한다는 결론을 내릴 수 있기 때문이다. 우리는 적절하게 구체적이거나, 혹은 적어도 일반적인 기준 이상의 문화초월 규범을 필요로 한다고 말할 수 있을 것이다. 과연 무엇이 그러한 규범들의 가능한 원천인가? 우리는 순수하게 보편적으로 수용되는 가치들로부터 보편적으로 수용되어야 하는 규범가치들을 택하여 비판적 이행을 하도록 강요받을 수 있다.

---

4) David Wong, Moral Relativity(Berkeley: University of California Press, 1984), pp386-9.
5) Ibid, p392

공학윤리의 국제규범, 문화초월 규범의 첫 번째 출처는 국제공학협회 헌장이다. 국제공학협회의 많은 헌장들이 국제환경에 적용하려고 명백하게 의도되었다. 대부분의 헌장에서 공학자들은 공공안전, 건강, 복지를 최우선으로 삼아야 한다는 요구는 중시된다. 그러나 가끔은 미국 내에서 적용하도록 의도된 조항이 미국이 아닌 다른 나라에 적용되려면 수정되어야만 하는 때가 있다는 사실을 알아야 한다. 예를 들면, 문화전통이 다르기 때문에 국제상황에서 선물을 주는 규칙을 다소 수정하는 것이 합당할 것이다.

공학윤리의 국제규범, 문화초월규범의 두 번째 출처는 인간존중과 공리주의 이론에 대한 통찰이다. 이 이론은 우리의 공학윤리 추론의 많은 부분의 근간이 되고 국제환경에서 종종 상당한 타당성을 가지는 근본적 도덕관념이 된다. 그것들은 또한 종종 다른 출처로부터 파생된 규범들을 확증하는 데도 기여하게 된다. 인간존중의 도덕성은 모든 개인을 존중할 가치가 있는 도덕적 행위자로서 대우하는 것의 중요성을 강조하는 국제규범의 개념이다. 공리주의는 국가를 초월하여 인간의 전반적 복지를 최대화하는 것의 중요성을 강조한다. 두 가지 모두는 상식으로 국제규범이 요구되는 문화초월 환경에는 상당한 타당성을 발휘하게 될 것이다.

공학 윤리의 국제규범, 문화초월 규범의 세 번째 출처로서 UN의 보편인권선언과 같은 국제적 문서이다. 이러한 문서들은 모든 사람의 생득적 인권을 강조한다. 이러한 눈서늘이 그 근본에 있어서는 서양에서 시작된 것이고 주장이 가능하다고 할지라도, 보편적으로 수용되는 문화초월 규범으로 수용하는 데는 시간이 걸리게 될 것이다. 1997년 9월 1일에, 전임 대통령들과 수상들의 국제행동위원회(Inter Action Council)에서 처음으로 세계윤리가 요청된다고 하였고 UN에 "인류의 책임에 대한 세계 선언(Universal Declaration of Human Responsibilities)"이라는 제안을 제출하였다. UN의 지구통치 위원회(Commission on Global Governance)와 문화

발전 세계위원회(World Commission on Culture and Development) 등의 두 기구에서 1995년의 보고서에서 이러한 이슈들에 대해 한 장(章) 전체를 할애하였다.

같은 이슈들이 다보(Davos)에서 열린 세계 경제 포럼과 유네스코에서 세계 윤리 계획에 대한 새로운 계획들을 다루어왔다. 아시아에서 이러한 이슈들에 대한 관심이 증가하고 있다. 제안된 인류책임에 대한 세계선언은 세계 인권선언(Universal Declaration of Human Rights)을 지지하고 토대를 보강하는 것이다. 모든 사람들의 존엄성을 완전히 받아들이며, 그들의 분리할 수 없는 자유와 평등, 상호간의 연대성 등에 대한 우리의 헌신을 다시 새롭게 하고 강화시키고자 인권이 보장되어질 수 있는 곳에서 실천을 국제규범으로 요청하고 있다.

마지막으로 공학윤리 국제규범, 문화초월 규범을 위한 출처로서 도덕철학이나 종교교육의 저서들을 들 수 있다. 세계의 모든 주요한 윤리와 종교전통에서는 어떤 형태로든 황금률을 수용되고 있다. 도덕적 황금률을 사용하여 우리는 "내가 만일 호스트 국가의 국민이라면 나는 외국 공학자가 내 나라에서 어떻게 일하기를 원하겠는가?"라고 물을 수 있다. 특히 호스트 국가의 국민들이 매우 다른 경제사회적 환경에서 살면서 훨씬 낮은 수준의 교육과 기술적으로 낙후된 상태에 있거나 아주 다른 가치와 관습을 가졌다면 더욱 그 수용이 용이하지 않을 것이다.

그럼에도 불구하고 결론은 여전히 황금률로부터 생기는 것처럼 간주하게 된다. 예를 들면, 어떤 사람이든지 착취당하고 싶어 한다든지, 혹은 자국의 전통이 존중받기를 원하지 않는다는 것을 도덕적으로 상상하기란 실제로 어려운 일이다. 마찬가지로 어떤 사람이 상대국의 국민이라면, 자신을 자국에서 일하는 공학자의 입장에 놓고 상대국을 위해 자기양심을 범하지 않기를 원할 것이다.

2. 공학윤리 국제규범 사례

공학윤리 국제규범은 인권존중 의무와 직접적 관계가 있다. 이 문화초월 규범에서 "모든 인류는 인간답게 대접받아야 한다."는 것과, 도덕적 황금률, "당신이 당신에게 하여주기를 바라지 않는 것을 다른 사람에게 하지 말라"는 것이 중시된다. 긍정적인 표현을 빌자면, "당신이 당신 자신에게 하기를 바라는 것을 다른 사람에게도 행하라"는 것이다. 이것을 바탕으로 네 가지의 변경할 수 없는 방향이 국제행동위원회의 제안에서 간결하고 법률적인 형태로 발전되었다. 세계윤리의 규범은 이와 같다.

① 비폭력 문화와 생명존중에로 헌신, ***"생명을 존중하자!"***

② 연대성의 문화와 공정한 경제체제에 대한 헌신, ***"성실하고 정당하게 대하자!"***

③ 관용의 문화와 신뢰의 삶에 대한 헌신, ***"진실하게 말하고 행동하자!"***

④ 평등한 권리문화와 남녀협력에 대한 헌신, ***"다른 사람을 서로 존중하고 사랑하자!"***

국제적으로 통용될 수 있는 전문 공학자의 실천규범을 위하여 우리는 열 개의 문화초월 규범을 찾아낼 수가 있을 것이다: 테러 안하기, 착취 안하기, 간섭 안하기. 뇌물수수와 선물 안하기, 호스트 국가의 복지 증진, 문화규범과 법률존중, 건강과 안전보호, 환경보호하기, 인권침해 안하기, 합법적인 기본제도 조성 등을 들 수 있다.

먼저 문화초월 규범이라는 개념형성은 인지적 도덕기술을 함양시킬 뿐만 아니라 비판적 추리기능을 증진시킬 수가 있다. 다양한 문화와 직면하여 자기성찰의 가치를 개발시킬 수 있다. 이는 공동선을 지향하는 실천이 중시되어야 한다. 먼저, '비폭력 문화와 생명존중에로 헌신', ***"생명을 존중하자!"*** 에는 ***'테러 안하기'***가 전제된다. '관용의 문화와 신뢰의 삶에 대한 헌신', ***"진실하게 말하고 행동하자!"*** 에는 호스트 국가의 복지 증진, 문화규범과 법률존중, 건강과 안전보호, 환경보호하기가 있다. 그리고 '평등한 권리문화와 남녀협력에 대한 헌신', ***"다른 사람을 서로 존중하고 사랑하자!"*** 에는 인권침해 안하기, 합법적인 기본제도 조성을 들 수 있다.

(1) 비폭력 문화와 생명존중에로 헌신으로 '테러 안하기'

평화정착을 위해서는 폭력을 추방하고 생명존중의 국제규범을 실천해야 할 것이다. 갈퉁(Johan Galtung)에 따르면, 폭력에는 직접적 · 구조적 · 문화적 폭력의 세 가지가 있다고 말한다.[6] 문화적 폭력은 직접적 · 구조적 폭력을 방조하는 문화양태로서 폭력을 방조하거나 테러를 조장해서는 아니 됨을 말한다.

현대 기술사회에서 테러의 횡행은 몇몇 악의적인 사람들이 악의적인 도구와 방식으로 사용 되었다. 공학기술의 발달로 소수의 악의적인 사람들이 엄청난 파괴를 초래할 수 있다. 공학 기술자들도 이러한 테러리스트들에 대항하여 테러리스트들의 폭력을 막아야 할 것이다. 일방적 신념에 의한 경우도 있기 때문에 공공정신을 정착시키려면, 종교전통들 간에 다원주의를 확산시키는 것이 매우 중요하다. 모든 사람이 기독교도나 무슬림이 될 수는 없다. 이들은 온 세상을 지배하는 유일신의 관념을 고수하고 있으며, 그들 자신만의 정의(正義)를 가지는 종교문화로 말미암아 문화의 다양성을 받아들이지 않고 있다. 그리고 연대성의 문화와 공정한 경제체제에 대한 헌신, ***"성실하고 정당하게 대하자!"***로서 착취 안하기, 간섭 안하기. 뇌물수수와 선물 안하기를 들 수 있다.

---

6) Johan Galtung "The Role of Buddhism in the Creation of Peace", *Seeds of Peace* Vol.5 No.1, 1989, pp.9~10.

(2) 연대성의 문화와 공정한 경제체제에 대한 헌신으로 '착취 안하기'

어떤 나라에서 길동은 세계시장보다 매우 낮은 가격에 구리를 구입하고자 구리의 채굴 및 제련에 대해 세계에서 가장 낮은 임금을 노동자들에게 지불한다. 그 결과 길동은 막대한 이익을 남긴다. 회사는 정부 관리에게 뇌물까지 주며, 세계 구리시장에서 가격을 많이 통제하기 때문에, 다른 채굴 및 제련회사가 그 지역에 들어오는 것이 허용되지 않는다. 이 나라는 몹시 가난하고, 구리는 사실상 유일한 외화 공급원이 된다. 로버트 구딘((Robert Goodin)에 따르면 다섯 조건이 현존할 때, 착취위험이 발생한다.[7])

1. 지배자와 종속된 자 또는 착취되는 자 사이의 힘의 불균형이 존재한다.
2. 종속된 자는 이해를 위하여 지배자의 공급자원을 필요로 한다.
3. 종속된 자에게는 착취관계가 자원의 유일 공급원이 된다.
4. 지배자는 필요자원에 대하여 자유로운 통제를 행사한다.
5. 종속된 자의 자원은 적절한 보상 없이 사용이 가능하다.

길동의 다음 사례는 다섯 가지 조건을 모두 만족시킨다. 어떤 나라와 길동의 회사 간에는 힘의 비대칭적 균형이 있다. 어떤 나라는 길동의 회사에서 제공되는 외화를 필사적으로 필요로 한다. 길동의 회사가 납부하는 세입이 유일한 외화공급원이다. 길동의 회사는 가격의 조정을 통해 이 세입에 자유재량으로 통제를 행사한다. 결과적으로 어떤 나라의 천연자원과 노동력은 적절한 보상 없이 사용이 된다. 여기서 착취는 잘못된 것이다. 국제규범의 원천을 해친다. 정상상황이라면, 문화를 통하여 착취의 희생자가 되기를 원할 것이라고 도덕적 상상을 할 수가 없다. 이 착취는 개인

---

7) Robert E. Goodin, *Protecting the Vulnerable: A Reanalysis of Our Social Responsibilities* (Chicago: University of Chicago Press, 1985),pp.195-196.

의 도덕적 행위를 근원적으로 침해한다.

가격이 자원의 시장가치를 반영하고 사는 자가 저개발국의 천연자원에 대해 낮은 가격을 지불할 때는 착취가 있는 것으로 고려하게 되지만, 자원 공급자가 더 나쁜 조건에 놓이게 될 것이기 때문에 착취가 정당화될 수 있다. 이것은 착취 기준의 네 번째 요소를 제외하고는 모두를 위반한 것이라는 주장이 된다. 저개발국은 장차 가격이 오를 것이라는 희망을 가지면서, 경제개발을 촉진하고자 이것이 유일한 방법으로 간주하면서 이 가격 책정에 대해 합리적으로 동의하게 된다.

(3) 연대성의 문화와 공정한 경제체제에 대한 헌신으로 '간섭 안하기'

홈 국가의 국민들의 온정주의 대우는 피하면서 간섭 안하기를 실천해야 한다. 온정적 가부장주의는 온정의 혜택을 받는 자의 이익을 증진시킨다는 명목으로 받는 자의 판단력을 자기 것으로 대체하는 것을 말한다. 착취가 타인의 복지에 대하여 적은 관심을 표현한 것이라면, 온정적 가부장주의는 많은 혹은 잘못된 방법으로 관심을 표현한다. '온정적 가부장주의의 사례' 가 있다.

갑순이 회사는 어떤 나라에서 큰 파인애플 농장을 운영하고 있다. 회사는 노동자들에게 전통적인 마을을 떠나 똑같은 모양의 거리에 있는 작고 똑같은 형태의 집에서 살려고 요구했다. 회사의 경영자는 새마을이 노동자들에게 보다 미학적으로 즐겁고, 노동자들은 이러한 똑같음에 감사하도록 교육받아야 한다고 믿게 된다. 그러나 노동자들은 새로운 주거환경은 지겹고, 그들의 전통적인 생활방식 대부분을 파괴할 것 이라고 주장하며 반대한다.

온정적 가부장주의는 도덕적 황금률에 의해 정당화되기 어렵다. 온정적 가부장주의로 대우 받기를 원하는 사람은 없다. 온정적 가부장주의 행위가 정당화될 수 있는 사례에서, 약한 온정적 가부장주의와 강한 온정적 가부장주의를 구별할 필요가 있다. '약한 온정적 가부장주의' 에서, '온정적 가부장주의자' 는 온정을 받는 사람이 자신의 도덕적 힘을 효과적으로 행사하지 못할 것이라고 믿을 이유가 있을 때, 온정을 받는 사람의 판단을 자신판단으로 대치하게 된다. 약한 온정적 가부장주의는 당연히 합리적 사람에게서 동의를 얻을 수 있고 도덕적 황금률로 정당화될 수가 있다. 약한 온정적 가부장주의를 행사하는 경우에 몇 가지 유형이 있다. 이 조건에서 한 가지라도 충족되면 약한 온정적 가부장주의는 수용된다.[8)]

- 정서적 압력을 받을 수 있다.
- 자신의 행동결과에 대해 무지하다.
- 어려서 자신의 의사결정에 관련된 요소를 이해하지 못한다.
- 자유롭고 충분한 정보를 통하여 결정과정을 제대로 알려면 시간이 요청된다.

'강한 온정적 가부장주의' 에서 온정적 가부장주의자는 온정을 받는 사람이 도덕적 힘을 효과적으로 행사하지 못한다고 믿을 이유가 없을 때조차도 자신의 판단으로 온정을 받는 자의 판단을 대체하게 된다. 이를 행하는 온정적 가부장주의자는 온정적 가부장주의자의 행위에 의해 잠재적 해악 또는 복지 감소를 피할 수 있다거나. 혹은 이익을 산출하게 된다는 등의 영향이 나타난다.

강한 온정적 가부장주의의 사례의 경우, 회사 경영자들은 마을 사람들이 미적인 가치를 공유하지 않는다 할지라고, 똑같은 모양의 마을이 더욱 큰 미적 가치를 가진다고 믿고서 온정을 받는 자가 동의하지 않는 일을 결국 행할 것이기에 도덕적 황금률에 호소하여 정당화시키기가 어렵다는

8) Charles E. Harris, Jr.Michael S.Pritchard, Michael J. Rabins, *Engineering Ethics, Concepts and Cases,* Belmont; Thomson Wadsworth, 2005., p. 251.

것을 낳고 있다.

저개발국 국민들은 약한 온정적 가부장주의를 정당화해줄 수 있는 환경을, 그리고 아주 적은 사례에서는 심지어 강한 온정적 가부장주의까지 경험할 것이다. 낮은 수준의 교육 및 기술적 정교함이 결여된 저개발국 국민들이 그들의 복지에 영향을 미치는 책임 있는 결정을 내리는 데는 한계를 갖게 마련이다. 그 상황에서, 약하게 온정을 베푸는 방식으로 행동하는 것에 동의하는 것이 당연하다.

갑돌은 어떤 나라의 제약회사에 고용되어 있다. 회사는 어떤 나라에서 섭취하기 전에 물과 섞어야 하는 건강보조 식품을 판매한다. 갈돌은 자기가 일하는 곳의 국민들이 사용설명서를 세심하게 읽고 지킬 것이라고 믿지 않을 좋은 이유를 가지고 있다. 그들은 영양에 대하여 일반적으로 무지할 뿐만 아니라 사용설명서를 따르지 않는다. 그 결과 어떤 나라의 많은 이 제품 소비자들은 오염된 물로 이 건강보조식품을 혼합하고 또 그것을 더 오래 사용하려고 희석하기도 할 것이다. 이렇게 사용설명서를 지키지 않는 것은 여러 가지 건강문제를 야기할 것이다.

적어도 약한 온정적 가부장주의를 정당화하는 조건 중의 하나로서 행동의 결과에 대한 무지함이 만족되고, 이러한 한 가지 조건이면 충분하다고 할 것이다.

(4) 연대성 문화와 공정한 경제체제 헌신으로 '뇌물수수와 선물 안하기'

뇌물과 과도한 선물을 주는 것은 피해야한다. 이것은 아마도 국제 환경에서 미국 공학자들에 의해 직면하는 하나의 가장 중요한 문제이다. 뇌물은 '갈취 자가 우선권을 갖지 않은 이익을 얻기 위해서 갈취 자가 피해를 줄 자격이 없는 데에 피해를 줄 것으로 누군가를 협박하는 행위로서' 정의한다.[9]

〈그림 1〉 뇌물과 선물

그러나 수입물품의 통관, 전화가설, 법률문서의 과정 같이 어떤 기능의 수행을 앞당기거나 용이하게 할 목적으로 지불하는 접대비가 있다. 친분관계를 돈독히 하는 적당한 방법으로 선물을 주고받는 것을 장려하고, 친분관계가 사업관계의 기본이 된다고 믿고 있지만, 공학현장에서는 이를 명백히 뇌물을 정죄하고 있다.

(5) 관용의 문화와 신뢰의 삶에 대한 헌신으로 호스트 국가의 복지증진

합리적인 범위 내에서 호스트 국가의 복지는 증진되어야 한다. 황금률을 사용하자면, 만일 우리가 호스트 국가의 국민이라면 우리는 외국 공학자와 사업가들이 우리나라에 와서 우리들의 복지와 고려되는 모든 것을 증진하기를 원할 것이다. 공학 현상들 역시 공학사는 해보다 신이 더 많은 프로젝트에 종사해야만 한다는 것을 함축하며, 공공의 복지를 최선으로 하도록 요구하고 있다. 공리주의자들 역시 우리가 다른 사람의 복지를 증진하도록 요구하고 있다. 복지에 대한 요구를 적용하는 데 있어 한 가지 어려운 점은 그 복지가 최선으로 되는 "공공"이 뜻하는 것의 개념적 문제

9) Ibid., p. 252.

이다. 공학자들이 책임이 있는 "공공"의 유용한 정의는 마이클 데이비스에 의해 주어진다.[10)]

사람을 공적으로 만드는 것은 상대적 결백, 무력함, 수동성이라고 제안하고 싶다. 이 해석에서 "공공"은 정보, 기술, 지식, 혹은 숙고시간의 부족으로 다소간에 공학자가 그 고객이나 고용주를 위하여 휘두르는 권력에 상처를 받기 쉬운 사람들을 지칭한다. 공학자는 공공안전, 건강과 복지를 최선으로 삼아 공학자가 그 "순진한 사람들"의 복지에 거의 관심을 갖지 못하도록 강요하지 않도록 보증을 해야 하는 것이다.

어떤 행위가 호스트 국가 국민의 전반적인 복지를 증진시킬 것인가를 결정하는 한 방법은, 우리가 스스로 호스트 국가의 국민으로서 그러한 행동에 동의할 것인가를 물어보는 것이다. 이러한 지침의 설명으로서 다음 사례를 살펴보자.

> 길동회사는 X국가에 있는 많은 사람들에게 영향을 미치는 잠재적으로 치명적인 형태의 이질을 치료하는 약을 생산한다. 그러나 그 약은 심각한 부작용을 갖고 있어 그것을 복용한 사람이 죽음에 이를 수도 있다. 이 심각한 부작용 때문에 미국에서는 판매가 되지 않는다. 여러분의 상관이 여러분에게 여러분의 회사가 있는 나라의 시장에서 이 약을 제거해야 되는지 생각을 묻게 된다. 여러분은 비록 그 약이 몇 사람의 죽음에 이르게 할 수 있지만 그 부작용으로서 수만 명의 생명을 구할 것이라는 것을 강조하기에 길동은 쉽게 그것을 이용하는 것이 더욱 낫겠다고 결정한다.

10) Michael Davis, "Thinking like an Engineer," *Philosophy and Public Affairs*, 20, no.2, Spring 1991, pp. 150-154

(6) 관용의 문화와 신뢰의 삶에 대한 헌신으로 문화규범과 법률존중

국제적 공학 전문가 정신으로 해석은 균형 잡힌 영역을 개발하여 개신하는 데 목적으로 둔다. 이해의 차이점과 유사성에 대한 공감대를 통하여 문화편견에 대한 깊은 통찰을 낳아 관용문화를 넓혀가며 문화다원주의(cultural pluralism)의 도덕전망을 확보하게 한다. 이를 통해 다른 국가의 문화규범과 법률을 존중하면서 대화하고 협력하며 개신하는 노력이 이루어지도록 한다. 무엇보다도 많은 회사들이 사업을 하고 있는 국가의 법을 인식할 필요성에 대하여 명확하게 인식하고 있다. 인간존중을 적용하여 개인의 도덕적 힘을 존중하는 것은 다른 지침, 특히 인권과 관계있는 지침들과 양립할 수 있는 한에 있어서 문화규범과 법률을 존중하는 것이다.

황금률을 적용하자면 호스트 국가의 시민으로서 외국인들이 우리 고유의 가치나 관습을 깨뜨리는 것을 원치 않을 것이다. 그러나 황금률은 우리 자신에게도 역시 적용되는데, 그래서 공학자들이 자기 자신의 양심에 위배되는 행위를 하고 싶지 않을 것이다. 예를 들어, 공학자들이 노예제도와 고문의 사용을 인가하는 문화규범을 존중하기는 어려운 일일 것이다. 어떤 경우에는 호스트 국가의 많은 사람들이 자기 전통규범을, 특히 경제개발에 방해가 될 때, 바꾸고 싶어 할 것이다. 다른 경우에는 호스트 국가의 국민들이 생활양식을 보존하고자 할 것이다.[11)]

만약 당신이 인도에 있는 철강회사를 위해 일하고 있는데 이 회사는 피고용인의 자식 중 한 명을 고용한다는 약속으로써 피고용인들에게 약간의 보상정책을 가지고 있다. 이러한 정책은 고용인의 지식이나 방계가족의 구성원들에게 직업을 제공하는 것이 전통인 국가에서는 매우 흔한 일이

11) Charles E. Harris, Jr.Michael S.Pritchard, Michael J. Rabins, *Engineering Ethics,* Concepts and Cases, Belmont; Thomson Wadsworth, 2005.p.257.

다. 그러나 당신에게 이 정책은 족벌주의이고 더 자격 있는 지원자를 고용하는 더 바람직한 정책과 충돌을 일으킨다. 당신은 어떻게 해야 하는가?

황금률의 요구와 인간존중의 윤리가 주어질 때, 그것을 거부할 합당한 이유가 없다면 호스트 국가의 관습을 준수하는 것이 더 좋다는 가정이 우선적일 수 있다. 그러나 그것을 거부할 마땅한 이유가 있는지를 결정하기 위해 종종 몇 개의 지침을 적용하는 것이 유용하다. 다음 경우를 들 수 있다.[12)]

- 이 관습은 이용 가능한 직업을 위한 동등고려가 주어지지 않는다고 할지라도, 심각한 인권 침해를 구성하는 것으로 보이지 않는다.
- 이 관습은 허용할 수 없는 온정적 가부장주의나 착취에 연루되지 않는다.
- 이 관습은 그 직업에 가장 적합한 사람이 그 직업을 갖지 못하게 될 수 있다는 사실을 제외한 고의적이거나 회피 가능한 해악에 연루되지 않는다.
- 이 관습을 따르는 것이 국가 전체의 복지를 증진시키는 것이다. 왜냐하면 이 관습을 거부하는 것은 소속된 피고용인들의 삶뿐만 아니라 충성이 되는 가족시스템을 붕괴시킬지도 모른다. 다른 한편으로는 이 관습은 최고의 사람이 그 직업을 갖는다는 보장이 없기 때문에 전반적 경제 효율성을 극대화하는 데는 도움을 주지 못할지도 모른다.
- 이 규범을 따른다면 심각하게 당신의 양심에 위배되는 일은 일어나지 않을 것이다. 이런 관점에서 이 관습이 아버지가 아들에게 유산을 허용하는 우리의 관습과 같은 특징을 가진다는 것을 유념해야 할 것이다.

---

12) Ibid.,p.258.

• 이 관습은 당신이 홈 국가나 호스트 국가의 법을 위반하지 않는다. 자질이 부족한 사람이 직업을 가지는 것을 허용하고, 몇몇 지원자에 대한 부정이 생겨날 수 있기 때문에 비록 이 관습이 경제개발에 최고로 도움을 주지는 못할지라도, 이 관습이 더 큰 가족의 충성 전통과 관계되며 우리 자신의 문화에도 다소 유사한 관습이 있다는 사실을 고려하여 균형을 맞추어야 한다. 이렇게 고려한다면 비록 국가가 그것을 제거한다면 좋겠지만 그래도 이 제도를 따르는 것에 그리 잘못된 것은 없거니와 최소한 아주 심각하게 잘못된 것은 없을 것이다.

국제상황에서 도덕적 문제들을 해결하는 데 있어 지나치게 엄격할 필요는 없다는 것을 보여준다. 족벌주의의 관습을 따르는 것이 서구 공학자들을 불편하게 만들지도 모른다. 그러나 호스트국가의 규범을 존중하는 데 황금률로부터 생겨나는 가설과 지침위반이 최소로 보인다면 이 규범을 지키는 것이 더 나을 것이다.

(7) 관용의 문화와 신뢰의 삶에 대한 헌신으로 건강과 안전보호

'호스트 국가 국민의 건강과 안전을 보호 하라' 는 명제는 모든 공학 현장에서 명시적으로 인식되는 요구이며 따라서 공학자들에게는 보편적인 지침이 되어야 만 한다. "공공은 자신의 홈 국가뿐만 아니라 호스트 국가의 국민을 포함해야만 한다. 황금률을 적용하여 만일 우리 사신을 호스트 국가의 국민의 입장에 세우려고 시도한다면, 우리는 외국 공학자나 사업가들이 우리 건강이나 안전을 위험 하게 하고 싶어 하지는 않을 것이다.

그러나 건강과 안전을 위협하는 일을 삼가야 하는 요구조건은 어떤 경우에는 매우 해석하기 어려울 수 있다. 아마도 대부분의 기술혁신은 건강과 안전에 어떤 위험을 산출한다. 모든 피할 수 있는 위험이 제거되었는지를 결정하는 한 가지 방법은, "그 상황의 위험성을 제거하기 위해 합리적으로 행해질 수 있는 것은 어떤 것인가?"를 되묻는 것이다.

(8) 관용의 문화와 신뢰의 삶에 대한 헌신으로 환경보호하기

생태계의 환경을 보호해야 할 의무를 인식해야 한다. 여러 공학협회들이 그들의 헌장에 환경에 관한 관심을 표현하는 조항들을 도입하기 시작하였으며, 궁극적으로는 모든 사회가 그런 조항들을 가지게 될 것이다.[13)]

> 철수는 X국에 있는 비료공장에 고용된 토목 공학자이다. 그의 공장은 그 나라에서 허용되는 것보다 훨씬 더 높은 수준의 아황산 오염물을 배출한다. 회사는 비료를 생산하기 위해 영양실조의 사람들로 연장근무를 하고 있다. 엄격한 기준을 부여하는 것을 생산을 급격하게 줄이게 될 것이다.

철수의 공장이 보다 엄격한 기준을 부과해야 하는지 결정하기 전에 더 많은 사실이 알려져야만 할 것이다. 그러나 공학자는 환경을 배려하는 의무를 인식해야 한다. 비록 공학자가가 환경 자체를 위한 환경 보호 의무를 인식하지 않는다 하더라도, 생태계의 환경일반은 인간복지를 향상시킨다.

(9) 평등한 권리문화와 남녀협력에 대한 헌신으로 인권침해 안하기

평등한 권리문화를 볼 때, 인권은 침해되어서는 안 된다. 많은 문화권의 사람들은 현재 생활의 최소 기준에서 고문이나 정치적인 억압으로부터의 보호에 이르기까지 모든 것을 위해서 인권에 호소하고 있다. 여러 권리들은 개개인의 도덕적 힘을 보호하도록 도와주기 때문에, 우리는 이미 여러

---

13) Ibid., p.259.

권리들이 인간존중의 윤리에 의해 정당화될 수 있음을 알고 있다. 공리주의자들은 흔히 개인의 권리를 존중하는 것이 또한 인간의 행복이나 복지를 증진시킨다고 주장한다. 사람들은 자기의 기본권이 존중받을 때 더 행복한 삶을 영위하게 된다. 1948년 UN에 의해 채택된 국제인권협정과 두 가지 문서, 즉 경제 사회와 문화적 권리에 관한 국제 협약 및 시민 및 정치적 권리에 관한 국제협약이다. 이 협약에서는 인간에게 다음과 같은 권리를 부여하고 있다.[14)]

- 삶
- 자유
- 개인의 안전
- 노예 상태에 붙잡혀 있어서는 안 됨
- 고문 받거나, 비인간적이거나 수치스런 벌의 대상이 되지 아니함
- 법 앞에서 인정받음
- 공정한 재판과 임의 체포로부터 보호
- 이동(거주 이전)의 자유
- 결혼
- 자유의사가 아닌 결혼을 하지 않음
- 재산의 소유권
- 사상의 자유
- 평화로운 집회와 공직활동에의 참가
- 사회보장과 노동
- 교육
- 노동조합의 결성과 참여

14) Ibid.,p.253.

- 비차별
- 삶의 최소 기준

이 가운데 몇 가지 권리는 '적극적 권리', 노예상태나 고문당하지 않을 권리와 같은 단순히 다른 사람들로부터 간섭을 받지 않을 권리일 뿐만 아니라 교육, 사회보장, 노동권과 같은 어떤 이익에 대한 권리를 지칭한다. 이것들은 다른 사람으로부터 간섭해서 안 되는 소극적 의무뿐만 아니라 다른 사람이 이러한 권리를 실현하도록 도우라는 적극적 의무를 함께 요구하고 있다.

반면에 우리 대부분은 이런 모든 권리들이 아주 바람직하다고 생각한다. 문제는 이것들이 단순히 가질 만한 바람직한 것이라기보다 오히려 권리로서 생각해야 하는 가에 있다. 사람은 생활의 최소 표준에 관한 권리를 가지고 있다고 말해야하는가? 이 권리들 중 어느 것이 과연 국제무대에서 일하는 직업인들이 존중해야만 하는 것들인가? 닉클(Nickel)이 제안한 요

〈표 1〉 인권훼손 주요 국가의 내용(HRW 평가)

미국	테러와의 전쟁 미명하에 포로에 대한 고문 자행 다른 나라의 모방을 부추기는 등 전세계 인권 악화 초래
영국	경제적 이유로 러시아와 사우디아라비아에서 인권 침해 무시
이라크	미군과 정부군, 저항군의 군사행동에 따른 민간인 사망 (민간인 보호에 대한 미군의 사전보호조치 부재)
파키스탄	여성과 소수 종교인에 대한 무시, 정적에 대한 자의적인 구금, 언론자유 위협
중국	세계 최고의 사형집행, 소수자에 대한 억압
인도네시아	미국의 군사원조 제한조치에도 불구하고 계속되는 군의 인권 침해
말레이시아	재판없이 구금할 수 있는 국내안전법과 긴급조치 운용
북한	기본적인 권리 제한, 북한내 활동 국제구호단체 추방
네팔	2월 쿠데타 이후 시민권 및 정치참여 부인
인도	카스트제도에 기반한 농촌지역과 기독교 개종자에 대한 폭력
스리랑카	계속되는 타밀반군의 정적 살해

소가 눈길을 끈다.[15)]

무엇보다도 권리는 매우 일반적인 중요성을 가진 것으로 보호해야 한다. 또한 권리는 본질적이고 재발의 위협을 받기 쉬운 것이어야 한다. 그리고 권리에 의해 부과된 의무나 부담은 국가의 자원, 국가가 수행해야 하는 다른 의무들과 시민들에게 그 부담을 분배하는 데에서 공정하게 할 수 있어야 한다. 만약 우리가 UN의 인권 리스트를 판단한다면, 몇 가지 권리들을 문제시할 이유를 가질지도 모른다. 어떤 국가들은 최소한의 교육과 생존에 대한 요구를 지원해줄 경제적 자원을, 이 일이 아무리 바람직하다 할지라도 가지고 있지 않을 수도 있다. 아마도 이 권리들에 대하여 국가가 그것들을 지원해줄 수 있는 한 유효하다고 말해야 한다. 권리들이 존중되든 그렇지 않든 간에 인간 존재는 어떤 권리들을 가져야 하는지에 대해 높은 정도의 합의가 있다는 것을 보여준다.

오늘날 "법 앞에 평등"설은 "법 앞에 평등에 대한 권리를 내포하는 것"으로 해석할 수 있다. 로마법의 많은 계명들은 권리에 의거해서 설명될 수 있다. 그리고 봉건시대에 영주와 봉신 간의 계약은 우리가 오늘날 쌍방의 권리와 의무로 부르는 것을 만들어냈다. 최소 교육과 삶의 최소 기준에 대한 권리들은 적극적 권리들이고 심지어는 더욱 명확하게 공동체 편에서 어떤 적극적인 권리들을 포함한다. 정치참여에 대한 권리는 이 권리의 자유로운 행사에 있어 불간섭의 소극적 의무뿐만 아니라 이러한 권리를 보장하는 공동체 편에서 적극적 의무들을 포함한다. 재산의 소유권에 대한 권리는 개인의 소유가 규범이 아닌 많은 문화들의 관점과 충돌한다. 차별 없는 대우에 대한 권리는 많은 사회에서 규정된 성 역할과 충돌을 겪는다. 정부에 참여하는 권리는 많은 사회의 비민주적인 전통과 충돌을 겪는다. 많은 다른 예들이 있다.

---

15) James W. Nickel, *Making Sense of Human Rights* (Berkeley: University of California Press, 1987), pp.108-109.

그래서 우리는 UN의 문서에 정리된 권리들은 헌장을, 특히 복지에 대한 요구를 적용하는 데 있어 중요한 지침이라고 결론내릴 수 있을 것이다. 그럼에도 불구하고 권리이론을 법, 복지 요구를 적용할 때 종종 유용한 지침을 제공하더라도 서구경향에서 완전히 자유로운 것이 되지는 아니한다.[16)]

(10) 평등한 권리문화와 남녀협력에 대한 헌신으로 합법적 기본제도 조성

민족적으로 허용될 수 있는 곳에서의 사회기본제도는 지원되어야 한다. 기본제도는 '그 사회의 법, 관습과 경제적 번영을 외해 꼭 필요한 제도'이다. 여기에는 상행위와 계약을 규제하는 법률, 소득을 제공하는 세금 시스템, 은행 시스템, 법을 효율적이고 공정하게 집행하는 법률시스템 등이 포함된다. 이러한 제도는 안정과 경제적 번영이라는 행복을 쉽게 해줌으로써 기본제도는 국민들의 복지를 향상시킨다. 따라서 그러한 향상은 전문직 공학헌장이나 공리주의에 의해 정당화된다. 대다수의 사람들이 이러한 행복을 바람직하게 생각하기 때문에 효과적인 기본제도를 키우는 것은 황금률에 의해서도 역시 정당화될 수 있다.[17)]

세금은 국가의 수입원이기 때문에 어느 나라에서든 세금 징수 방법은 어느 사회나 기본제도의 일부분이다. 그러나 많은 나라에서 세금 징수 방법은 도덕적 딜레마를 만들어 낼 때가 있다. 다음의 경우를 생각해보자.

> 민수는 X국의 미국회사에서 일하는데, 거기서는 회사들이 실제 수입의 절반 정도만 신고한다고 믿기 때문에 정부가 세금을 터무니없이 높게 부과하는 것이 관례이다. 만약 회사가 실제 수입을 그대로 보고한다면 그러한 세율은 사업을 계속할 수가 없도록 강요하는 것이 된다.

---

16) Charles E. Harris, Jr.Michael S.Pritchard, Michael J. Rabins, *Engineering Ethics, Concepts and Cases*, Belmont; Thomson Wadsworth, 2005. p.256.

17) Ibid., p.260

민수회사도 현지관행에 맞추어 실제수입을 줄여서 신고하기를 채택했으나, 민수는 이 행위가 과연 윤리적으로 용납될 수 있는 것인지 의문이었다.

민수의 회사가 X국 정부에 실제 수업을 줄여서 신고한 것은 그 행위가 회사 자체의 윤리 헌장을 위반하지 않고 또한 미국 정부에는 줄여서 신고하지 않은 한 그 행위는 도덕적으로 용납될 수 있는 것이라는 강력한 주장이 제기될 수 있다. 그 행위는 어떤 문화초월의 규범도 위반하지 않았다. 그 행위는 비록 미국에서는 용납되지 않지만 X국 에서는 일반화된 관례에 부합되는 것이다. 더구나 그 관례는 비록 세금을 징수하는 데 가장 바람직한 형태는 아니지만 비효율적일 뿐만 아니라 부정직과 속임수를 조장하는 것이므로, X국의 본질적인 기본제도에 재정을 지원할 세원을 제공하는 제도가 요청된다고 할 것이다.

(11) 체계이론 접근으로 비례하는 책임의식 자각

체계이론 접근으로, 존 리드John Reeder)는 '관점변형(transformation of view)' 을 통하여 '미래세대에는 규범가치체계가 다시 새로운 의미를 지닐 때가 도래할 것' 이라고 역설하였다.[18] 다양한 문화전통의 소통을 위한 윤리상대주의 관점에서도 벗어나서 서로 다른 신념체계를 국제규범으로 흡수함에 있어서는 선택입장이 아니라 보완적이며 문화초월 규범 체계이론의 태도가 요청된다. 문화초월의 규범의 체계이론 접근이 어려운 때가 자주 있다. 적어도 특정한 도덕적 딜레마에 그것들을 적용하는 자동적이고

18) Yearley, Lee H. "Education and the Intellectual Virtues." In *Beyond Classics? Essays in Religious Studies and Liberal Education*, edited by Frank E. Reynolds and Sheryl L. Burkhalter, Atlanta: Scholars Press. 1990. pp.89-92

쉬운 길은 없다. 여기에 체계이론의 접근이 실질적으로 요청된다고 할 것이다.

공학자들은 그들의 회사의 결정에 개인적 그리고 전문직 책임을 단지 합당한 정도로만 져야 한다. 공학자들이 스스로 거의 혹은 전혀 통제할 수 없는 결정에 대해서 책임질 필요는 없다. 공학자들은 공학자이지 경영자가 아니며 그들은 경영적 결정에 충분한 책임을 질 필요가 없다. 예를 들면 공학자들은 보통 공장이 어디에 위치해야 하는지, 어떤 제품을 만들지, 지방 정부와 어떻게 상호 작용하는지, 만약 그 지역 법에 의해 요구되지 않는다 하더라도 새로운 오염 통제 장비를 설치할 것인지, 피고용인을 위해 회사숙소를 제공할지, 지역 자선 기업에 기부를 할 것인지 등을 결정하지 않는다. 그들의 책임은 그들이 영향을 미칠 수 있는 것의 범위를 넘어서는 안 된다.

다른 한편으로 공학자들은 종종 이런 영역에 있어 충고를 해주도록 요구받을지도 모르거나 의견을 표현할 기회를 가질지도 모른다. 몇몇 예에서 그들은 호스트 국가에서의 회사의 정책과 관습들이 너무 도덕적으로 문제가 있다고 생각해서 그들을 수행하는 것을 거절해야 하거나, 회사의 국제적인 운영의 부분이 되는 것을 거절하거나 심지어는 회사를 사임해야 할지도 모른다. 더욱이 공학자들은 설계와 생산 기술 수행에 책임지고 있다. 그들은 전문직의 우수성의 기준과 일치해서 또 호스트 국가의 필요에 책임감 있게 기술을 설계할 책임을 가진다. 예를 들어 만약 호스트 국가에서의 농업이 대부분 여성이 주도권을 행한다는 것을 알게 되면 공학자는 여성이 생각하는 요구에 따라서 설계해야 한다.

(12) 체계이론 접근으로 방종주의와 엄격주의 피하기

공학자는 체계이론 접근에서 두 가지 극단을 피해야 한다. 도덕적 방종주의와 도덕적 엄격주의가 그것이다. 국제적인 영역에서 여러 가지 상황들은 이상적인 해결책을 쉽게 따르지 않는다. 그러한 상황에서는 두 가지 방법 중 하나를 사용하도록 유혹하지만 양쪽 모두 도덕적인 관점에서는 불만족스럽다.

한 가지 반응은 도덕적으로 느슨하고 심지어는 냉소적일 수 있다. 이것은 도덕적 방종주의로 알려진 윤리사고의 입장과 유사하다. 우리가 이 입장을 해석해 보자면, 한 도덕입장이 엄격하고 분명하게 상황에 적용되지 않을 때, 이 도덕적 방종주의자들은 그 행위가 전통 도덕성으로부터 얼마나 떠나 있는지에 상관하지 않고 우리가 원하는 것을 할 수 있다고 말한다. 여기서의 논증은 "이 상황에서 나에게 이상적인 도덕적 방법으로 행동하도록 허용하는 어떤 선택 가능성이 없기 때문에, 나는 간단히 나의 도덕적 숙고는 포기하고 나 자신의 이익 혹은 내 회사의 이익과 가장 양립할 수 있는 방식으로 행동할 것이다"라는 것이다. 이 선택은 윤리적이고 전문직업적인 숙고를 거절하는 것과 관련되며, 어떤 경우에서는 공학자가 불법적 선택을 포용하도록 이끌지도 모른다.

다른 반응은 옳은 것을 한다는 것과 관련되어서, 지나치게 도덕적으로 될 수 있어 도덕적 엄격주의를 채택할 수도 있다. 도덕적 엄격주의자는 도덕적 원칙은 모든 상황에서 어떤 환경에서든지 엄격하게 적용되어야 한다고 주장한다. 도덕적 엄격주의자는 비록 주어진 행위과정이 이상적이지 않을지라도 그것은 그 상황에서 사람이 할 수 있는 최선이 될 수 있는 사실로 받아들이려고 하지 않는다. 예를 들면 비록 우리가 온정적 가부장주의적인 행위가 바람직하지는 않더라도 불가피한 것일 수 있다. 심지어 어느 정도의 착취에 연루되는 행동에 참가하는 것조차 모든 것을 고려할 때 최선의 행위과정일 수도 있다. 다른 예를 들자면, 사회적 경제여건들이 환경에 손상을 주지 않고는 호스트 국가에서 공장이 가동될 수 없을 정도라고 가상해보자. 공장을 잃게 되는 호스트 국가에 미치는 영향을 포함해서 모든 것을 고려해 볼 때 공장을 건설하고 가동하는 것은 정당화될 수 있다.

(13) 체계이론 접근으로 경쟁적 현지관습에서 선택하기

간혹 홈 문화와 호스트 문화 양쪽의 관습이 문화초월 규범에서 테스트하면 똑같이 좋은 경우가 있다. 그때 우리는 어느 관습을 채택할지 결정해야 한다. 우리들 대부분은 에티켓, 의상, 감정을 토로하는 정도, 인사하는 형식과 같은 그런 관습은 똑같이 정당하다고 인식하고 있다. 이것은 때때로 분명히 '도덕적' 차원을 가지고 있다고 인식하고 있는 관습에도 해당된다. 친척의 구성원들을 고용해 달라는 요구에 관계된 사례를 다시 생각해 보자. X국은 비록 친척 가족의 구성원들이 다른 사족 구성원들의 경제적 복지를 보살펴야 하는 의무를 수반하여 친척을 인정하는 문화를 가지고 있다.

그러므로 가족 중 한사람이 새로운 공장에 취직하면 그는 다른 식구들도 취직할 수 있게 돕도록 기대된다. 이것은 핵가족으로서 더 이상 관계가 없는 가족 구성원의 경제적 복지에 대해 훨씬 더 약한 의무감을 지는 서구 관습과는 많이 다르다. 비록 처음에는 X국의 관습을 연고주의라 하여 비난하는 경향이 있었다 할지라도, 그것이 도덕적으로 정당한 사회제도, 즉 친척의 일부이기 때문에 우리는 그것을 정당한 것으로 인정하게 될 것이다. 우리는 친척제도를 정당한 것으로 인정하고 적어도 그것이 경제적인 효율성에 심각하게 손실을 입히지 않는 한에 있어서 그것에 적응하기를 원할 수 있다.

두 가지 현지 관습이 충동할 때에는 추정해 보면 호스트 국가의 관습을 택하는데 찬성해야 한다. 여기에는 몇 가지 이유가 있다. 첫째, 호스트 국가의 표준을 채택하면 보통 그 나라에서 더 쉽게 받아들여진다. 만일 공학자가 돈을 벌려고 하는 벤처 기업의 일원이라면, 관계자들이 호스트 국가 주민들에게 동의를 얻는다면 그 벤처는 호스트 국가에서 성공할 가능성이 매우 높으며, 판매 대리인들이 호스트 국가의 표준을 채택한다면 쉽게 판매하게 된다. 둘째, 현지 관습과 규범을 수용하는 것이 현지 문화를 존중하는 하나의 방식이다. 셋째, 호스트 국가의 규범과 생활방식을 채택하면 그 나라 사람들과의 의사소통이 더욱 효과적이다.

개신의 중도 길이 호스트 국가의 관습과 홈 국가의 관습 사이의 갈등을 해결하는 길을 제공하게 된다. 피고용인의 친척 구성원을 채용해 달라는 요청에 관련된 경우에 회사는 친척 중 한 명, 오직 한 명에 한하여만 채용하는 정책을 세울 수도 있다. 이것은 현지 관습을 인정하는 한 방법이 될 것이며, 동시에 그렇지 않았으면 소홀히 했을 경우에도, 그 일에 가장 적합한 사람을 고용할 필요와 그 일에 지원할 다른 사람들에게 공정해야 할 필요를 같은 체계로 보고하게 된다.

(14) 체계이론 접근으로 문화초월규범의 체계화

현지 규범이 문화초월 규범과 갈등을 일으킬 때는 보통은 문화초월 규범이 우세하지만, 여기서 조차도 여러 가지 일이 항상 그렇게 단순하기만 한 것은 아니다. 실제로 세계에서 문화초월 규범이 항상 우세한 것은 아니다. 사실 그것이 항상 우세해야 한다고 주장한다면 그것은 도덕적 엄격주의일 것이다. 여기서 문제를 복잡하세 만드는 원인은 문화초월 규범은 때때로 위반하지 않거나 전적으로 파기되지도 않으며, 단순히 침해될 수 있어 부분적으로 어기거나 일탈방식도 제한적일 수가 있다는 것이다.

예를 들면, 거주이전의 자유권은 전적으로 박탈되지 않고 부분적으로 제한될 수 있다. 또는 안전이 심각하게 위반된 것은 아니고 단지 어느 정도 손상을 입을 수가 있다. 문화초월 규범은 비교적 적게 침해받을 뿐이고, 현지 규범이 심각하게 위반될 때에는 무엇을 해야 할지가 분명하지는 않다. 어떤 장소에 공장을 짓는 것이 환경에는 해를 덜 주지만, 그 장소는 조상들이 묻혀있는 땅이다. 여기서는 경외심을 가지고 돌아가신 분들을 대하는 현지관습이 환경보호를 요구하는 문화초월 규범과 충돌할 수 있다. 현지 관습을 존중하기 위하여 환경에 관한 문화초월규범을 양보하더라도 체계이론 접근으로 체계화를 이루는 것이 요청된다.

체계이론 접근으로 문화초월 규범의 충돌조정

문화초월 규범들 간에 서로 갈등이 생길 수 있다. 한 공장은 X국에 매우 필요한 식량 공급을 증가시킴으로써 X국 복지에 공헌하는 비료를 생산할 수 있지만, 또한 그 공장은 환경을 오염시킬 수도 있다. 오염을 제거하는 것은 비료의 가격을 올리는 결과를 초래할 수 있어, 비료를 대부분의 X국 농부들이 접근할 수 없는 위치에 두게 된다. 즉, 건강과 환경에 관련된 문화초월규범이 충돌을 겪게 된다. 체계이론 접근으로 시스템을 구축하기 위해서는 충돌상황을 조정할 수 있는 매개적 접근이 요청된다. 어떤 회사가 생명을 위협하는 형태의 이질 치료약을 생산하고 있는데, 이 약은 그 자체로 극히 드물게 사망 또는 실명을 야기할 수 있다. 더 안전한 약이 있지만 대부분의 X국 사람들은 그것을 사용할 만큼 여유가 없다. 여기서는 동일한 행위가 건강과 안전과 관계있는 문화초월규범을 따르는 것과 위반하는 것의 역설관계에 대한 체계화가 요청된다고 할 것이다.

3. 공직부패와 부패척결

(1) 공직부패의 원인

공직부패를 유발하는 원인으로는 부패행위를 다루는 법령과 제도 등 반부패정책이 제대로 갖추어져 있지 않은 현실에서 찾을 수 있다. 우리나라에는 부패관련자를 처벌할 수 있는 법률들은 많이 있다. 청렴의무를 규정한 국가공무원법과 지방공무원법, 수뢰 및 사전수뢰, 제3자 뇌물제공, 수뢰 후 부정처사 및 사후수뢰, 알선수뢰, 뇌물공여 등 공무원의 직무에 관한 죄를 명시한 형법, 뇌물죄의 가중처벌, 알선수재 등을 규정한 특정범죄가중처벌등에 관한 법률, 중재, 알선수재, 금융알선, 저축관련 부당행위의 죄 등을 명시한 특정경제범죄가중처벌등에 관한 법률 등이 그것이다.

이러한 법률들의 부패방지효과에 관한 체계적 평가가 없는 상태에서 이들 법률들이 부패를 방지하는데 효과적이었는지의 여부를 단정할 수 없다. 그러나 우리는 부패행위라고 추정되는 어떤 부당한 사건이 발생하였는데도 그것을 규제할 법적 근거가 없어 어쩔 수 없다는 보도를 듣곤 한다. 이는 곧 법률들이 우리나라에서 발생하고 있는 부패행위들을 다루는데 효과적이지 못한 측면을 내포하고 있다는 점을 반증하는 것이다.

공직부패 원인 중 또 하나는 부패통제의 정부기관들이 기능을 발휘하지 못하고 있는 데서 찾을 수 있다. 우리나라에는 부패문제를 다룰 사정기관들이 존재한다. 검찰과 경찰, 국세청, 국무총리행정조정실, 감사원과 그의 자문기관인 부정방지대책위원회, 정부에 설치되어 있는 자체 감사기구, 금융감독위원회 등은 모두 정부부문과 민간부문에서 일어나는 부패행위를 처리할 권한을 가지고 있다. 이들 사정기관들의 기능발휘를 제약하는 주요요소는 이들 기관들이 그 업무수행에 있어 독립성을 확보하지 못하고 있다는 점을 지적할 수 있을 것이다.

아무리 좋은 법과 강력한 집행기구를 가지고 있다고 해도 그 기구가 법을 공정하고 일관성 있게 집행하지 않는다면 법의 실효성을 기대하기는 어렵다. 법이 실효성을 상실하면 이미 법으로서의 존재의의를 상실한다. 부패를 통제하려면 본래 설립취지를 달성되지 못하게 된 원인을 분석하여 부패를 미연에 방지하는 효과를 가져 올 수 있다. 과도한 정부규제 또한 부패의 원인으로 작용한다. 과도한 규제는 저개발 행정체계에서 보편적으로 관찰되는 형식주의의 소산이다. 국민이 따를 수 없는 많고 복잡한 규정들을 만들어 놓고, 그 집행은 일관성 없이 집행공무원의 편의에 따라 이루어진다. 집행공무원이 집행하고 싶은 시간, 적용하고 싶은 대상에 선별적으로 적용되는 것이다. 규제대상이 되어 단속된 사람은 자신의 잘못을 인정하기보다 누구나 단속될 수 있는 것인데 자신만이 운이 나빠 단속대상이 된 것으로 불평한다.

우리 사회에서 여전히 부패가 줄어드는 기미를 보이지 않는 것은 근본적으로 국민들의 가치관 혼란, 즉 인생을 올바르게 산다는 것의 의미에 대한 정확한 인식의 결여에 또한 그 원인이 있는 것으로 보인다. 과거잘못과 그 잘못을 저지른 중심인물들에 대한 평가와 정리가 미흡한 것에도 그 원인을 찾을 수 있다.

부패는 자신의 소비수준을 자신보다 상대적으로 부유한 주위 사람들의 소비수준에 맞추려는 욕구에 의하여도 유발되는 것이다. 주위 사람들에는 자신과 같은 지역에 사는 사람들이라든지, 자신의 친구, 친척, 동기동창생, 직장동료 등을 포함한다. 그리고 부패의 유혹에 빠지도록 충동하는 역할은 대체로 공직자의 배우자이다. 공직자의 배우자가 뇌물을 받으라고 말하지는 않더라도, 주위의 부유한 사람들이 특히 최근에 사들인 값비싼 물건들을 자신들은 소유할 수 없는지를 불평할 것이다. 이는 부패에 들 수 있는 유혹의 효과를 나타낼 것이다.

1977년 미국의회는 특히 정부 관리가 뇌물수수를 금지하는 해외부패방지법을 통과시켰다. 전형적으로 뇌물은 공적 의무나 책임을 위반한 것에 대한 맞바꾸기로 정부 관리에게 바쳐진다. 예를 들면 뇌물지급은 어떤 관리가 물품을 그 물건의 장점을 근거로 구매하는 결정을 하지 않는 결과에 이르게 될 수 있다. 여기에 뇌물의 전형적 사례가 있다.[19)]

> A회사의 한 임원은 25대의 비행기를 X국의 국가 항공사에 팔기를 희망한다. 거래는 X국 교통부 장관의 승인을 요구한다. 그 임원은 정직하기로 명성이 높은 그 관리가 다른 곳에서 더 나은 조건의 거래를 할 수 있다는 점과, 그 관리 역시 개인적으로 금전적인 어려움을 겪고 있다는 사실을 알고 있다. 그래서 임원은 관리에게 A회사의 비행기 구매를 승인하도록 300,000달러를 제공하였다. 그 관리는 뇌물을 받아들이고 비행기들을 구매하라고 지시한다.

뇌물은 어떤 사람의 소속기관, 지위, 역할과 양립하지 못하는 특별한 배려를 제공하는 대가로 다른 사람에게 지불된다. 뇌물은 어떤 형태의 행위에 태한 어떤 형태의 맞교환이 있어야 한다는 합의를 전제하고 있음을 명심해야 한다. 만약 이런 합의가 없다면, 선물 또는 포상에서 뇌물을 구별해 내는 것은 쉽지 않다. 뇌물은 주거나 받는 것이 전문직 현장에 금지되어 있으며 충분한 사유가 있다.

1. 어떤 공학자가 뇌물을 받는다면, 그 자신의 진문 직업판단을 부패시키기 좋고 공학 전문직의 명성을 더럽히는 상황을 만들게 된다.
2. 만약 공학자가 뇌물을 제공한다면, 결국 발각되어 전문직업적 판단을 부패시키고 공공복지를 증진시킬 의무를 위반하는 행위에 관여할 것이다.

19) Charles E. Harris, Jr.Michael S.Pritchard, Michael J. Rabins, *Engineering Ethics, Concepts and Cases,* Belmont; Thomson Wadsworth, 2005. pp.263-7.

3. 뇌물수수는 뇌물을 받은 사람을 유혹해서 그의 고객이나 고용주의 이익을 위한 의무를 위반하여 부도덕한 행동을 하게 만든다. 예를 들면 뇌물은 시민의 최고의 관심사를 위한 의무를 어기도록 정부 관리를 유혹할 수 있다.
4. 뇌물수수는 최선이 아닌 가격으로 물품을 사도록 유혹하여, 시장의 효율성의 기초를 붕괴시킬 수 있다.
5. 뇌물수수는 경쟁자보다 불공평한 이익을 줄 수 있으며, 이로써 정의와 공정한 게임의 기준을 위반한다.

반 뇌물 윤리가 점차적으로 많이 법에 구현되고 있다. 심지어 뇌물과 유사한 기부행위조차도 점차적으로 많은 혐의를 받고 있다. 비록 뇌물과 노예제도 사이에 근본적으로는 많은 차이점들이 있지만 노예제도는 한 때 받아들여졌다가 지금은 보편적으로 비난받는 것처럼, 뇌물수수를 비록 보편적으로 비난받지 않는다 하더라도 점점 더 많이 도덕적으로 수용될 수 없는 것이 되고 있다.

(2) 공직부패의 갈취

뇌물수수처럼 보이는 많은 경우가 실제로는 갈취의 경우일 수 있다. 같은 임원이 그 국가의 항공사를 위한 구매를 인증하는 권리를 가진 X국의 관리에게 그가 비행기에 대한 최고의 계약을 제한하고 있다는 것을 안다고 가정해 보자. 그러나 그 임원은 그 관리가 만약 그가 관리에게 큰 현금 지불을 하지 않는다면 그들과 계약을 하지 않을 것이라는 것을 알고 있다. 임원은 관리에게 금전 지불을 제공하고 그 관리는 비행기의 구입을 승인한다. 이것은 뇌물수수라기보다는 갈취이다.

'갈취(extortion)는 갈취 자가 아무런 우선권을 갖지 못한 이익을 얻기 위해 해로움을 가지고 누군가를 위협하는 행동이다.'[20]라고 하는 데, 이 정의는 부적절하다. 왜냐하면 정의에 들어가지 않는 몇몇 행동들도 여전히 갈취이기 때문이다. 예를 들면 나에게 큰 금액의 돈을 지불하지 않으면 정부 관리의 업무상 비행을 드러내겠다고 한다면 이는 갈취에 속한다. 그러나 우리는 갈취에 대해 완벽하게 적합한 정의를 하는 것이 불가능하며 이 정의는 충분한 갈취의 조건을 부여한다.

사람이 지불하는 것이 뇌물인지 갈취인지 아는 것은 어려운 일이다. 상품의 선적을 인증하는 지불을 요구하는 한 검사관은 그 상품이 기분에 맞지 않다고 이의를 제기할 지도 모른다. 그가 거짓말을 하고 있는지를 아는 것은 어려우며 알아내려면 비용도 많이 든다. 이 경우에 회사는 그것이 뇌물인지 갈취인지 알 것 없이 지불하는 것을 결정할 수 있다. 회사가 진실이 찾아내려는 노력을 하지 않는 것도 무책임한 일이다.

1966년과 1970년 사이에 걸프 석유 회사는 400만 달러를 한국 여당인 민주공화당에 지불했다. 걸프 사는 한국에서 지속적으로 번창하는 것은 이 지불에 달려있다고 믿게 되었다. 어떤 비판가들은 록히드사가 한국 관리에게 지불한 것이 뇌물 제공이라기보다는 갈취였을 것이라고 믿는다. 만약 이러한 지불이 보잉사보다 록히드사에게 특별한 이익을 주었다면 그것은 뇌물이었다. 만약 한국 관리들이 록히드사가 거절했을 경우 다른 두 회사의 어느 한쪽으로부터 돈을 요구하고 받았더라면 그 지불은 갈취로 분류될 수 있다. 뇌물수수에 대한 다섯 가지 고려논거가 보여주듯이 갈취라는 입장은 뇌물을 주고받는 것의 입장과 다르다.[21]

---

20) John T. Noonan, Bribery (New York: Macmillan, 1984), p.73.

21) Charles E. Harris, Jr.Michael S.Pritchard, Michael J. Rabins, *Engineering Ethics, Concepts and Cases,* Belmont; Thomson Wadsworth, 2005. p.265.

1. 갈취 지불은 보통 전문 직업 판단을 부패시키지 않는다.
2. 갈취 지불이 개인의 직업적 명성을 더럽힌다 할지라도 그것은 뇌물지불만큼 큰 일이 아닐 것이다.
3. 갈취 지불은 질이 떨어지는 제품을 선택함으로써 고용주나 고객의 최고의 이익에 반하는 행동을 야기하지는 않겠지만, 고객이나 고용주의 돈을 사용하는 데는 연루된다.
4. 갈취 지불은 저질 불량 제품이나 더 비싼 제품들 선택하여 시장의 효율성의 기초를 손상하지는 않는다. 그것은 자금 효율성을 해치게 된다.
5. 갈취 지불은 갈취를 지불하지 않거나 할 수 없는 경우를 제외하고는 다른 사람보다 불공정 이익을 부여하지는 않을 것이다. 그러나 갈취 지불의 가장 큰 문제점은 일종의 준절도 행위를 저지른다는 것이다.

(3) 공직부패의 접대비

접대비는 세관을 통해 상품의 통과를 재촉하는 것과 같은 관료의 관례적 결정들을 쉽게 하려고 제공된다. 그들은 다른 사람들도 역시 지불을 한다고 가정하기 때문에 한 사람에게 다른 사람보다 불공정한 이익을 주지는 않는다. 그들은 종종 정부에 의해 암묵적으로 용인된다. 뇌물수수와는 달리 접대비는 누군가에게 그들의 임무를 위반하게 만들지는 않는다. 그들은 사소한 형태의 갈취이거나 혹은 아마도 서비스를 위한 요금이 될 뿐이다. 예를 들면 많은 국가에서 세관 공무원들은 적절한 봉급을 받지 못하고 있으며, 정부는 웨이터들이 팁을 받아서 봉급을 보충하는 것으로 고용주가 추정하듯이 그렇게 그들이 접대비를 받아 봉급을 보충하고 있다고 추정할 수도 있다. 그러나 접대비는 제거되고 더 적합한 봉급의 형태로 관리자들에게 전달될 수 있는 더 높은 요금으로 대체되는 것이 더 좋을 것이다. 이런 방식으로 지불하는 것이 비밀이 되어서는 안 될 것이다.

더욱이 접대비로부터 다른 사람들보다 특별한 배려를 얻기 위해 의도된 지급으로 이끄는 미끄러운 경사길이 있다. 이전에 지적된 것처럼 때때로 접대비는 세관을 통해 질이 좋지 못한 제품의 통과를 허용할 수도 있고 그래서 어떤 사람에게 접대비를 내지 않는 사람들보다 이익을 줄 수도 있다. 일선에 한 사람을 두고 6개월이 아니라 3주 만에 전화서비스를 얻기 위해서나 정부 관료를 통해 처리되는 허가를 얻기 위해 지불하는 것은 어떤 사람에게 다른 사람들보다 혜택을 준다.

(4) 공직부패의 선물

어떤 문화권에서는 선물교환은 인간관계를 돈독히 하는 한 방법이다. 순서상 사업상의 관계는 개인적 관계를 바탕으로 형성된다. 더욱이 어떤 문화권에서는 공적인 권한에서 업무를 행하는 때에도 "친구"에 대한 편파성을 보이도록 기대된다. 많은 사회들이 서구적 업무처리의 비인격적 본질을-우정과 가족 유대와 분절되기 때문에-부자연스럽고 심지어는 무례하다고까지 생각한다. 가끔은 이러한 지출은 비록 법이 실행되지는 않지만 여전히 그 나라에서 불법일 수 있다. 이 딜레마에 대한 해답은 제프리 패디먼은 개인에게보다는 오히려 그 단체에게 선물하는 것이라고 제안한다.[22)]

문화초월 규범은 물론 현지 규범보다 추정적인 우선권을 갖지만, 그것들을 적용하는 것은 그리 단순한 문제가 아니다. 이것은 모든 윤리적 원칙의 적용처럼 규범적용은 세분화와 균형이라는 두 가지 절차 중 하나 또는 모두에 관련된다. 세분화는 일반적인 규범을 일련의 특정한 조건에 적합하게 해준다. 세분화의 예는 미국 이외의 나라에서 선물 주기 정책에 관한

22) J. A. Fadiman, "A Traveler's Guide to Gifts and Bribes," Harvard Business Review, July-Aug. 1986, pp. 122-126.

텍사스 인스트루먼트사의 진술에서 발견된다.[23)]

> 텍사스 인스트루먼트는 보통 선물 주고받기를 지배하는 데에는 매우 보수적인 규칙을 따른다. 그러나 우리가 미국에서 과도한 선물이라고 생각하는 것이 세계의 다른 지역에서 현지 관습이 지배하는 것과 다를 수 있다. 우리는 보통 미국 달러화 기준으로 선물의 상한선을 정하지만 이는 국제적으로 사업할 때는 비실제적이다. 대신에 사업을 얻으려고 부장한 압력을 행사하거나 대가있는 보상을 암시하는 식으로 선물주기가 사용되어서는 안 된다는 지시를 따르도록 강조한다.

미국에서는 '과도한' 선물이 세계의 다른 부분에서는 과도하지 않을 수 있고 그러므로 뇌물과 선물에 관한 규범은 주어진 사회에서 문화적 조건에 적합하도록 채택되고 구체화되어야 한다. 이 과정은 세 단계를 포함한다. ① 주어진 문화권에서 선물 주기 관행을 조사하고, ② 선물 주고받기를 다스리는 원래의 규범의 목적을 살펴보고, ③ 이상의 두 가지 경우를 적절히 고려한 국제규범을 제안한다. 우리는 이 세 가지 단계의 각각이 어떻게 실제로 X국의 선물주기 문제에 적용될 것인지 검토할 수 있다.

1. X국의 수많은 사람들이 우정과 존중의 표시로 상당히 큰 선물을 일상적으로 주고 받는다고 가정해보자. 일상적으로 선물을 주고받기 때문에 이것은 특별한 혜택을 의미하지 않는다. 이런 수준의 선물을 '정상적인' 것으로 부르고 이것은 특별한 혜택을 일으키는 데 필요한 더 큰 선물과 구별할 수 있다.
2. '지나친' 선물을 금지하는 규범의 의도는 아첨하여 일종의 불공정 경쟁을 유발하는 선물 주기를 막자는 것이다. 그러나 홈 국가에서 '과

---

23) Charles E. Harris, Jr.Michael S.Pritchard, Michael J. Rabins, *Engineering Ethics, Concepts and Cases,* Belmont; Thomson Wadsworth, 2005. p.266-7.

도한' 선물이 X국에서는 '정상적인' 선물로 간주되며 또 그것은 특별한 아첨도 아니다. 따라서 X국에서는 그 나라의 기분에 따라 '정상적인' 선물 주기는 '과도한' 선물을 금지하는 규범의 목적을 위반한 것이 아니다.

3. 그러므로 X국의 기준에 의하려 '정상적인' 선물을 주는 것은 이 용어가 의도하는 의미로서는 '과도한' 선물이 아닐 것이다. 이 예는 세분화의 방법이 다른 문화권이나 환경에서 어떻게 규범의 원래 의도를 보존하도록 사용될 수 있는가를 보여준다. 모든 문화초월 규범은 특별한 여건에 그것을 적용할 때 이 사례와 비슷한 방법으로 세분화될 수 있다.

(5) 부패척결과 의식각성

부패척결의 의지는 부패의 누적을 제거하려는 자각의식에서 그 돌파구를 찾을 수 있다. 역사적으로 중국에 건너온 보리달마는 9년의 침묵 속에서 자각의식을 언표하기를 거부했다. 2조 혜가와의 문답에서 문제를 만들어낸 화두참구에서 문제 해결의 열쇠를 보여주고 있다. 공직부패의 문제는 우리의 분별망상에 의해 이원적 착각구조를 제기한다. 달마는 이러한 착각구조의 실체를 투시하고 안심을 체득하게 된다는 자각의식의 선을 제시했다. 그것은 바로 부패를 초월하고, 환경집착을 버리며 진리세계에 사는 자각의식으로 돈오의 자각원리를 낳았다.

그런데 돈오점수의 '돈오' 와 돈오돈수의 '돈오' 는 그 차원이 다른 것으로 이해된다. 돈오점수의 돈오는 해오(解悟)[24]이며 돈오돈수의 돈오는 증오라고 한다.[25] 돈오점수는 흔히 해오점수라고 비판된다.[26] 이에 따라 '해

24) 普照思想研究院 편,『普照全書』(서울:불일출판사,1989),p.123, '頓悟漸修 此約解悟'

25) 退翁性徹,『禪門正路』(장경각, 1993), pp.28~29 참조.

오+점수=증오(證悟)' 라고 풀이할 수 있다.

이처럼 돈오점수의 돈오가 궁극적 깨달음이 아닌 반면, 돈오돈수의 깨달음은 궁극적 깨달음(究竟覺)이라고 한다. 따라서 궁극적이지 못한 돈오점수의 돈오는 진정한 깨달음이 아니며, 돈오돈수만이 진정한 깨달음으로 간주되어 정통선의 맥락에서 돈오점수를 비판하게 되었다.

정통법맥을 주장하는 선문정로평선(『禪門正路評釋』)에서는 궁극적 깨달음은 유식에서 설하는 제8아뢰야식의 활동인 미세망념(微細妄念)이 단진(斷盡)된 경계라고 한다.[27] 이처럼 돈오돈수는 깨달음과 닦음을 동시에 완성하는 것으로 이해할 수 있는데, 깨달음을 얻기까지 수행은 지속될 필요가 있다. 유식의 단계에서는 왜 유아(有我)에 집착하게 되는지 그 원인을 아뢰야식(阿賴耶識)과 말나식의 도입으로 해명하고 있다. 이때의 말나식은 폭포와 같이 흐르는 아뢰야식을 자기의식이라고 착각하여 윤회에서 벗어날 수 없기에, 자신에 대한 집착심의 근본적인 의식이 된다. 유식은 제8아뢰야식의 단진을 성불로 규정하고 3 아승지겁의 수행을 요하지만 선에서는 한 생애 동안의 성불가능성을 말한다.

그것은 방법론에 있어서 화두에 의한 참구와 이에 따른 의식전환을 근간으로 삼고 있기 때문이다. 화두는 육조이후 임제가풍에서 강조되며 궁극은 삼매의 경지이다.[28] 이러한 깨달음의 구조는 의식전환의 양태적 해명과 화두자체에 대한 구조적 이해로 파악될 수 있다.[29] 먼저 의식전환의

---

26) 같은 책, pp.158-160. 圭峰이나 普照또한 頓悟漸修의 頓悟를 解悟라고 하지만 『禪門正路』와 다른 해석을 취한다. 성철선사는 화엄에서 설하는 '처음 발심이 깨달음' 이라는 방편설은 바로 無心하여 頓證佛地하는 禪門宗旨와 어긋나며 중생교화를 위한 敎家的 입장임을 천명하고 있다. 이에 따라 見性은 究竟覺이므로, 十信初位를 근간으로 하는 解悟인 頓悟와 현격하게 구별되고 있다.

27) 退翁性徹, 『禪門正路評釋』,(藏經閣 1993), pp.45-46. '三細中業相 十地終心金剛喩定都盡' 보살 8지는 여섯 거친 번뇌가 없고, 부처지위는 세 미세번뇌가 없다.

28) 화두는 불가의 수행자가 깨달음을 얻기 위해 참구(參究)하는 문제. 선종(禪宗)에서는 고칙(古則) · 공안(公案)이라고도 한다. 공안은 조사(祖師)들이 정한 설(說) · 언구(言句) · 4문답 등 불조(佛祖)와 인연된 종강(宗綱)을 수록하여 공안이라 하고, 선(禪)의 과제로 삼아 인연화두(因緣話頭)라고 한다. 간화선(看話禪)은 이 화두를 참구하여 오경(悟境)에 이르는 참선법이다.

양태적 해명에 있어서는 깨달음 이전의 번뇌망상이 의식세계를 점유하되 깨달음에 의해 번뇌망상이 제거되는 현상에 주목할 필요가 있다. 현수기신론별기(『賢首 起信論別記』)에 의하면 번뇌망상을 두 가지 양태로 나누고 있다. '근본 무명이 진여본성을 움직여 세가지 미세한 망상을 이루니 '아뢰야' 라고 한다. 그리고 여러 가지 경계를 반연하여 망식의 업해(業海)를 움직여 여섯 가지 번뇌를 다시 일으키니 이를 의식이라고 한다.' [30]

이처럼 번뇌 망상에는 분별이 없는 '세 가지 미세한 것' 과 분별이 있는 '여섯 가지 거친 것' 이 있어서 팔만사천의 한없는 번뇌를 파생하는 것으로 파악된다. 이로써 우리는 세 가지 미세한 번뇌와 여섯 가지 거친 번뇌가 생멸의 상대적 세계를 형성함을 보게 된다.[31]『현수 기신론별기』에는 '모든 생명체 가운데 칠지이하의 중생은 여섯 가지 거친 번뇌 속에 있고, 팔지 이상의 자재보살은 미세한 번뇌 가운데 있다.' 고 주장한다.

깨침을 증득하기 위해서는 이러한 두 가지 종류의 번뇌를 제거하여야 된다고 할 것이다. 만약 여섯 가지 거친 번뇌만 제거하고, 세 가지 미세번뇌가 그대로 남아있으면 아직 깨달음에 이르지 아니한 자재보살의 경계에 머물러 있다. 세 가지 미세 번뇌는 제8아뢰야식의 번뇌 망상이 제거되지 아니하였음을 말한다. 우리가 마음이라고 부르는 것은 바로 이러한 제8아뢰야식을 지칭한다. 이에 따라 마음을 깨닫지 못하면 제8아뢰야식의 영향

---

29) 제6조(祖) 혜능(慧能)으로부터 남악(南嶽) · 마조(馬祖) · 백장(百丈) · 황벽(黃檗)을 거쳐 임제(臨濟) 의현(義玄)에 이르러 일가(一家)를 이룬 종파이다. 의현은 황벽의 법통을 잇고, 당나라 선종(宣宗) 때 진주(鎭州)의 임제원(臨濟院)에 있던 승려로, 그의 선풍(禪風)은 특별히 준엄한 수단으로 학인들을 제접(提接)하여 종풍(宗風)을 떨쳤는데, 그의 6대 법손은 석상(石霜) 초원(楚圓)이 있고, 그 밑의 황룡(黃龍) 혜남(慧南)과 양기(楊岐) 방회(方會)가 두 파로 갈라졌다. 그들 후대에서 인물이 많이 나와 송나라 때는 그의 종풍이 더욱 번창하여, 원(元) · 명(明)나라에까지 상당한 세력을 뻗쳤다. 한국의 선종은 대개가 이 임제풍으로 태고(太古) 보우(普愚)와 나옹(懶翁) 혜근(惠勤) 이후부터는 임제종의 법통을 이어받았다.

30) 退翁性徹, 앞의 책, p.39. '以根本無明 動彼眞如 成於三細名爲梨耶 又以境界緣故 動彼心海　起於六鹿名爲意識'

31) 金容煥,『만다라: 깨달음의 靈性世界』(열화당, 1994),p. 75 참조. '세속의 三妄執을 벗어 날 때, 비로소 세속을 떠난 마음이 발생하며, 三劫 시간을 요구한다.'

으로 생사윤회를 벗어날 수 없다는 결론에 이르게 된다.[32] 그런데 여섯 가지 거친 번뇌의 지상(智相)은 칠지(七地)에서 그 미혹을 벗어나게 되고, 세 가지 미세 번뇌의 마지막 업상은 십지의 마지막인 금강유정(金剛喩定)에서 제거되는 것으로 이해된다.

그러므로 몽중일여(꿈속에서 一如)인 화엄칠지는 아직 여섯 가지 거친 번뇌의 영역이고, 숙면일여인 자재위는 세 가지 미세한 번뇌의 영역이다. 선에서 이러한 세 가지 미세한 번뇌마저도 타파하지 않으면 무심에 이를 수가 없다. 결국 동정일여 · 몽중일여가 되어도 거친 번뇌의 세계에 속하며, 숙면일여가 되더라도 가무심(假無心)의 상태로 미세번뇌는 아직 남아 있게 된다. 이 미세번뇌가 남아 있는 한 윤회세계로부터 자유로운 상태에 이를 수는 없다.[33]

이에 따라 아무리 지견이 높다 하더라도 깊은 잠에 들어가서 여전히 캄캄하면 이는 망식의 작용이며 실제 깨침이라고 말할 수는 없다. 따라서 자나 깨나 한결같은 오매일여(寤寐一如)의 경지를 투과할 과제가 남는다. 오매일여에는 앞에서 언급한 대로 몽중일여와 숙면일여의 두 종류가 있다. 꿈속에서도 일여인 몽중일여는 화엄칠지에 해당되고 꿈이 없는 깊은 잠에서의 일여인 숙면일여는 팔지 이상 자재보살을 칭한다. 『성유식론7』에 의하면, 제칠지 무상정(無想定)의 상태에서는 거친 번뇌 망상이 극복되어 꿈속에서도 어떠한 장애를 받지 아니한다. 반면에 성인의 경지는 멸진정(滅盡定), 수면(睡眠), 민절(悶絶)을 말하는 데, 부처와 팔지 이상 보살은 오직 멸진정만 있고 수면과 민절은 없다.[34] 따라서 자재보살과 여래만이 여타 성인과 달리 멸진정에 이른다고 말할 수 있다. 그러나 자재보살의 멸진정

---

32) 退翁性徹, 『禪門正路』, 앞의 책, p.43-44.

33) 圓融, 『看話禪』(藏經閣,1993), p.125. 寤寐一如인 無功用地인 自在菩薩지위에서 分段生死를 면하고 生死를 마음대로 바꿀 수 있는 變易生死의 능력을 지닌다.

34) 십지는 대승(大乘)보살(菩薩)수행 과정에서 거치는 10단계 경지(境地), 《화엄경》의 52위(位), 즉 보살이 수행해야 할 52단계에서는 이 십지가 제41~50위에 해당한다. 십지는 십바라밀(十波羅蜜)과 관련하여

은 거친 번뇌만 소멸된 가무심인데 반해서, 여래의 멸진정은 미세한 번뇌마저 제거된 진정한 무심이라고 할 것이다.

깨침은 식음(識陰)이 영원히 제거되어 안팎이 환히 밝은 내외명철(內外明徹)을 말한다. 이는 곧 '한번 뛰어 곧바로 여래의 지위에 들어감' (一超直入如來)으로 풀이하거나 '서쪽나라와 다름없다' 고 말한다.[35] 점차적으로 닦아가는 해오와는 근본적으로 차이가 난다. 흔히 '십주보살은 불성이 있는 줄은 알지만 어두운 밤에 보는 것과 같고 삼매의 힘이 약해 불성을 분명히 보지 못하며, 십지보살은 불성은 보지만 분명히 알지 못한다.' 고 말한다. 십신(十信)과 십주(十住), 십회향(十廻向), 십지(十地)등을 원만히 뛰어넘어야 위없는 불도를 성취하게 된다.[36]

화두에 대한 구조적 이해에 있어서는 '대무심지' 를 깨닫기 위한 화두의 기능과 역할을 파악해야 될 것이다. 공안 화두법은 화두 일념의 지속을 요체로 구경에 이르러 확연하고 명확하게 '대무심지' 를 아는 활연대오(豁然大悟)를 목적으로 삼는다. 잠깐이 아니라 일념으로 화두의심을 지속해야 확철대오에 이른다고 말한다.[37] 화두를 살피고 의심을 하고, 그렇게 계속

보살의 이타자리행(利他自利行)의 단면을 분석한 의미도 지닌다. 십지는 곧 환희지(歡喜地) · 이구지(離垢地) · 발광지(發光地) · 염혜지(吉慧地) · 난승지(難勝地) · 현전지(現前地) · 원행지(遠行地) · 부동지(不動地) · 선혜지(善慧地) · 법운지(法雲地) 열 가지를 가리킨다. ① 환희지란, 중도(中道)의 지혜를 깨달아 일체의 견혹(見惑)을 끊고 환희가 넘쳐나는 경지. ② 이구지란, 인간의 번뇌를 다 끊고 더러움을 씻어 깨끗해진 경지. ③ 발광지란, 명지(明地)라고도 하는데, 모든 번뇌를 끊어 지혜의 광명이 발현되는 경지. ④ 염혜지란, 염지(吉地)라고도 하는데, 번뇌가 사라지고 지혜가 불꽃처럼 솟아나는 경지. ⑤ 난승지란, 번뇌를 모두 끊음으로써 속지(俗智)와 진지(眞智)가 잘 조화를 이루게 된 경지. ⑥ 현전지란, 번뇌를 끊고 무위진여(無爲眞如)가 드러나는 경지. ⑦ 원행지란, 2승(二乘)의 각(覺)의 영역을 넘어서 원대한 진제(眞諦)의 세계에 이른 경지. ⑧ 부동지란, 완전한 진여(眞如)를 얻어 조금도 동요를 일으키지 않는 경지. ⑨ 선혜지란, 부처의 십력(十力)을 얻어 때와 경우[根機]에 따라 중생을 교화하는 지혜를 터득한 경지. ⑩ 법운지는 많은 공덕으로써 많은 이들에게 대비심(大悲心)과 같은 존재가 된 경지이다.

35) 退翁性徹 懸吐 · 編譯, 『敦煌本 六祖壇經』(藏經閣, 1993), p.76. '內外明徹 不異西方 不作此修'

36) 卍經 20, p.751 上.

37) 退翁性徹, 『本地風光』(藏經閣, 1993), pp. 259-263 참조. 木佛은 불을 건너지 못함이여 높고 높은 원음이 아름답고 아름답구나. 泥佛은 물을 건너지 못함이여 높고 높은 원음이 아름답고 아름답구나. 모름지기 손을 털고 바로 집에 돌아가야 하니 중도에서 헛되이 낭패하지 말라.

하면 마침내 진의심(眞疑心)이 발동할 때가 있다.[38] 이처럼 염불과 독경, 그리고 관법 등의 다른 수행법이 없는 것이 아니지만, 화두를 참구하는 간화선이 최상승법으로 간주된다. 따라서 이에 따라 정진하면 견성(見性)이 가능하여 본래성품을 깨칠 수 있다고 말한다.[39]

마조선사는 마음(心)과 부처(佛: 깨달은 사람)와 도(道, 眞理)를 하나로 본다. 이러한 관점은 화엄경(『華嚴經』)의 "마음과 부처와 중생은 이 셋은 차별이 없다.(心佛及衆生 是三無差別)"의 입장과 일맥상통하며, 인식의 주객이 구분되지 않은 무분별의 근본적 차원에서 깨달음을 다루고 있음을 알 수 있다. 마조선(馬祖禪)의 핵심은 "작용즉성(作用卽性)"으로 요약할 수 있다.[40]마조종지에 근거한 임제선은 묘각에 이르기 까지 하나의 어구에 세 가지 현문(玄門)을 갖추도록 하며 하나의 현문에는 삼요(三要)를 제시하게 된다. 체중현(體中玄)은 교의로써 선문을 두드리는 것이며, 구중현(句中玄)은 집착을 깨치고 불법의 지해(知解)를 놓아 버리는 것이며, 현중현(玄中玄)은 양구(良久) 봉(棒)등으로 여락(濾落)한 지견까지 깨치는 것이다.[41] 임제선에 이르러 깨침방법은 한층 명료하게 체계화 되었다고 말할 수 있다.[42]

---

38) 宋西庵, 『혼구의 등,인생귀로』(불교영상회보사, 1992), pp.113-6. 주체와 객체가 일치되어 의심덩어리 상태자체이며 이를 疑團獨露, 銀山鐵壁이라고 한다.

39) 圓融, 『간화선』(장경각, 1993), p.69. 달마선종에 따라 간화선 차이점이 발견된다.
(1) 달마의 『二入四行論』에서의 壁觀
(2)4조 도신의 '하나를 지켜 움직이지 않음(守一不移)'에 의한 入定
(3)5조 홍인의 '본래의 진실한 마음을 지킴(守本眞心)'에 의한 日觀
(4)6조 혜능의 '나고 죽음없는 여래청정선(如來淸淨禪)'의 一行三昧
(5)마조의 '닦지도 나지도 않음의 여래청정선(如來淸淨禪)'의 無住法
(6)임제의 '조사공안을 참구하여 분별의식을 초월하는 徑截'의 看話法

40) 이리야 요시타카 지음(1988), 박용길 옮김, 『마조어록』, 서울: 고려원. pp.5-6.

41) 白蓮禪書刊行會編, 『臨濟錄 · 法眼錄』(藏經閣, 1993), p.38. '제 1구는 생각을 붙이기도 전에 주객이 분명하며, 제 2구는 無著의 물음을 허용치 않으며, 제 3구는 무대 위의 꼭두각시에 불과하다.'

42) 임제선은 임제록에 근거하며 원명은 《진주임제혜조선사어록(鎭州臨濟慧照禪師語錄)》이다. 2권. 제자인 삼성(三聖) 혜연(慧然)이 편집하였다. 내용은 상당(上堂) · 시중(示衆) · 감변(勘辨) · 행록(行錄) · 탑기(塔記) 등으로 나누어진다.

4. 국제적 노동착취와 공학전문가 정신

국제적 노동착취

재형이라는 공학자는 어린 여성 노동자들이 하루에 800원을 받고 수출 의류를 위해서, 고용된 공장에 새로운 장비를 설치하는 것을 지도하기 위해서 X국에 이제 막 파견될 참이었다. 이 사례의 이야기가 보여주는 것처럼 작업환경은 깨끗하고 안전하며 어린 여성 노동자들은 마을의 생활보다는 일하기를 원한다. 그럼에도 불구하고 제형은 과연 그 일을 맡아야 할지 의문이 생긴다.

많은 문화초월 규범들이 위반되고 있는 것으로 보이지는 않는다. 온정적 가부장주의, 뇌물수수, 호스트 국가의 문화적 전통과 법률 지키기, 호스트국민들의 건강과 안전중진, 환경 보호나 호스트 국가의 기본 제도 증진에서나 별로 중대한 문제도 없다. 어쩌면 노동자들에게 그렇게 낮은 임금이 지불되고 있기 때문에 호스트 국가의 국민의 복지가 불리하게 영향을 받고 있다고 주장될 수 있을지도 모르지만, 의류제조업은 산업화에서 중요한 첫 단계이고, 나라전체의 복지를 증진시킨 것이라는 반대 주장이 일어날 수 있다. 그래서 가장 일어나기 쉬운 위반사항은 ① 삶의 최저 기준에 대한 권리 ② 착취의 금지이다. 삶의 질이 "최소한"의 기준 이하인가 하는 것은 해결되기 어려운 흥미로운 질문이다. 주요 질문은 저임금이 착취로 간주될 수 있느냐 일 것이다.[43)]

착취에는 몇 가지 기준이 충족된다고 말할 수 있다. 우선 H&J와 어린 여성들 사이에 힘의 불균형이 존재한다. 어린 여성들은 마을에서 생활을 벗어나 도시에서 살라면 그 회사로부터 받는 돈이 필요하다. 의류제조업체

---

43) Charles E. Harris, Jr.Michael S.Pritchard, Michael J. Rabins, *Engineering Ethics, Concepts and Cases,* Belmont; Thomson Wadsworth, 2005. p.208.

는 구걸이나 매춘 같은 바람직하지 못한 출처를 제외하면 아마 필요한 돈의 유일한 공급원일 것이다. 우리는 또한 어린 여성 노동자들에 대한 보상이 적절하지 않다고 인정하려고 할 수도 없다.

하지만 거기에는 의류회사가 의도적으로 어린 여성들에 대한 보상에 임의의 통제를 행사하였는가 하는 또 다른 의문이 남아있다. 의류제조업의 치열한 경쟁을 고려할 때 회사가 어린 여성들에게 더 지불할 여력이 있을까? 만일 있다면, 우리는 회사가 지금까지 어린 여성들에게 한 대우가 착취하고 간주해야만 한다. 만일 없다면 어린 여성을 그렇게 대우한 것은 적어도 착취의 범례는 아니다. 왜냐하면 여전히 여러 가지의 착취의 요소를 가지고 있다 할지라도 그것이 모든 조건을 다 실행하지는 않았기 때문이다.

만일 우리가 어린 여성들에 대한 H&J의 고용관계가 착취라고 결론을 내린다면, 그 다음에 그 착취가 정당화 될 수 있느냐가 문제가 남게 된다. 그 정당화는 착취를 금하는 규범보다 우선권을 가진 다른 문화초월규범을 인용하는 것과 관련이 있다. 이 경우에 가장 유력한 후보는 앞에서 한 적이 있는 숙고로서 다섯 번째 문화초월 규범, 즉 대중의 복지 증진이다. 그러한 주장은 X국의 경제발전의 촉진이 그 국민들에 대한 그 정도의 착취를 정당화 해 주리라는 것이다.[44]

두 가지 문화초월 규범의 충동을 해결할 때 중요하게 고려할 것은 그 위반이 얼마나 심각한가 묻는 것이라는 것을 기억해야 한다. 이러한 방식으로 우리는 어느 규범이 더 우세한가를 결정할 수 있다. 이 경우에 만일 착취는 비교적 부드럽고 의류업체에 대한 강제는 상당하고, X국의 경제발전에 미치는 의류제조업의 중요성도 상당하다면 착취는 정당화될 수 있을 것이다. 이에 따라 국제 공학전문가 정신이 요청되며 이는 세계윤리와 소통되는 원리를 공유하고 있다.

44) Ibid., p.268.

국제 공학전문가 정신과 세계윤리 소통

국제 공학 전문가 정신은 세계윤리정신에 토대를 두고 있다. 전문가를 지향하는 21세기의 지구는 근본적인 위기에 봉착해 있다. 세계윤리에서는 근본적인 위기의 원인을 도덕적 상실감에서 찾고 치유하기 위하여 최소한의 '근본적인 합의점' (fundamental consensus)을 모색한다. 세계윤리에 근거한 교육원리는 크게 두 가지로 집약된다.[45)]

① 지구에 존재하는 모든 사람이 보다 나은 지구질서 구현에 책임이 있으며, 서로 다른 종교와 문화적 전통이 이 질서구축에 더 이상의 걸림돌로 간주되지는 아니한다. 지구윤리는 지구 공동체 구성원들의 윤리적 합의를 근거로 삼고 있다.

② 【모든 인간이 인간답게 대우를 받아야 한다.(every human being must be treated humanely)】는 윤리가치를 기본원리로 삼는다. 이에 따라 이기주의 형태의 모든 신념들은 그것이 개인적 차원의 것이든, 집단적 차원의 것이든 배격을 받게 된다. 지구윤리는 지구위의 모든 인간이 인간다운 보호를 받을 수 있는 새로운 질서구현을 위한 지구공동체 윤리의식에 토대를 두고 교육의 네 가지 기본방향을 설정하고 있다.[46)]

① 세계윤리는 비폭력적 문화와 생명존중의 실천정신을 추구한다. 전통적으로 생명을 살상하는 행위는 악한 행위로 규정되어 있다. 이제는 적극적 의미에서 생명존중에 대한 실전정신을 윤리적 합의로 도출해내는 깃이 필요하게 되었다. 이 정신은 생명 중심주의로 전환되면서 동식물에 이르기까지 광범위하게 확대되고 있다. 생태 지혜의 요소를 존중하며 모든 생명체들이 조화를 이루어 살아가도록 실천지침을 모색한다.

---

45) Kung Hans. "The Declaration Toward a Global Ethic", in A *Global Ethic* :The Parliament of the World's Religions. New York:Continuum. 1995,pp.18-24.

46) Ibid., pp.24-34

② 세계윤리는 연대성 문화와 공정한 경제 질서의 실천정신을 추구한다. 전통적으로 훔치는 행위는 악한 행위로 규정되어 있지만, 이제는 적극적 의미에서 공정하고 공평한 경제정신을 문화적 합의로 도출해가는 것이 필요하게 되었다. 공정한 기준의 경쟁을 통한 자본주의 장점과 공평한 분배의 질서를 추구하는 사회주의 장점을 함께 살린다.

③ 세계윤리는 관용의 문화와 진실추구의 정신을 추구한다. 전통적으로 거짓말하는 행위는 악한 행위로 규정되어 있지만, 이제는 적극적 의미에서 진실로 말하고 행동함으로써 지구의 정의를 실현해가는 것이 필요하게 되었다. 지구 공동체의 언론매체에 의한 왜곡, 이념적 편견, 정치적 술수를 거짓으로 배격하고 항상적으로 진실을 추구하도록 실천지침을 모색한다.

④ 세계윤리는 평등의 문화와 남녀 간의 동반자 정신을 추구한다. 전통적으로 부적절한 관계행위는 악한 행위로 규정되어 있지만, 이제는 적극적 의미에서 상호간의 존경과 사랑을 돈독히 함으로써 일방적인 지배가 아니라 동반자 관계를 확산시켜가는 것이 필요하게 되었다. 탐욕과 성적 탐닉을 배격하고 상호 관심과 화해를 구현하기 위한 실천지침을 모색한다.

이처럼 세계윤리는 전통적인 종교문화의 가치를 현대적 생활양식에 부합되도록 해석함으로써 이념적 쟁론에서 탈피하여 지구 공동체의 윤리적 합의를 도출하기 기본 방향을 유지하고 있다.[47] 집단의 변화, 그리고 지구촌 구성원들이 국제적인 공학 전문가를 포함하여 '의식변용(consciousness transformation)' 에 의한 삶의 질 개선에 주안점을 두고 있다.

세계윤리의 개념형성 범례에서는 인지적 도덕 기술을 함양시킬 뿐만 아니라 비판적인 추리 기능을 증진시킬 수가 있다. 아울러 이들은 다양한 사회문화 문제와 직면하여 자기성찰의 가치관을 개발시킬 수 있다. 게다가

47) 한스 큉은 인간의 내면적 가치, 양도할 수 없는 권리, 회피할 수 없는 책임의식은 윤리와 가치영역에서 이루어지지 않으면 인류의 미래가 결코 밝지 않다고 주장한다.

이러한 과정을 통하여 다양한 종교전통에 함축된 윤리적 지침들을 비교하고 이해할 수 있는 능력을 개선시켜주고 있다. 서양의 합리개념을 토대로 도덕사유 방식이 형성되었기에, 동양 윤리에서 나타나는 자연친화 관점에 대해 취약할 뿐만 아니라 인간중심 사유를 위주로 한다.[48)]

또한 세계윤리의 해석담론 범례에서는 도덕적 덕성함양과 기술문제에 관하여 균형 잡힌 영역을 개발함이다. 이해의 차이점과 유사성에 대한 공감대를 통하여 문화적 편견에 대한 깊은 통찰을 낳게 되며 일종의 간주간적인 이해를 유도할 수 있다 아울러 현대사회에서 문화다원주의(cultural pluralism)를 이해하고 명확한 도덕적 전망을 확보하게 한다. 문화적 차이점을 능동적으로 찾고 내재하는 보편성에 대해 눈뜰 수 있는 계기를 찾게 된다. 이러한 해석담론의 경우, 지나치게 포괄시각을 강조함으로써 상대문화적 특색을 왜곡시키거나 이론적 일관성에 매달려 개별요소를 발견하기가 어렵게 된다. 국제적 윤리안목을 통하여 광범위하면서도 깊은 이해폭을 가능하게 한다.[49)]

사회문화관점에서 이 범례와 연관된 주제를 열거해 보면, 사회정의의 실현, 성차별의 극복, 재화의 효율적 배분, 물리적 폭력의 효율적 대처 방안 등에 대한 해석의 틀이다. 폐쇄 관점에서 문제를 해석하기보다 오히려 열린 관점에서 문제를 파악하는 것에서 해석담론 범례 장점이 유지될 수 있다.

그리고 세계윤리의 체계이론 범례에서는 철학적 성찰을 통해 나양한 문화전통에 내재되어 있는 윤리적 가르침에 눈뜰 수 있게 된다. 막스베버,

---

48) Lovin, Robin W., and Frank E. Reynolds. "In the Beginning." In *Cosmogony and Ethical Order: New Studies in Comparative Ethics. Chicago*: University of Chicago Press,1985.pp.1-5.

49) Yearley, Lee H. "Bourgeois Relativism and Comparative Study of the Self." In *Tracing Common Themes: Comparative Courses in the Study of Religion*. Atlanta: Scholars Press.1991.pp.165-168.

론 그린, 테일러 등이 이러한 방법론과 연관성이 있다고 할 것이다.[50] 다양한 문화전통의 소통을 위한 상대주의 관점에서도 벗어나고 서로 다른 신념체계를 윤리체계로 흡수함에 있어 보완적이며 문화초월 규범의 입장으로 다루는 태도이다.

이러한 체계이론 접근방법에 대해여, 존 리드(John Reeder)는 '관점변형(transformation of view)' 을 통하여 '미래세대에는 규범가치체계가 다시 새로운 의미를 지닐 때가 도래할 것' 이라고 역설한 바 있다.[51] 국제적인 공학전문가 현장에서도 이들 장점을 살려나가야 될 것이다. 개념형성범례를 주관적 개념정립이라 한다면, 해석담론범례는 타인을 배려하는 대화방법이다. 그리고 체계이론범례는 자신과 타인을 동시에 벗어날 수 있는 문화초월 규범에 초점을 맞추고 있다. 해석담론범례는 주 객의 상호작용에 강조점을 두고 있는 데 반해, 체계이론범례는 우리 자신의 문화와 타자문화를 넘어서서 문화초월 규범의 관점을 어떻게 확립하는가에 관심을 두게 된다.

그런데 개념형성 범례에서는 경우에 따라 상대국 문화를 자국문화로 비추어서 바라보기 때문에 상대국의 전통 문화의 우수성을 왜곡시킬 위험이 있다. 해석담론 범례에서는 문화왜곡 현상을 피할 수 있지만, 여전히 객관안목을 지속하기가 어렵다. 문화특수성을 간과하여 자국 문화범주와 다른 문화와의 유사성 공유에 관심을 두며, 이 과정에서 윤리실천과 다원가치를 체계적으로 모색하게 되는 문화초월 규범 추구라는 전문 공학자 정신을 위하여 체계이론 범례를 요청하기에 이른다.

---

50) 체계이론의 정립에 있어 우리는 종교와 사회분야(Max Weber를 필두로 Ranciman, Zeitlin, Little), 종교와 윤리분야(Ron Green을 필두로 Kant, Stendahl, Zaehner), 세계종교와 윤리분야(P.Taylor을 필두로 Streng)을 손꼽을 수 있을 것이다.

51) Yearley, Lee H. "Education and the Intellectual Virtues." In *Beyond Classics? Essays in Religious Studies and Liberal Education,* edited by Frank E. Reynolds and Sheryl L. Burkhalter, Atlanta: Scholars Press. 1990. pp.89-92

세계윤리 범례를 통해 개인차원에서, 【몸과 마음에 대한 배타적인 이분법적 데카르트학파의 사유는 바뀌어 인식범위를 통합하고 건강한 몸은 마음에 대한 적절한 집이 된다.】는 인식모델로 전환되어야 한다. 사회차원에서, 【개인의 창조적 추진력과 공동체의 공감대 사이에 풍부한 상호작용】이 있어야 한다. 지구차원에서, 【우리는 안정되고 조화로운 지구와 인간과의 관계를 재정립하기 위해 토착 정신적 전통들로부터 많은 것을 배울 수 있음】이다. 우주차원에서, 【위대한 정신전통들의 지혜를 회복하는 노력을 해야 하며, 우리들 인간의 가슴과 마음 그리고 하늘의 길(天道, Way of Heaven) 감응에 대해 감사】하게 된다.

모든 추축시대(axial-age)의 문명들은 힌두교, 불교, 자이나교, 시크교, 동아시아의 유교와 도교, 그리스 철학, 중동의 유대교, 기독교와 이슬람 등을 포함하여 생태인식, 여권운동, 문화다원주의, 그리고 세계윤리에 대한 도전에 직면하고 있다. 따라서 지역적, 토착적, 공동적인 환경에 뿌리박고 있는 공학 기술자들은 지구 공동체에 환경파괴, 핵 위협, 빈곤 등 주요한 위협에 대응하여 사회적, 문화적, 도덕적, 정신적 에너지를 문화초월 규범으로 결집해야 한다. 국제규범의 상통, 통변, 통달을 통하여 새로운 과정을 변화시키고 풍요롭게 하기 위한 개신 노력이 필요하다. 문화초월 규범끼리 충돌이 있을 수 있지만, 전문가로서 정신을 살려야 한다.

공학자들은 자신의 홈 국가와 다른 호스트 국가로 이동할 때 어려운 결정에 직면한다. 세계윤리정신과 공학윤리 현장의 규범들을 해석하여 문화초월 규범을 살려내야 한다. 공공철학 정신에 입각하여 방종주의와 엄격주의를 공학자들은 피하면서 개신의 중도정신으로 실천해야 할 것이다.

참고문헌

권혁길 외,『공학 윤리』서울; 인간사랑, 2007.

배원병 외,『공학 윤리』서울; 북스힐, 2006.

김 진 외,『공학 윤리』서울; 철학과 현실사, 2003.

E. Lumsdaine, M. Lumsdaine & J. Shelnutt, 명지대 창의공학연구회 역,『창의적 문제해결과 공학설계』서울; 파워북, 2001.

Charles E. Harris, Jr.Michael S.Pritchard, Michael J. Rabins, *Engineering Ethics, Concepts and Cases,* Belmont; Thomson Wadsworth, 2005.

Hans Küng, 『세계윤리 구상(Global Responsibility. In Search of a New World Ethic)』 (SCM Press, London / Continuum, New York 1991

Hans Küng Karl-Josef Kuschel (Eds), 『지구 윤리. 세계종교의회 선언문(A Global Ethic. The Declaration of the Parliament of the World' s Religions)』 (SCM Press, London / Continuum, New York 1993)

Hans Küng (Ed.), 『하나의 지구윤리에 대한 긍정적 대답(Yes to a Global Ethic)』 (SCM Press, London / Continuum, New York 1996).

Hans Küng, 『지구촌 정치와 경제에 대한 지구윤리(A Global Ethic for Global Politics and Economics)』 (SCM Press, London 1997 / Oxford University Press, New York 1998)

Hans Kung-Helmut Schmidt (Eds), 『지구윤리와 지구적 책임(A Global Ethic and Global Responsibilities)』 Two Declarations (SCM Press, London 1998).

제6장

자연법과 공학자의 책임

〈Story-Telling : 물소가 된 사람 〉

인도의 어떤 산기슭에 아름다운 꽃들로 뒤덮인 계곡을 굽어보고 있는 아늑한 암자가 있었다. 이 암자는 사실상 산의 바위 턱을 깎아내서 만든 동굴이었다. 이곳에 위대한 스승과 헌신적인 제자가 함께 거주하였다. 동이 트면서 언덕들의 얼굴에서 어둠이 씻겨날 때, 산비탈들은 다채로운 꽃들로 환한 미소를 지었다. 태양이 떠오를 때 스승과 제자는 함께 찬송가를 불렀는데, 그것은 오랜 무지의 잠을 잔 후에 각성되는 지혜를 그들에게 상기시켜 주었다. 자연이 밤의 침묵을 깨고 미소 지을 때 그들도 미소 지었다.

여명이 여전히 계곡에 남아 있는 동안 스승은 제자에게 완벽한 명상 자세로 똑바로 앉아서 주의를 집중하여 자신의 가르침을 듣도록 하였다. 제자는 매일 자신의 스승의 입에서 쏟아져 나오는 가르침들을 열성적으로 받아먹었다. 그러나 어느 날 스승은 자신의 젊은 제자가 방심하고 산만하다는 것을 알아챘다. 그래서 그는 제자에게 부드럽게 말하였다. "아들아, 오늘 너의 마음은 내 말에 귀를 기울이지 않고, 언덕들 너머의 어딘가를 방황하고 있는 것 같구나. 말해 보거라. 너를 방심하게 만드는 것이 무엇이냐?" 제자가 공손하게 대답하였다. "존경하는 스승님, 저는 오늘 당신의 가르침에 집중할 수 없습니다. 저의 마음은 계곡의 푸른 초원에서 풀을 뜯고 있는, 우리가 새로 얻은 길들여진 물소에 대하여 무력하게 생각하고 있기 때문입니다."

스승은 제자를 꾸짖는 대신에 차분한 말로 침묵의 방으로 물러나서 문을 닫고 오직 물소에 대한 생각만을 하라고 권하였다. 하루가 지나고 다음날 아침, 스승은 침묵의 방에 나있는 작은 창문으로 들여다보았다. 제자는 여전히 물소에 대한 집중을 하고 있었다. 그래서 스승이 물었다. "아들아, 무얼 하고 있느냐?" 제자가 대답하였다. "선생님, 저는 물소와 함께 풀을 뜯어먹고 있습니다. 당신한테로 갈까요?" 스승이 대답하였다. "아니다. 아들아. 아직은 아니다. 네 물소와 함께 계속 풀을 뜯어먹고 있거라."

세 번째 날 아침, 스승은 다시 침묵의 방의 창문을 통하여 들여다보면서 물었다. "사랑스런 아이야, 무얼 하고 있느냐?" 제자는 그 말에 대한 대답으로 황홀경의 상태에서 말하였다. "하늘같은 스승님, 저는 제 방에 있는 물소를 보고 있고, 그에게 먹이를 주고 있습니다. 저의 물소를 데리고 당신한테로 갈까요?" "아직은 아니다. 나의 아들아. 물소를 보면서 그 물소에 먹이를 주는 상상을 계속하여라."

다섯 번째 날, 스승이 물었다. "이제 말해보아라. 나의 아들아. 지금 무얼 하고 있느냐?" 제자는 물소 같은 목소리로 울부짖었다. "그게 무슨 말씀인가요? 저는 당신의 아들이 아닙니다. 저는 물소입니다!" 이 말에 스승은 미소를 지으며 응수하였다. "좋아요. 물소양반, 당신은 침묵의 방에서 나오는 것이 좋겠소." 제자는 나오려고 하지 않았다. "제가 어떻게 저 좁은 문을 통하여 나갈 수 있겠어요?"라고 그는 투덜거렸다. "제 뿔이 너무 커요!" 그러자 스승은 침묵의 방으로 들어가서 이전의 "물소"를 무아경에서 빠져나오게 하였다.

제자는 자신이 집중하던 대상을 모방하려고 애쓰면서 네발로 걷고 있는 자신의 모습을 발견하고는 미소 지었다. 그러고 나서 제자는 가벼운 식사를 한 다음 자신의 스승의 말씀을 들으러 갔다. 그는 많은 심오한 영적 질문들을 받았고, 그 모든 것을 전례 없이 정확하게 대답하였다. 마침내 구루가 소견을 말하였다. "이제 너의 집중은, 너와 너의 마음이 공부의 대상과 하나가 될 수 있는 완벽한 상태에 도달하였다."

* * *

Point Up : 우리는 자연으로부터 집중할 대상과 자신을 하나로 만들고자 하는 노력을 지금부터 시작할 수 있다. 끊임없이 이어서 수행하라. 위대한 사업가와 그의 능력에 대해서 생각하든 신에 대하여 생각하든, 깊이 생각하

라. 그 사업가가 된 것으로 또는 신과 하나가 된 것으로 느낄 때까지 깊이 집중하라. 공학자는 일종의 전문직 직종으로서, 공학자에게는 전문직과 관련된 공공책임을 우리에게 요구하고 있다. 앞서 본 물소가 된 사람처럼 공학자가 된 사람으로서의 몰입과 자기성찰을 전제로 한다.

기술 산업의 발전이 인간생활의 물질적 토대를 풍요롭게 해주었다. 생활의 편의성을 증진시키고 시공의 거리를 단축시켜주며, 삶의 질을 향상시키고 인간의 기본권을 확대, 강화시켜 주었다. 기술 산업사회는 인간에 대한 축복이다. 그러나 다른 한편으로는 인간의 기술의존이 심화되면서 인간에 대한 기술의 지배가 점차 강화되었다. 그와 더불어 인격품위와 존엄을 가능케 하는 인간의 주체적 이성능력은 둔화되고 자유에 대한 열망이나 타자에 대한 책임의식은 사라지고 있다.

그 방법은 무엇인가? 자연에 귀 기울이며 자성을 일깨우는 방법이다. 일찍이 서산대사는 《청허당집》, 〈증벽천선화자〉에서 '비우고 밝기는 물 위에 비친 달 같이 하며(虛明如水月), 늦추고 급하기는 거문고 고르듯 하라(緩急若調琴) 공부 열심히 하는 곳에(做工親切處) 붉은 해 동녘 뫼뿌리에 오르리라 (紅日上東岑)하였다. 〈증벽천선화자〉의 시는 자연을 비유하여, 심지(心地)를 밝게 깨닫게 하는 기연(機緣) 방편의 공안을 주제로 참구하는 실천 방법과 자세를 설한 한편의 자연법문이다. 그 방법으로 뜨지도 잠기지도 말고 늦추고 급하게 하는 데도 거문고의 줄을 고르듯이 하라는 '거문고의 비유' 를 들어 중도(中道)의 실천을 말하고, 이를 책임지는 자세로 '병자가 의원을 구하듯' 하고, '아이가 어미를 그리듯' 하라 하고 일러 주셨다.

제6장 자연법과 공학자의 책임

공학윤리에서 자연법은 인간의 이성에 기초한 도덕법이기에 중시되고 있다. 자연법은 사람들에게 보편적으로 적용될 수 있기에 규범적인 법칙이라고 말할 수 있다. 자연법은 곧 도덕적 법칙이며, 우리에게 어떠한 행동을 하도록 요구한다. 인간은 자신이 원하는 것이 무엇인지를 알 수 있는 이성(reason)을 가지고 있으며, 그러한 자연적 본성에 의해서 우리는 어떠한 목적을 향해 행동을 하게 되고, 행동의 결과에 대한 도덕 판단이 가능하다. 공학자는 기술조직의 일원으로서 활동한다. 독자적인 판단으로 업무를 수행하지 못하고 상관의 운영방침에 따라 전문적인 역량을 나타내기에 자연법과 연계되며 공학자로서의 책임윤리의 특색을 반영한다. 여기서 공학윤리에 어긋나는 경영인의 지시가 있을 경우에는 자연법에 부합되면서 공학자의 책임윤리에 근거한 행동을 선택하기 위하여서 지혜로운 대처가 요청된다고 할 것이며 이와 병행하여 공학윤리헌장을 준수할 필요가 있는 것이다.

탐구문제

1. 자연법에 중용이론이 포함되는 이유는?
2. 핵실험의 위험성과 안전사용을 위한 실험에 있어서 공학자의 태도는?
3. 고발행위로 말미암아 수용하게 될 불이익은 어떤 것이 있을까?
4. 존재에서 당위를 도출하는 것은 가능한가?
5. 제 3법칙 ≪　≫에 들어갈 내용을 제시하시오.

〈홉스(T. Hobbes)에게 19개의 자연법들이 있지만, 다음 3가지가 중요하다. 제1법칙: 각자는 평화를 확보할 수 있는 희망이 있는 한, 그것을 확보하기 위한 노력을 강구해야 한다. 2법칙 : 각자는 다른 사람들이 그렇게 하는 한, 평화를 추구해야 하며 또 필요한 만큼 자신을 방어하면서 모든 것에 대해 가졌던 권리를 포기해야 한다. 제3법칙 : ≪　≫ 그런데 제2법칙에 따라 권리의 상호 포기에 관한 계약을 체결해도, 그것을 경쟁, 불신, 복수 등으로 말미암아 언제라도 파기할 가능성이 있다. 따라서 제3법칙이 특히 중요하다. 홉스가 이 제3법칙을 정의의 원천이며 기원이라고 강조했던 까닭도 여기에 있다.

6. 공학윤리에서 무위자연과 물아일체의 정신은 어떻게 구현될 수 있을까?
7. '평상심의 도'를 일상생활에서 살려내는 방법은 무엇인가?
8. 다음 글을 읽고 장자사상과 불교사상의 수양추론의 방법을 각각 한 가지 쓰시오.
   (A) 너의 귀로 듣지 말고 마음으로 들어라. 마음으로 듣지 말고 기(氣)로 들어라. 듣는 것은 귀에서 그치고 마음은 부합하는 것에서 그친다. 그러나 기(氣)는 텅 빈 것이어서 온갖 것을 다 포용한다. -『장자』-
   (B) 모든 것이 마음의 빛 속에 녹아 있다. 주관과 객관의 구별을 버리고 지식을 끊고 분열을 잊어버려라. 그리고 당장에 부처의 마음을 뚫고 들어가 그와 하나가 되라. 이것 외에는 어떠한 진리도 없다. -『만속장경』-

1. 자연법 이론의 관점

기원전 1 · 2세기 스토아학파의 저서에서 자연법전통의 변형을 발견할 수 있다. 그 핵심원리는 "자연을 따르라"는 것이다. 이것은 인간의 이성을 따르는 것을 의미한다. 그들은 또한 비록 각 지역마다 관습, 풍습이 있을지라도 모든 사람이 따라야할 공통법칙이 있다고 믿는다. 자연적 생명에는 평온한 상태가 지속되는 것이 이상이므로 즐겁고 괴로움에 따라 마음의 평정을 흐트러뜨리지 않는 것, 곧 아파테이아(apatheia)이고 이 부동심 이외의 것은 아디아포라(adiaphora : 무관심)에 불과하다고 보기에 재화도 명예도 사치도 물리칠 것을 권했다.

제퍼슨은 로크를 인용하여 모든 인간은 동일한 기본능력을 가지고 태어난 동일한 종이므로, 모든 인간은 평등하게 대해주어야 할 동일한 천성을 가지고 있다고 보았다. 도덕성이 인간본성에 토대한다는 생각은 자연법 이론의 중심사상이다. 자연법사상의 또 다른 교의는 도덕법이 인간이성으로 접근가능하다는 것이다. 이 두 이념들은 누렘베르크(Nuremberg)재판에서 구체화되어졌다. 이것은 1945-49년 사이의 독일 누렘베르크에서 열린 나치 전범의 공판이었다. 처음 공판에서 나치 지도자들은 침략을 야기하여 국제법을 위반하는 범죄가 선고되었다. 그들 중의 아홉은 사형이 선고되었다. 다른 공판에서 피고들은 시민들에 대한 잔학행위를 범했다고 고소되었다. 수용소에 수감된 사람들에게 의학적 실험을 시행한 나치 의사들도 포함되어 있었다. 그들의 실험은 많은 이를 죽였고, 이들 모두가 비자발적인 복종이었다. 예컨대 얼고 있는 물속에서 인간육체의 반응을 측정하려는 것이었다. 피고는 군대의 직원, 판사, 의사들은 단지 명령에 따랐다고 주장하였다. 그러나 기소자 들이 비록 그 실험이 그들의 법을 위반하지 않았다할지라도, 그들은 "인간성" 에 대한 범죄를 저질렀다고 주장하였다. 직업윤리에도 이러한 생각이 반영되며 시민법보다도 '도덕법(Moral law)' 이 중시되고 있다.

자연법 이론의 일반전통은 아리스토텔레스의 도덕철학에 둔다. 그의 철학은 흔히 플라톤의 철학과 비교되며, 플라톤은 ***'보편적 추상'*** (The General and Abstract)의 실재를 강조하면서, 실재는 사물과는 별개로 존재하는 형상이나 이데아로서, 개개의 사물들이 모방하고자 분유하고 있는 것으로 보았다. 반면에 아리스토텔레스는 개별적인 것과 형상의 구체적 표명에 더욱 관심을 가졌다. 아리스토텔레스의 도덕이론에 관한 기본적인 관념은 니코마코스의 윤리학에 나타나 있다. 그의 윤리관은 자연에 대한 좀 더 일반적인 관점에 토대를 둔다. 아리스토텔레스 자신은 자연에 대한 위대한 관찰자였다. 그는 동일한 종류의 씨앗은 항상 동일하게 성숙한 형태로 자라게 된다는 것에 주목하였다. 올챙이는 항상 동일한 경로를 거쳐서 개구리가 되지 결코 거북이가 될 수 없다. 그것은 다른 생물체에서도 마찬가지이다. 아리스토텔레스는 자연 속에 질서가 있다고 결론 내렸다. 식물과 동물과 같이 자연물이 그들에 그들의 목표를 향하게 하는 질서의 원리를 가진다면, 그것은 그들의 성숙한 마지막 형상이었다. 이런 관점은 그리스어 목적(telos)에서 유래한 목적론적 관점으로 직업을 통해 자아실현의 과정이 이와 연관된다. 직업의 목표의식은 자연에 내포되어 있기 때문이다. 이처럼 자연법 이론은 직업윤리 의식과 함께 인간본성에 존재하는 어떠한 목적론(teleological) 성격에 근거하게 된다.[1)]

아리스토텔레스의 탁월한 주석자인 토마스 아퀴나스(T. Aquinas:1224-1274) 역시 목적론자로서 자연법은 신법 또는 우주에 대한 계획의 부분이라는 생각을 가졌다. 아퀴나스에 따르면, 우리는 이성적 능력을 사물이 존재하는 방식에 대한 진리를 발견하기 위하여 사용해야 하며, 우리의 본성의 도덕적 요구에 따라야 한다. 자연법 이론의 교의는 '우리의 자연적 성향이나 종의 능력으로부터 우리의 도덕적 의무가 나온다.' 는 것이다. 우리는 우리의 종적능력을 고려함에 의하여 도덕법이 요구하는 것을 알 수 있다.

우리는 직업을 통하여 이런 능력을 좌절시키거나 이해하기 보다는 오히려 신장시켜야 한다. 이를테면, 성숙과 생명, 성장을 지향하게 된 이래 우리는 생명과 건강을 증진시키도록 해야 한다. 우리의 건강을 침해하는 것은 내적으로 잘못이다. 인간에게 독특한 것은 자유롭게 선택하고 인식하는 특별한 능력이다. 우리는 우리 자신과 타인들을 이해할 수 있고 자유롭게 선택할 수 있는 존재로서 대해주어야 한다. 진리, 교육, 공적인 표현의 자유 등을 추구하도록 우리를 돕는 것들은 선하다. 진리추구를 방해하는 것들은 나쁘다고 할 것이다. 속임수, 정보원에의 접근결핍은 사물이 존재하는 방식을 알고자 하는 우리의 내적인 충동이나 지향성을 방해하는 이유만으로도 도덕적으로 반대할 만하다. 더욱이 자유롭게 선택하는 우리의 능력을 신장하는 것이 선하다. 자연법이론의 핵심은 인간본성의 내재적 목적을 확장시키고, 인간의 실현을 좌절시키지 않아야 한다는 것이다.

---

1) Aristotle, *Nicomachean Ethics*, New Yok: Prometheus Books, 1987.

기술법과 차이

독립선언서와 누렘베르크 공판에서 표명되어진 것처럼, 자연법이론의 중심적인 사상은 ①도덕법은 인간이성으로 접근가능하다. ②도덕법은 인간본성에 토대를 두고 있다 ③도덕법은 보편적으로 적용가능하다. 자연법이론은 "자연법은 인간이성에 의해 인식가능하며, 모든 인간에게 적용할 수 있으며, 인간본성에 근거한다는 것이다." 자연법은 "자연과학의 일반화"인 자연의 법칙(Laws of nature)과 혼동되어서는 안 된다. 자연과학의 법칙은 기술법칙(descriptive laws)이다. 기술적인 법칙들은 과학자들이 자연이 운행한다고 믿는 바를 우리에게 말해주는 것이다. 이를테면 열이 가해지면, 가스는 용기 안에서 팽창한다. 보일의 법칙은 가스가 어떻게 처신해야 마땅한지에 대해서는 말해주지 않는다. 또한 만일 가스가 우리들이 관찰해오던 것과 다르게 반응하는 것을 발견하게 되면, 새로운 정보에 맞게 그 법칙들은 수정되어진다. 과학법칙들은 사실에 대한 기술적 일반화이다.

도덕법은 처방의 법(prescriptive laws)으로 이해될 수 있다. 도덕법은 우리가 어떻게 처신해야하는지에 대하여 말한다. 자연법은 도덕법이다. 그러나 자연법은 자연(nature)에 관련된 것이 아니고, 자연법에 따라서 우리가 어떻게 행동해야 하는지에 대하여 인간존재로서의 우리의 본성적 측면(nature)을 고려하면서 결정하게 된다. 선한 것과 당위적으로 행해야 할 것을 알기 위하여 우리의 본성적 측면을 고려하게 된다. 시민법(civil law) 역시 처방법이다.

오늘날 사람들은 시민법을 제도화하거나 변화시키고자 할 때 도덕법에 호소한다. 공학자가 상관의 명령에 복종하는 것만으로 자신의 행동이 정당화되지는 아니한다. 자연법에 토대를 두어야 한다. 자연법은 자연 속에 내재한 목표나 질서에 근거하고 있다는 점에서 목적론적이다. 자연적 존재는 종이나 속에서 온다. 종으로부터 본질적 특성이나 중요한 경향, 능력 등이 온다. 다람쥐는 동물종이다. 그것은 어린 형상으로부터 성숙한 형상으로 발전한다. 그것은 포유동물이며, 포유동물의 다른 성격도 지닌다. 다람쥐의 좋은 모범은 잘 기능하는 것이다.

인간은 자기발전과 성장의 형태를 따른다고 할 것이며 종의 본성을 지닌 자연적 존재이다. 인간으로서 공유하는 특별한 특징과 능력을 가진다. 다람쥐와는 달리 인간은 선한 것을 행할 수도 있다. 선이란 무엇인가? 우리는 훌륭한 목수나 플룻 연주자가 되게 하는 것을 안다. 인간으로서 인간존재에 비교할 수 있는 것이 있는가? 다람쥐로서의 고유한 능력과 특징으로부터 다람쥐의 선을 말할 수 있는 것과 같이, 자연법에 따르면 인간에게도 동일한 것이 적용된다. 인간은 잘 기능하기 위해서 그들의 능력을 완전하게 해야 한다. 만일 이렇게 한다면, 그들은 인간존재로서 잘 기능하는 것이 될 것이다. 이들은 또한 잘 기능하고 있는 한, 행복할 것이다.

인간존재는 하위의 존재와 공통점이 많다. 우리는 식물과도 공통점을 가지는바, 외부로부터 영양을 섭취하며, 미성숙한 형태로부터 성숙한 형태로 자란다. 우리는 고등동물처럼 시력이나 청력도 지닌다. 그러나 인간만의 독특한 것인 어디에 있는가? 그것은 인간에게 독특한 이성적 요소라고 믿는다. 그러므로 인간에게 선이란 이성적 요소에 의하여 안내받고 그에 일치하게 기능하는데 있다. 우리의 이성요소는 다른 기능을 가지는 바, ① 인식하고 ② 선택하고 행위를 지도하는 것이다. 우리는 세계와 진리를 아는 능력을 개발해야만 하며, 현명하게 선택해야 한다. 이렇게 함으로써 우리는 인간으로서 잘 기능할 수 있다. 그런데 현명하게 선택한다는 것은 무엇인가? 아리스토텔레스는 신중한 선택에 대한 이념을 발전시켰다.

아리스토텔레스(Aristoteles)의 이상적 이성상태에서는 ① 행복이란 완전한 덕과 일치하는 영혼의 활동이다. 인간은 그의 탁월한 자질로서 이성을 실현함으로써 가장 수준 높은 행복을 얻는다. ② 이상적인 생활은 행복주의의 관점에서, 신에 대한 가장 풍부한 사색을 가져오는 생활이라 규정한다. ③ 이성은 지식의 추구라는 과제와 감각적이고 육체적인 생활의 통제, 혹은 지도라는 두 가지의 과제를 수행해야 하는 것이다. 그의 중용이론에 의하면, ① 도덕적인 덕이란 악덕인 두 극단 사이에 중도적인 것을 의미한다. ② 중용은【이성이 명령하는 것】으로 규정된다. 이성에 의해 결정되는 것은 "도덕적 목적인 중용에 대하여 생각하는 상태이다." ③ 중용의 발견은 원의 중심점을 찾는 것처럼 어렵다. ④ 과불급이 없는 상태 ⑤ 지고한 덕으로서의 정의는 모든 덕의 총화이며 완전한 덕이다. 보편정의는 합법적인 것을 가리키고, 특수정의는 보편과 평등을 가리킨다. ⑥ 중용의 조건으로서 식견과 동물적인 경향성의 지배를 받기에 경향성은 피하고 자신의 성격을 제대로 파악해야 한다. 중용은 덕을 습관화하는 습관적 행동(ethos)이 요구된다.

자연법 이론의 여러 관점

자연법이론에 대해서는 다양한 평가가 존재한다. 자연법이론에 근원이 되고 있는 인간의 본성에 관해서도 다양한 시각들이 있다. 홉스에 있어서 선악은 '쾌락' 및 '고통' 과 완전히 동일시되고, 자연적 사실이 유일하고 궁극적인 가치의 척도가 된다. 그런데 쾌락이나 고통의 대상의 기준은 때와 장소에 따라 다르다. 개인주관이나 상황을 초월한 최고선(summum bonum), 궁극목적(finis ultimus), '공동선'(bonum commune)의 존재 여지가 없다.

홉스는 자연 상태를 ***"만인의 만인에 대한 투쟁***(hellum omnium contra omnes)" 혹은 "인간은 인간에 대해 늑대이다(homo homini lupus)라는 말로 묘사하고 있다. 이러한 자연 상태를 특징짓는 것은【공통권력이 존재하지 않는 데 있다】는 것이다.[2] 이러한 상태의 전제가 되는 것은, 모든 인간

2) 홉스는 이기적 인간의 자연 상태를 묘사하기에, ① 원시적 자연 상태 : 시민법, 도덕법이 존재하지 않는다. 법은 사회계약의 산물 일 뿐이다. ② 도덕법이 없는 곳: "자연권"은 "정글의 법칙" 즉 "이와 발톱의 법"을 의미한다. ③ 인간의 자연 상태: "힘을 만들어 내는" 조건 ④ "공동소유의 권력이 없는 곳: 법도 없고, 법이 없는 곳에 정의도 없다.

이 육체적, 정신적 능력에 있어서 서로 평등하다는 데 있다. 자연 상태는 어떠한 법적, 도덕적 구속력도 존재하지 않는 상태이다. 거기서 각자는 '자기보존' 을 위해 자기 자신의 판단에 따라 어떠한 것도 할 수 있는 자유를 가진다.

홉스는 자연 상태에 있어서의 각자의 이러한 '자기보존' 의 자유를 '자연권(the right of nature)' 이라고 부른다. 반면에 자연 상태가 인간의 자연적 제 능력의 결과였듯이, 홉스는 이러한 상태에서 탈출할 수 있는 가능성도 사회계약으로서 도덕원리를 모색하는[3], 인간능력에서 구한다. 그 능력의 하나는 '죽음의 공포' 와 보다 나은 생활로의 정념이며, 또 다른 하나는 '평화의 조항' 을 가리키는 이성의 계산이다. "사람들을 평화로 향하게 하는 정념은, 죽음의 공포이며, 쾌적한 생활에 필요한 것으로의 욕망이며, 그들의 노력에 의해 그들을 획득하려는 희망이다. 그리고 이성이 그것으로써 사람들이 평화로 인도할 수 있는 평화조항을 제시한다. 이 조항이 ***자연법(the laws of nature)*** 이다.

자연법에는 세 가지가 함축된다. ① "각자는 평화를 획득하려는 희망이 있는 한, 평화를 향해 노력해야 하며, 그것을 획득할 수 없을 경우에는, 그는 전쟁의 모든 도움과 이익을 구해서 사용할 수가 있다." 여기서 평화로의 노력을 명하는 전반 부분이 근본적 자연법이며, 자기보존으로 노력을 명하는 부분이 자연권의 요약이다. ② "사람은, 다른 사람도 그러한 경우에는 그가 평화와 자기 자신의 방위를 위해 필요하다고 생각하는 한, 모든 것에 대한 이러한 권리를 자진해서 버려야 하며, 그가 그 자신에 대해 허용하는 것만큼 다른 사람에 대한 자유를 만족시켜야 한다." 즉 자연 상태에서 각자가 모든 것에 대해 가지고 있는 자연권이야말로 전쟁의 원인이

---

3) 사회계약으로서 도덕원리는 ① 도덕 원리 : 단순한 법적 합의의 사회 계약, 자기보존 목표 ② 사회계약은 "법의 보호를 받기 위해 자연권을 포기하는 것" ③ 자기보존을 위한 권력의 포기: "황금률" ④ 사회계약의 결과: 도덕규범(법률) 발생 ⑤ 강력한 통치자의 전제권력, 강력한 처벌 · 형벌의 강조 등 이다.

다. 자연법은 평화를 위해 이러한 자연권의 포기를 명하는 것이다. 권리의 포기에도 2가지 구별이 있다. 하나는 문자 그대로 포기(renouncing)이며, 또 하나는 양도(transferring)이다. 전자는 권리를 양도하는 상대가 명시되어 있지 않는 경우이며, 후자는 특정한 상태가 명시되어 있는 경우이다.

홉스는 후자의 경우에서의 상호적인 양도를 계약(contact)이라고 부른다. 또 이 경우에 있어서의 권리의 상호적인 양도가 서로의 신뢰 속에 그 계약의 이행을 장래에 맡길 경우, 홉스는 특히 그것을 ***信約(covenant)***이라고 부른다. ③ ***"사람들은 그들이 맺은 信約을 이행해야 한다."*** 이것은 둘째 자연법으로부터의 당연한 귀결이다. 그리고 홉스는 이러한 신약의 준수를 정의(justice), 그 반대를 부정의(unjustice)라고 부른다. 말하자면 홉스에 있어서 정의란 자기보존의 보다 나은 실현을 위해 맺은 '신약의 준수' 인 것이다. 이상 세 가지가 홉스 자연법 중 기본적인 것이며, 나머지는 이들에서 파생되어 이들을 보완하는 것으로 존재한다.

홉스에 의하면 자연법이야말로 도덕자체이며, 자연법에 관한 교의가 도덕철학이다. 홉스의 자연법은 도덕과 동일시된다. 이 자연법은 영혼의 탁월성이나 완전성이라는 궁극적 가치에 관련되는 것이 아니라, '자기보존'을 위한 자연권을 보다 잘 실현하기 위한 평화의 규칙에 불과했다. 자연법을 올바르게 인식하고 준수하기 어려운 사람들에 대한 판단기준으로 "그대자신에 대해 해주기를 원하지 않는 것을, 타인에게 하지 말라"라는 명제를 걸었다. 이것은 "타인에게서 해주기를 원하는 모든 것을 그 사람들에게 하라"는 황금률과 대비된다.

그리고 이를 하나의 행동규범으로 생각할 경우, 후자는 타인에 대해 적극적으로 선을 베푸는 것을 요구하고 있는 데에 비해, 전자는 단지 악을 범하는 것을 금하는 것에 불과하다. 그것은 오히려 금지명령이며, 여기서도 고립적이고 이기적인 개인을 전제로 한 단순한 평화를 위한 처방에 불과한 홉스 자연법의 소극적인 성격이 나타난다. 그리고 그것은 그대로 경쟁사회를 평화롭게 유지해 나가기 위한 수동적인 행동 규칙에 불과한 부르주아 사회의 도덕을 그대로 반영하고 있다고도 할 수 있다. 이러한 자연법이 도덕의 구속력의 근원으로 자리매김할 수 있는가에 관련되는데, 전통적인 자연법에 있어서는 그것은 인간의 자연성 그 자체에 입각하고, 따라서 신법(神法)과 밀접한 관련을 가지고 있었다.

자연법의 구속력은 무엇보다 신의 권위에 입각한다. 홉스도 또한 이러한 이성에 의해 발견된 자연법은 엄밀한 의미에서는 자기 자신의 보존과 방위에 도움이 되는 것에 관한 결론 또는 정리(theorems)에 불과하고 "권리에 의해 모든 것을 지배하는 신의 말에 제시 된 것" 으로만, 법(law)이라고 부를 수 있다고 말하고 있다. 홉스는 자연법의 구속력의 근원을 신의 권위에 구한 것을 의미하지 않는다. 자연법은 어디 까지나 이성에 의해 발견된 평화 규칙이며, 그 구속력은 이성의 추리에 있다. 그것은 인간의 자연적 성향의 분석으로부터의 당연한 귀결이며, 그것이 준수되어야 하는 것은, 그렇지 않으면 평화가 지켜지지 않기 때문이다. 물론 이는 자연법의 창조주가 만물의 창조주인 신이라는 사실과 모순되지 않는다.

사회계약 : 국가의 필요성

자연법만으로 평화를 보장하기에는 충분하지 않다. 이것은 자연법이 모든 사람에게 인식되지 않기 때문이 아니라, 오히려 장기적으로 보면 자연법을 지키는 것이 모두에게 이익 된다는 것을 알아도, 단기적으로는 자연법을 범함으로써 이익을 얻는 사람이 있을 수 있기 때문이다. 따라서 홉스는 자연법은 평화의 보장이 존재하는 곳에서는 언제 어디서나 '외면의 법정에 있어서(in fro ebterno)' 사람들의 행동을 의무 지우지만, 자연 상태에 있어서는 '내면의 법정에 있어서(in fro interno)' 즉 양심의 법정에 있어서만 항상 의무 지우는 데에 불과하다고 한다. "자연법은 내면의 법정, 양심 법정에 있어서는 언제 어디서나 의무지 우는 것이지만, 외면의 법정에 있어서는 반드시 그렇지는 않다. 그것이 안전하게 이루어질 경우에만 의무 지우는 것이라 결론 내리지 않을 수 없다.” 홉스의 국가는 자연법이 외면 법정에 있어서도 항상 적용되어 실현되기 위한 조건으로서의 ‘충분한 안전(sufficient security)’을 보장하기 위해 자연법에 입각해서 성립된다.

오늘날 자본주의를 정당화하는 다윈주의(Darwinism)도 인간을 약육강식의 비도덕적 존재로 규정한다. 19세기의 다윈(Charles Darwin, 1809-1882)은 인간의 도덕 감성(양심)의 제 1원리로서 사회적 본능을 들고 있다. 그는 기계론적 법칙에 의해 도덕원리와 도덕의식에 대한 설명을 한다. 사회의 부적격자를 도태하는 과정에서 본성 가운데 고귀한 부분이라고 불렀던 동정과 도덕성을 저버리게 될지도 모른다. 그의 주장은 양심, 사회적 본능, 그리고 동정이 어떻게 자연도태의 과정 동안에 도달된 진화의 최고 성취의 산물이 되는 가에 대한 이유를 알기 어렵다는 맹점이 있다. 생물학적 진보는 필연적으로 도덕적 진보일 수 없음에 한계점이 노출된다. 그리고 과학 혁명 시대에 자연 과학적 지식이 발달하자, 인간의 궁극적 목적에 대한 관점이 와해된 것이다. 본성에 대한 평가가 인간이라는 존재로부터 시작되는 만큼 창조주와의 관계에서도 신의 섭리에 의한 본성과 진화론적인 본성으로 양분되어진다. 이 자연법이론에 대한 부정적 평가는 그 이론이 우리에게 타당하게 적용될 수 있는지 그 여부를 알려준다.

중세의 자연법학자들에 의하여 발전해온 “이중결과의 원리”에 따르면, 자연법이론은 우리가 본성적으로 주어진 내재적인 목표를 따라야 한다는 신념 때문에 목적론적이지만, 그것은 또한 의무론적이기도 하다. 다른 선을 증진시킨다할지라도, 자연을 위반하는 것을 허용할 수 없기 때문에 의무론적이다. 이 원리는 때때로 자연법이 비난하는 것도 행할 수 있다. 초기 로마 법학자들은 다양한 민족의 법조문에서 공통의 요소가 있다고 믿었다. 율법학자, 그로티우스는 도덕법이 올바른 이성에 의해 결정된다는 생각을 가졌다.

이런 견해들은 모든 민족에게 공통적인 기본적인 도덕법에 근거한 인간 본성과 인간이성에 의지하기 때문에 자연법론에 대한 변화가 고려될 수 있다. 18세기 이래의 철학자들은 자연의 법칙에 대해 언급하였다. 볼테르는 도덕성은 우주적 근원을 가진다고 말했다. ***"자연법에서 자연은 모든 인간들이 마땅히 행해야 할 것을 가르친다."*** 미국의 독립선언서는 자연에 정초되어진 도덕법이 존재한다고 믿었다. 로크는 자연권 전통의 맥락에 있지만, 자연법 전통과는 다르다. 로크는 인간의 본성에 대하여 발달된 견해를 갖지 못했으며, 또한 아퀴나스처럼 형이상학적이지도 못하였다. 그러나 ***자연법이론(natural law theory)***과 로크나 제퍼슨과 같은 ***자연권(The natural rights)***사이에는 공통의 흐름이 있다. 양자는 그들 견해를 인간본성에 호소하는데 근거하고 있다. 양자는 인간본성으로부터 도출된 도덕원리가 사회법과 실제를 형성할 뿐만 아니라 비판하는데 사용될 수 있다고 믿으며 전문직 기제와 연관된다.

라슨(M.S.Lasson)은 '배제' (exclusion)와 '사회적 폐쇄' (social closure)라는 베버식의 개념을 통해 전문직의 기제를 설명하면서, 전문직 집단이 특정 분야의 지식에 대한 배타적 이용에 근거하여 서비스를 독점적으로 장악, 사회적 위상을 확보하고 유지하는 메커니즘을 '전문직 프로젝트' (professional project)로 명명한다.[4] 전문직은 시장의 독점화, 내부 집단의 폐쇄화 그리고 해당 전문직의 토대가 되는 지식과 교육의 독점적 확보를 통해 전문직 프로젝트를 추구해 나간다는 것이다. 이 논의는 첫째, 전문직 집단은 이익집단으로서 서로서로, 그리고 국가를 포함한 여타 사회집단들과 경쟁한다. 따라서 그 자체로 베버가 사회의 본래적 성격이라고 보았던 갈등의 일부를 이룬다. 특히 자신들의 활동 범위, 즉 관할 권역을 확장시

---

4) M. S. Lassson, *The Rise of Professionalism: A Sociological Analysis*, Berkeley: University of California Press. 케이스 M. 맥도널드, 권오훈 옮김, 『전문직의 사회학—의사 · 변호사 · 회계사의 전문직프로젝트 연구(The Sociology of the Professions)』 (서울: 일신사, 1999), p 67.

키거나 최소한 방어하기 위해 노력한다.

둘째, 전문직 집단은 독점 혹은 최소한의 허가를 확보하기 위해 국가와 특별한 관계를 맺고 있으며 전문직의 경우 경제적 이익에 대한 욕망이 사회적 지위추구와 매우 독특하게 연관되어 있다. 전문가들의 행위 가운데 일부는 순전히 자기이익의 증대를 위해 도모하지만, 그들의 행위 대부분은 고객에게 아주 중요한 문제(재산, 생명, 건강 등)에 대한 서비스를 제공한다. 즉 전문직의 행위는 상당한 정도의 이타심과 공익 증진에 대한 고려가 포함되어 있다.

셋째, 전문직의 '소득기회'는 자신들의 전문화된 지식과 능력에서 비롯되며, 특히 실무 현장에서 폭넓은 의미의 자율성과 재량권을 갖는다. 아울러 전문직 집단은 이익을 추구하는 과정에서 '사회적 폐쇄'에 참여하며, 이를 통해 다른 집단을 자기집단으로부터 배제시킨다.[5] 이러한 특징을 통해 전문직을 규정하는 데 있어 국가와 지식이라는 요소가 매우 중요하다는 점을 확인할 수 있다.

이처럼 국가는 전문직 프로젝트의 외적 요소로서, 독점에 대한 허용을 통해 전문직을 규제해나간다면, 그 프로젝트의 내적 요소는 바로 지식이다. 특정의 지식 영역을 소유하다는 것 자체가 보통의 일반적 지식과 차별화시켜 이에 대한 특별한 권리를 주장할 수 있기 때문이다. 이러한 지식에 대한 전문직의 '독점성'은 전묵직의 가장 중요한 특징으로 정당화된다. 전문직의 일은 단순한 기술자가 아닌 고도의 지적 반경에서 수행되는 유형으로서, 전문직의 지식과 기술은 일반인들이 쉽게 접근할 수 없는 특수교육을 통해 획득되는 당위성을 갖는다.

이처럼 전문직의 이론에 있어서 사물이 존재하는 방식은 본질적으로 그들이 마땅히 존재해야할 방식의 토대를 제공한다. 분명히 이것이 옳은 것

---

5) 같은 책, 68-72.

으로 여겨지지는 않을 것이다. 단지 구체적으로 존재하는 것이기 때문에 반드시 그것이 선하다는 것을 의미하지도 않는다. 흄에 따르면, 존재로부터 당위는 파생될 수 없다. 사실문제들은 가치평가로부터 완전히 단절된다. 다른 도덕철학자들도 이에 동의하였다. 그러나 자연법은 자연이 목적적이고 자연이 어떤 방향성을 가진다고 확신한다. 아리스토텔레스의 개념에서, 자연이 자연목표, 궁극목적(final purpose)을 향하여 가듯이, 전문직은 전문적 일을 수행하는 목적을 지향하게 된다.

만일 자연법 이론이 자연속의 목적적 존재에 의존하듯이, 전문직의 공학자들이 어떻게 위기에 대처하면서 전문직 일을 제대로 수행하는지를 당위적으로 설명할 수 있어야 한다. 이처럼 '전문직의 존재가 전문직 일의 당위를 규정한다.' 는 신자연법이론의 견해에서 '현상에서 당위의 추론 가능성에 관한 추론' 에 답하여 필립 풋(Philippa Foot)은 긍정하고 있다.[6)]

전문직의 황금률 논증

전문직에서의 윤리의식은 통상적 의미에서의 도덕성(ordinary morality)의 수준을 넘어선다. 전문직 실무에 수반되는 특수한 윤리적 규범은 전문직 그 자체의 본성뿐만 아니라 전문직이 수행하는 다양한 사회적 역할에

---

6) '자연주의적 오류(사실판단에서 가치판단의 추리 문제)' 에 대해, 오히려 당위적 정당성을 주장한 필립 풋은 설(John R. Seare)의 입장을 지지한다. 그는 그 가능성을 5단계로 나누어 설명한다. ①존스는, "스미스, 나는 이것을 가지고 자네에게 5달러를 지불하기로 약속하겠네."라고 했다. ②존스는 스미스에게 5달러를 지불하겠다고 약속했다. ③존스는 스미스에게 5달러를 지불해야 한다는 의무를 받아들인다. ④존스는 스미스에게 5 달러를 지불해야 할 의무가 있다. ⑤존스는 스미스에게 5달러를 지불해야 한다. ① "약속한다."고 하는 말의 사실(존재) → ②약속의 성립 → ③의무의 수용 → ④의무의 존재 → ⑤당위의 성립(당위). 이와 같은 유도에서 【.... 이다.】로부터 【...해야 한다.】는 것이 불가능하다는 흄의 법칙은 논파되었고, 필립 풋은 이러한 가능성을 다시 확인해 준다. 여기서 '약속' 의 성격에 대한 해석의 차이점이 발견된다. 흄은 '약속이다' 는 표현에서 '... 해야 한다' 는 당위의 추론은 불가능하다고 주장한 데 반해 설은 존재의 언어이지만 당위의 가능성을 평가언어로 분석 하였다. 이러한 측면에 대해 맥키(Mackie, John: Inventing Right and Wrong, 1971)는 사실과 제도적 사실은 구분되어야 하며, 약속은 제도적 사실에 해당되어 존재와 당위를 연결 짓는 최대 공약수 기능을 발휘할 수 있다고 해석하고 있다.

서 생겨나기 때문이다. 물론 자기 규제라는 부분이 강조된다고 해서 전문직 윤리가 개인윤리 차원으로 해명될 수 있다고 말하는 것은 아니다. 전문직 종사자의 윤리적 행태를 가능케 하는 폭넓은 의미에서의 제도적 규범 장치가 필요하다. 전문직 종사자들이 아무리 뛰어나다고 하더라도 자신의 업무를 둘러싼 여러 제약 가운데 자유롭기는 어렵기 때문이다. 이와 같이 전문직에 대한 도덕적 탐구는 전문직과 윤리의 상관관계, 즉 전문직에게 요구 되는 규범차원의 논의를 일정 정도 공백으로 남겨놓고 있다. 바로 여기가 전문직에 대한 자연법적 탐구의 중요성이 제기되는 지점이다.

자연법에서는 사실전제로부터 도덕결론을 이끌어낸다. 예컨대 "행복은 사람들이 바라는 것이기 때문에 좋은 것이다"라고 추론한다면, "행복은 사람들이 바란다."는 사실판단으로부터 "행복은 좋은 것이다"라는 도덕판단을 이끌어 내고 있는 것이다. 이러한 자연주의적 추론은 타당하지 않다. '좋다'라는 도덕적 용어를 '사람들이 바란다.'라는 사실언어로 정의를 내릴 수 있는 경우에만 그러한 추론이 타당하다. 만약 '좋다'라는 평가용어가 '사람들이 바란다.'라는 사실적 언어로 고스란히 정의될 수 있다면 "어떤 것을 사람들이 바란다. 그렇지만 그것이 좋은가?"라는 물음은 우스운 질문이 되어야 할 것이다. 물음은 평가 용어에 대한 모든 자연주의적 정의에 대하여 자연스럽게 던질 수 있을 것이다. 헤어 분석에 따르면, 평가 용어는 기술적 의미와 규정적 의미를 포함하고 있다는 것을 자연주의자는 간과되고 있다고 할 것이다.

헤어에 의하면 전문직의 실제적인 도덕 문제에 대한 도덕적 추론 또는 사고는 두 개의 수준으로 구분된다. 그 하나가 직관사고(intuitive thinking)이며 다른 하나가 비판사고(critical thinking)이다. 우리는 대개의 경우 어릴 때의 양육과 과거의 의사결정 경험을 통해서 배운 비교적 단순하고 일반적인 도덕원리에 따라 도덕사고를 한다. 일반적이며 직관적인 ***'직견적 (prima facie)'*** 도덕원리에 따라 판단을 내리는 도덕적 사고를 직관사고라고 한다. 직관사고는 나름대로의 역할이 있다. 도덕원리에 따라 사고를 함으로써 도덕발달과 인격형성이 가능하고 도덕학습이 용이하다. 유사상황에서 새롭게 생각할 필요가 없으며 다른 문제에 대해 생각할 시간여유를 가질 수 있고 자신이익에 맞도록 제멋대로 도덕사고를 할 가능성도 있다.

헤어에 따르면 전문직의 직관사고에서 사용되는 비교적 단순한 원리가 인간의 도덕사고에 필요하기는 하지만 그것만으로는 충분하지 않다. 우리는 항상 이전과 다른 새로운 상황 즉 직관적 원리들이 서로 충돌하는 새로운 상황에 직면할 수 있다. 이러한 갈등 문제를 해결하기 위해서는 비판사고가 필요하다. 우리의 직관을 형성한 과거의 양육이 최선의 것이었는지, 과거의 의사결정이 옳은 것이었는지, 그리고 설령 그렇다 치더라도 그 때 형성된 직관원리가 새로운 상황에 적용되어야 하는지를 물어야 한다. 비판사고는 직관원리들에 대한 비판기능을 가지며 아울러 그 원리들이 충돌할 때 이를 해결하는 역할을 갖는다.

전문직의 비판사고에서는 도덕직관에 호소하지 않는다. 비판사고에서는 도덕개념의 논리적 속성과 비도덕적인(non-moral) 사실의 제한만을 받는 조건에서 원리를 선택 또는 결정한다. 그러나 여기서 선택된 도덕원리는 직관수준에서 사용되는 도덕원리와 성격이 다르다. 두 가지 원리는 보편규정이라는 점에서 논리적으로 유사하다. 그러나 일반성-구체성의 차원에서는 차이가 있다. 직관원리는 그 기능 또는 역할을 달성하기 위해서 비교적 단순하고 일반적이어야 한다. 그러나 비판사고에서 선택된 원리 즉 비판원리는 아주 구체적일 수 있다.

헤어에 의하면 전문직 비판사고는 도덕적 추론의 전형이다. 전형적인 도덕추론은 칼 포퍼(Karl Popper)가 제시한 과학적 탐구절차와 유사하다. 과학자들의 전형적인 탐구절차는 가설을 제안하고 그것을 검사하는 방법을 찾는다. 그것이 거짓이라면 그렇다는 것을 보여주는 실험을 한다. 만약 가설이 거짓이라는 것을 우리가 아무리 증명하려고 해도 증명하지 못할 때는 그것을 잠정적으로 받아들인다. 물론 나중의 실험이 그것을 반박한다면 그것을 버릴 준비가 되어 있다. 그러나 관찰 결과로부터 가설이 참이라는 것을 증명할 수는 없다. 과학탐구는 일종의 탐색이다. 다시 말해 실험검사를 견뎌낼 수 있는 가설을 찾는 것이다.

전형적인 도덕추론은 이미 받아들여진 도덕원리로부터 도덕 판단을 직접 이끌어내는 직선적 추론이라기보다는 과학탐구에서처럼 반증사례에 견뎌낼 수 있는 도덕 판단이나 도덕원리를 탐색하는 활동이다. 도덕추론은 도덕판 단이나 도덕원리를 마치 가설처럼 가정하고 그것의 논리적 결과를 검사함으로써 그 타당성을 알아보는 방법을 취한다. 헤어에 의하면 구체적인 상황에서 어떤 행위를 할 것인가를 결정하는 도덕적 추론은 결국 도덕원리의 결단으로, 황금률 논증형식을 취한다. 이와 같은 도덕적 추론의 골격은 헤어가 소개한 하나의 우화를 통해서 잘 이해될 수 있을 것이다. A는 B에게 빚지고, B는 C에게 빚지고 있다. 그런데 법에 따르면 채권자는 빚을 받아내기 위해 채무자를 감옥에 보낼 수 있다. B는 자신에게 묻는다. "나는 A로부터 돈을 받아내기 위해 A한테 그러한 방법을 취해야 한다고 말할 수 있는가?"

"A는 나에게 진 빚을 갚지 않았기 때문에 나는 그를 감옥에 넣어야 한다."라고 주장한다면, 이 주장은 "나와 같은 입장에 있는 어떠한 채권자도 채무자가 빚을 갚지 않는다면 그를 감옥에 넣어야 한다."는 원리를 받아들인다는 것을 함축한다. 그렇다면 C가 B와의 관계에서 채권자의 입장에 있으므로 결국 C는 B를 감옥에 넣어야 한다는 것을 주장하는 셈이다. 그리고 "C는 나를 감옥에 넣어야 한다."는 도덕 판단을 받아들이게 되면 "C로 하여금 나를 감옥에 넣도록 하라"는 단칭규정을 B는 받아들이지 않을 수 없다. 만약 B가 그것을 받아들일 준비가 안 되어 있다면, B는 "A가 빚을 갚지 않았기 때문에 그를 감옥에 넣어야 한다."는 원래의 판단을 받아들일 수 없는 것이다.

과학탐구와 도덕탐구의 중요한 차이점은 과학탐구에서의 검토 대상은 관찰을 통해 그 진위를 가릴 수 있는 경험적 진술이지만 도덕탐구에서의 검토 대상은 규정적 진술(C로 하여금 나를 감옥에 넣도록 하라)이다. 【과학탐구에서 반박하는 자료는 단칭(singular) 사실진술이지만, 도덕추론에서는 단칭 규정 진술 즉 단칭명령】이다. 과학탐구는 가설을 찾고 그것의 결과가 거짓이라는 것을 증명함으로써 그것을 검사하려고 하지만, 도덕탐구 또는 추론은 원리를 찾고 그 결과를 받아들일 수 있는지를 확인함으로써 그것을 검사하려고 한다. 헤어에 따르면 황금률 논증은 필수요소를 포함한다.

전문직 도덕적 논증의 첫 번째 요소가 논리적 속성으로서 앞에서 언급한 보편화가능성과 규정성이다. "A는 나(B)에게 진 빚을 갚지 않았기 때문에 나는 그를 감옥에 넣어야 한다."라는 주장은, '해야 한다'라는 보편화가능성 때문에 "나와 같은 입장에 있는 어떠한 채권자도 채무자가 빚을 갚지 않는다면 그를 감옥에 넣어야 한다."는 원리로 보편화할 수 있다. 따라서 만약 B가 C와의 관계에서 빚을 지고 그 빚을 갚지 않는 경우 "C는 나(B)를 감옥에 보내야 한다."는 것을 받아들이게 되는 셈이다. 이 경우 '해야 한다' 는 말의 규정성 때문에, 결국 B는 "C로 하여금 나를 감옥에 넣도록 하라"는 단칭명령을 내리고 있는 것이다.

전문직 도덕적 논증의 두 번째 요소는 상황과 관련되는 사실성이다. 앞의 우화에서는 A가 B에게, B는 C에게 빚지고 있다는 것이 사실이다. 그리고 채무자가 빚을 갚지 않을 경우에는 법적으로 채권자가 그를 감옥에 보낼 수 있다는 것도 사실이다. 이해 관심(interest) 또는 성향(inclination)도 도덕논증의 필수적인 요소이다. 우화에서 관련되는 성향은 감옥에 들어가고 싶어 하지 않는 성향이다. 광신주의자처럼 감옥에 들어가는 것에 신경을 쓰지 않는 사람이 있을 수 있다. 이러한 사람은 황금률 논증에 영향을 받지 않는다.

전문직 도덕논증의 마지막 요소는 ***상상력(imagination)***이다. 우화에서는 B가 채권자이면서 동시에 채무자의 입장에 있다. 그러나 B가 C와의 관계에서 실제적인 채무관계에 있지 않다 할지라도, B가 "나의 경우에는 내가 A에게 하는 방식대로 다른 사람(C와 같은 채권자)이 나에게도 한다는 것(감옥에 보낸다는 것)에 대하여 두려할 필요가 없다" 고 말할 수는 없다. 왜냐 하면 도덕적 논증은 그러한 실제적 관계에 의존하지 않기 때문이다. B가 실제로는 다른 사람과 채무 관계에 있지 않다 해도 채무자인 A의 입장에서 그의 성향과 이익을 마치 자신의 것처럼 중요시하는 상상력이 요구된다. 우화의 경우에는 실제로 B 자신이 채무자의 입장에 있기 때문에 상상력이 거의 필요 없겠지만, 대부분의 정상적인 도덕적 상황에서는 자신을 상대방의 입장에 놓고 생각해 보는 상상력이 필요하다. 헤어에 의하면 도덕논쟁, 의견의 불일치는 위에서 열거한 요소들의 차이 때문에 발생한다.

'해야 한다' 라는 말이 보편성과 규정성을 갖는다는 것에 동의한다 해도 다른 요소들의 조합에 의해 도덕적 의견이 다를 수 있다. 사실에 관한 의견 차이 때문에, 또는 성향의 차이 때문에, 아니면 둘 중 한 사람이 상상력이 부족하기 때문에 사람들 간에 무엇을 해야 할 것인지에 대하여 의견 차이가 생긴다. '해야 한다.' 는 말을 이 같은 방식으로 이해하면, 즉 ***보편성과 규정성***을 갖는 것으로 전문직 수준으로 상상한다면, 전문직의 도덕 불일치의 다른 요소는 쉽게 제거할 수 있을 것이다.[7] 사실은 전문공학자들이 인내성을 갖는다면 검증할 수 있다. 전문직의 성향은 가장 중요한 문제

---

7) 메리 워녹(Mary Warnock)은 헤어의 보편적 처방주의의 애매함을 비판한다. 헤어는 분명히 처방 적이지 못하고 비평가적인 용례들이 있음을 인식하면서도, 직관적인 이해방식으로 그 반증사례를 간과한 점이 드러나고 있다. 필립 풋은 ***'조건부적인 설득력을 가지는'(prima facie convincing) 반증***을 통해 헤어의 주장에 반론을 제기한다. '무례한' 이나 '용기 있는' 과 같은 말은 사실적인 전제에서 ***가치평가적인 결론***을 도출할 수 있다고 본다.

에 관한 한, 그 성향이 유사하다고 생각된다. 전문직의 윤리강령이나 실무현장에서의 윤리규범의 적용가능성과 문제해결능력을 증진시킬 수 있는 ***상상력***은 배양될 수 있다. 전문직 황금률에 근거하여 공학자로서 책임을 살려내야 한다.

2. 공학자의 책임

〈그림 1〉 용접공, 뉴시스

공학자(The Engineer)는 과학 원리에 관심을 갖지만 그 적용을 지향한다. 공학자 활동은 설계, 즉 특정한 요구에 응답할 수 있는 장치나 과정을 합성하기 위하여 과학지식을 사용하는 것이다. 19세기 이후 전문기술자로서 공학자는 과학적 지식에 근거한 전문 기술 보유자, 특수전문분야의 과학적 지식을 바탕으로 기술행위를 지시하게 된다. 아이디어를 구현하는 경우 공학 기술전문가(The Engineering Technologist)의 도움을 받는다. 이들은 공학자와 기능공 사이에 위치하게 되는데, 이 업무는 주로 공학 프로젝트의 조직과 관리, 공학 설비의 계획, 건설, 운용에 참여하는 것이다. 엔지니어링 팀의 다른 구성원으로는 공학기술자(The Engineering Technician)가 있다.

이들은 기술적용에 대한 상세한 지식을 필요로 하며, 공학자나 공학 기술전문가의 업무보다 정형화되어 있으며 좀 더 고도의 기술적 속성을 드러낸다. 공학 팀의 또 다른 구성원으로는 기능공(The Craftman)이 있다. 기능공은 공학자에 의해 부품을 생산하기 위한 손기술을 보유하고 있다. 이들 훈련은 직업으로 가능하며 용접공, 전기공, 기계공 등이 기능공 세분화된 직업 예이다.[8] 미국의 공학과 기술에 대한 공증위원회(Accreditation Board for Engineering and Technology)는 공학자를 '교육과 경험을 습득한 그들의 전공지식과 수학, 과학 및 엔지니어링 과학, 엔지니어링 해석과 설계의 원리 및 방법의 사용에 의해서 엔지니어링을 실행할 수 있는 자격을 갖춘 사람이다' [9]라고 정의하고 있다.

공학자는 공식적 교육과 경험을 통하여 기술을 습득하여야 하며, 사회 공익을 위하여 전문지식과 기술을 적용하는 책임이 부여된다. 결국, 공공 복리를 추구하는 사회적 책임을 떠맡게 된다. 전문직은 필수적이고 유익한 사회요구를 충족시켜야 하며, 규격화에 얽매이지 않으며, 지식과 기술 지적기반에서 수행되는 활동을 수행한다. 공학자들은 직업적 활동에서 자율의 특권이 있는 한편 사회와 공공책임이 우선적으로 요구되며, 이를 위해 각 분야별로 활동에 지침이 되는 윤리규범을 채택하고 있는 추세이다. 공학자 육성과정은 정규과정으로 프로그램화 되어 있다. 즉 공학 교육토대는 기본과학과 물리학, 화학, 수학, 컴퓨팅 등이 있으며, 나아가 인문과학, 사회과학, 예술, 윤리 등으로 구성된다. 이 경우 미래의 공학자들이 사회와 자연환경에 대한 엔지니어링의 잠재적 영향을 이해하는 데 도움을 준다.

미국에서는 공학자 프로그램을 공인하는 책임위원회로 '공학인증 위원회' (ABET, Accreditation Board for Engineering and Technology)가 있다. ABET 는 공인프로그램의 최소기준을 결정 · 검토하며, 현존하는 교육과정개선과 지침을 제공하게 된다. 이런 일련의 교육과정에 이어 관심 있는 분야에서의 광범위한 직업훈련을 거쳐 공학자의 자격을 갖추게 된다. 일정한 자격을 갖춘 이후, 공학자들은 능력을 증명하는 등록절차를 거치게

8) 정태진 외 공편, 『공학도를 위한 엔니니어링 입문』, 보문당,, 1993, p. 15.
9) 같은 책, p. 13.

되어 있다. 등록을 통해 비로소 공학자의 직업실무를 위한 자격을 확증한다. 공학자는 책임과 성실의 의무를 준수해야 하며, 활동에 도움을 주고받는 가운데 공공사회 일원으로 참여하게 된다. 공학자 윤리 항목으로서는 윤리강령의 정직과 성실, 자율과 책임을 지게 한다.

정직과 성실

전기전자공학자협회(IEEE) 윤리헌장의 제 3법규에서는 공학자 윤리로서 정직을 강조한다. 유효한 데이터에 의거한 평가나 요구를 진술할 때, 정직하고 사실적이도록 장려하고 있다. '미국 기계공학자 협회' (ASME)에서도 제 2원칙은 공학자가 공학자 윤리로서 공평하고 정직하게 실천해야 한다고 말한다. 정직과 성실의 윤리를 강조한 것으로는 '미국전문공학자협회' (NSPE)에서 공학자들에게 정직한 기업에만 참여하도록 권고하고 있는 것으로 확인할 수 있다. 2조 2항에서는 '자신이 능력 있는 영역에서만 일을 한다.' 고 하고 2조 3항에서는 '공적 진술서는 객관적이고 진실한 방법으로만 진술하게 하고, 2조 5항에서는' 공학자들이 전문직 일을 구할 때 거짓 광고를 하지 말도록 규정하고 있다.

그렇다면 부정직의 사례에는 어떠한 것이 들어가는가? 첫째, 허위 또는 오도하고 속이려는 의도로 언어를 통한 거짓을 들 수 있다. 비록 거짓말을 하지 않더라도 기술문제를 논의하는 과정에서 고의적인 속임이 나타날 수 있다. 그리고 정보를 빠뜨리거나 숨기려는 의도로 정보 은폐의 부정직의 사례를 들 수 있다. 이러한 부정직의 문제는 인간을 기만하고 공공신뢰를 붕괴시키거나 충분한 정보에 입각한 의사결정의 토대를 위태롭게 하는 결과를 발생한다.

공학에서 부정직의 사례로는 데이터가 오차가 없는 것처럼 손질(trimming)하거나, 이론에 맞는 결과만 남겨두고 다른 것은 버리는 쿠킹(cooking), 실험하지 않은 실험을 일부 또는 전부를 만들어내는 날조

(forging) 많은 연구자들이 간여된 다중 저작권(multiple authorship)등을 들 수 있다. 그러므로 정신노동으로 산출된 지적 재산권을 정직하게 인정해주는 풍토가 중요하다. 이에는 코카콜라 제조법 같이 기업비밀(trade secrets)을 보호하거나 서류 작성일 부터 20년 동안 정보를 소유자에게만 허락하는 특허(patent), 상징이나 서비스와 관련된 상징물의 등록상표(trademark), 아이디어를 인정하기 위한 저작권(copyright)은 인정되어야 한다.

아울러 공학자들은 법이나 이 헌장에 의해 명시되거나 권한을 부여받은 경우를 제외하고는 고객이나 고용주의 사전 동의 없이 전문직의 지위에서 얻은 사실, 데이터, 정보를 밝혀서는 아니 되는 것으로 명시하고 있다. 고객과 공학자 직업인 사이에 맺은 비밀도 지속적이며 성실하게 유지하도록 한다. 반면에 공학자들은 공학현장에서 다양한 방식으로 성실성의 의무를 위반할 수 있다.

개인적 활동에서 공학자는 고객의 허락 없이 기밀 정보를 누설하고 싶은 유혹에 빠질 수도 있다. 대부분 공학자가 피고용인이라고 가정하면, 정보의 부적절한 공개를 포함하는 일반적 문제는 소유권 있는 정보의 침해이다. 이전의 고용주의 설계와 소유권 있는 정보를 이용하는 것은 부정직한 행동이고 소송을 야기할 수 있다. 또한 이전 고용주를 위해 일하면서 개발하였던 아이디어를 이용하는 것도 문제가 될 수 있다. 특히 거래비밀, 특허, 면허협정과 관련되는 경우에는 심각한 문제가 될 수 있다.[10)]

'미국전문공학자협회' (NSPE)헌장은 "공학자들은 그릇된 방식으로 다른 고용주로부터 공학자를 유혹하려고 시도해서는 안 된다."라고 명시하고 있다. 기업기밀(trade secret)은 경쟁기업을 능가하기 위해 기업에서 이용되는 공식, 유형, 정보편집물로서, 기업비밀은 공개되어서는 곤란하며 성실하게 보호되어야 한다.

---

10) Charles E. Harris, Jr. Michael S. Pritchard, Michael J. Rabins, p. 141.

자율과 책임

공학자들은 공학현장에서 직무를 수행함에 있어서 어느 정도 독자적이고 객관적인 판단을 할 수 있다. 이를 전문가적 자율성이라고 부른다. 그러나 공학자는 공학업무의 특성상 독자적으로 활동하기보다 조직일원으로 활동하고 있다. 즉 공학자는 대규모의 자본력과 인적구성원으로 구성된 영리적 단체인 기업의 조직원으로 활동하는 경우가 많다. 이 경우 공학자는 전문가적이고 독자적인 판단으로 업무를 수행하기 보다는 고용주의 운영방침이나 지시에 따라야 하는 경우가 있다. 큰 조직의 계층적 구조와 세분화된 분업은 공학자들의 작업과 그들의 작업이 대중에 미치는 영향에 대해 무감각해지게 만드는 측면이 있다.

경영자의 입장은 도덕원리보다 경영효율성이나 편의성을 우선할 수 있으므로 공학자의 윤리적 쟁점들과 충돌하기 쉽다. 물론 공학자들은 대체로 자신의 기업체가 흑자로 운영되어 안정적 고용처가 되기를 바랄 것이며, 대체로 고용주에게 책임 있게 일하고자 할 것이다. 윤리헌장에서도 공학자들이 그들의 고용주나 고객에게 충성할 의무가 있다고 명시하고 있다. 그런데 공학자는 고용주에 대한 충성의 의무 못지않게 공공건강, 안전, 복지를 최우선으로 지킬 의무가 있다. 이 의무는 공학자들에게 품질과 안전을 유지하도록 한다.

공학자의 공학적 의사결정과 경영자의 경영학적 결정사이에서는 언제나 이해충돌이 발생할 여지가 있다. 이러한 이해충돌을 해결하는 과정에서 공학자가 할 수 있는 의견제시의 행동적 조치로는 불복종과 고발 행위가 있을 수 있다. 책임감 있는 공학자는 조직과 고용주에 대한 충실성을 지녀야 하지만 맹목적이어서는 곤란하며, 분별력이 있는 비판적 충실이 전제되어야 한다. 공학자들이 조직에 대한 충성의 의무가 있지만 공공안전과 건강을 도모해야 하는 전문가의 윤리에 우선하여 위반을 정당화 될 수 있는 것은 아니다. 공학자는 경영자가 자신의 결정이 전문 공학자 윤리에 위배되는지 알지 못하는 경우도 있으므로, 고용인의 부당한 결정에 대해 대안을 제시하여 비윤리적 경영이 가져올 수 있는 파장을 줄여나가도록 조언하면서 선의의 불복종을 행사할 수 있는 것이다.

그리고 공학자는 윤리쟁점이 있는 행위를 요구할 경우에는 이의를 제기하며 참여를 거부하는 해야 할 일이다. 공학자의 비판적 충성은 경영자가 합당한 공학적 결정을 거부하거나 양심에 어긋나는 행위를 지시할 경우 거부할 수 있음을 의미한다. 조직적 불복종은 직장 내에서 할 수 있는 최종수단이 되어야 하고, 부정적인 결과를 최소화하는 방법으로 이루어져야 한다. 공학자들이 하는 조직적 불복종은 적극적 방법과 소극적 방법이 있다. 적극적 방법은 회사의 이익에 반대되는 행동에 참여하는 것이다. 이를테면, 오염물질을 배출하는 업체에 대해서는 오염물질 제거장치를 설비하도록 환경운동을 하는 것이다. 소극적 방법은 비윤리적으로 결정된 일에 이의를 제기하면서 참여를 거부하는 것이다.[11]

이러한 불복종으로 충분하지 않은 상황에서 최후수단으로 고려될 수 있는 행위는 공개적인 이의제기의 형태로서 고발(whistle blowing)을 들 수 있다. 고발은 극단적 방법이므로 먼저 사용가능한 모든 수단과 절차를 거치는 것이 바람직하다. 고발은 내부고발과 외부고발로 나누어진다. 내부고발은 기술자가 이 고위직에게 문제를 보고하기 위해 직접 상관의 책임자에게 정보를 알리거나 최고책임자에게 직접 알리는 경우이다. 어쨌든 내부고발은 조직 내에서만 이루어진다. 반면에 외부고발은 기술자가 기업 외부의 신문이나 법률 당국에 고발하는 경우이다.[12] 공학자는 자기주장의 합당성을 보장하기 위하여 노력을 기울여야 한다. 필요하다면 문서화된 증거도 있어야 한다. 문서는 이의제기에 합당하여야 한다. 이의제기의 정

11) 배원병 외, 『공학윤리』 pp. 178-179.

12) 김진외, 『공학윤리』, 철학과 현실사, 160쪽.

당성을 확보하기 위해서는 다른 사람의 의견도 들어야 한다. 필요하다면 관련 전문직 단체의 윤리위원회나 외부의 기업윤리 상담 전문가의 조언, 전문적인 기술평가 등을 요청할 수 있을 것이다. 지원을 받은 공학자는 믿을 수 있는 회사동료들의 찬성을 비공개적으로 모은다. 직속상관에게 예의를 갖추어 이의를 제기한다. 비윤리적 문제를 해결하기 위한 구체적인 제안을 해야 한다. 직속상관이 냉담하면 더 높은 상관들에게 자료를 제출하고 지원을 요청한다. 이때 전문가적 책임감에 입각하여 비윤리적 문제의 해결이 회사의 경영과 이익에도 도움이 됨을 설득한다. 모든 노력이 실패하면 최후수단으로 공공언론이나 정부기관의 담당기관에 내용을 알려야 한다. 이때 공공안전이나 복지에 영향을 끼치는 문제라면, 이런 문제를 해결하고자 노력하는 시민사회단체의 전문가들과 사전에 협의하면서 도움을 구할 수 있을 것이다.[13)]

공학자의 책임개념은 법적 책임과 도덕적 책임으로 분류해 볼 수 있다. 법의 영역에서는 과실이나 배상, 수리와 같은 책임이 있다. 무엇보다도 공학적 실천에서 공학자들은 고의적이건, 부주의에 의한 것이든, 무모하게 일으킨 것이든 발생한 모든 해악에 대하여 책임이 있다. 공학자는 그들 자신이나, 감독관, 회사가 법적 책임을 가질 수 있는 사회에 해악을 줄 수 있는 것에 대하여 그 가능성을 줄이는 방식으로 공공과 고용주에게 봉사해야할 책임은 가진다. 공학자는 공학전문가로서의 책임은 공학자 규범 수행 절차를 준수할 의무와 고용조건에 의한 기본공학자들이 임무를 이행해야 할 의무이행에 대한 '최소주의자 검토' , 타인에게 피해를 입히는 부문의 '합리주의 배려' 의 검토, 기본적인 의무 이상의 자비심, 인내, 공공심, 동정심, 친절, 관대함 등의 인격과 책임이 전제되는 '선행(good works)' 의 검토라는 세 가지 관점에서 면밀하게 살펴보아야 한다.

---

13) 배원병 외, 180-1쪽 참조.

3. 인격과 책임관계

공자(孔子)의 인격과 책임 - 仁 · 禮(인과 예)

춘추 시대의 사회, 정치적 혼란과 규범을 상실하던 때, 공자의 논어는 유가(儒家)의 성전(聖典)이 되었다. 사서(四書)의 하나로, 중국 최초의 어록(語錄)이기도 하며, 공자(孔子)의 가르침을 전하는 가장 확실한 옛 문헌이다. 공자와 그 제자와의 문답을 주로 하고, 공자의 발언과 행적, 그리고 고제(高弟)의 발언 등 인생의 교훈이 되는 말들이 간결하고도 함축성 있게 기재되었다. 그 윤리적 담론에서, "아침에 도를 들으면 저녁에 죽어도 좋다.[朝聞道 夕死可矣 (조문도 석사가의)]"는 구도의 신념을 유지하면서, 도덕성 회복을 위해 효제(孝悌)의 교육과 인(仁)을 강조하였으며, 건전한 사회 질서를 유지하기 위해 예(禮)를 강조하였다.

인의 실천 덕목으로서, 부모님을 섬기는 효와 형제간의 우애를 부각시켰다. '번지가 인(仁)을 물으니, 공자 말씀하시길, "사람을 사랑하는 것이오." 또, 지(知)를 물으니, 공자 말씀하시길, "사람을 바로 아는 것이라."고 하셨다. 그것은 목적적, 조건적 사랑(맹목적이며 무조건적 사랑이 아님)으로 "主忠信하고, 克己復禮하라." (주충신, 극기복례) 하고, '자기가 바라지 않는 바를 남에게 베풀지를 말라.' 는 서(恕)를 강조하였다. '이기심을 버리고 예를 따르는 것이 곧 인(仁)이니라.' 에서 편협한 혈연, 지연의 이기주의가 나타날 가능성을 배제하여야 하며 그 대안성격으로 자기억제(극기와 忠)의 겸허, 너그러움(관용과 恕)의 사람됨 도리, 다른 사람을 다스리는 도리 - 수기치인(修己治人: - '자기를 닦고 남을 다스리다.')을 부각시켰다.

노자(老子)의 인격과 책임 - 무위자연(無爲自然)과 소국과민(小國寡民)

노자 (성은 李, 이름은 耳, B.C. 604?-531)는 중국 춘추시대 말기의 사상가이다. 이름은 이이(李耳). 자는 담(聃). 초(楚)나라 사람으로 주왕(周王)

을 섬겼으나 주의 쇠망을 예견하고 주나라를 떠날 때, 함곡관(函谷關) 관령 윤희(尹喜)의 간청으로 5,000언(言)으로 이루어진 책을 지어 주었는데, 이것이 《노자서》 또는 《도덕경》으로도 불리는 《노자》로, 도가사상(道家思想)의 대표적인 저서이다. 노자는 이 저서에서 전체적으로 무위(無爲)의 인격적 주체로서 자연의 삶을 살아가는 것이 책임을 다하는 길임을 역설하였다. 천도(天道)의 형이상학적 견지에서는 유가(儒家)나 도가(道家)는 같으나, 천도를 인간 땅에 구현하는 덕(德)의 실현 면에서는 유가는 인위적인 수양과 노력을 강조한 반면, 도가는 무위 자연(無爲自然)을 강조하였다. 《도덕경》34장, '대도는 흘러 넘쳐 왼쪽으로도 오른쪽으로도 두루 흐를 수 있다. 만물이 그에 의지하여 생겨나지만 간섭하지 않고, 공이 이루어져도 그 공이 자기에게 있다고 하지 아니하며 만물을 입히고 기르면서도 주재하지 않는다.' 라는 부분이 무위자연에 대한 표현이다. 인간은 개념적 정의를 내리는 취미가 있는데, 그러한 취미에서 벗어나 세계를 있는 그대로, 자연의 모습으로 바라본다면, 상대성에 의해 지배되고 있는 것이 아니라 스스로 그러하도록 자리하고 있다는 사실을 알 수 있다. 무위자연은 지칭의 한계에서 벗어나 실체를 인식하기 위한 노력이 성공할 때 이루어지는 최상의 단계로 간주된다.

자연의 일부로서 자연적 본성을 지닌 존재로 보고, 사회 혼란의 원인이 선(善)하게 살아야 한다는 도덕적 명령이나 규범, 그리고 그 규범을 제도적으로 강제하는 국가 권력 자체(인간 본성에 위배됨)로 간주하였다. 당연히 상대적 인식과 인위적 가치 판단은 도나 자연에서 멀어지게 하여 사회적 갈등을 발생하게 하기 때문에 사회 질서 회복을 위하여 '무위자연(無爲自然)' 의 도의 원리를 좇아 삶을 영위하는 것을 강조하였다.

장자(莊子)의 인격과 책임 - 진인(眞人)과 제물(齊物)

장자는 중국 전국시대 말의 도학자로서, 본명은 장주(莊周)이며 만물을 끊임없이 유동변화 하는 것으로 보고, 그 유동변화를 도(道)라고 하는 만물일원론(萬物一元論)을 주장하였다. 이는 '자연과 나는 하나' 라는 물아일체 사상이다. 인생관을 사생(死生)을 초월하여 절대무한의 경지에 소요(逍遙)함을 목적으로 하였고, 또한 인생은 모두 천명(天命)이라는 숙명설(宿命說)을 취했으며 노자에 비해 탈속한 정신적 절대 자유를 추구하는 경향이 있다. 저서인《장자(莊子)》(내편 7, 외편 15, 잡편 11)는 장주학파(莊周學派)의 논설집으로, 기발한 우언(寓言)과 비유로 문명을 날카롭게 비평하였다.

장자는 노자(老子)와 마찬가지로 도(道)를 천지만물의 근본원리라고 본다. 도는 일(一)이며 대전(大全)이므로 그의 대상이 없다. 도는 어떤 대상을 욕구하거나 사유하지 않으므로 무위(無爲)하다. 도는 스스로 자기존재를 성립시키며 절로 움직인다. 도는 있지 않은 곳이 없다. 거미 · 기왓장에도 있으므로 일종의 범신론(汎神論)이다. 도가 개별적 사물들에 전개된 것을 덕(德)이라고 한다. 도가 천지만물의 공통된 본성이라면 덕은 개별적인 사물들의 본성이다. 인간의 본성도 덕이다.

이러한 덕을 회복하려면 습성에 의하여 물들은 심성(心性)을 닦아야 한다. 이를 성수반덕(性脩反德)이라고 한다. 장자는 그 방법으로 심재(心齋)와 좌망(坐忘)을 들었다. 덕을 회복하게 되면 도와 간격 없이 만날 수 있다. 도와 일체가 되면 도의 관점에서 사물들을 볼 수 있다. 이를 이도관지(以道觀之)라고 한다. 인간은 도와 하나가 됨으로써 자연에 따라 살아갈 수 있으며 자유를 누릴 수 있다. 이러한 자유는 천지만물과 자아사이의 구별이 사라진 지인(至人)이라야 누릴 수 있다.

장자는 인간을 일상적인 사람과 이상적인 사람으로 나눈다. 이상적인 사람은 도를 깨달은 사람으로서 진인, 지인으로 표현된다. 반면 일상적인 사람은 공간적, 시간적으로 제한되어 있는 미미한 존재이다. 이러한 일상인은 환경과 교육에 얽매여 있기 때문에 더불어 도를 논할 수 없다고 했다. 장자는 이를 우물 안 개구리에 비유한다. 장자는 이상적 사람이 되기 위한 방법으로, 마음을 비워 깨끗이 하는 심재(心齋)와 마음을 오로지 한 뜻으로 모으는 전심일지와 세계를 잊는 좌망(坐忘)을 제시한다.

마음의 재계는 마음과 정신을 깨끗이 씻고, 사려 분별하려는 지적 활동을 신중히 하고, 오로지 구도자의 자세를 취하는 것이다. 심지를 전일하게 하는 공부는 분산된 의식을 하나로 집중하는 수양이다. 천지 만물의 뿌리는 둘이 아닌 하나이기 때문이다. 좌망은 정좌자세에서 자아렌英막자연 등 일체현상을 잊어버리는 정신경지이다. 물아일체(物我一體)의 경지를 추구하는 절대자유의 경지를 지인(至人), 진인(眞人)의 인격체를 이상 인간형의 목표로 삼게 된다.

불타의 인격과 책임 - 사성제와 팔정도

불타 생존 당시육사외도(六師外道(육사외도): 삶의 당면 문제 해결보다는 우주와 인생의 본질 등의 문제를 사유할 것을 주장하는 초현실적 사변철학이 유행하였다. 이에 불교의 창시자 고타마 싯다르타(Gautama Siddhartha)는 생후 7일 만에 어머니와 사별하고 왕자로서 교양을 쌓다가 16세에 결혼했다. 이 후 아들을 낳았으나 무상(無常)을 느끼고 29세에 출가하여 6년간의 고행생활에 들어간다. 35세 때 고행은 깨달음에의 길이 아님을 알게 되어 이를 버리고 보리수 아래에서 명상에 들어가 연기(緣起)의 도리를 깨닫고 붓다가 되었다.

이후 갠지스강을 사이에 둔 2대국(大國) 마가다와 고사라의 국왕을 신자로 얻고 수도를 각각 근거지로 하여 45년 동안 설법·교화하여 10대 제자를 비롯한 수많은 제자를 얻었다. 80세 때 쿠시나가라의 사라쌍수(沙羅雙樹) 숲 속에서 입적하였다. 그의 연기사상은 '이것이 있기 때문에 저것이 있다.' 는 것으로 연계성과 상호의존성(내가 소중하듯 남도 소중함)을 강조하고, 자비(慈悲)의 실천을 표방했다. 자비는 자타불이(自他不二)정신의 구현으로 타인과 기쁨을 같이하고(慈), 슬픔도 같이 함(悲)이며 무조건적, 절대적 사랑에 해당한다.

불교의 인격은 생명의 실상을 총체적으로 파악하는 발보리심에 있고 발심의 대상은 사성제이다. 먼저 고성제(苦聖諦) - 인생 그 자체는 모두 고통이라는 진리이며, 현실 세계의 결과의 의미를 갖는다. 여덟 가지 고통으로는, 애별리고(愛別離苦, 사랑하지만 헤어져야 하는 고통), 원증회고(怨憎會苦, 미워하는 이를 만나는 고통), 구부득고(求不得苦, 구하려 애써지만 얻지 못하는 고통), 오취온고(五取蘊苦, 5감으로 들어와 쌓여있는 모든 것) + 4苦이다. 집성제(集聖諦)는 마음속의 번뇌와 갈등이 쌓여 고통이 생긴다는 진리이며 현실 세계의 원인의 의미이다. 정감(情感)의 측면은 애욕(愛慾)이며, 이지(理智)의 측면은 무명(無明)이다. 멸성제(滅聖諦)는 고통의 원인이 소멸된 상태로서 불교의 궁극 목적으로 이상 세계의 결과에 해당한다. 절대 자유와 절대 평화의 세계이다. 도성제(道聖諦)는 열반 경지에 도달하는 수행 방법으로, 이상 세계의 원인에 속한다. 사성제를 아는 인격이 소승의 아라한이며 대승의 보살이 된다.

사정제를 알게 되면, 팔정도와 육바라밀을 실천하게 된다. 팔정도는 지나친 쾌락과 지나친 계율, 고행을 금지한 중도(中道)로서의 8가지 수행 방법이 강조되며, 正見(바른 견해), 正思惟(바른 의사), 正語(바른 말), 正業(바른 행위), 正命(바른 생활), 正精進(바른 노력), 正念(바른 의식), 正定(바른 명상, 바른 정신통일)을 말한다. 육바라밀은 ***'아뇩다라삼먁삼보리'***의 최고 깨달음 세계에 나아가기 위한 여섯 가지 실천방향이다. 보시와 지계를 통한 복을 짓는 도리, 인욕과 정진을 통한 복을 받는 도리, 지혜와 반야를 통한 복을 누리는 도리를 일상생활에서 구현함이다. 생명실상의 자각으로 삼법인설이 세존담론에서 부각된다.

① 제행무상(諸行無常) - 모든 것은 항상 변한다. 생멸, 변화의 만물 유전의 세계관이다.

② 제법무아(諸法無我) - 모든 현상의 존재는 인연으로 생겨 고정된 실체(實體)가 없다.

③ 일체개고(一切皆苦) - 인생 그 자체가 고통과 번뇌이다. 자아(自我)가 실재하며 현실 세계가 실체하는 것으로 착각하여 집착함으로써 인생의 모든 고뇌가 생긴다.

또한 만물은 불변의 실체가 없다는 공의 원리에 의해 너와 내가 본질적으로 다른 존재가 아니라고 하여 서로 사랑하고 봉사하도록 인격적 '무아를 강조하며, '나' 라는 아집을 비울 때 '너' 라는 세상을 담을 수 있으므로 공은 허무가 아니라, '나' 를 비워가는 자각의 도리이다. 삶의 매순간순간이 의미가 있으되, 그러나 대부분의 경우는 고통이라는 괴로움에 낙인찍힌 것으로 보여 진다는 것이 불교의 출발점이다. 태어남이 괴롭고 병들고 늙고 죽는 것이 괴롭다, 모든 것이 괴롭다, 이렇게 불교는 시작한다.

불교는 괴롭다는 것에서 끝나지 않는다. 사성제(四聖諦)라는 도식에 훌륭하게 정리되어 있듯이, 삶을 괴로움으로 진단한, [苦聖諦]와 더불어 그것의 원인과 그것의 소멸과 소멸에로 이끄는 방법으로서의 멸도성제(滅道聖諦)를 말한다. 따라서 괴로움이 소멸된 경지로서의 열반을 말하고 그것에 이르는 구체적인 방법을 제시하고 있는 한, 불교는 단순히 염세적인 윤리관이 아니다. '열반에 들었다' 고 말할 때, 그가 누리는 경지는 괴로움이 아니다. 집안이라든지 국가라든지 사회라든지 자기가 만들어 놓은 그 어떤 울타리 속에 안주해 버리면 인생 자체가 괴로움이다. 누군가가 부처님한테 '당신의 가르침을 한마디로 요약한다면?' 이라고 묻는다면, "이 세상은 괴롭지만, 그것을 벗어나는 방법이 있다. 바로 그 괴로움을 벗어나는 길이다." 고 하셨으니, 일미관행(一味觀行)이다. 일미(一味), 즉 한 가지 맛이란 다름 아닌 고와 해탈의 맛을 말하는 것이며, 모든 중생이 이 맛을 느끼도록 함으로써 아라한과 보살의 인격체가 완성된다고 할 것이다. 따라서 선각자는 생명체들을 고통으로 벗어나게 할 책임이 있는 것이며, 생명체들은 고통에서 해방되는 과정에서 인격체로 성숙된다.

선문답의 인격과 책임

인격형성을 위한 선문답은 생명에 대한 책임의식을 깨닫기 위해 제안된 고통해방의 길이다. 특히 '무자(無字) 화두'를 일상에서 참구하는 데, 이 말은 '개에게는 불성이 없다'(狗子無佛性)는 말이다. 이는 개에게도 불성이 있는가를 물어보던 제자에게 조주스님이 '無'라고 대답했다는 것이다. 이렇게 화두 잡는 이야기는 마음으로 들여 보기에 간화(看話)의 방법이다.

이 화두에 대해서는 네 가지 이야기가 경전에 있다. 어느 스님이 와서 조주 스님에게 물었다. "개에게도 불성이 있습니까?" 조주 스님이 "물론 있지"라고 대답했다. 그런데 장난기 있는 손님이 조주스님에게 "그런 당신에게는 불성이 있습니까, 없습니까?"라고 묻자 "난 없네."라고 대답했다고 한다. "불경에는 온갖 유정중생이 모두 불성을 지니고 있다고 했는데 어찌 스님만 불성이 없다고 하십니까?" 조주 스님이 꼬투리가 잡힌 것이다. "나는 유정중생이 아니야." "아니 스님이 유정중생이 아니라고요? 그럼 스님은 부처님이라는 말씀이세요?" "부처님도 아닐세." "그럼 도대체 당신은 누구요?" "아무 것도 아닐세." "그것을 볼 수 있습니까? 도대체 내가 깨달을 수 있는 무엇인가요?" "생각해도 잡을 수 없고, 따져 봐도 얻을 수 없어 그러니까 생각할 수도 없고 알 수도 없다는 거야. 불성이라는 것은 네가 그렇게 말로 개념의 틀에 집어넣어 잡을 수 있는 줄 알아?" 첫 번째 조주 스님의 화두 내용이다.

이러한 내용이 점점 짧아지면서, 의미는 깊어지는 것을 발전한다. 어느 스님이 조주 스님에게 물었다. "개에게도 불성이 있습니까, 없습니까?" 조주 스님이 "없어"라고 했다. "경에는 유정중생이 모두 불성을 갖추고 있다고 했는데 어찌 개에게만 불성이 없다고 하십니까?" "왜냐하면 개는 그 개의 업으로 존재하니까." 이와 비슷한 내용을 이렇게 얘기했다고도 한다.

한 스님이 조주 스님에게 물었다. "개에게도 불성이 있습니까?" "있다." "있다면 어째서 저 개가죽 주머니 속에 들어가 있습니까?" 조주가 대답하되, "알고도 나쁜 짓을 일부러 범했으니까!" 이 경우는 윤리적 책임의식을 함축하고 있다.

셋째, 화두의 본령으로 들어간다. "개에게도 불성이 있습니까, 없습니까?"라는 물음에 조주 스님은 "집집마다 문전에서 모든 길은 장안으로 통한다."라고 대답했다. 이것이 무슨 얘긴가. 개한테 불성이 있냐고 했는데 모든 길은 로마로 통한다는 식의 얘기로 답한 것이다. '개의 불성을 따지지 말고 네 일이나 하라' 는 것이다. 어떤 일을 하든지 닦기만 하면 부처가 된다고 이해할 수도 있다. 마지막 화두의 핵심으로 가게 된다. 조주에게 묻기를, "개도 불성이 있습니까?" 조주 스님이 답하기를 "무(無)" 이건 아주 의심덩어리이다. 조리의 차이가 드러난다.

선문답의 구조특성은 한 질문에 하나의 대답이 있을 뿐이다. 두세 가지의 애매한 이야기가 아니다. 따라서 모든 대화는 무사들의 칼처럼 전격적이다. 대화에는 여러 가지가 있을 수 있는데, 플라톤의 『대화』를 보면 주어진 주제를 둘러싸고 끝없이 소위 변증법적인 단계를 거치게 되나, 선문답 같은 대화는 꼭 칼싸움과 같다. 압축대화는 전광석화처럼 오간다. 선문답의 목적은 순간적 문답, 대화를 통해서 살아 있는 사람들이 정신적으로 초긴장 상태에서 가장 구체적이고 일회적 상황에서 궁극적이며 영원한 진리를 파악하는데 있기 때문이다.

마지막으로, 문답에 직접 참여하지 않은 바깥사람들이 글자로 기록된 어록을 볼 때, 그 대화는 전혀 무의미하다. 살아 있는 사람들의 대화이기 때문에 그것을 스틸 사진으로 찍어 놓은 것을 그 맥락을 모르고 보면 전혀 무슨 내용인지 모르듯이 말이다. 그러나 그 순간을 상상해 보라. 두 사람은 대화를 나누었다. 진리는 순간적으로 환히 드러났다. 다른 사람이 보기에는 아무런 의미도 없어 보이지만, 이 두 사람에게는 의미가 있는 것이다. '하늘은 푸르다' 라는 명제는 하늘, 푸름하고는 아무런 의미상관을 지니지 않은 채 그냥 입에서 뱉어진다고 한다. 그래서 "개에게도 불성이 있습니까?" 라고 물었을 때, '그냥 '무' 라고 하면 개와 불성 모두를 초월하고 생사경계도 너머서게 되는 것이다.

선문답은 상식적으로 말하는 사람과 듣는 사람과의 대화가 아니다. 비록 그 형식은 대화의 모습을 갖추었을지언정. 선문답이 상식을 벗어난 말놀이를 하는 데에는 그럴만한 이유가 있다. 이론적 체계를 갖추지 않고 결론부터 간단히 말해 버리는 중국인 특유의 간명성, 직접성 뒤에 수백 년 동안 대승불교에서 쌓아올린 그 나름의 형이상학적, 이론적 토대가 전제된다는 것이다. 다시 말하면 선문답은 인격을 형성하여 ***동체대비***(同體大悲) 정신으로 생명에 대한 책임감을 구현하여 삶의 문제에 대하여 응답하고 책임지려는 자세이며 이를 일상으로 유지하려면 인격자각과 평상심 도리가 강조된다.

인격과 평상심 도리

마조께서 어떤 스님이 "어떤 것이 부처입니까?" 라고 묻자 답하시기를 "마음 그대로가 부처이다." 어떤 스님이 또 묻기를 "어떤 것이 도입니까?" 마조께서 답하시기를 "무심이 바로 도다." 또 묻기를 "부처와 도의 거리가 얼마입니까?" 마조께서 답해 말씀하시기를 "도는 손바닥을 편 것과 같고 부처는 손바닥을 쥔 것과 같다." (『직지』 권상)[14] 여기서 말하는 "마음(心)"은 순수배양(純粹培養)에 의해 석출(析出)된 진심을 말하는 것도 아니고, 이념적으로 초월화 또는 내재화된 이데아(Idea)로서의 본심을 말하는 것도 아니다. 그것은 다름 아닌 일상의 근저에서 생생하게 움직이고 있는 평상심(平常心)을 말한다. 이는 평상심의 원리에서 조사선 도리를 구함이라

14) 馬祖 因僧問如何是佛 答曰卽心 是佛 又問如何是道 答曰無心 是道 又問佛與道 相去多少 答曰道如展手 佛似握拳

고 할 것이다.[15] 결국 무상선사가 강조한 바와 같이 과거 기억에 집착하지 미래 꿈에 사로잡히지도 말고 사람의 마음에 이미 갖추어진 것을 직관하는 것이 중요하다고 할 것이다.

마조께서 말씀하시기를 "도는 닦는 것에 속하지 아니함이라. 만약 '도를 닦아 이룬다.' 고 말한다면 닦아 이룸에 도로 무너져서 곧 성문(부처님의 말씀을 듣고 깨달음을 이룬 사람)과 같고 만약 '닦지 아니한다.' 고 말한다면 곧 범부와 같다. "어떤 스님이 묻기를 "어떤 견해를 가져야 곧 도를 통달함을 얻습니까?" 마조께서 말씀하시기를 "자성에 본래 구족해 있으니 다만 선과 악에서 막히지 아니하면 도를 닦는 것이라고 말한다."[16] 마조선사는 "평상심이 바로 도이다(平常心是道)"라고 말함으로써 중도에 입각한 수행의 실천을 강조하였다. 이것은 도(道)의 객관성을 한 마디로 요약한 것이며 중도(中道)에 입각한 실천적 삶을 말한 것이다. 어떤 것을 평상심이라고 말하느냐? 조작이 없으며 옳고 그른 것이 없으며 취하고 버리는 것이 없으며 단견과 상견이 없으며 범부와 성인도 없다. 그러므로 경에 말씀하시기를 '범부의 행도 아니며 성현의 행도 아닌 것이 바로 보살행이라' 하셨느니라."(『직지』 권상)[17]

마조선사에 의하면 도는 오염되지 않은 깨끗한 마음(淸淨心)이다. 이 도는 자연계의 도가 아니라 인간의 삶과 떨어지지 않는 진리, 사람으로서 마땅히 밟아야 할 길의 의미와 같은 도이다. 이것은 『般若心經』의 '불생불멸 불구부정 부증불감 무색' 의 중관(中觀)을 단적으로 가리킨 것으로서, 이

---

15) 마조도일은 장시성[江西省] 홍저우[洪州]를 중심으로 교화하였기 때문에 홍주종(洪州宗)이라고 하며, 문하생으로 백장(百丈) · 대매(大梅) · 남천(南泉) 등 139명, 입실(入室)제자가 84명이라고 전하며, 남악종풍(宗風)이 일시에 융성하였고, 가르침을 설명한 말들을 모은 『어록(語錄)』 1권이 전한다.

16) 馬祖 曰道不屬修 若言修成 修成 還壞 卽同聲聞 若言不修 卽同凡夫 問作何見解 卽得達道 師曰自性 本來具足 於善惡上 不滯 喚作修道

17) 祖云 道不用修 但莫染汚 何爲染汚 但有生死心 造作趣向 皆是染汚 若欲直會其道 平常心 是道 何謂平常心 無造作 無是非 無取捨 無斷常 無凡聖 故 經云 非凡夫行 非聖賢行 是菩薩行

렇게 될 때, '마땅히 어느 곳에도 머물지 않고 마음을 내어'(應無所住而生其心,『金剛般若波羅密經』) 보살행을 실천할 수 있다는 것이다. 이러한 평상을 유지하려는 태도는 달마대사의 "밖으로 모든 반연을 쉬고 안으로는 헐떡거림이 없어야 한다(外息諸緣 內心無喘)"는 마음 게송에도 나타난다. 마조선사의 평상심 사상은 무위와 유위를 초월한다. 그러므로 '허공은 의지한 바가 없다'고 하셨느니라.(『직지』권상)[18]이처럼 분별망상을 없애주기 위해 유위와 무위를 끌어들인 것이지 유위와 무위가 따로 실재하는 것이 아니다.

전문직에 관한 공학윤리의 교육의 목적이 일차적으로 전문직에서의 윤리적 의사결정과 문제해결능력을 기르는 데 있지만, 이것을 넘어서서 '인간의 이해와 윤리적 삶의 요청'이라는 보다 광범위한 철학적 맥락에서 전문직으로서의 공학자의 직업적 정체성을 묻는 작업이 되어야 함을 강조하였다. 다시 말해 지금까지의 전문직에 관한 공학윤리가 영역별로 실무 현장에서 필요한 단편적 논의에 집중되었다면, 이제는 전문직에 관한 공학윤리 교육이 장기적 교육과정 속에서 전문직으로서의 직업적 소명의식과 인격의 책임감을 길러내는 방향으로 모색되어야 한다. 그리고 바로 이러한 철학적 이해가 개별 응용윤리와 구별되면서 현행 공학윤리 교육과정 속에서 나타나는 단점을 극복할 수 있을 것이다.

18) 祖曰不盡有爲 不住無爲 有爲 是無爲之用 無爲 是有爲之依 不住於依 故 經 云虛空 無所依

참고문헌

권혁길 외, 『공학윤리』, 인간사랑, 2007.

김수삼 외, 『미래를 위한 공학, 실패에서 배운다』, 김영사, 2003.

김진외, 『공학윤리』,철학과 현실사,2003.

김정식, 『공학기술윤리학』, 서울 : 인터비젼. 2004.

김태훈, 『덕교육론』, 서대문구: 양서원, 1999.

배원병 외, 『공학윤리』, 서울: 북스힐, 2006.

송재범, 『디지털 시대의 직업윤리』, 고양시: 인간사랑, 2001.

이관춘, 『직업은 직업이고 윤리는 윤리인가』, 서울 : 학지사, 2005.

이대식 외, 『공학윤리』, 서울 : 인터비젼, 2003.

장승구, 『삶과 윤리』, 서울: 이회, 1997.

정태진 외 공편, 『공학도를 위한 엔니니어링 입문』, 普文堂, 1993.

Charles E. Harris, Jr. Michael S. Pritchard, Michael J. Rabins, 『과학과 공학윤리』, 김유신 외 공역, 학술정보, 2004.

제7장

피고용자의 의무와 권리

〈Story-telling 양이 된 사자〉

옛날에 거대한 암사자가 있었는데 임신을 한 상태로 반은 굶주려 있었다. 시간이 흐르면서 뱃속에 든 아기 사자는 점점 더 무거워지고, 암사자는 먹이를 구하러 돌아다니는 힘든 시간을 보냈다. 암사자는 동물에게 접근하는데 성공한 경우에도 먹이를 덮칠 만큼 빠르지 못하였기 때문에 먹이를 잡는데 매번 실패하였다.

슬픔으로 포효하면서, 아기 사자 때문에 힘겨워하다가 허기로 여위어가던 암사자는 얼마동안 숲속을 헤맨 후에, 마침내 목초지의 경계를 이루던 나무숲의 그늘에서 잠들었다. 선잠을 자고 있던 암사자는 한 무리의 양이 풀을 뜯고 있는 광경을 꿈꾸었다. 암사자는 꿈속의 양 한 마리를 덮치려고 몸을 움직였다가 깨어나서는 실제로 근처에서 풀을 뜯고 있는 큰 무리의 양을 보게 되었다.

암사자는 너무나 기뻐서 뱃속에 들어있던 아기 사자를 깜빡 잊고 달래지지 않는 허기로 미칠 것 같은 충동을 느끼며 어린 양을 한 마리 덮쳐 물고서 정글 깊숙이 사라졌다. 암사자는 어린 양을 잡으러 미칠 듯이 뛰어오르는 격렬한 움직임 때문에 그만 새끼를 출산하였다는 사실조차 모르고 있었다.

양들은 공격당할 때의 공포로 마비되었지만 암사자가 떠나고 공포감이 사라졌을 때, 그들은 망연자실한 상태에서 깨어났고 이윽고 어린 양이 없어졌다는 것을 알았다. 양들은 비탄에 잠겨서 매매하며 울고 있을 때, 그들은 자신들의 무리 가운데에서 야옹거리는 소리를 내던 힘없는 아기 사자를 발견하고는 대단히 놀랐다. 암양 한 마리가 그 사자 새끼를 가여워하여 자신이 입양하였다.

몇 년이 흘렀다. 고아인 사자는 이제 긴 갈기와 꼬리를 지닌 성숙한 짐승이 되었지만 양떼와 더불어 돌아다니면서 꼭 양처럼 행동하였다. 포효하는 대신에 매매거리고, 고기 대신에 풀을 뜯어먹는, 이 철저한 채식주의자 사자

양의 나약함과 온순함에 완전히 물들어버렸다.

어느 날 다른 사자 한 마리가 근처의 숲에서 트여있는 푸른 목초지로 걸어 나오다가 기쁘게도 양떼를 보게 되었다. 기뻐서 흥분하고 허기에 몰린 힘센 사자는 도망가는 양떼를 추적하였다. 그 때 그는 튼튼한 양-사자가 꼬리를 높이 쳐들고 양들의 선두에서 전속력으로 함께 도망가는 모습을 보고 무척 놀랐다. 추적하던 사자는 잠시 멈추어서더니 놀라움의 표시로 꼬리를 흔들면서 혼자 생각하였다. "양들이 나한테서 도망가는 것은 이해할 수 있지만, 왜 건장한 사자도 달아나야 하는지는 상상도 할 수 없어. 달아나 버리는 저 사자가 정말로 궁금하구나."

도망가는 사자를 따라잡겠다는 결심으로 박차를 가한 그는 열심히 질주하여 도망가는 짐승을 덮쳤다. 양-사자는 공포로 기절초풍했다. 다른 사자는 전보다 더욱 어리둥절해졌다. 그는 양-사자를 때려서 깨우면서 쉰 목소리로 꾸짖었다. "일어나라! 무슨 일이야? 너는 형제 사자인데 왜 나한테서 도망을 치는 거지?"

양-사자는 눈을 감고서 양의 울음으로 매매 거렸다. "제발 나를 놔주세요. 나를 죽이지 마세요! 나는 나를 버리고 달아난 저 양떼속의 한 마리 양입니다." 그를 잡은 사자가 말하였다. "아하! 이제 네가 왜 매매거리고 있는지 알겠다." 그는 잠시 생각하더니 그 양-사자의 갈기를 자신의 강력한 입으로 물고서 목초지의 끝에 있는 호수로 끌고 갔다. 그들이 호숫가에 도착하였을 때 그는 그 미혹된 짐승의 머리를 물 위로 밀어서 물에 비치도록 한 다음 여전히 두 눈을 꼭 감고 있었던 양-사자를 거칠게 흔들어대었다. 그를 붙잡아 온 사자가 물었다. "왜 그러고 있는 거야? 눈을 떠봐. 너는 양이 아니란 말이야."

"매매, 매매, 매매! 저를 죽이지 마세요. 놓아주세요! 저는 사자가 아니고 불쌍하고 온순한 양일뿐이에요."라고 어리석은 짐승은 울부짖었다. 화가 난 다른 사자는 자신의 포로를 무섭게 흔들었다. 그 충격으로 눈을 뜬 양-사자는 물에 비친 모습을 보고는 깜짝 놀랐는데, 그 모습은 자신이 예상했던 양의 머리가 아니라 앞발로 자신을 흔들고 있던 사자의 것과 똑같은 사자의 머리였다. 그 다음 그 큰 짐승은 사자 목소리로 말하였다. "물에 비친 나의 얼굴과 너의 얼굴을 보아라. 똑같지. 그런데 내 목소리는 포효를 하지. 너처럼 매매 거리지는 않는다. 그러므로 너도 매매 매매거리는 대신에 우렁차게 포효를 해야 해."

믿음이 생긴 양-사자는 포효를 하려고 하였지만, 처음에는 매매 소리가 섞여 있는 포효 소리를 내는데 그쳤다. 그러나 새로 알게 된 친구가 앞발로 때리고 훈계하는 가운데 그는 마침내 포효 소리를 제대로 내게 되었다. 그런 다음 두 마리의 사자는 들판을 가로질러 달리기도 하고 함께 양떼를 쫓기도 하였으며, 드디어 선배 사자의 거처로 돌아가서 함께 살 수 있게 되었다.

* * *

Point Up : 양-사자 이야기는 우리들이 우주의 신성한 사자의 전능한 형상대로 만들어졌음에도 불구하고, 필멸의 나약함으로 양의 누리에서 태어나서 자랐다는 것만을 기억하는지를 잘 보여준다. 그러므로 우리는 불멸성과 힘으로 포효하고 필멸의 미망과 무지를 먹이로 삼아 살아가기보다 오히려 병고와 결핍과 슬픔과 죽음이란 야수에 대한 두려움으로 양처럼 매매거리는 것이다.

이제 지혜의 감은 두 눈을 부릅떠서 우리 자신을 우주적 사자의 형상대로 만들어진 신성한 사자로 제대로 인식해야 할 것이다. 무리들 중에서 지속적으로 노력을 계속하는 사람들은 나약함과 병고와 죽음이라는 필패의 매매하는 소리를 잊어 버리고 전능한 불멸의 힘으로 마침내 포효하게 될 것이다.

피고용인으로서 공학자는 피고용인의 의무를 성실히 수행하는 가운데 가끔 경영자로서의 의무도 수행할 수가 있으며, 사자의 포효처럼 비판적 충성의 자율적 목소리도 낼 수 있다. 경우에 따라서는 불의를 보고 반대 행동을 할 수 있고, 항의를 하거나 불참 할 수 있는 주인공이 되는 것이다. 이는 곧 인간존엄의 원리에 근거하여 '윤리 핫라인' 을 통하여 전문가로서 소신을 피력할 권리가 있음이다. 이 권리는 평소 마음을 다스리고 살펴서 자신에게 허물이 없는지를 성찰함이 전제된다.

마음을 다스리는 글 ; 자허원군 성유심문(紫虛元君 誠諭心文)

복은 검소함에서 생기고 덕은 겸손에서 생기며 지혜는 고요히 생각하는데서 생긴다. 근심은 욕심이 많은데서 생기고 재앙은 탐하는 마음이 많은데서 생기며 허물은 경솔하고 교만한데서 생기고 죄악은 어질지 못한데서 생긴다.

눈을 조심하여 남의 그릇됨을 보지 말고 맑고 아름다움을 볼 것이며, 입을 조심하여 실없는 말을 하지 말라. 착한 말 부드럽고 고운 말을 언제나 할 것이며 몸을 조심하여 나쁜 친구를 사귀지 말고 어질고 착한 이를 가까이 하라.

이익 없는 말을 실없이 하지 말고 내게 상관없는 일을 부질없이 시비치 말라. 부모에게 효도하며, 어른을 공경하고 덕 있는 이를 받들며, 지혜로운 이와 어리석은 이를 분별하고 모르는 이를 너그럽게 용서하라.

순리대로 오는 것을 거절 말고, 가는 것을 잡지 말며 일이 지나갔음에 원망하지 말라. 총명한 사람도 어두운 때가 있고 계획을 잘 세워도 기대에 어긋나는 수가 있다.

제7장 피고용자의 의무와 권리

의무윤리는 칸트의 윤리학에 잘 나타나 있으며, 윤리적 형식주의에 해당한다.[1] 의무윤리이론의 근거는 인간의 선의지에 달려 있다. 선의지는 옳은 행동을 오로지 그것이 옳다는 이유에서 항상 택하는 의지이다. 그것은 행위의 결과를 고려하는 마음이나 또는 자연적인 경향을 따라서 옳은 행동에로 쏠리는 의지가 아니라, 단순히 어떤 행위가 옳다는 바로 그 이유로 말미암아 그 행위를 택하는 의지이다. 인간의 실천이성은 경험적 요소의 사상을 기본 방침으로 하는 보편성과 필연성을 가진 무제약적 실천법칙에서 출발해야한다.

피고용자들은 공공복지의 의무를 수행할 때, 정당화될 수 있다. 그들은 또한 어느 정도 의 역할을 통하여 보호를 기대할 수 있다. 공학과 관련 있는 기술문제를 포함하거나 공학자의 윤리적 표준으로 문제가 된다면, 그 결정들은 전문가로서 공학자가 내려야 한다. 만약 그 결정들이 조직의 복지와 관계된 요소를 포함하면서, 공학자들의 기술적 실무나 윤리적 기준에 의해 손해 받는 역할로 강요받지 않는다면 그 결정은 경영자가 내려야 한다. 챌린저호 사례에서 그 결정에 있어 공학자들이 경영자보다 더 큰 발언권을 가지고 결정해야 오히려 칸트의 의무이론에 부합된다는 사실을 보여주고 있다.

1) 칸트의 의무윤리가 윤리적 형식주의로 분류되는 근거에는 세 가지가 있다. 첫째, 보편화가능성의 개념이 도덕적 의무의 충분조건으로 간주된다. 둘째, 도덕법칙을 선천적 보편성과 필연성에 관한 고찰을 통해 이끌어낸다. 셋째, 도덕은 근본적으로 실천이성을 가진 존재자들 사이에 성립하는 관계로서 파악한다.

탐구문제

1. 선의지의 특징과 명제적 성격을 제시하면?
2. 정언명령의 형식과 그 타당성은 어떻게 입증할 수 있는가?
3. 피고용자로서 공학자의 의무를 구성하는 요건은 무엇인가?
4. 피고용자는 공공정책 이의제기에 대해 제한사항을 어떻게 파악 하는가?
5. 피고용자의 비판적 충성을 말하고 이것이 시민불복종과 어떤 유사성이 있는가?
6. 〈공학 고유의 결정(proper engineering decision, PED)〉사항과 〈경영 고유의 결정(professional management decision, PMD)〉이 충돌할 때, 조정 방안은 무엇인가?
7. 다음대화를 읽고, (을)과 (병)을 대표하는 윤리설의 명칭과 특징을 쓰시오.
   (갑) : 나는 도대체 왜 도덕적으로 행동해야 하는지 그 이유를 모르겠어. 우리 사회를 보면 도덕적인 사람보다 부도덕한 사람들이 더 많고, 더 활개 치며 사는 것 같아. 그런데도 내가 왜 도덕적이어야 하지? (을) : 그건 도덕적으로 행동하면 결국은 보상을 받을 수 있기 때문이지. 도덕적 행위의 대가는 언젠가 받게 되어 있어. (병) : 내 생각은 달라. 그건 이 세상에는 우리가 어겨서는 안 될 어떤 도덕규범이 있기 때문이야. 그걸 지키는 데는 다른 이유가 없어.

1. 선의지와 정언명령

칸트에 있어서 의무윤리가 강조된다고 하여, 목적개념 까지 완전히 부인되는 것은 아니다. 그에게는 도덕법칙 자체가 이미 인간완성이라는 목적을 떠나서는 불가능한 것이었다. 칸트의 철학을 단순히 형식주의 내지는 의무주의로 처리해버리기보다 "인간성의 완전한 실현"을 목표로 삼고 그 결과로서 주어지는 행복을 고려하는 목적주의 도덕철학으로 보는 것도 가능하다. 이성존재로서의 인간의 품위를 확립하고 그 자율성을 중시한 점, 완전한 선을 위한 그의 의지와 이러한 도덕철학적 체계는 가장 대표적인 의무에 관한 공학윤리 토대로서 중요한 가치를 지니지만 그에 대한 비판도 다양하게 이루어져 왔다.

칸트 윤리사상에 대한 입문서는 『도덕형이상학의 근본원리』이며, 『도덕형이상학의 근본원리』의 전반적 목적은 "의무의 근거를 인간의 본성이나 인간이 사는 세계의 환경에서 찾아서는 안 되고, 실천적으로 순수이성의 개념 속에서 찾아야 된다."는 것을 입증하는 일이다. 도덕형이상학이란 도덕규칙의 타당성에 대한 궁극적 기준을 세우는 것을 과제로 하는 윤리학의 분과이다. 그가 의미하는 바는 도덕의 형이상학은 어떻게 궁극적인 기준이 경험적인 고찰이 전혀 없이 선천적으로 확립될 수 있는가를 입증해야 한다는 것이다. 이런 기준이 순수이성에 기초되어 있다는 것이 입증되면, 그 기준을 개별적인 규칙과 행동에 적용할 때 실제세계의 인간과 그의 상황에 관한 경험지식이 요구된다. 선의지에 대하여 세 가지 명제를 제시한다.

◇첫 번째 명제: ***"행동의 동기는 전적으로 개인의 성향과 자기 이익으로부터 분리되어야 한다."*** 즉 옳은 것을 행하는 것은 단지 그것이 옳기 때문이지 어떤 다른 이유가 있어서가 아니다. 그가 옳은 행위를 하는 유일한 동기는 그 행위가 옳은 행위라는 것을 인식하는 것임을 의미한다. 옳은 것을 행하는 것이 단지 자기성향이나 자기이익과 관련이 된다면, 그 결과가 어떻든 그 행위는 도덕과 무관한 행동이 된다. 그러므로 선의지를 갖는 것은 좋은 인간이 되기 위한 필요조건이다. 비록 개인의 의무가 요구하는 바를 완전히 수행할 수 없는 경우라고 할지라도 "그의 능력으로 할 수 있는 모든 수단을 동원한다면" 그는 도덕적 관점에서 좋은 사람이라고 판단될 것이다. 이것은 우리가 좋은 의도를 가져야 될 뿐만 아니라 의지력과 결단을 모두 기울여 우리의 의무를 위한 의무를 수행하려고 노력한다는 것을 의미한다. 이 점에서 선의지는 좋은 인간이 되기 위한 충분조건이다.

◇두 번째 명제: 선의지의 도덕적 가치에 관하여, ***"선의지는 무조건적인 가치를 가지며 그 때문에 그 가치는 어떠한 목적이나 용도의 달성에 의존할 수 없다."*** 왜냐하면 그런 경우 선의지는 단지 그러한 목적의 수단으로 판단될 것이고 그리고 선의지의 가치는 목적의 가치뿐만 아니라 목적달성

에 의존하는 조건적인 것이 되기 때문이다.

◇세 번째 명제: 선의지에 동기 유발된 사람의 정신 상태를 지배하는 내적 태도에 관하여, 칸트는 ***"선의지를 인간이 갖게 되는 주된 태도로서는 오직 도덕법칙을 준수하려는 깊은 의무감일 수 있다"***고 믿으며 그는 그것을 *"도덕법칙에 대한 존경심(respect for the law)"*이라고 부른다. 그래서 만약 선의지를 가진 사람이 왜 그렇게 행동했는가를 설명하고자 한다면, 우리는 그가 도덕법칙에 대한 존경심 때문에 그렇게 행위를 한다고 말하면 될 것이다.

선의지에 대한 칸트의 개념에서 분명한 것은 옳은 행동의 표준이 무엇이든 간에 그 표준은 어떤 결과를 산출하는 그 행동의 유용성이 될 수 없다는 점이다. 도덕적 의무로서 모든 인류에게 구속력을 가지려면 어떤 조건들을 만족시켜야 하는가? 규칙이 타당하기 위해서는 최고원리의 척도 또는 도덕의 궁극적 기준, 즉 칸트에 있어서 선천적인 도덕법칙을 만족시켜야 한다. 칸트는 이 도덕법칙을 정언명법이라고 부른다. 그 법칙은 개별적인 목적의 달성과는 관계없이 이성적 존재자인 개인이 다른 모든 사람이 따라 행위를 할 수 있는 규칙으로 규정될 수 있는 격률이나 원리에 따라 행위를 해야 한다는 것을 요구할 뿐이다. 정언명법은 세 가지 형식으로 이루어진다.

ㅁ첫째 형식: ***"네 의지의 준칙이 항상 동시에 보편적 법칙이 될 수 있도록 행위를 하라"*** 이는 보편적 법칙의 정식이다. 다시 말해 어떤 규칙이 도덕규칙이 되려면 그것은 일관성 있게 보편화 가능해야 함을 말한다. 그 이유는 다음과 같다. 만약 규칙이나 격률에 따라 행동하는 이유가 그 규칙이 보편적 법칙이 될 수 있다는 사실이 아니라면 도덕규칙의 궁극적 척도 위에 경험적 조건이 놓여서 그 규칙은 선천적 필연성과 보편성을 잃게 될 것이다. 그러므로 이 조건은 그 규칙이 자기모순을 일으키지 않고 모든 사람의 행동지침으로 규정될 수 있음, 보편화 가능함을 의미한다.

ㅁ둘째 형식: ***"너 자신의 인격에 있어서나 모든 타인의 인격에 있어서 인간성을 단순히 수단으로서 사용하지 말고 동시에 목적으로 사용하도록 행위를 하라"*** 어떤 규칙이 도덕규칙이 되기 위해서는 만약 모든 사람들이 그것을 따른다면 그들은 서로를 수단으로서가 아니라 목적 자체로서 대하게 될 규칙이어야 한다. 이는 인간 존엄성에 대한 존중의 정식이다. 그 이유는 다음과 같다. 도덕규칙은 이성적 존재인 인간에게 구속력을 갖는다. 이성적 존재는 그가 자신을 대하는 것과 똑같이 항상 다른 이성적 존재를 생각할 것이다. 또한 모든 이성적 존재는 자신이 목적으로서 절대적인 가치를 가지고 있다고 생각하지 어떤 목적에 의존하는 상대적인 가치를 가지고 있다고 생각하지는 않을 것이다. 이성적 존재로서의 모든 인간에게 보편적으로 규정된 어떠한 행위규칙도 타인을 단지 수단으로서 대하는 행동을 규정할 수 없다.

ㅁ셋째 형식: ***"너의 준칙을 통하여 너 자신이 항상 보편적인 목적의 왕국의 입법가로서 행위를 하라"*** 어떤 규칙이 도덕규칙이 되려면 각자가 그 규칙을 보편적으로 입법화할 때, 즉 각자가 그 규칙을 자신과 타인들의 행위에 대한 지침으로서 채택하기로 결정할 때, 각자의 의지에 의해 자신에게 부과할 수 있는 규칙이어야 한다. 이는 의지의 자율과 도덕공동체를 위한 입법의 정식이다. 도덕규칙을 따라야 할 의무의 원천은 다른 어떤 사람의 의지가 아니라 자신의 의지이다. 자신이 규칙을 자기 자신에게 규정한다는 말과 같다. 그 규칙은 한 개인으로서가 아니라 이성적 존재로서의 그에게 구속력을 가진다. 따라서 자신에게 그 규칙을 복종할 의무를 부여함으로써, 모든 사람에게 자신에게 부여하는 의무와 똑같은 의무를 부여한다. 즉 도덕규칙은 보편적으로 입법화하는 의지에 의해 스스로 부여된 규칙이다.

이와 같이 모든 구성원이 도덕행위자인 공동체, 즉 모두 도덕법칙의 영역 내에서 행위를 하는 사람들로 구성된 공동체가 목적의 왕국이다. 목적의 왕국에 대한 개념은 현재 사회의 도덕규범이나 또는 미래의 실현될 유토피아 이상이 아니라 현재 그리고 과거와 미래에 있어서 모든 인간 존재자를 일련의 구속력을 가진 규칙아래에 통합시키는 도덕질서에 대한 칸트의 분석이다. 그의 관점에서, 우리 모두는 ① 도덕 행위자이며 ② 도덕법칙의 입법자로서 이러한 도덕공동체, 즉 '목적왕국(kingdom of ends)' 의 일원이 될 수 있다.

정언명령이 이성적 존재에게 정말 타당하다는 것을 입증하기 위한 단계는 세 단계로 구성되며, 정언명령의 실천적 적용범위에 대한 결론을 유도하는 데, 첫 단계는 이와 같다.

① 모든 이성적 존재는 반드시 자기 자신을 자유롭다고 인식해야 한다.

② 만약 어떤 존재라도 자신을 자유롭다고 인식해야 한다면, 그는 실천적 관점에서 자유롭다.

③ 그러므로 모든 이성적 존재는 실천적인 관점에서 자유롭다.[2)]

둘째 단계는 이와 같다.

④ 자유롭다는 것은 의지의 자율을 갖는다는 것이다.

⑤ 의지의 자율은 정언명령의 원리를 표현하는 한 방법이다.

⑥ 그러므로 자유롭다는 것은 정언명령에 예속된다는 것이다. 다음과 같은 결론이다.

⑦ 모든 인간은 실천적 관점에서 자유롭다. 【③ →】

⑧ 그러므로 모든 인간은 실천적 관점에서 정언명령에 예속된다. 【⑥ →】

그리고 셋째 단계는 인간이 실천적 관점에서 자유로운 존재임을 보이기 위해 인간의 본성을 어떻게 이해해야 하는가를 증명하려는 단계이다.

---

2) 칸트는 항상 "실천적인 관점에서"이라는 제한적 구절을 함께 사용하면서 인간은 자유롭다는 주장을 한다. 그것은 비록 인간들이 자기 자신을 자유로운 존재로 인식하는 것이 잘못일 수 있다 하더라도, 실제 생활에서 이런 방식으로 생각해야하기 때문이다. 더욱이 우리의 이성은 우리가 우리 자신을 자유롭다고 믿는 것이 잘못되었음을 입증해줄 수 없다. 우리는 이런 방식으로만 인식할 수 있으며, 자유를 부정할 어떤 이유도 갖고 있지 않기 때문이다.

① 첫째 관점: 우선 과학 또는 심리 관점을 취할 수 있는 데 이 관점으로부터 우리는 행동과 사고의 원인을 이해하려고 한다. 우리는 그의 행동과 사고가 경험적 자연세계의 질서에 어떻게 조화되는지를 설명하는데 관심을 가진다. 인간을 현상세계 즉 우리가 감관을 통해 알게 되는 세계의 한 일원으로서 이해한다.

② 둘째 관점: 또한 도덕적 또는 실천적 관점을 취할 수 있는 데 이 관점을 취할 때 우리는 인과 설명에는 관심이 없고 그 대신 인간은 무엇을 해야 하는가? 그리고 그것을 해야 하는 이유가 무엇인가를 묻는다. 우리는 도덕 판단을 하고 이를 정당화하며, 우리 자신과 타인에게 행동에 대한 규정을 내리는 도덕담론을 할 때마다 이 관점을 취한다. 이 테두리 안에서 자유로운 존재로서의 인간은 선택할 수 있는 여러 가지 행위에 대해 심사숙고할 수 있고 또 자신의 심사숙고에 따라 행위를 결정할 수 있다. 인간을 예지계의 한 일원 즉 선택에 직면하며 동시에 도덕규칙의 구속을 받는 이성존재로서 이해한다.

이를 입증하려는 『도덕형이상학의 근본원리』의 내용 가운데, 선의지를 다룬, 〈도덕의 일반적 합리지식에서 철학으로 전환(Transition from the Common Rational Knowledge of Morality to the Philosophical)〉, 정언명법을 다룬 〈대중도덕철학에서 도덕형이상학으로 전환(Transition from Popular moral philosophy to the Metaphysic of morals)〉과 의무윤리를 살펴볼 수 있는 주요자료가 되기에 이를 차례대로 살펴본다.[3)]

도덕의 일반적 합리지식에서 철학으로 전환

그 어느 것도, 선의지(good will)를 제외하고는 자질 없이 좋은 것이라

3) I. Kant, Fundamental principles of the Metaphysic of Morals," in *Kant's Critique of Practical Reason and Other Works on the Theory of Ethics* (London: Longmans, 1909), pp.9-22, pp.29-59.

부를 수 있는 것은 없다. 지성, 위트, 판단, 다르게 명명될지 모르는 다른 재능, 그리고 용기, 결심, 인내가 기질의 품성으로서 의심할 여지없이 좋은 것이고 존경을 바랄만한 것들이다. 그러나 만약 의지가 좋지 않은 성격이라 불리 우는 것들로 구성되고 사용된다면 본성의 자질은 극도로 나쁘고 유해하게 될지도 모른다. 그것은 행운의 선물과도 같다. 만약 이러한 마음의 영향에 적합하도록 하고 또한 행동의 전체 원리를 조정하며 최종적으로 그것을 적용시키려는 선의지를 통해서, 힘과 부, 명예, 건강 그리고 행복이라 불리는 상태에서의 일반적인 복지와 만족 등은 마침내 자부심을 불러일으키고 가끔은 확신을 수반하게 될 것이다. 부서지지 않는 번영을 즐기는, 순수와 선의지의 단일한 특징으로 장식되지 않는 존재의 시각은 결코 공명정대하고 합리적인 관중에게 즐거움을 줄 수 없다. 이와 같이 선의지는 심지어 행복할 만한 가치가 있는 것에게 필수적인 조건을 구성하는 것처럼 보인다.

이 선의지 자체에 유용성을 부여하는 데는 몇 가지 특질이 있다. 그리고 행동을 수월하게 할지라도 내재적이며 무조건적인 가치를 가지고 있지 않지만 항상 선의지를 예상하고 그것을 올바르게 가지는 것을 존중하며, 절대적으로 선한 것으로서 그것들을 간주하는 것을 허락하는 경우도 나타난다. 애정과 열정에서의 중용, 그리고 자제와 고요한 숙고는 단지 다양한 존경 면에서 좋을 뿐만 아니라 심지어 사람의 본질적 가치의 일부를 구성하는 요소처럼 보이기까지 한다. 비록 그들이 예전에는 무조건적으로 칭찬받았지만 실제로는 자질 없이 선이라 부를 가치가 있는 것과는 거리가 있다. 선의지의 작용이 없다면 극도로 악해질 수 있고, 나쁜 사람의 냉정함은 그를 더욱 위험하게 만들 뿐만 아니라, 선의지가 수반되지 않는다면 직접적으로 우리 눈에 더욱 형편없는 모습으로 비쳐질 것이다.

선의지는 기대된 목적을 달성하기 위한 적합성이나 그것의 수행, 효과 때문에 좋은 것이 아니라, 어떤 경향성에서 야기되어지는 모든 것들, 심지어 모든 경향성들의 총합보다 선의지 그 자체로서 고려되는 것이 훨씬 더 높은 가치를 지닌다. 비록 그것이 행운을 빗겨가고 냉대하는 계모 본성처럼 인색하고, 대단한 노력에도 불구하고 아무것도 달성하지 못하더라도, 단지 선의지 ≪단순한 소망이 아니라 분명히 우리 힘으로부터 모든 수단을 집결하는 것≫만 남는다면, 그것은 보석과도 같이, 그 자체로서 총체적 가치를 가지는 것으로서 자신의 빛을 계속적으로 발휘할 것이다.

선의지는 그것의 유용성이나 또는 무익성으로 말미암아 이 가치에서 어떤 것도 더할 수도 뺄 수도 없다. 말하자면, 그것은 우리로 하여금 그것을 통상적인 장사수단에서 더욱더 편리하게 할 수 있는 상태로서 만들거나, 혹은 전문가가 아닌 사람들의 주의를 이끌어낼 수 있는 상황이거나 아니면 그것을 진실한 전문가들에게 추천하는 등의 방식으로 삼아 그것 자체의 가치를 결정할 수는 없다.

의무 개념은 비록 주관적인 한정과 장애를 내포하지만, 선의지의 개념을 포함한다. 그러나 이것들은 은폐시키거나, 그것을 식별할 수 없게 하거나 하는 등과는 거리가 멀고, 오히려, 대조적으로 그것을 더욱 확실히 나타내고, 더욱 밝게 빛나도록 할 것이다. 예를 들어, 상인이 경험 없는 구매자에게 지나치게 비싼 값을 지불토록 하지 않아야 되는 것은 항상 의무의 문제이다. 그리고 거래가 상당히 활발한 곳은 어디서나, 신중한 상인은 비싼 값을 요구하지 않고, 누구에게나 정해진 가격을 유지한다. 이 경우에는 어린이도 다른 사람처럼 그 상인에게서 물건을 제대로 구입할 수 있다. 사람은 따라서 정당한 대우받는다. 이것이 바로 그 상인이 정직이라는 원리와 의무 때문에 행동했다고 믿기에는 약간 부족하다. 그 자신의 이득이 그것을 요구했기 때문이다. 이 경우에, 그 상인이 다른 사람보다 특별히 누군가를 애착하기 때문에, 구매자들에 이끌리는 직접적 경향에서 이루어진 행위로 가정하기란 불가능하다. 그 행위는 의무나 직접적인 경향성 때문에 일어난 행위라기보다, 단지 이기적 관점에 따라 발생한다.

반면에, 생활을 꾸려나간다는 것은 의무이다. 그리고 덧붙이자면, 모든 사람들은 그렇게 해야 할 직접적인 경향성을 가지고 있다. 그러나 이러한 이유 때문에, 대부분의 사람들이 흔하고, 열정적으로 생활을 꾸려 나가는 것의 본질적인 가치는 없다. 그리고 그들의 행동원리에는 도덕적 의미를 내포하지 않는다. 그들은 의무가 요구하기 때문이 아니라 분명히 의무가 요구하는 그러한 삶을 사는 것으로 가치가 있다. 반면에 역경이나 무기력한 슬픔이 삶에 대한 흥미를 앗아가 버리고 오히려 죽음을 갈망하며, 자신의 운명에 분노가 나지만, 확고한 의지의 소유자는 더 이상 낙담하거나 실망하지 않고 비록 자신의 인생을 사랑하지 않지만 그 삶을 지탱해나간다. 이러한 경우, 경향성이나 공포 때문이 아니라, 의무로부터 일어났고, 그러한 행동원리는 도덕 가치를 가진 것으로 간주할 수 있다.

능력이 있을 때 인정이 많다는 것은 의무이다. 이것 외에도, 허영심이나, 이익의 동기 없이 자기 주위의 사람들에게 기쁨을 나누는 것에 즐거움을 찾는 동정심이 있는 체질의 소유자들이 있다. 그들은 타인을 돕는 것이 자기의 일이 되는 한 타인의 만족에서 기쁨을 느낄 수 있다. 그러나 그와 같은 경우에, 이런 유형의 행위는 아무리 적절하거나, 상냥하더라도, 그럼에도 불구하고, 진정한 도덕적 가치는 없다고 여겨진다. 하지만, 다른 경향성과 동등한 수준으로, 즉, 명예에 대한 의향이, 만일 실제로 공리수준이고, 의무와 일치하고, 그 결과로서 존중할만하다면, 칭찬과 격려는 받을 수는 있겠지만, 존경까지 받는 것은 아니다. 왜냐하면, 그러한 행동원리에는 도덕적 취지에 있어 부족함이 남아 있다. 그와 같은 행위들은 경향성 때문이 아니라 의무에서 이루어진 행위일 경우에 비로소 자비로움이 비교할 수 없을 정도로 탁월하게 도덕적 기질을 갖춘 소유자로 인정될 수 있다.

자신의 슬픔 때문에 마음이 우울한 박애주의자의 마음을 가정해보자. 그는 타인에 대한 모든 동정심을 상실해버렸다. 그는 여전히 비탄 속에서 타인을 이롭게 해줄 능력은 있는 반면, 그는 자신의 문제에 너무 깊숙이 생각하기 때문에, 타인의 문제에는 무감각한 상태이다. 그리고 지금, 그가 죽음과도 같은 무감각 때문에 자신을 괴롭히고 있지만, 경향성에 따른 감정의 흔들림 없이 박애행위를 한다고 가정 해보면, 그때 처음으로 그의 행위는 진정한 도덕 가치를 가지게 된다. 만약 자연이 이 사람 혹은 저 사람에게 약간의 동정심을 느낀다고 한다면, 이 경우 성정이 곧은 사람으로 하여금 자신의 관점에서 바라보면, 그 자신이 이러한 강인함과 인내심을 지니고 있기 때문에 다른 사람들도 자신처럼 똑 같은 기질을 가지고 있어야 한다고 생각할 것이다. 그러한 사람이 확실히 스스로를 자연의 중용적 산물이 아니라고 생각하거나, 자연이 그 사람을 박애주의자로 만들지 않았다고 간주할 경우, 그 사람은 훌륭한 성정의 사람이 지닐 수 있다는 것보다 훨씬 더 가치 있는 자질을 아직 그 자신 속에서 발견하지 못한 것이 아닌가? 의심할 필요도 없이, 이러한 인물에게는 도덕 가치가 모든 것 중에서 비교할 수 없이 가장 상위에서 나오게 된다. 즉, 그는 경향성에서 아니라 의무감에서 자비로운 사람이다.

한 사람이 행복을 확보하는 것은 최소한 간접적으로 하나의 의무이다; 그것은 한 사람이 불만족스러운 요구 속에서 그리고 많은 근심의 압박 속에서 자신의 조건에 대한 불만족이 쉽게 의무에 대한 방해나 도전이 되었을지도 모르기 때문이다.; 그러나 여기서 다시, 이는 단지 모든 기질들은 전체적으로 하나로 통합되기 때문이라는 생각에 있기 때문에, 의무에 대한 고려 없이 모든 사람이 이미 행복에 대해 가장 강하고 그리고 가장 내면적인 기질을 지니고 있다고 생각해 볼 수도 있다. 그러나 행복의 개념은 흔히 대개 몇몇 기질들과 충돌한다. 우리는 행복이라 부르는 모든 것들 속에서 명확하고 확실한 총체적인 만족의 개념을 형성할 수 없다. 이는 곧 약속하는 것에 관해서나 만족하는 시간에 관해서 모두 명확한 성품의 인격이 그러한 동요되는 생각들을 극복할 수 있다는 것과 구분된다. 예를 들어 중풍에 걸린 환자가 스스로 좋아하는 것을 즐길 것을 선택하는 것과 혹은 이 경우에 최소한 그의 판단에 따라 그의 건강 속에서 찾게 되는 행복에 대한 기대 때문에 지금 이순간의 쾌락을 희생하며 스스로 고난을 감수하는 것을 선택하는 것이 이상하게 여겨지지 않는다. 모든 다른 경우들처럼 그는 그의 행복을 기질에서가 아니라 의무에서 증진시키려 함이 되며 그의 이러한 행동은 마침내 진정한 도덕 가치를 획득할 것이다.

의심할 것도 없이 우리는 우리의 이웃을 심지어는 우리의 적까지 사랑해야 한다는 성서 속의 글들을 이해해야 하는 방식에 있다. 애정처럼 사랑은 강요될 수 없지만 의무감으로 인한 자비는 강요될 수 있기 때문이다. 우리가 비록 어떠한 기질 때문에 강요받지 않는다고 할지라도, 아니 우리가 어떠한 자연적이고 극복하기 어려운 혐오에 의해 강요된다 할지라도; 만약 온화한 동정이나 행위의 원칙에 내재해 있는 감각의 경향들 속에 있는 것이 아니라, 의지에 기초한 사랑이라면 이러한 사랑은 병적 사랑이 아니라 실천적 사랑인 것이다.

이 두 번째 명제는 다음과 같다: ***의무에서 온 행동은 도덕적 가치를 이끌어낸다.*** 도덕적 가치는 그것을 통해 획득할 수 있는 목적에서 오는 것이 아니라, 그것이 이루어지며, 따라서 행동의 목적을 실현하는 데 의존하지 않는다는 격률에서 나온다. 다시 말하면 그것은 오로지 행동이 일어나는 *의지 원리(principle of volition)*에 의해서이며, 욕망이라는 객체와 관련은 없다. 우리의 행동 속에서 고려하고 있는 목적들과, 의지의 목적과 원천으로 여겨지는 그것들의 결과는 행동들에 어떠한 무조건적이고, 도덕적인 가치를 부여하지 못한다는 것은 먼저 이야기 했던 것을 보면 분명히 알 수 있다. 만약 이것이 그 의지와 예상효과에 대한 판단으로 이루어지지 않는다면, 그들의 가치는 무엇에 기초하고 있는가? 이것은 아무데나 놓여 질 수 있는 것이 아니라 행위에 의해 획득될 수 있는, 그 결말에 대한 고려 없이 그 의지의 원칙에 기초한다. 그 의지가 마치 두 길의 사이처럼 무언가에 의해 결정되어야 하듯이, 선험적 원칙과 실질적인 이후 원칙 사이에 서 있기 때문에, 의무 때문에 행위가 이루어질 경우 모든 실질적 원칙이 부수적으로 수반되는 ***의지의 형식원칙***에 의해 이루어진다.

세 번째 명제는 다음과 같이 표현 된다 : ***의무는 법에 대한 존중에서 나오는 필연적 결과이다.*** 나는 아마 이미 제시한 행동의 결과로서의 목적을 위한 경향을 가지고 있을지도 모른다. 그러나 단지 이것이 의지의 동력이 아닌 하나의 결과라는 이유 때문에 나는 이에 대한 존경심을 가질 수 없다. 비슷하게, 나는 내 자신의 것이든 다른 사람의 것이든 기질을 존중할 수 없다; 내 자신의 기질이라면 나는 잘해야 그것을 인정할 수 있을 뿐이다; 만약 다른 사람의 것이라면, 나는 때때로 그 기질을 사랑할 수 있다. 즉, 나 자신의 관심에 대한 호의로 이것을 주목하게 된다. 객관적으로는 법 그 자체, 주관적으로는 이 실제적 법에 대한 *순수한 존경*, 그리고 결과적으로 모든 나의 기질의 좌절에도 불구하고 이 법을 따라야 한다는 주관적 실천원칙을 제외하고는 아무 것도 그 의지를 결정할 요소는 남아있지 않다.

그래서 한 행동의 도덕적 가치는 그 행동으로 인해 예상되는 결과 위에 놓여 있는 것이 아니고, 그 예상되는 결과로부터 그의 동기를 차용하도록 요구하는 행위원칙 위에 놓여 있지도 않다. 한 사람의 조건에 대한 이해나 다른 사람의 행복의 증진이라는 이 모든 결과들은 다른 원인들로 인해서도 초래될 수 있기 때문에, 월등하고 무조건적인 선은 이 속에서 발견될 수 있는 반면에, 이성적 존재로서의 의지에 대한 요구는 필요 없을 것이다. 그 예상되는 결과가 아니라 이 법 개념이 그 의지를 결정하는 한, 우리가 도덕이라고 부를 수 있는 이미 보편화된 선은 *오로지 이성적 존재에서만 가능한 법 개념 자체로서만* 이루어져 있다. 이는 적절하게 행동하고 있는 사람 속에 이미 나타나 있는 선이다. 그리고 우리는 이것이 처음으로 그 결과로 나타나기를 기다릴 필요가 없다.

〈대중도덕철학에서 도덕형이상학으로 전환〉

자연 안에서 모든 것은 법칙에 따라 움직인다. 이성적 존재들은 원칙을 따르는 즉 의지를 가지고 있는 법칙의 개념에 따라 움직이는 능력을 가지고 있다. 원칙에 따른 행위에 대한 유추는 이성을 요구하기 때문에 그 의지는 실천이성 이다. 만약 이성이 오류를 범하지 않고 그 의지를 결정할 수 있다면, 객관적으로 필수적으로 인식되는 행위들은 주관적으로 판단하는 경우에도 역시 필수적이다.

의지는 기질로부터 독립적인, 이성이 실질적인 필수요건에 해당되는 선을 인식하고 선택하는 능력인 것이다. 그러나 이성 자체가 충분히 의지를 결정하지 못한다면, 그리고 만약 의지가 다른 객관적 조건들과 항상 함께 발생하지 않는 주관적 조건들에 의존적이라면; 이 세계에서, 만약 그 의지가 그 자체적으로 완전히 이성을 따르지 않는다면, 객관적으로 필수적이라고 인식되는 그 행위들은 주관적으로는 우연적이며, 객관적 법칙들에 따르는 의지의 결정은 의무이다. 즉 말하자면 객관적 법률과 온전히 선이라고 할 수 없는 의지와의 관계는 천성적 의지가 필수적으로 수반하지 않는 이성원칙에 의한 이성존재의 의지결정으로 인식된다. 하나의 객관적 원칙의 개념은 의지에 복종적인 범위에서 '명령' 이라고 지칭되며, 이 명령방식은 정언적이라고 지칭된다.

모든 명령은 당위를 뜻하는 단어로 표현되며, 의지의 주관적 구성이 필수적으로 의무에 의해 결정되지 않는 바, 의지에 대한 이성의 객관적 법률관계를 나타내는 관계로 드러난다. 사람들은 무엇이 해야 할 바인지 혹은 하지 말아야할 것인지를 말하지만, 사람들은 해야 할 선으로 인식되기 때문에 그것을 항상 하지만은 아니하는 것을 지칭하여 의지라고 말한다. 그러나 실질적으로 이것은 이성개념이라는 수단에 의해 그 의지를 결정하며, 결과적으로는 주관요인들로부터가 아니라 객관요인들로부터 그러한 이성적 존재들에게 유효한 원칙에 입각한 것을 선이라고 말한다. 이는 단지 주관요인들로부터 나오는 감각이라는 수단에 의해 그 의지에 영향을 미치거나, 이성원칙에서 모두를 위한 향유의 기쁨과도 구별된다. 모든 명령은 당위를 뜻하는 단어로 표현되며, 의지의 주관구성이 필수적으로 의무에 의해 결정되지 않는 바, 의지에 대한 이성의 객관적 법률관계를 나타내는 관계로 드러난다. 사람들은 무엇이 해야 할 바인지 혹은 하지 말아야 할 것인지를 말하지만, 사람들은 해야 할 선으로 인식되기 때문에 그것을 항상 하지만은 아니하는 것을 지칭하여 의지라고 말한다. 실질적으로 이것은 이성의 개념이라는 수단에 의해 그 의지를 결정하며, 결과적으로는 주관요인들로부터가 아니라 객관요인들로부터 그러한 이성적 존재들에게 유효한 원칙에 입각한 것을 선이라고 말한다. 이는 단지 주관요인들로부터 나오는 감각이라는 수단에 의해 그 의지에 영향을 미치거나, 이성원칙에서 모두를 위한 향유의 기쁨과도 구별된다.

완벽하게 선한 의지는 객관적인 법률에 똑같이 의존적일 것이다. 오로지 선의 개념에 의해서만 결정될 수 있는, 의지의 주관구성 때문에 적법하게 행동하기 위해서는 의무라고 인식되지 않을 수도 있다. 그러므로 어떠한 명령도 하늘의 의지 혹은 일반적으로 성스런 의지를 위해 지탱되지 않는다. 당위성은 논외이다. 왜냐하면 결단은 법과의 조화 속에서 필수적으로 이미 그 자체 내에서 이루어진다. 그러므로 명령은 이러저러한 이성존재들, 즉 인간의지의 주관적 불완전성에 대해 이루어지는 결단의 객관법칙의 상관관계를 표현하기 위한 방식이다.

이제 모든 명령은 가언적으로 또는 정언적으로 작용한다. 가언명령은 적어도 인간이 아마도 의지를 가질지도 모르는, 또는 의지가 있는 어떤 것에 대한 수단으로서, 가능한 행위의 실제적인 필요성을 표상한다. 정언명령은 즉 객관적 필요로서 또 다른 목적과는 관계없이 그 자체의 필요성으로서 이루어지는 행위를 나타내는 것이다. 모든 실제적인 법은 가능한 선인 행위를 표상한다. 이성이나 필요에 의해 실제적으로 결정할 수 있는 주체에 대해서, 모든 명령들은 일부 관점에서 지금 행위가 단지 다른 것에 대한 수단으로서 선이라면, 그때의 명령은 가언적이 된다. 만약 그 행위가 그자체로서 선으로 인식이 되고, 따라서 결과적으로 필연적으로 그 자체가 이성에 부합하는 의지원리가 된다면, 그러면 그것은 정언명령이 된다. 따라서 그 명령은 내가 하는 가능한 어떤 행동은 선이라고 선언한다. 그리고 그 행위를 수행하지 않는 의지에 관련된 실천적인 규칙을 제시한다.

가언명령은 가능할 수도 있고 현실적인 여러 목적들에 대해 이루어지는 행위들이 선이 될 경우에 한정된다. 첫 번째 경우, 그것은 의심스럽다. 둘째 번 경우, 정언적이고 실천적인 원리이다. 정언명령은 어떠한 목적에 관계없이, 즉, 여타 다른 목적 없이 그자체로서 객관적 필요를 위한 행위임을 선언한다. 그것은 정언법칙(필연 원리)으로서 효력이 있다. 일부 이성적 존재의 힘에 의해서만 가능한 것은 무엇이든지 일부의지의 가능한 목적으로 또한 표현될 수 있다. 따라서 일부 가능한 목적을 획득하기위해 필요한 수단에 관한 행동원리는 사실상 무한하게 많다. 모든 과학 분야는 실제적인 분야를 가지고 있고, 몇몇 목적들은 우리에게 가능한 것으로 표현되고, 그것을 어떻게 획득할 수 있는지를 지시하는 명령의 문제들로 구성된다. 이것들은 아마도 기술의 일반 명령으로 부를 수 있다.

여기서, 목적이 이성적인지 선인지에 대한 질문은 문제가 되지 않지만, 그것을 획득하기 위해 누군가 행동을 해야 한다는 것은 문제가 된다. 의사가 환자를 완전히 건강하게 만들려고 한다든지, 독살해자가 확실한 죽음을 보장하려는 그와 같은 예들은 이 점에서 동등한 가치를 지니고 있고, 각각은 그 목적을 완벽하게 달성하기 위한 역할을 한다. 어린 시절에는 인생에서 어떠한 결말이 우리에게 올 거라는 것을 잘 모를 수 있기 때문에, 부모들은 자녀들이 많은 것들을 배우게 하려고 하고, 향후 자녀들에게 하나의 목표가 될 수 없는 다양한 종류의 뜻하지 않은 결말에 대비하기 위해서, 자녀가 뜻하는 모든 일들을 가능하게 만들게 하기 위해 여러 수단을 통한 능력을 제공하려 한다. 이러한 근심이 너무 커서 그들은 대개 목적으로서 선택될 수 있는 사물들의 가치에 대한 그들 판단력을 형성하거나 수정하는 것을 소홀히 다룬다.

명령이 의존 존재인 그들에게 적용되는 한, 모든 이성존재에게 실제로 그럴 것이라고 받아들여지는 목표로, 또는 이성적 존재들에게 자연적 필연에 의해 실제로 수반되는 목적이 있다. 그것은 행복이다. 행복의 진전에 대한 수단으로서 행위의 실질적 필요성으로 표현되는 이 가설명령이 바로 단정적이 된다. 우리는 불확실하고 단지 가능한 목적을 위한 필요로서 이를 제공하는 것이 아니라, 그 자신의 존재에 속하기 때문에 이를 제공해야 한다. 가장 큰 복지의 수단에 대한 선택의 기술은 협의의 감각에서 '신중'이라고 부를 수 있는 것이다.

그래서 한 사람의 행복, 즉 신중의 교훈에 대한 수단의 선택으로 일컬어지는 이 명령은 항상 가설적이다. 그 행위는 절대적으로 요구되는 것이 아니라 다른 목적에 대한 수단으로서 요구되는 것이다. 마지막으로 조건으로서 이것에 의해 획득되어야 하는 다른 어떤 목적이 없이 어떤 행위를 즉각적으로 요구하는 명령이 있다. 이 명령은 정언적이다. 이는 행위의 문제나 이 행위가 의도하는 그 결과에 관심을 갖는 것이 아니라 명령형태와 이 명령 자체인 원칙에 신경을 쓰는 것이다; 그리고 이 명령 속에서 본질적으로 선인 것은 그 정신적 기질을 구성하고, 그 결과가 바로 그 명령이 되게 한다. 이 명령은 도덕의 명령이라고 부를 수 있다.

의지와 의무 사이에 불협화음이 존재하는 데, 이는 곧 결단력의 차이에서 기인하며 크게 세 가지 원리에 따른 차이를 보여준다. 기술의 규칙, 신중함의 조언, 도덕의 명령(법칙)에 따라 이것은 구분되며 이에 상응하는 이름이 요청된다. 오직 결과적으로 보편적 유효성을 지닌 무조건적이고 객관적인 필연성의 개념을 수반하는 경우는 도덕의 명령(법칙)에 국한한다. 그리고 그 명령들은 반드시 복종해야 하는, 즉 경향적으로 반대일지라도, 반드시 따라야 하는 법이다. 실제로 조언은 필연성을 내포하지만 단지 경험적이고 주관적인 조건에서만, 바꿔 말하면, 그들은 이 사람 혹은 저 사람이 이것 혹은 저것을 행복의 부분들로 판단하는 우연적 조건에서만 유지될 수 있다. 반대로, 도덕의 명령에 의한 정언명령은 비록 실질적이며 필연적으로 적절하게 명령이라고 불릴지라도, 절대적 존재로서 어떠한 조건에 의해 제한받지 않는다. 언급된 첫 번째 의무의 명령을 기술명령(예술영역), 두 번째 의무를 실용명령(복지영역), 세 번째 의무를 도덕명령(도덕영역)이라고 부를 수 있다.

어떻게 이 모든 명령들이 가능한 것인가 하는 의문이 지금 발생한다. 이러한 질문은 명령이 규정하는 행위의 성취를 어떻게 생각해낼 수 있느냐를 알고 싶어 하는 것이 아니다. 그것은 단지 어떻게 명령이 함축하는 의지의 의무를 어떻게 생각할 수 있느냐는 것이다. 어떻게 명령기술이 가능한지를 보여주기 위한 특별한 설명은 필요가 없다. 그런 목적을 원하는 사람은 누구든지, 그의 행위를 결정해주는 한, 거기에 필요불가결하게 필요한 그의 힘 속에 내재하는 수단을 원한다. 이 명제는 의지작용으로 간주되고, 분석적이다. 명령은 목적의지 개념으로부터 이 목적에 필요한 행위의 개념을 이끌어낸다. 종합명제는 의심할 바 없이 제안된 목적을 이루기 위한 수단을 정의할 때 사용되어야 한다.

그러나 그들은 원리와 의지의 행동과는 연관이 없고, 대상과 그것의 실현에 관심을 갖는다. 극단적인 두 가지 교차하는 원호를 통해 정확한 원리에서 객체를 끌어내야만했다. 이것은 틀림없이 종합명제로서 단지 수학을 통해서만 배울 수 있다. 그러나 만약 내가 이것이 단지 이러한 과정을 통해서 의도된 작업이 수행될 수 있고, 그리고 그 작업을 완전히 의욕 한다면, 나는 그것에 요구되어지는 행위를 의지화 할 수 있다. 이 경우는 분석적인 명제이다. 왜냐하면, 그것은 어떤 방법으로 내가 만들어 낼 수 있는 수단에 속하며, 이러한 방식에서 이루어진 행위는 자신의 마음에 품고 있는 어떤 것과 유사한 것이 되기 때문이다.

만약 그것이 행복이라는 명확한 개념을 내리는 것과 동등하게 쉬운 것이라면, 신중함의 명령은 기술 명령과 정확히 일치하게 될 것이고, 마찬가지로 분석적인 것이 될 것이다. 그와 같은 이런 경우에, 목적을 의지화하려는 사람은 누구나, 필요한 이유의 명령에 따라, 그의 힘 속에 존재하는 필요불가결한 수단을 의지작용으로 할 수 있다. 불행히도, 행복개념은 너무나 애매하기 때문에, 비록 모든 사람들이 그것을 획득하기를 원한다고 하더라도, 결코 명확히, 일관되게 그가 진정으로 원하며, 의지작용 하려는 내용이 무엇인지 말할 수는 없다. 이것이 이 개념에 속해있는 모든 요소들을 경험으로부터 차용할 수 있다면, 이성을 통해 알 수 있다.

지금은 가장 총명하고, 동시에 가장 힘 있는 존재이지만, 자기 자신에게 그가 전체 속에서 진정으로 의지작용 하려는 것의 명확한 개념의 틀을 잡아주기란 불가능하다. 그는 부를 원할까? 얼마나 많은 걱정, 질투, 함정을 그는 그 때문에 그의 양어깨에 올려두려고 하지 않을까? 그는 지식과 통찰력을 드러내길 원할까? 그는 어떤 원칙에서도 확신을 가지고 무엇이 그를 진실로 행복하게 만드는지 결정할 수 없다. 왜냐하면 그렇게 하기 위해 그는 매우 박식해야 할 필요가 있기 때문이다. 우리는 그러므로 행복을 확보하기 위해 어떤 명백한 원칙들 위에서 행동할 수 없고 검소, 예의, 준비 등 경험이 하도록 가르치고 평균적으로 대부분 행복을 증진시키는 경험적 조언을 받아 행동하게 된다.

그러므로 이러한 신중함의 명령은 실질적이며 필요한 행동을 제시하지 않고, 이성개념보다는 오히려 조언으로 간주되어야 한다는 것, 결과적으로 이를 존중하는 어떠한 명령도 매우 엄밀하게 행복하게 만드는 명령을 내릴 수 없음이다. 만약 우리가 행복을 위한 수단들이 확실히 배분된다는 것을 가정한다면, 이 신중함의 명령은 분석교훈일 것이다; 왜냐하면 후자에서 그 결말이 단지 가능하다는 것과 전자에서 이것이 주어진 것이라는 것에 의해서만 기술의 명령으로부터 구별되기 때문이다; 이 둘 모두가 하나의 결말로서 의지를 가져야 하는 것에 대한 수단을 규정하듯이, 이는 곧 그 결말을 의도하는 사람에 대한 수단의 의지를 규정하는 명령으로서 두 경우 모두가 분석적다. 이들 두 종류 명령의 가능성에 관해 생각하는 것은 아무런 어려움이 없다. 반면에 도덕명령이 어떻게 가능한지는 해결을 요하는 문제이다.

2. 피고용자의 의무사항

〈그림 1〉 2006, 조선일보

피고용자의 일은 지성적이며 합목적 노동이고, 도구를 이용하는 합리적 노동으로서 의무를 수반한다. 원시노동은 유희 또는 예술과 불가분의 관계를 맺고 있기에 노동은 음악, 춤 등과 융합되어 불규칙적이고 자연스런 성격이 지배적이었다. 고대 그리스에서는 육체노동을 비천한 일로서 경멸하고 노예가 해야 할 것으로 치부하였다. 자유로운 시민은 시간여유를 즐기면서 폴리스의 정치에 참여하거나 진리를 사랑하는 정신활동이나 전쟁에 참여하여 명예를 걸고 싸우는 일에 종사하였다.

중세에도 노동보다는 기도와 신앙생활을 중시하는 입장이 강하였다. 역사를 통한 노동관의 변화는 종교개혁을 추진한 프로테스탄티즘을 통해 촉발된다. '소명(Beruf)' 이라는 말은 성스러운 직업에 대하여 사용하던 것인데, 루터는 이것을 직업노동에 적용하였다. 루터에 의하면 직업은 신으로부터의 소명으로, 세속 직업에 적극성이 부여된다. 특히 칼뱅윤리는 노동

에 의미를 부여하고 세속 직업 자체를 신의 소명에 의한 것으로 강조하였다.[4)]

이처럼 청교도는 목적으로서의 부의 추구를 배척하면서도 직업노동의 결과로서의 부의 획득을 신의 은총으로 생각하였다. 이익이 증대하더라도 '신의 영광' 에 봉사하고자 일한다면 축복이 되며 금욕이 될 수 있다는 주장이다. 일로 얻어진 이윤은 축적되어 자본으로 전환되며, 결국 청교도의 금욕적 직업윤리는 자본주의의 성립을 촉진하는 주요한 요소가 되었다.[5)] 전문직은 인간개체의 생존 발전과 공동체의 사회적 기능의 역할 분담, 자아실현을 목표로 하는 지속적 노동 또는 일의 특성 등을 지니며, 개인적으로는 자질, 포부, 가능성, 적성, 취향 등을 실현하는 기회를 가지게 되는 것을 말한다. '업무(job)' 는 일 중에서 실제로 수행하는 구체적 과제를 지칭

국가별 직업위세에 대한 평가점수 및 순위

구분	한국	일본	미국	독일
국회의원	4.21(1)	3.88(1)	3.15(6)	3.54(4)
약사	3.76(2)	3.57(2)	3.70(3)	3.71(2)
중고교사	3.67(3)	3.17(5)	3.50(5)	3.24(7)
중소기업간부	3.35(5)	3.09(6)	3.57(4)	3.60(3)
기계공학엔지니어	3.18(7)	3.38(4)	3.72(2)	3.49(5)
소프트웨어개발자	3.39(4)	3.49(3)	3.82(1)	3.77(1)
은행사무직원	3.30(6)	2.99(7)	2.99(7)	3.39(6)
공정근로자	2.03(8)	2.32(8)	2.79(9)	2.17(9)
음식점종업원	1.77(9)	2.17(9)	2.72(10)	2.18(8)
건설일용근로자	1.56(1)	1.77(10)	2.91(8)	1.61(10)

※ 자료:한국직업능력개발원, 괄호 안은 순위

4) 권혁길외,『공학 윤리』서울; 인간사랑, 2007. pp.297-299.

5) 장승구, 『삶과 윤리』, 서울: 이회, 1997. p.156.

하며, 특정맥락에서 수행하는 기술적 · 사회적 활동이다. 표준직업분류에서는 전문직 직업을 '개인이 전문적이며 계속적으로 수행하는 사회활동의 종류' 라고 규정한다.[6]

전문직을 의미하는 'profession' 의 초기 의미는 '이런 방식으로 살겠다고 약속하는 행동' 과 연관된다. 17세기에 이르러서는 적절한 자격을 갖춘 직업을 가진 사람을 지칭하였으며, 특별기술, 지식, 정신집중을 요구하는 것과 관련된 직업을 의미하였다.

전문직의 기원으로 서양 중세 시대의 장인조합(guild)에서 출발했다고 한다. 중세시대 유럽의 도시에서는 도공, 목수, 칼을 만드는 도공, 금속공에 등의 수공업자들이 있었다. 이들 수공업자들은 도시마다 동업조합인 길드를 형성하였고, 길드에는 각각 고유의 가치관이나 행동규범이 존재하였다. 가령 제조법이나 용구에 관한 규범, 고객과의 거래에 관한 규정, 직업기술 습득에 관한 규정, 길드 가입절차에 관한 규정 등이 있다. 중세의 장인조합은 도제의 훈련기준이나 장인들의 업무능력 및 직무수행을 자율적으로 통제하면서 나름대로 전문성을 유지하는 역할을 하였다.[7] 근대에 들어와서 공장제 제조업의 등장으로 수공업에 의존하던 길드의 조직은 붕괴되었으나, 직업별로 동업자의 행동을 규제하고 동업자의 이익을 보호하는 제도와 관행은 여전히 남아있다. 오늘날 전문직은 아마추어와 대비되는 개념으로 일정한 사회적 · 직업적 특성을 갖추고 있다. 또한 전문직은 전문적 지식이 세분화되고 새로운 종류의 직업이 생겨나면서 그 종류가 점차 증가하고 있다.

데이비드 카(David Carr)는 전문 직업의 핵심기준을 이렇게 제시한다. 첫째, 전문가는 중요한 공공 서비스를 제공한다. 둘째, 전문가는 이론적으로 뿐만 아니라 실천적으로 전문가임을 말한다. 셋째, 전문가는 실천 강령

6) 송재범, 『디지털 시대의 직업윤리』, 고양시: 인간사랑, 2001. pp.197-8.
7) 송재범, 앞의 책, p. 314.

으로 명시되어야 할 윤리차원을 지닌다. 넷째, 전문가는 충원과 규율의 목적상 조직 및 규제를 필요로 한다. 다섯째, 전문 실천가들은 효과적인 실천을 위해 높은 수준의 개인적 자율성을 필요로 한다.[8] 전문직으로서 공학자는 의무를 이행한다.

① 전문적인 교육과정을 이수하여야 한다.
② 재량권을 실행함으로써 전문 서비스를 제공하는 데 독점적이다.
③ 전문가는 소속단체의 윤리헌장에 명시된 윤리적 표준을 지키게 된다.
④ 공공의 건강증진, 에너지 자원의 조달 등 공공선에 기여해야 한다.

전문인이 수행하는 활동의 의무요건은 윤리적 업무 계약, 성실과 책임의 의무를 준수할 것으로 의무윤리가 중시된다. 먼저 업무계약을 위해 전문인은 그 업무수행에 적합한 지식과 기술, 업무 수행 중의 장애를 극복하는데 도움을 받을 수 있는 정보기술 능력을 구비하고, 업무 성격상, 일을 분담할 경우 분할된 업무에 대해 누가, 어떤 부분을 수행할 것인가를 명시해야 한다. 그 계약은 개방적이고 공시적이어야 한다. 또한 성실과 책임의 의무를 다해야 하는 데, 먼저 성실의 의무는 공학자의 실천에서 언행일치를 의미한다.[9] 그리고 업무에 대한 책임의무에 있어서는 결과를 고려하는 해명의 의무, 자발적인 탁월한 수행, 자기제어 등을 함축하고 있다. 아울러 서비스 제공자인 전문인으로서의 책임은 서비스에 대한 책임, 제품에 대한 책임, 결과에 대한 책임을 지닌다.

전문인이 의뢰인에게 서비스를 제공하기 위해서는 서비스의 제공 시기, 서비스의 질, 서비스가 수반하는 결과에 대한 특별한 책임을 갖게 된다.

---

8) David Carr, "professional Education and Professional Ethics", *Journal of Applied Philosophy*, Vol. 16, No.1, 1999, p.34.
9) 김태훈, 『덕교육론』, 서대문구: 양서원, 1999. pp. 78-9.

〈그림 2〉 책임

제품에 대한 책임으로는 해당 제품을 온전한 상태로 인도하는 것과 제품의 안전한 사용을 안내해야 할 책임과 더불어 제품의 사용결과로 발생하는 손해에 대해 계약에 근거하여 책임을 져야 한다. 즉 제공한 서비스나 제품에 대한 책임적 의무를 전문인이 올바로 감수해야 한다.

경영자들은 피고용자의 복종의무를 정당화함에 있어 충성에 호소한다. 충성분석에서 "비판적 충성"과 "무비판적 충성" 사이의 구분이 필요하다. 세 가지 유형의 조직적 불복종에 비판적 충성을 적용할 지침을 개발하는 것은 유용하다. 공학자들이 고용주의 희망에 반하여 행동을 취해야 한다고 믿을 때가 불찬성 행동을 선택할 때다. 그 종류로는 반대 행동에 의한 불복종, 불참에 의한 불복종, 혹은 항의에 의한 불복종의 형태로 나타난다.

반면에 고용주들은 피고용인들과 의사소통을 개선하고, 피고용인들의 관심을 나타낼 수 있는 통로를 제공하는 방법을 개발할 필요가 있다. 이 방법은 전문 의견으로 소통하기 위한 메커니즘으로, 옴부즈맨 시스템 및 "윤리 핫라인"의 전담 부서를 들 수 있다. 모든 공학자들이 실제로 피고용자이기 때문에, 공학자 관점과 경영자 관점에는 차이가 보인다. 실제로 많은 의사들이 건강 관리기관들과 다른 기업체에 고용되어 있고, 많은 변호사들이 기업과 큰 법률회사들에서 일하고 있는 실정에 있다. 많은 공인회계사들도 회계 회사들과 기업을 위해 일하고 대부분의 설계사들은 건축회사들의 고용자에 해당하는 등 피고용자 신분이다.

챌린저호를 발사하여 일어난 사고와 같이, 경영자의 관점에 공학자 관점보다 반드시 우세할 것으로 추론하는 것은 타당성이 없다. 조직에 대한 충성의 문제에서도, 공학자는 비판적 충성이 가능하기에 조직에 대한 충성이라는 개념과 함께 검토할 필요가 있다. 또한 전문직 피고용인의 이의 제기에 대한 여러 쟁점과 이의 제기를 어떻게 책임지고 실행할 것인지를 함께 생각해 보아야 된다. 전문적 피고용인의 이의 제기를 긍정적으로 평가하면서 건설적 방법으로 다루기 위한 절차를 수립할 수 있는 몇 가지 방안을 고찰하고자 한다.

〈그림 3〉 천기누설

미국전문공학자협회(NSPE) 헌장에서는 '공학자들은 전문적인 일에서 고용주나 고객을 위한 충실한 대리인이나 수탁인으로써 행동해야 한다.' 라고 기술한다. 다른 한편으로, 공학자들에게 "단지 자신들의 능력이 미치는 범위에서만 서비스를 수행할" 것으로 요구하지만, 경영자는 공학자에게 자신의 자격이 기껏해야 최소 능력밖에 없다고 믿어지는 분야까지 능동적으로 일을 수행할 것을 요구하게 된다. 그 밖에도 공학자들에게 "객관적이고 정확한 방법으로 공적 진술을 할 것을" 요구하고 있지만, 기밀누설의 문제에 대해서는 "전문직"의 의무조항에서 공학자는 "현재나 이전의 고객 혹은 고용인의 기업 업무나 기술 공정과 관련하여 기밀정보를 그들의 동의 없이 누설해서는 안 된다"고 규정하고 있다. 고용자들은 공학자들에게 이전 고용주로부터 얻은 정보를 이용해서 보다 많은 수익을 낼 수 있는 프로젝트에 참여하기를 요구한다.

고용주와 피고용인의 관계에 대해서는 미국전문공학자협회(NSPE) 헌장들에 제시되어 있다. 전문공학협회 헌장은 공학자들에게 "공공"을 보호할 것을 요구한다. 그런데 누구를 공공으로 간주하는가? 챌린저호의 참사에서, 적어도 오링의 문제에 대하여, 좋은 사례로서 "공공"의 범주에 우주비행사 자신들을 포함시킬 수가 있는 것이다. 공학자들은 자신들의 고용주를 위해서 "충실한 대리인이나 수탁인"으로서 행동하도록 요구받게 되지만, 이런 용어들에 대해 구체적인 개념이 정립되어 있지 않다. 비록 이

용어들에 관하여 법으로 규정하더라도, 그 용어들이 윤리분석으로는 적합하지 않을 수가 있다. 이런 용어들은 일반적으로 이와 밀접하게 사용되는 '충성' 의 개념과 관련하여 분석할 필요가 있는 것이다.[10)]

또한 헌장을 해석하는데 있어서도 문제점이 발생한다. '공공의 그리고 충실한 대리인이나 수탁자' 와 등의 용어를 정의하는데 있어 종종 문제가 야기된다. 비록 '공공' 을 '공학적인 일로 자신들이 위험에 처해 있다는 것을 미처 알지 못하는 일반인' 으로 정의한다하더라도, 공학자들이 보호해야 하는 의무에 대해 다소 무지한 경우가 발생할 수 있다. 포괄적으로는 공과 사를 횡단 매개하여 공공복지를 구축하는 개념으로 받아들이는 것이 적절하다. 이처럼 비록 우리가 충실한 대리인이나 수탁인이라는 용어를 적용할 때, 우리가 할 수 있는 한 조심스럽게 정의하여 적용한다고 하더라도, 여전히 어떤 특정행동이 이 분야의 헌장정신이 요구하는 바를 충족하는지를 결정하는 데는 상당한 문제들이 드러날 수 있는 것이다.

전문공학자들이 자신의 고용주와 관련하여 직면하는 모든 쟁점에 관해서 헌장은 명확하게 쉬운 해법을 제공하지 못한다. 고용주와 피고용자 관계에 적용할 경우에도 자연히 헌장들에서 구체화된 의견을 다양하게 해석하면서 타당성 기준을 확장시킬 필요가 있는 것이다. 합법성에 있어서는 최근의 변화들과 피고용자의 의무와 권리에 관한 법률적 판례를 함께 조사하면서 체계적으로 접근할 필요가 있다. 피고용자 의무와 권리에 대한 법률적 보장은 성문법으로 정리되어 있다. 아울러 모두 수정 가능성을 매포하게 되는 데, 그 수정은 증가하는 공공정책의 특례가 차지하는 비중이 점점 커져가는 결과라고 할 것이다. 성문법의 개신 방향은 내부 고발자를 법으로 보호하기 위한 문제에서 출발하였다.

최근에 우리나라는 기술개발과 공공사업을 통해 향후의 고용창출 계획

10) Charles E. Harris, Jr.Michael S.Pritchard, Michael J. Rabins(2005), *Engineering Ethics, Concepts and Cases*, Belmont; Thomson Wadsworth. pp.182-5.

을 발표했다. 이른바 에너지절약과 녹색에너지에 관한 기술개발 그리고 공공사업 등을 추진하는 '녹색 뉴딜정책' 이라고 명명한 사업계획이다. 이 계획에는 온실가스 삭감을 위해 공공교통망의 정비를 추진하고, 하이브리드 자동차 등의 개발에 투자를 확대하며, 자연환경을 배려한 하천개발 사업이 포함돼 있다. 그런데 현재 우리나라는 일본처럼 경제 악화로 말미암아 비정규직 노동자를 중심으로 고용불안이 점차로 확대되고 있다. 마찬가지로 미국의 경우에도 "임의 고용" 의 관습법의 원칙이 지배적이다.

이 원칙에 따르면 정식계약서가 없으므로 고용주는 언제라도 그리고 실제적으로 어떤 이유에서라도 피고용자를 해고할 수 있게 되어 있다. 근래 들어 우리나라 법정은 공공정책의 이의제기라고 알려진 것으로써 임의 고용정책을 수정하였다. 몇몇 법정에서 지적해 왔듯이, 임의 고용에 대한 공공정책 이의제기는 여전히 발전 과정에 있다. 그러나 일반적으로 공공정책 이의제기는 피고용자들의 주요 공공권익을 보호하거나 시민으로서 논쟁여지가 없는 권리를 주장하기 위하여 일하고 있을 때 고용자에 대해 대항하는 변론을 허용한다.

민간 기업에게 감원을 자제하고 공공기관 정규직 일자리는 줄인다고 하고서 실업을 해소한다는 명분으로 아르바이트에 지나지 않는 인턴사원 채용을 강제하는 형국이다. 고용안정의 버팀목이 되어야 할 노동부에선 비즈니스프렌들리로 돌아서면서 노동계의 반발에도 아랑곳하지 않고 비정규직 사용기간을 2년에서 4년으로 늘리고 근로기준법도 기업우호 방향으로 수정하려 한다. 글로벌 경제위기를 맞아 노동자들의 처지가 악화되는 것을 방지하고 공공부문이 실업을 흡수하기 위해 안간힘을 쏟고 있는데 반해 노동자에게 일방적으로 권리의 양보만을 요구하는 노동정책은 피고용주의 의무와 권리 면에서 공공정책으로는 한계가 노출된다.

과거 공공정책 이의제기에 대해 판결했던 많은 재판들이 잘못되거나 보복적인 해고에 대한 행위의 몇 가지 행태의 법적 근거를 인정하여 왔다.

그러나 일반적으로 대부분의 법정들은 공공정책에 대한 이의제기를 보다 좁은 범위로 해석하여 피고용자가 법을 어기기를 거절하거나, 중요한 공공의무를 수행하거나, 명백한 합법적 권리를 행사하는 경우, 실직보상을 신청하거나 언론자유에 대한 헌법권리를 행사하는 사례 등으로 국한시켰다. 종종 건강이나 안전의 명백한 위협으로부터 공공을 보호하려는 행위는 법정으로 출두하여 공공정책 자체에 대한 이의제기를 먼저 해야 보호받을 수 있는 것으로 간주된다. 법정에서 해석되는 대로 공공정책 이의제기에 대해 제한사항을 피고용자는 파악해야 할 것이다.

첫째, 공공정책을 위반하는 해고와 피고용자들의 "사적" 이익에 영향을 주는 해고 사이에 명확한 구분을 해야 한다. 공공이익에 대한 공공정책 이의제기에서 상호관계가 밀접해야 한다고 말하면서, 자기양심에 위배되는 행동을 하도록 요청받은 피고용자를 보호하기 위해서 공공정책의 이의제기 방법을 사용해서는 안 된다고 하는 것은 해석의 갈등을 야기한다.

둘째, 법정은 고용인과 피고용자 사이에 단순한 판단차이가 있는 곳에서는 피고용자를 보호하기를 거부하면서 고용인의 권리규정을 중시하는 경향이 있다.

셋째, 많은 법정은 전문협회와 같은 "사적" 기관들에 의해서 선포된 헌장들과 규제 위원회 같은 행정 및 사법기관들에 의해 선포된 헌장들을 구별해왔다. 법정은 대부분의 사례에서 "사적" 헌장들 채택을 공공정책의 근거로 인정하기를 거부했다. 이것은 피고용자로서의 공학자들에게 중요하다. 왜냐하면 공공정책 변론을 사용하기를 원하는 피고용자로서 공학자는 전문직 협회헌장이 아니라, 정부 규제 위원회 헌장에 호소하여야 한다는 것을 말하기 때문이다. 피고용자로서 공학자는 전문직 협회 헌장에 호소하는 것이 전문직 공학자로 등록되어 있을 경우에 훨씬 더 성공적일 것이라는 판단이 서게 된다. 왜냐하면 그렇지 않다면 그들은 그 헌장에 의존하지 않을 것이기 때문이다. 공학자가 전문직 공학자로서 면허자격을 얻어야만 하는 이유가 여기에 있다.

넷째, 대부분의 법정은 공공이익을 고용주의 이익과 비교할 필요성에 호소해왔다. 이 "비교하기"는 종종 매우 주관적으로 보이고, 어떤 근거든 간에 법정이 적합하다고 생각하는 공공정책 근거를 분명하고 뚜렷하게 위반하지 않는다면 보통 고용주의 이익에 더 무게를 두는 것처럼 보인다.

다섯째, 대부분의 법정은 경영 자율성을 제한하는 방향으로 무게를 두어왔다. 그런데 많은 사람들은 이것이 정당하고 전문직 피고용자는 작업장에서 더 많은 권리를 허가받아야 된다고 믿고 있는 실정이다. 실제적으로 경영 자율성의 보호에 찬성하는 많은 주장이 나타나기도 한다. 이제 피고용자의 역설적 상황에 해당하는 피고용자의 비판적 충성의무를 살펴본다.

3. 피고용자의 비판적 충성의무

비록 피고용자로서 공학자는 그들의 고유 역할을 넘어서서 경영자에 의해서 내려야 하는 결정을 하는 것이 가능하다. 그런데 실제로 주어진 기업과 정부조직들의 권위 구조에서는, 경영자들이 경영역할을 넘어서서 공학자가 내려야 하는 결정을 내리는 것이 훨씬 더 많은 경향이 나타나고 있다. 경영자의 관점에서는 공학자가 조직에 "충성"을 보여주어야 하고 "팀플레이어"가 되어야 한다. 회사에 대한 충성의 호소가 항상 위법이 되는 것은 아니다. 우리는 전문공학협회 헌장에서 공학자가 자기 고용주에 대해 "충실한 대리인이나 수탁자"가 되라고 명시하면서 충성하도록 명하는 것을 살펴보았다. 이 주장은 종종 악용되기 때문에 책임 있는 공학자는 충성개념에 대하여 생각해 두는 것이 중요하다. 무엇보다도 무비판적 충성심과 비판적 충성심 사이의 차이를 구별할 수 있어야 한다.[11)]

---

11) 같은 책, pp.197-8.

고용주에 대해 무비판적 충성심은 고용주가 그 이익을 정의하는 대로 어떤 다른 고려사항보다 고용주의 이익을 우선순위로 두는 것으로 정의된다. 무비판적 충성심은 때때로 사업 경영자들에 의해서 신봉되는 믿음사항이다. 모든 피고용자는 그들의 고용주로부터 받아들일 수 있는 지시에는 한계가 있다는 것을 인정하지만, 매우 넓은 범위에서 피고용자는 "자신이 가진 비판 능력을 쉬게 하는" 것과 "그의 행위가 그의 상사의 결정에 의해 독립적으로, 그 결정의 장점에 대해 검토함이 없이 인도 되도록" 허용하는 것에 익숙해져 있다. 피고용자는 그 자신의 비판능력을 접어두고 선택을 위한 기초로서 명령의 형식적 기준을 사용하기에, 권위를 수용하는 것이다.

이것은 전문기술자가 상관의 제안과 명령을 비평적 검토나 고려 없이 받아들이고 있음을 의미 한다. 주어진 상황에서 상관이 그들이 어떻게 행동하게 되는지를 스스로에게 질문함으로써 예상되어 지는 명령만 수행하도록 자신의 목표로 삼게 된다. 무비판적 충성심이 없으면 조직의 혼란을 초래할 수 있다. 충성과 훈육의 끈은 녹아버리고 상관을 내부 고발하는 것이 최후의 호소가 되는 대신에 하나의 무비판적 충성이 하나의 규범이 될 것이다. 이것은 생산성과 효율성을 감소시킬 것이고, 그렇게 되면 공공복지에 비춰볼 때 명백한 손실에 해당한다. 공공에 대한 충성으로 그의 상관으로부터 지시받기를 거절하는 어떤 공학자는 많은 경우들에서 능력이 못한 동료에게 그 일을 떠넘길 뿐이다. 그의 반대는 공공을 보호하지 못할 것이다. 그 불량품은 누군가에 의해서 설계될 것이기 때문에 아마도 양심적인 전문가의 반대와 상관없이 계속하여 시장에 나올 것이다.

무엇보다도 공학자는 공공정책에 있어서 전문가는 아니다. 전문직 집단처럼 공학자들은 사회변화를 계획할 능력이나 권리가 없다. 그들은 사적 시민으로서 공공정책의 논쟁에 이바지할 수 있지만, 이는 그들의 전문직 일을 그들의 양심의 감시 아래 두는 것과는 대조적인 사항이다. 이를 테면, 기름유출의 위험을 감수하고 해안을 뚫어서 우리의 비축량을 증가시켜야만 하는가? 이것들은 정치적 판단에 속하는 질문이다. 공공은 공학자들에게 공학윤리의 이름으로 선택할 것을 기대함으로써 공공정책의 이 쟁점을 결정하는 의무마저 포기해서는 안 된다.

공학자들이 고용주에게 충성하면서도 윤리적 고려사항은 공공정책에 맡겨 두는 것이 더욱 바람직하다. 고용주에 대하여 무비판적 충성심 개념에 대한 반대 입장은 비판적 충성이다. 이것이 피고용자의 개인적이며 전문윤리의 범위에서 가능한 것인 만큼, 고용주의 이익에 정당한 관심을 두는 것으로 해석된다. 비판적 충성의 개념은 두 요구를 모두 존중하는 개신의 중도이다. 공학자는 충성스러운 피고용인이 되어야하지만, 이는 근본적으로 개인적 혹은 전문직 의무와 갈등을 일으키지 않은 범위에서이다. 정당한 관심, 개인윤리 혹은 전문직 윤리 같은 용어의 정확한 범위를 정의하려고 시도하기보다는 오히려 우리는 비판적 충성이라는 개념의 함의를 존중할 필요가 있다.

이를 테면, 비판적인 충성의 기준으로서 삼성이사는 충성개념이 삼성회사의 피고용자들에게 오직 삼성회사의 상품만을 구매하도록 기대하는 것을 정당화 하는 경향이 있다고 말한다. 그리고 그는 또한 삼성회사 피고용자들이 회사이익을 촉진하는 방식으로 의사수렴하기를 정당화하기 위하여 지나치게 충성에 호소한다고 볼 것이다. 이러한 기대들은 사적 시민특권을 행사하여, 자신의 기호에 따라 구매함으로써 개인 삶의 방향을 설정하려는 피고용인의 권리를 침해하는 셈이 된다. 물론 공학자들은 그들의 회사에 대해 충성할 의무가 있다. 그러나 이 충성이 공공안전과 건강을 보호하기 위한 전문직 의무의 위반을 정당화할 수는 없다.

무비판적인 충성은 개인의 자율성과 도덕적 성실성의 심각한 축소를 초래할 수 있다. 명백히 잘못된 것에 항의할 권리를 가지고 있지 않다거나, 오직 자신의 선택은 스스로 부도덕하다고 여기는 프로젝트에서 작업을 중단하는 용기가 심각하게 제한된 도덕적 행위자로서 자신의 자유를 살려내는 길이다.

이것은 새로운 직업을 위하여 개인적 희생을 수반할 수 있음을 말한다. 이처럼 전문직 피고용자들은 회사에서 매우 가치 있는 존재이다. 회사는 부도덕하거나 불법적인 행동에 노골적으로 관련하기를 원하지 않는다. 불법이나 부도덕한 것이 없다고 할지라도, 종종 그런 행동은 회사의 공공 이미지를 나쁘게 할 수 있다. 그리고 비용이 많이 들고 시간을 소모하는 법적 분쟁에 번번이 휘말리게 될 수도 있다. 상위 경영자는 그 문제들을 공공연연해질 때까지 비밀에 붙일 수가 있다.

도덕적으로 문제되는 사항에 항의하기를 원하면 항의할 수 있기에 공학윤리에 투철한 전문인은 공공을 위한 중요한 자원이 된다. 법으로 사업상의 모든 오용을 통제하는 것은 불가능하다. 법은 단지 심각한 오용 후에 제정되는 경향이 있으며 오용의 많은 것이 윤리적으로 의무감을 느끼는 피고용자들에 의해서 예방된다. 더구나 법은 오용의 잠재적 원천인 행위들을 규제하는 데 서투르고 부적합하다.

경우에 따라서는 조직상의 불복종의 나쁜 결과들은 과장될 수도 있다. 더구나 고용주의 행동에 대한 항의나 특정 공학 프로젝트에 참여하기를 거부하는 것은 사회정책 일반을 지도하는 것과 같지 않다. 공학자는 가능한 범위 내에서 충성스런 피고용자로 있는 동안 기술적 전문직의 의무를 항상 명심해야 한다.

공학자에게 비판적 충성은 경영자가 공학적 고유 결정을 하도록 허락해서도 안 되고, 사람양심을 재판하도록 해서도 안 된다는 것을 의미한다. 그럼에도 불구하고 조직상의 불복종은 항상 최후의 수단이어야만 한다. 그것이 불가피할 때에는 고용주와 피고용자 모두에게 부정적 결과를 최소화하는 방식으로 이루어져야 한다. 책무를 느끼는 공학자가 조직에 대한 책임적 불복종을 피하고 필요할 때는 그것의 부정적 결과를 최소화할 수 있는 방안도 함께 강구해야 한다.

피고용자와 그들의 고용인 사이의 불일치를 생각할 때 떠오르는 단어는 "내부고발(whistle-blowing)" 이다. 내부고발이 가장 흔하게 사용되는 것은 피고용자가 회사의 심각한 오류행동에서 유죄라고 확신할 때는 공공으로 드러내는 일이다. 이것은 가장 드라마틱한 고용주와 피고용자 사이의 불일치의 사례일 것이지만, 전문직에게는 흔한 일이 아니다. 짐 오텐(Jim Otten)은 자기 고용주의 희망과 반대되는, 피고용인에 의해서 취하여진 모든 유형의 행위를 모두 다 포함하기 위해서 포괄적인 용어로서 **"조직상의 불복종(organizational disobedience)"** 이라는 표현을 사용하였다.[12] 이런 종류의 행위와 시민 불복종 사이에 유사성이 있으므로 이 용어는 적합하게 보인다.

'조직상의 불복종' 에 관해서 유념사항이 있다. 첫째, 전문직 피고용자가 복종하지 않거나 항의하는 정책은 아마 구체적이거나 일반적일 것이다. 이것은 상급자의 특정한 명령이거나 일반적인 회사정책일 수도 있고 혹은 하나의 단순 행위이거나 연속적인 일련의 행위일 수 있다. 또한 고용주는 도덕적으로 잘못된 어떤 일을 하려는 의도가 없었을 수 있다. 공학자가 불량 형태의 강철 파이프 생산에 반대할 때, 그의 회사가 불량품을 만들려고 한다고 주장하는 것은 아닐 것이다. 의도하지 않았지만 불행한 결과에 이르게 될 행동을 예방하고자 반대할 것이다.[13]

그것은 바로 경영자가 인식하도록 회사의 이익에 반하는 행동에 참여하기, 도덕적 혹은 전문직의 반대로 말미암아 과제수행을 거부하기, 회사정책이나 행위에 항의하기를 구체적으로 실천에 옮기는 일 등이다. 의무를

12) Jim Otten, "Organizational Disobedience," Flores, ed., *Ethical Problem in Engineering*, pp.182-184.

13) Charles E. Harris, Jr.Michael S.Pritchard, Michael J. Rabins(2005), *Engineering Ethics, Concepts and Cases*, Belmont; Thomson Wadsworth., pp.204-5.

지각하는 공학자는 이러한 요건을 상기하여 언제 조직상의 불복종에 참여하고, 어떻게 이 불복종을 수행해야 하는가를 결정하며 어떤 지침을 사용할 것인지를 고민하게 된다.

공학자들은 때때로 직장 밖에서의 그들의 행동으로 경영자를 반대할 수 있다는 것을 발견할 것이다. 경영자에 대한 반대로서 첫째, 경영자들이 피고용자의 어떤 특정행동 혹은 일반적 생활 스타일이 조직에 불리하다고 믿을 수 있다. 예를 들면 어떤 공학자는 지역사회에서 신망 낮은 정치그룹의 일원일 수 있다.

둘째, 경영자들은 피고용인의 어떤 행동이 직접적인 방법으로 조직이익에 반대된다고 믿을 수 있다. 예를 들면 어떤 공학자는 그의 회사에 법적으로 요구되지도 않는 오염방지 장치를 설치하라고 압력을 가하는 중이거나, 혹은 공장이 배수목적으로 확장하려고 습지대를 매입할 때, 그 습지대를 구매하지 못하도록 로비하는 중인 한 지역의 환경단체 회원일 수가 있다.

'반대행위에 의한 불복종' 은 조직에 해를 주는 범례가 아니며, 조직이 그것을 제약하는 것도 개인적 자유를 제한하는 사례도 아니다. 다른 한편으로, 직장 밖에서 피고용자의 행동에 의해 어떤 의미에서 조직이 해를 받을 수 있다는 것은 의심할 여지가 없다. 지역 사회에 대해 무례한 스타일의 삶을 사는 사람을 고용한다는 평판을 가진 회사는 망할 수도 있다. 어떤 조직이 겪을 피해는 피고용자가 조직이해에 직접적으로 반대되는 정치활동에 참가할 때 더욱 더 명백해 진다. 경영자가 행사하는 피고용자의 충성에 대한 조직상의 권리는 피고용자가 이런 방법들로 인하여 조직에 해를 주지 않을 것을 요구하는 것이다.

다른 한편으로 만일 조직상의 제약들이 피고용자가 개인적으로 깊은 관련이 있는 활동을 줄이라고 강요한다면 피고용자의 자유는 중대하게 축소된다. 작업장 밖에서 피고용자의 활동이 경영에 반대될 만한 것이라면, 그 같은 해가 되는 방식으로 다른 조직에도 피해를 줄 것이기 때문에, 그 피고용자는 일을 그만두어야 한다고 주장하는 경영자를 설득할 수는 없다. 피고용자는 조직에 피해를 주는 어떤 것도 해서는 안 된다는 주장을 일관되게 적용하려면 그 결과는 피고용자가 부정적 삶의 스타일이나 정치활동에 결코 참여해서는 안 된다는 결론으로 끝난다. 이것은 피고용자의 자유 제한에 해당한다.

이처럼 반대되는 행동에 의한 불복종으로 인해 피고용자를 처벌하는 것은 개인적 자유를 상당히 침해하게 된다. 게다가 피고용자가 단순히 직업을 바꾸는 것만으로 조직에 끼치는 이런 종류의 피해를 피할 수는 없을 것이다. 많은 조직들은 공학자의 정치관점이나 환경지지 노력에 의해서 아마 피해를 입을 것이다. 그러므로 이런 형태의 피해를 조직상의 통제에 대한 정당화에 포함하도록 허용하는 것은 조직이 작업장 밖에서 피고용인의 삶에 상당한 영향을 행사하는 것을 허용하는 것과 같다. 개인의 사적 자유를 가치 있게 생각하는 사회에서는, 개인자유에 대한 이와 같은 중대한 축소화는 정당화하기 어렵다.

이런 고려사항에도 불구하고 많은 경영자들은 그들 혹은 그들의 조직이 직장 밖에서 피고용자의 행동에 의해서 위협받는다고 믿도록 열심히 움직일 것이다. 직장 밖에서 피고용자의 활동은 그 조직에 다른 것보다 더욱 직접적인 피해를 준다. 자기 회사의 환경오염에 대해 더 엄격한 제한을 가하기 위한 공학자의 캠페인은 공학자의 사적 생활보다 더욱 직접적 영향을 회사에 미칠 것이다. 피고용자는 그들 조직에 대한 피해가 더욱 직접적인 분야에서는 더욱 조심해야 한다.

또한 작업장 밖에서 공학자들의 활동축소가 그의 자유를 침해하는 정도에 대해서는 중요한 차이가 난다. 활동의 축소는 개인의 정체성과 도덕적 혹은 종교적 신념과 밀접하게 관계가 있다. 이는 지엽적 신념과 연결되어 있는 활동의 제한보다도 더욱 심각한 일이다. 피고용자는 그들의 기초적 개인 활동에 있어서 가장 중요하게 생각하는 관심분야와 기본적인 분야에 더 많은 자유를 허락해야 한다.

'불참에 의한 불복종' 은 전문직 윤리나 개인적 윤리에 근거를 두고 있다. 그들이 불안전하다고 믿는 제품을 설계하기를 거부하는 공학자들은 공공의 안전과 건강, 복지의 고려에 탁월함을 보여주도록 요구하는 전문직 헌장에 그 반대의 근거를 둘 수 있다. 그들의 목적이 폭력의 사용이기 때문에 군사적인 이용을 위한 제품의 설계를 거부하는 공학자들은 개인적 도덕성에 그 근거를 두고 있음에 틀림없다. 왜냐하면 헌장들에서는 공학자들이 환경에 피해를 준다고 믿고 있는 프로젝트에 참여하기를 반대하는 근거가 제시되어 있기 때문이다.

'불참에 의한 불복종의 경우 몇 가지 사항을 유념한다. 먼저, 지루하거나 도전적이지 않은 프로젝트를 피하거나 개인적 어려움이 있는 다른 고용인들과의 협력을 피하는 수단으로서 양심에 호소하는 방식으로 피고용자가 악용할 수 있음이다. 또한 고용주가 몇 가지 이유 때문에 작업 할당에서 빼달라는 피고용자의 요청을 거부할 수 있다. 예를 들면 달리 대체해서 할당할 것이 없을 수도 있고, 그 일을 할 자격이 되는 다른 공학자가 없다든가 혹은 변화가 조직을 분열시킬지도 모른다. 이러한 문제들은 특히 작은 조직에서는 심각하게 나타난다.

그럼에도 불구하고, 우리는 가능하다면 조직이 양심의 문제에 기반을 둔 도덕문제들을 존중해야 한다고 믿는다. 일반 도덕은 사람의 양심위반이 심각한 도덕문제라고 주장한다. 고용주들은 피고용자들의 직업을 잃거나 양심을 위반하는 것 사이에서 선택하도록 강요해서는 안 된다. 물론 고용주들은 작업 할당을 대체할 만한 방안을 가지지 못한 상황도 있다. 그러나 많은 조직들은 부당한 경제적 희생 없이 피고용자의 양심을 존중할 방안을 강구하였다.

'항의에 의한 불복종' 은 고용주의 행위들이 너무 못마땅해서 그들은 반대할 만한 행위에 단순히 불참하는 것만으로는 부족하다고 믿고 오히려 어떤 형태의 공식적인 이의제기를 하는 것이다. 그 상황은 공학자들이 그들의 고용주, 자기 가족들, 자기 경력과 공공에 대한 의무의 균형을 맞추어야 하는 복잡한 갈등 상황이다. 헌장에 따르면 공공건강과 안전, 복지에 대한 의무는 다른 의무들보다 우선권을 가져야 한다. 때때로 갈등 상황을 해결하는 데에 발생하는 어려움에는 몇 가지 이유가 나타난다. 특정 상황에서 개인의 희생요구를 용납할 만큼 이유가 충분히 결정적인지는 불명확하다. 공공에 미치는 피해가 미약하거나 그러한 피해가 발생할 것인지에 대해 의문을 가질 수 있다. 공공을 보호하려는 항의 자체가 성공적인 것인지 명확하지 않을 수도 있다. 내부고발이 정당하거나 일반적 기준으로 인정을 받으려면, 몇 가지 요소들을 살펴볼 필요가 있다.[14]

먼저 고용자들이 발생위험과 그 위험이 클 것이 틀림없다는 사실을 알고 있어야 한다. 최상의 증거에 근거한 믿음으로 충분하다. 때로는 피고용자가 설득력 있는 증거를 수집할 위치에 있지 않기 때문이다. 피고용인들이 그들 상관에게 비판사항을 보고하는 것이 필수요건이 되어서는 안 된다. 경우에 따라서는 직속상관이 문제원인이고 상황에 대해 선입견 없는 공정한 평가를 하리라고 신뢰할 수 없기 때문이다. 조직상의 명령체계를 모두 사용하는 것이 항상 필수적이지는 않다. 때로는 피고용자들은 공공에게 알리고, 다른 고위경영진에게 항의를 전달하는 것이 효과적일 수가 있다.

문제에 대한 문서적 증거자료를 확보하는 것이 가능한 것도 아니다. 조직은 피고용자들이 자신의 입장에 대한 주장을 펴는 데 결정적 정보에 접근조차 못하게 하기 때문이다. 항의하는 피고용자들이 자신들의 사례를 해결하는 데 필요한 정보출처에 접근하지 못하게 하는 경우도 나타난다.

---

14) 같은 책, pp.203-4.

항의를 할 의무가 바로 그 항의를 통해 피해를 막아줄 것으로 기대되는 강력한 증거를 확보하는 것까지 포함하지는 않는다. 위험에 노출된 자에 대한 잠재적 피해에 대해 자유롭고 사전 통보되는 동의를 줄 기회를 제공하는 것으로도 항의는 충분히 정당성을 가진다.

제안한 기준은 많은 예외를 가지고 있는 것처럼 보인다. 그리고 피고용자의 항의를 정당화하거나 요구하기 위한 일련의 예외 없는 기준을 세우는 것은 아마도 가능하지 않을 것이다. 항의가 정당화되거나 요구되기 전에 충족되어야 하는 필요조건에 대한 체크 리스트를 제공하는 것보다는, 오히려 고용주의 행동에 항의함에 있어서 준수되어야 할 일련의 고려사항을 제안하는 것이 더욱 유용할 수 있다. 우리는 고용주와의 대결 구도에서 점진적으로 접근하여야 하며 공개적인 항의는 최후수단이어야 하며 다음 사항들을 심지 할 필요가 있다.

첫째, 토론은 가능한 한 대결적이지 않아야 한다. 초점은 개인성격이 아니라 문제 자체이다. 공학자의 의무로 보면, 문제들이 어떻게 풀릴 것인가에 관하여 긍정적이며 구체적으로 제안해야 한다. 무엇을 해야 하는지를 보여주어야 한다. 특히 부주의로 발생한 문제는 그 상황에서 벗어나서 체면을 세우는 방법을 찾도록 제안할 수 있다. 쉬운 방법이 문제가 커지는 것을 막는 길이다.

둘째, 만약 상급자가 동감을 표시하지 않는다면 동감표현이 가능한 다른 경영자를 모색해야 한다. 자신의 상관과 은밀하게 비공식적으로 대화를 나눌 수 있는 다른 경영자에게 강력하게 제안함으로써 피하여 질수 있다. 이것이 실패한다면 반대 가능한 행위를 공공에 알려야 할 것이다. 언론이나 정부 기관을 포함한다.

셋째, 최소한의 대치 형태나 전문가 불찬성은 아주 흔한 일이다. 이런 형태의 전문가 불찬성은 다른 전문가 의견으로 나타난다. 다른 전문 의견들을 고무적으로 생각해야 한다. 경영자들은 공학자들이 서로 다른 전문 의견을 보복에 대한 두려움 없이 자유로이 제공할 수 있는 진실담론 분위기를 제공해야 할 것이다.

넷째, 항의가 정당하다는 것을 보증하기 위해 모든 노력을 발휘해야 한다. 가능하다면 문서화된 증거를 찾도록 해야 한다. 관련 정보를 가지고 있을지도 모르는 다른 사람들에게 문의하고 항의가 정당화될 수 있도록 자신들의 판단을 달리하는 사람들의 판단과 대조하려고 시도해야 한다.

다섯째, 윤리문제들을 제기하기 위한 "윤리 핫라인(ethics hotline)" 인 옴부즈맨 제도나, 혹은 사내의 다른 제도를 가지고 있다면, 이러한 조직상의 자원의 이점을 활용해야 한다. 조직 밖의 항의가 불가피한 것으로 여겨진다면 전문협회들이나 외부 컨설턴트들의 충고나 기술평가, 재정지원, 혹은 공공지원을 받는다.

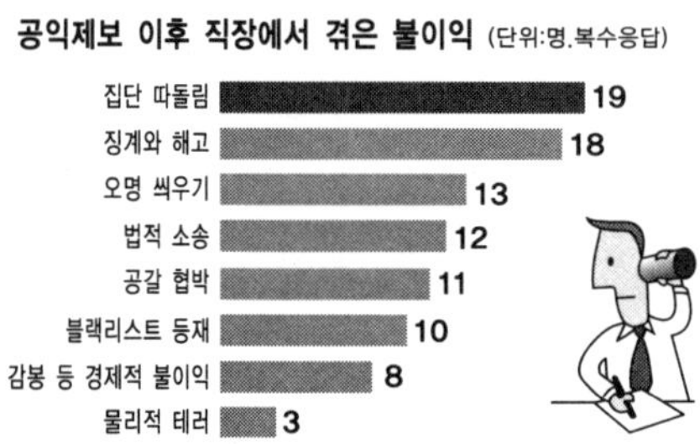

〈그림 4〉 한국일보조사 2007

여섯째, 자신의 편에 서는 전문 동료들을 얻으려고 노력해야 한다. 그들이 수집한 문서를 다른 사람에게 보여주고 고위 경영진에 접근하여 그들 지원을 요청해야 한다. 경영진에의 접근은 대결적 방식이 아니라 전문직의 책임을 보여주고 조직의 장기적 이익을 증가시키는 태도를 가지고 행해져야 한다. 내부 고발의 결과를 보여주는 연구들에 있어서도, 자신이 종종 피해를 겪고 있다는 것을 보여줄 필요가 있다. 대부분의 내부 고발인들이 그 일을 자랑스러워할지라도, 가족들 모두 상당한 고통을 겪고 있음을 인정하게 된다.[15)]

15) 같은 책, pp.206-8.

4. 피고용자의 권리와 역할

피고용자의 권리

피고인의 권리는 "피고용자의 양심원리에 의해 대응할 만한 어떤 사물이나 사람에게 맞서는 정당한 요구"를 말한다. 우리가 계몽 양심이 비판적인 충성개념으로 간주한다면, 피고용자는 해고나 보복의 두려움이 없이 정당화되고 책임 있는 형태의 세 가지 유형의 불복종에 참가할 권리를 가진다. 보복으로는 임금인상이나 승진거부, 괴롭힘에 시달림과 재미없는 일에 임명되는 것을 포함한다.

경영자들은 고용인의 권리들을 이행하려고 긍정적 방도를 간구해야 한다. 왜냐하면 고용주들과 피고용자들, 심지어 전문직 피고용자들까지도 공평한 경쟁이 아니기 때문이다. 고용주들이 새로운 피고용자를 찾는 것보다 피고용자가 새로운 직업을 찾는 것이 더 어렵고 확실히 더욱 큰 아픔을 겪게 된다. 고용자들에게 피고용자로서 권한을 행사하는 정책은 여러 특징을 가진다.

첫째, 불평은 회사 또는 정부기관과 불평하는 사람 모두를 보호하기 위해 가능한 한 비밀로 해야 한다. 회사나 정부기관 외부에 있는 중립 참가자를 위한 조항이 있어야 한다. 조직 내의 피고용자 논의 중에 감정적으로 연루되거나 혹은 너무 많은 개인유대를 갖고 있게 되면, 문제를 냉정하게 평가하지 못한다.

둘째, 보복으로부터의 보호를 위해 명시된 조항들이 불평에 대한 절차와 함께 만들어져야만 한다. 즉각적 해고의 두려움과 함께 조직상의 불복종을 마음에 두는 피고인의 가장 큰 두려움은 그가 승진과 일의 할당에서, 그 논쟁이 해결된 지 오랜 시간이 지난 뒤에도 차별을 당하리라는 것이다. 이러한 두려움으로부터 보호는 가장 중요한 피고용인의 권리이다.

셋째, 조직상의 불복종을 다루는 절차는 가능한 한 빠르게 진행되어야 한다. 그러한 사안의 해결지연은 불찬성을 처벌하는 한 방법이 될 수 있다. 충분한 지연은 경영자가 그것에 반하여 항의로서 제기될 사항이다. 조사과정에 수반되는 장기적 '미결 협의의 그림자' 는 피고용자의 행동이 정당하다고 할지라도 항의하는 피고용자를 처벌하는 데 기여할 수 있다.

넷째, 개인 성격보다 문제들에 초점을 맞춰야 한다. 이것은 조직상의 불복종 사례의 현저한 특징인 과도한 감정표출과 성격 충돌을 피하는데 도움을 준다. 아울러 불만에 대한 서면 기록이 있어야 한다. 법정과정에 연루된다면 이는 주요사항이다. 무엇을 말하고 언제 말했는지에 대한 기록을 남기는 것이 도움이 된다.

피고용자들의 권리에 대한 요구에 회사와 정부의 응답을 개선하기 위해 많은 제안들이 이루어지고 많은 것들이 제도화 되었다. 이를테면, 기업 행위 강령들과 회사 정책조항, 사회감사, 공공 및 피고용인 변호사제 도입 등이 그러하다. 전문직 피고용자 권리로서 중요하게 여겨지는 제안에 초점을 두고자 한다.

첫째, 전문직 피고용인들의 권리는 회사(혹은 정부의)옴부즈맨 제도를 통해 보호 받을 수 있다. 피고용자들의 불만들을 등록하는 것은 종종 비밀리에 익명의 방법을 통해 행해진다. 옴부즈맨 혹은 변호인은 회사의 계층과는 독립적으로 운영해야 하며, 회사 최고 경영진과 회사 이사회와 직접적 접근이 이루어져야 한다. 옴부즈맨은 정부와 회사의 관료주의 내에서 기술 전문가와 경영자 사이의 논쟁중재를 용이하게 할 수는 있다. 피고용자는 제출한 불만이 공정하고 정직하게 다루어지도록 비밀에 회부되어야 한다. 분명히 옴부즈맨은 비전문직에 의해 이용될 수 있지만 그 서비스는 전문 직업인들도 이용할 수 있을 것이다.

둘째, 효과적인 정책들 중의 하나이면서, 작은 회사나 정부기관에 적당한 "문호개방" 의 정책이다. 경영자들은 불만에 대한 편견 없이 통상적 근거에서 불만 청취가 가능하다. 이 방법은 한명의 경영자가 문제 해결의 권한을 가지고 있는 경우에 적합하다. 만약 경영자가 그의 행동이나 정책에 불만이 생길 때 문호 개방 정책을 사용한다면, 경영자나 피고용자들에게 최소한의 위험을 주는 방법에서 그 문제가 해결될 수 있다.

셋째, 부회장 수준에서 전담부서를 설립할 수 있다. 그 관심사는 윤리와 사회적 책임감이다. 그 부서는 피고용인의 불만의 적절한 처리를 의무 중의 하나로서 가지고 있다. 피고용자는 누구든지 비밀을 유지하며 자유 상태에서 작동하는 이 부서에 접근할 수 있어야 한다. 경영자와 비경영자, 그리고 한명의 전문 외부인사로 구성된 특별 검토 패널은 시스템의 운영을 모니터하고 개선할 수 있다.

넷째, 조직에서 불만을 다루기 위한 형식절차는 필수적이다. 피고용자가 그들의 상급자에게 자기 의견과 반대편 의견을 요약하여 간단한 서면 진술로 제출하는 것으로 시작된다. 이 수준에서 어떠한 조정도 이루어 지지 않으면, '다른 전문직 의견' 은 능력 있고 공정한 재검토 그룹에 제출될 것이다. 제출자가 '다른 전문직 의견' 의 재검토 그룹에 의한 처리에 만족하지 못한다면, 위원회 전체를 포함하여 원자력 규제 위원회 내에 있는 상급자에게 상고할 수도 있다. 정교한 기제를 통하여 전문직의 피고용자의 권리보호를 위한 방안이 강구되고 있다.[16]

피고용자의 역할

공학자가 직면하는 많은 전문적 문제들은 공학자와 경영자간에 갈등과 관련되어 어떤 역할을 선택해야 하는 문제이다. 가장 중요하고 심각한 갈등은 결정 권한에 대한 것이다. 어떤 결정이 공학자에 의해서 이루어지고,

---

16) 같은 책, pp.208-9.

어떤 결정이 경영자에 의해서 대체로 이루어지는가? 조직의 구조에서 주어진 그들의 지위에 있어 경영자는 항상 공학자의 결정을 번복할 수 있는 권위를 가진다. 우리가 여기서 제기하는 문제는 윤리적 문제이다: 결정과정에서 경영자들은 경영적 고려사항에서 우세하고 공학자들은 전문적 지식의 공학적 고려사항에서 우세하다.

경영이론가 조셉 랠린(Joseph Raelin)은 경영입장을 반영하여 "경영과 전문직 간에는 교육배경, 사회화 가치, 직업상의 관심, 일 습관과 전망에서 차이 때문에 당연한 갈등이 있다"라고 말한다.[17] 공학자와 경영자 사이의 갈등의 영역에 관해서 명확히 이해할 필요가 있다.

공학자들은 다른 전문직 사회만큼 비교적 넓은 전문직 사회와 많은 일치성을 유지하지는 않는다고 할지라도 충성에서 갈등을 경험하게 된다. 다른 전문직같이 공학자들은 그들 전문직업과 고용주 양쪽에 의무를 가진다. 대부분의 공학자들은 회사의 재정안전을 걱정하고 상관지시를 반대없이 수행하는 충실한 공학자이기를 원한다. 많은 공학현장들의 지시사항에 있어서도 고용주의 신실한 대리자이기를 원하다. 동시에 그들은 공학자로서 공공건강, 안전과 복지를 최선으로 할 의무를 지고 있다. 이 의무는 공학자에게 높은 기준의 자질을 요구한다. 많은 경영자들은 공학적 경험을 가지고 있지 않다. 그래서 피고용자인 기술자와 의사소통이 어렵다. 공학자들은 가끔 그들의 경영자에게 기술적인 문제를 설명할 때 지나치게 단순화된 언어를 사용해야 하고, 경영자들은 공학 문제를 실질적으로 이해할 수 없다고 불평한다.

또한 경영자가 아닌 많은 공학자는 미래에 재정적 보수와 명성이 더 크다고 인식되는 경영자의 역할을 열망한다. 그러므로 아직까지 경영자와 공학자의 두 역할을 가지지 못한 많은 공학자는 아마 그들의 경력에 있어

17) Joseph A. Raelin, *The Clash of Culture: Managers and Professionals* (Boston: Harvard Business School Press, 1985), p.16.

〈그림 5〉 한국의 빌게이츠
티맥스소프트 최고 경영자 박대연

언젠가 그렇게 해 보고자 기대하게 된다. 공학자와 경영자 관계의 복합성과 그 충돌이 가능하기 때문에, 어떤 상황에서 공학고려가 지배적이어야 하고, 어떤 상황에서 경영 방침이 우세하는지를 구별해야 한다. 상호 간의 일치가 불가능할 때 여전히 어떤 시각이 지배적이어야 하는지를 아는 것이 도움이 된다. 실제로 경영자의 시각과 공학자를 포함한 전문가의 시각은 큰 차이를 보이게 된다.

로버트 재캘(Robert Jackall)에 따르면 이 차이는 윤리문제와 접목된 부분에서 두드러진다. 미국 대리업 경영자 연구에서 재캘은 조직이 구체목표를 찾는 실용사고 습관인 기능의 합리성을 중시하게 된다는 사실을 발견했다.[18] 재캘은 그가 연구한 경영자와 회사들은 양심적인 전문가의 도덕적 기여를 별로 존중하지 않는다는 특징을 발견하였다.

첫째, 조직상의 에토스로서 회사 경영자 특히 고위층의 결정에서 진실한 도덕적 헌신이 역할을 하도록 허용하지 않는다. 개인의 사적 도덕적 신념들이 직장에서의 행동에 영향을 미치지 않는 한, 그가 선택한 신념들이 어떠하든 모두 가질 수도 있다. 따라서 개인 양심을 기업 행위로부터 분리하는 것을 배워야 한다. 재캘에 따르면 경영자들은 한 편으로 도덕원칙과 다른 한편으로 사리 추구의 공사공매 관점에서 타협하기를 좋아한다. 재캘에 따르면, 진정으로 도덕적 고려사항으로 생각되는 것이 경영자 결정에는 별다른 역할을 하지 못하게 된다. 불량 제품들은 궁극적으로 회사의 공공 이미지에 유해하기 때문에 나쁘면서 환경파괴를 통하여 사업상 나쁜

18) Robert Jackall, *Moral Mazes: The World of Corporate Managers* (New York: Oxford University Press, 1988), p. 5.

이미지를 주기에 나쁘고, 궁극적으로 자신과 소비자인 경영자에게 나쁜 영향을 미치기에 나쁘다.

둘째, 동료와 상사에 대한 충성은 경영자에게 우선적 덕목이다. 성공한 경영자는 팀 플레이어로서 도전을 받아들이고 그 자신과 다른 사람에게 유리한 결과를 초래하도록 일을 처리하게 된다. 아울러 자신이나 그의 동료 그리고 상사를 보호하기 위해서 책임감을 고의로 모호하게 만든다. 사소한 일은 아랫사람에게 시키고, 공은 위 사람에게 돌린다. 책임을 피하는 것이 가능한 한에 있어서는 행위는 그 결과와 분리된다. 논란의 여지가 있는 결정에서 성공적 경영자는 일이 잘못되었을 경우 다른 사람을 지목할 수 있도록 가능한 많은 사람들을 연루시킨다.

셋째, 그는 책임에 잡히는 것을 피하기 위해서 서류로 남기는 것을 피한다. 그 자신과 동료 그리고 상사를 보호하고 숨기는 것은 모든 다른 고려사항을 대신하게 된다. 경영적인 결정에 대한 이런 고려에 의하면 전문인의 양심의 가책은 들어 설 자리가 없게 된다. 그런 분위기에서 규범적 전문가들은 조직에 불복종하는 것 외에 다른 선택이 없다. 공공의 건강과 안전에 관련된다고 믿는 크레인의 문제를 발견한 공학자 한 사람은 그의 사장에게 메모를 보냈다. 그 사장은 그에게 그런 메모는 필요 없고 건설적이지 않다고 대답했다. 윌슨이 해고되고 난 후에 이 사실은 공개되었다.

먼저 경영자는 조직의 안녕을 위한 강한 관심을 과잉으로 가지게 된다. 그 안녕은 재정 면에서 우선적으로 측정되며 그것은 또한 좋은 공공 이미지와 상대적으로 갈등 없는 조직운영을 내포한다. 또한 인지된 의무를 초월하는 전문가의 충성이 있다고 해도, 경영자는 거의 없다. 그리고 경영적인 결정과정은 적절한 고려사항 중에 타협을 하게 되어 있다. 윤리적인 고려사항들은 단지 한 가지 유형으로서 고려사항일 뿐이다. 경영자는 그것들이 회사의 안녕, 공적 이미지에 영향을 주지 않는다면, 윤리적 고려사항을 진지하게 감안하지 않는 경향이 있다.

실제로 큰 조직에서 공학자와 경영자 사이의 구별은 언제나 명확한 것이 아니다. 조직단계는 "수습 공학자들"로 간주되는 피고용자들과 "경영자"인 피고용인들 사이에 있다. "그룹리더들"은 그들 스스로를 경영자로 여기는 반면에, 같은 조직에서 다른 사람들은 그들 자신을 "공학자들"로 여긴다. 일치를 본 경우, 공학자가 좋은 경영자가 되기 위해서 그 시각을 바꿔야만 한다는 것에 동의했다. 이 변화는 세 요소를 포함한다.

먼저 공학자는 공학적 세부사항에 더 적게 관심을 두어야만 한다. 또한 공학자는 비공학적 고려사항을 고려하기 위해서 더 넓은 지평을 발전시켜야 한다. 그리고 공학자는 사물보다는 사람에 초점을 맞추어야 한다. 안전 문제들에 대해서는 공학적 고려사항이 우선권을 가져야 한다는 것을 대부분의 경영자도 인정하는 경향이 높다. 품질, 소비자 만족과 가격에 관한 문제에 대해서조차 공학자들의 관점에 귀를 기울일 필요성이 많이 나타났다.

실제로 경영자들은 도덕에 별로 관심이 없었고 전문 직업적 성실성을 존중하지 않는 사람들로서 공학자들을 인식한다. 대부분의 전문직들처럼 거의 모든 공학자들은 높은 직업 만족도를 보여준다. 이것은 공학자들이 그들의 경영자와 관계를 만족스럽게 생각함을 뜻한다. 경영자와 공학자가 결정의 상황에서 서로의 관계에 대해서 다양한 기술적(descriptive)해명으로부터 어떻게 서로 관계해야 마땅한가라는 규정적(prescriptive) 방향으로 전환하는 것이 요청된다.

조직 내에서 공학자의 일차적 기능은 그들의 기술적 지식과 훈련을 소비자와 조직에게 가치 있는 상품을 창조하기 위함이다. 그러나 공학자 역시 전문가이고, 기술지식의 사용을 인도하는 전문 직업이 결정했던 기준을 준수해야 한다. 이 의무들은 보통 좋은 디자인과 수용된 공학실무에 연관되는 표준들을 충족시키는 것이다. 이러한 표준의 기준들은 디자인의 효율성과 경제성, 부적합한 제조와 운영에 손상되지 않는 정도, 그리고 최첨단 기술이 사용되는 고려사항을 포함한다.

공학자들은 안전에 현저한 중요성을 부여한다. 더욱이 공학자는 안전을 고려하는 일에는 보수적인 편에 치우치기를 선호하여 이 점에서 신중한 경향이 있다. 경영자의 역할과 그 역할에서 결과하는 시각은 다르다. 그들의 역할은 공학자의 활동을 포함하여 조직의 활동을 지도한다는 것이다. 엄격한 의미에서 경영자는 전문가가 아니다. 그들이 속한 조직을 넘어서는 기준들을 지향하기보다는 오히려 그들은 조직에서 우세한 기준들에 의해서, 어떤 경우에는 그들 자신의 개인적 도덕적 신념에 의해서 더 많은 지배를 받게 된다.

관련 고려사항을 연결해놓고 결론에 도달하기 위해서 그것들 사이에 균형을 잡으려는 경향이 있다. 경영자는 낮은 가격을 유지해야 하는 강한 압력을 받고 공학자들이 비용이나 상품성 같은 고려사항을 희생하면서 까지 정도가 지나치게 높은 안전성을 추구한다고 믿는다. 반면에 공학자는 어떠한 고려사항을 파악하기에 앞서서 안전과 품질의 최소 조건이 반드시 충족되도록 설계에 관련된 여러 가지 고려사항에 비중의 순서를 할당하는 경향이 있다. 다른 요소에 맞서서 안전과 품질에 어느 정도 균형을 맞추려 한다 할지라도, 공학자들은 경영자들과의 협상에서 안전과 품질 기준을 고수해야 하는 특별의무를 가지고 있다고 믿는다. 그들은 한 상품의 과정이 〈공학 고유의 결정(proper engineering decision, PED)〉에 의존하거나 〈경영 고유의 결정(professional management decision, PMD)〉 의 시각에서 내려져야만 하는 결정 사이의 구별을 제시한다.[19)]

〈공학고유의 결정, PED〉: ① 공학적 전문기술을 요하는 기술문제를 포함하기 때문에, ②공학 헌장 특히 공학자들에게 공공의 건강과 안전을

19) Charles E. Harris, Jr.Michael S.Pritchard, Michael J. Rabins(2005), *Engineering Ethics, Concepts and Cases*, Belmont; Thomson Wadsworth. pp.190-2.

도모하도록 명하는 헌장에 구현된 윤리 기준에 해당하기 때문에, 공학자들에 의해서 내려지거나 적어도 전문직 공학 실무진이 통제하는 결정이다.

〈경영고유의 결정, PMD〉: ① 비용, 스케줄, 마케팅과 피고용자의 근로의욕과 복지와 같은 조직의 복리에 관계되는 요소를 포함하기 때문에, ②결정이 공학인들 자신의 기술적 실무와 윤리적 기준들과 수용 불가한 타협을 하도록 공학자들에게 강요하지 않기 때문에, 경영자에 의해서 내려지거나, 적어도 경영적 고려사항으로만 통제하는 결정이다.

첫째, PED와 PMD의 묘사는 '공학 고유의 결정'과 '경영 고유의 결정' 사이의 구별이 의사 결정 과정에서 먼저 우선시되는 기준과 실무에 의거해서 이루어졌다는 것을 보여준다. 나아가서 PMD는 두 기준의 갈등, 특히 안전과 품질에 관련하여 실제적인 갈등 중에 있을 때는 경영 기준은 결코 공학 기준보다 우위에 있어서는 안 된다는 것을 명백히 하고 있다. 무엇을 "실제적인 갈등"이라고 할 것인가는 논쟁의 여지가 있다. 만약 공학자가 허용할 수 있는 안전과 품질 그 이상을 원한다면, 그 경우에도 공학자들의 판단이 우세해야만 하는지는 명확하지 않다.

둘째, PMD는 경영 결정이 공학자들에게 전문 직업적 실무와 기준을 위반하도록 강요해서는 안 된다는 것뿐만 아니라, 다른 전문인들에게 강요해서는 안 된다는 것을 명기한다. 공학결정과 경영결정 사이의 차이가 있을지라도, 합법적 경영 결정은 다른 전문직 기준의 위반에 대해 보다 더 포괄적 금지를 포함해야 한다.

셋째, 공학자는 경영자가 고유하게 내려는 결정에서조차 충고를 하도록 기대된다. 많은 경영적 결정은 공학자의 충고로부터 혜택을 받을 수 있다. 비록 안전에 근본적인 문제가 있는 것이 아니라 할지라도, 공학자들은 설계개선, 다른 대안 설계, 제품을 더욱 매력적으로 만드는 방안 같은 사안에 중요한 기여를 한다.

'공학고유의 결정' 의 특징 묘사는 "기술적 문제들" 을 정의하지 않고 "건강" 과 "안전" 을 확실히 정의하지 않고 있다. **'경영고유의 결정'** 의 특징 묘사는 경영적 결정이 공학자에게 "그들의 전문직 기준에 허용할 수 없는 타협들을" 강요하지 않을 것을 명한다. 이들 용어의 적용이 비교적 논쟁의 여지가 없을 것이지만, 모든 논쟁의 여지가 있는 사례에 대해 결정적 명증성을 제공할 수는 없다. 우리는 범례로서 비교적 논쟁의 여지가 없는 PED와 PMD의 예를 언급할 것이다.

'공학고유의 결정' 범례를 쉽게 상상할 수 있다. 화학공장의 설계에 참가한 공학자 범수를 가정해보다 그는 밸브 A와 밸브 B 사이에서 선택해야만 한다. 밸브 B는 그의 경영자의 친구가 판매하고 있지만 그것은 이 일의 최소 사양에도 못 미친다. 사실 그 밸브는 생명을 잃는 것을 포함한 몇 가지의 재해에 책임이 있었고, 그는 그것이 시장에서 여전히 판매된다는 것에 놀랐다. 반대로 밸브 A는 최첨단 기술의 제품이다. 다른 것들 중에서 그것은 더욱 더 빠른 차단 메커니즘을 가지고 또한 응급 상황에서 오작동일 가능성도 적다. 그것이 5%나 더 비싸지만 그 가격은 그의 회사가 충분히 감당할 수 있는 가격이다. 그러므로 밸브 A는 안전과 품질 모두에 의거해서 명확하고 분명한 선택이다.

여기서 결정은 공학적 고려사항들에 따라 이루어져야만 한다. 이것은 왜냐하면 그 결정이 수용된 기술적 기준과 관련된 쟁점들을 수반하고, 그 결정이 중요방식으로 공공안전에 관련되어 있음으로 해서 공학자의 윤리적 기준과 관련되어 있기 때문이다. 밸브 A와 밸브 B사이의 선택은 **'공학고유의 결정'** 의 범례이다. 우리는 그것을 **'경영고유의 결정'** 범례로 만들기 위해 그 예를 수정할 수 있다. 밸브 A와 밸브 B가 품질과 안전에서 동등하지만, B는 A보다 더 빠르게 공급될 수 있고 15%나 더 저렴하며, 그의 회사에서 생산되는 몇몇 제품들에 대해 잠재적 고객회사에서 제조된다.

반면에 밸브 A는, 비록 이 회사와 관계를 도모하는 것이 장기적 헌신을 요구하고 비용이 더 많이 들지라도, 범수의 회사에서 생산되는 몇몇 제품들에 대해 잠재 고객 회사에서 만들어진다. 만약 다른 관련된 고려사항들이 없다면 밸브 A와 밸브 B 중 어떤 것을 구입할지의 결정은 경영자에 의해서 혹은 적어도 경영적 고려사항들에 따라서 이루어져야 한다. **'경영고유의 결정'** 에서의 두가지 기준에 의한 결정을 비교해보면 경영적 고려사항들이 중요하고, 각각의 결정으로부터 초래되는 어떠한 공학적 고려사항의 위반은 없다고 말할 수 있다.

많은 사례들이 범례적 '공학고유의 결정' 과 범례적 **'경영고유의 결정'** 의 양 극단 사이에 놓이게 될 것이다. 또 어떤 사례는 **'공학고유의 결정'** , 혹은 **'경영고유의 결정'** 으로 분류될 수도 있는 사례들의 가상스펙트럼의 중간에 놓여있다.

동일한 사례의 다른 설명들을 고려해보자. 밸브 A는 약간 더 좋은 내구성을 가지는 반면에 밸브 B는 10%가 더 싸고 배달과 판매 둘 다 보다 빨리 이루어질 수 있다. 이 경우 합리적이고 책임감 있는 사람들은 아마 어떤 밸브를 구매할 것인지에 대한 마지막 결정에서 공학자에 의하거나 경영자에 의해서 결정되어야 하는지에 대해 생각이 아주 다를 것이다. 내구성과 안전에 대한 고려사항들은 공학의 고려사항들이지만, 비용과 스케줄 그리고 마케팅 등의 고려사항들은 전형적인 경영적 고려사항들이다.

B밸브를 주문하는 것이 안전과 품질의 공학적 기준들에 대한 받아들일 수 없는 타협인가? 그 비용과 스케줄 그리고 마케팅 문제가 공학적 고려사항들을 능가할 만큼 충분히 중요한가? 여기서 선한 의도를 가진 합리적인 사람들은 그들의 판단에 있어 다를지도 모른다. 이 같은 사례를 고려함에 있어서 모든 선 긋기 사례들에서처럼 그 특징이 중요성이나 혹은 도덕적 "중대성" 이 고려되어야 한다는 것을 기억하는 것이 중요하다.

오염과 관련된 문제들이 공학과 경영의 고요 결정 사이의 경계에서 일어날 수 있다. A과정은 B과정보다 더 많은 비용이 들어서 A의 사용은 회사의 생존을 위협한다고 가정해보자. 게다가 B는 더 많은 오염을 발생시키지만, 그 오염이 사람의 건강에 어떤 중대한 위협을 가지는지는 명확하지는 않다. 여기서 다시 선한 의도를 가진 합리적인 사람들은 경영적 고려가 우세해야 하는지 혹은 공학적 고려사항이 우세해야 하는지에 대한 생각이 다를 수가 있으며 선긋기 해법이 사용될 수 있는 사항이다.

참고문헌

권혁길외,『공학 윤리』서울; 인간사랑, 2007.

김수삼 외,『미래를 위한 공학, 실패에서 배운다』, 김영사, 2003.

김진외,『공학윤리』, 철학과 현실사,

김정식,『공학기술윤리학』, 서울 : 인터비젼. 2004.

김태훈,『덕교육론』, 서대문구: 양서원, 1999.

배원병 외,『공학윤리』, 서울: 북스힐, 2006.

이대식 외,『공학윤리』, 서울 : 인터비젼, 2003.

장승구,『삶과 윤리』, 서울: 이회, 1997.

정태진 외 공편,『공학도를 위한 엔니니어링 입문』, 보문당,, 1993.

Charles E. Harris, Jr. Michael S. Pritchard, Michael J. Rabins,『공학윤리』, 김유신 외 공역, 북스힐, 2004,

Charles E. Harris, Jr. Michael S. Pritchard, Michael J. Rabins(2005), *Engineering Ethics, Concepts and Cases,* Belmont; Thomson Wadsworth.

제8장

공학윤리의 생명상생

〈Story-Telling : 호랑이가 된 생쥐〉

바나라시는 야생동물들이 서식하는 어두운 숲으로 둘러싸여 있다. 이 울창한 정글의 깊숙한 곳에는 신을 아는 성자가 살고 있는 아름다운 암자가 있었다. 위대한 지혜와 많은 기적의 힘을 소유하고 있던 이 성자는 이 세상에서 그에게 가까이 있는 존재라고는 작은 애완용 생쥐만 있었다.

많은 순례자들과 제자들이 그 위대한 스승을 방문하기 위하여 숲의 사나운 호랑이들과 다른 야생 짐승들의 위험을 무릅쓰고 과일과 꽃과 같은 공물을 들고 왔다. 신의 대리인으로서 무한가치의 영적 보물들을 선사하는 스승에게 빈손으로 가는 제자는 없다. 그 성자를 방문하러 온 사람들은 모두 그 성자와 생쥐 사이의 위대한 우정에 경탄을 금치 못하였고, 그 애완동물에게 먹이를 즐거이 던져주곤 하였다.

어느 날 일단의 학생들이 고적한 암자에 있는 그 위대한 스승을 방문하고 있을 때 어떤 고양이에 쫓긴 그 생쥐가 찍찍거리며 보호를 청하려고 그 현자의 발밑으로 달려왔다. 학생들이 놀라서 지켜보는 가운데 성자는 두려움에 떨고 있는 그 작은 생쥐를 크고 사나운 고양이로 변신시켰다! 변신한 생쥐는 이후로는 고양이들 무리에서 괴롭힘을 당하지 않고 두려움 없이 지낼 수 있게 되었으며 자신의 새로운 모습에 상당히 행복해 하였다.

"이전의 모습을 알고 있던" 제자들 중의 한명이 그 생쥐를 성자의 "축복받은 생쥐-고양이"라고 불러댈 때를 제외하면. 저번과 동일한 학생들이 그 스승을 다시 방문하고 있을 때 그 생쥐-고양이는 정글의 들개들에게 쫓기고 있었다. 그 고양이가 큰 소리로 야옹거리며 부리나케 현자의 발밑으로 달려오자, 현자는 "그대는 들개가 되어라."라고 외쳤다. 학생들은 자신들의 눈앞에서 그 생쥐-고양이가 들개로 변신하는 것을 보고 놀랐다. 그리고 들개들도 크게 당황하여서 낙담해서 물러갈 수밖에 없었다. 그 생쥐-들개는 마침내 다른 들개들과 친숙해지고 심지어 친구가 되어 그들과 뛰어놀고 먹으면서 자기보

작은 동물들에게는 우월감에서 나오는 경멸감을 갖게 되었다.

두 번이나 기적을 목격한 학생들이 어느 날 그 스승과 공부를 하고 있었다. 한창 수업이 진행되고 있는데 성숙한 제왕 벵골 호랑이가 그 생쥐-들개를 쫓아오는 것을 보고는 그들은 당황하였다. 그 생쥐-들개는 여느 때처럼 보호받기 위하여 현자의 발밑으로 달려오고 있었다. 그러나 스승은 다시 한 번 자신의 기적의 힘을 사용하여 호랑이를 멈추어 서게 하였다. 현자는 자신의 애완동물을 향하여 말하였다. "생쥐여, 그대를 그대의 적들로부터 끊임없이 보호해줘야 하는 것이 나로서는 어리석은 일 같구려. 그러므로 이제 그대는 호랑이가 되어라." 처음에는 공포를 느끼던 학생들이 그 공포에서 벗어나게 되자 웃어대며 외쳤다. "성자의 사나운 호랑이를 보아라! 그는 축복받은 생쥐일 따름이야."

시간은 흘러가고 암자를 방문한 사람들은 주위를 순찰하고 있는 무섭게 생긴 호랑이가 성자의 기적으로 호랑이로 승격된 생쥐일 뿐이라는 것을 알고 나서는 종종 그 생쥐-호랑이를 깔보는 말을 하고는 하였다. 새로 오는 사람들은 오래된 제자들로부터 다음과 같은 말을 듣곤 하였다. "신경 쓰지 말아요. 저것은 진짜 호랑이가 아니랍니다. 저건 스승의 축복으로 호랑이로 변신한 생쥐일 뿐입니다."

호랑이가 된 그 생쥐는 이런 대중들의 모욕에 넌더리를 내고 다음과 같이 생각하게 되었다. "저 성자를 죽일 수만 있다면, 나의 좌절감의 원인은 사라질 것이다." 이렇게 생각한 생쥐-호랑이는 현자를 죽이려고 덤벼들었다. 자신에게 배은망덕한 애완동물의 생각을 즉각 알아챈 현자는 큰 소리로 명령하였다. "그대는 다시 생쥐가 되어라!" 그러자 아, 으르렁거리던 호랑이가 한 번 더 찍찍거리는 생쥐가 되었다.

사랑스런 친구여, 우주 생명력의 힘을 사용하면 우리는 자신을 실패와 두려움으로 찍찍거리는 작은 인간 생쥐로부터 물질적으로, 심적으로, 영적으로 성공을 거두는 용감한 호랑이로 변신할 수 있다는 것을 명심해야 할 것이다.

그러나 우리가 그 힘과 대립하게 된다면 우리는 성공한 호랑이로부터 다시 실패하게 된, 비참한 생쥐로 바뀔 수 있다는 것도 잊지 말아야 한다. 우리는 자신의 본성을 깨치기 위하여 수행하는 의무들에 충분히 집중해야 하지만, 우리의 모든 능력이 우주로부터 주어진 선물이라는 것을 명심하면서, 마음속으로는 언제나 사랑하는 생명의 어버이에 대한 헌신적인 사랑의 노래를 바치면서 말없이 찬미해야 한다.

* * *

Point Up : 나의 완전한 꿈들은 나를 순수관념의 세계로 데려다 주는 다리이다. 숭고한 것을 위하여 생명을 바치는 경우도 있기에 생명이 최상의 가치를 지니는 것이라고 말할 수는 없더라도, 존재의 의미는 생명을 전제한 바탕 위에서 가능하다. 이를테면 헌신, 봉사, 희생 등은 생명을 위하는 것인 한에서 저마다의 의미를 지닌다. 첨단공학기술의 발달도 이와 마찬가지이다. 그것이 생명을 서로 살리는 길이 되지 못한다면 오히려 화근이 될 것이다.

이처럼 생명은 존재의 근원이다. 근원에 대한 외경심은 동시에 가치의 원천을 이루는 것이다. 생명존중, 생명사랑으로부터 다른 인간가치가 파생되어 나온다. 기독교의 '사랑', 공자의 '인', 불교의 '자비' 등은 모두가 생명경외로 수렴된다. 상생은 오행설(五行說)에서, 금(金)은 수(水)를, 수는 목(木)을, 목은 화(火)를, 화는 토(土)를, 토는 금(金)을 나게 하거나 그 관계를 이르는 말이다. 나무에 불을 지펴서 태우면 따뜻한 열기가 발생하듯이 서로 소멸하지 않고 더욱 더 기운을 상승 시켜 주는 것을 상생이라고 한다. 최첨단공학기술이 생명을 상생시키면 평화와 화목이 찾아와서 살기 좋은 세상을 만들기에 공학윤리는 이를 중시하게 된다.

제8장 공학윤리의 생명상생

첨단공학기술은 생명공학의 재조합 DNA 기술을 포함하는 도구기술로서 환경을 복원하고 멸종되어 가는 종을 보호하기 위한 희망을 제공한다. 생명체에 응용하는 첨단공학기술 특히 인간, 동물, 식물에 관련된 유전공학은 과학과 사회적 생활 지배구조에 있어 여성의 상황을 다시 극단적으로 변화시켰다. 간과해서는 안 되는 출발점은 여성의 육체가 재료의 생산체로 전락해 이러한 기술을 위한 도구로 사용된다는 점이다. 아이를 원하는 욕구로 인해 도입된 시험관 수태와 출산 전의 태아 건강진단은 그러한 기술 설비의 근거를 제공한다. 여성 인격의 존엄성이 특수한 분야의 의학 연구와 진료 행위를 통해 침해되고 경시되는 상황에서 여성을 극단적으로 도구화하는 남성지배적 과학에 제동을 거는 것이 시급하게 부각된다.

첨단공학기술의 발달은 인류에게 생명상생의 희망을 주기도 하지만 불안과 심각한 갈등을 초래하기도 한다. 인공수정은 생명을 위태롭게 하지만 장기적으로는 치료 차원의 목적에 기여할 수 있다. 유전자 검사와 조작은 예상할 수 없는 위험을 초래할 수 있지만 질병과 고통을 줄일 수 있다는 희망을 주기도 한다. 이와 같이 과학기술이 가져다주는 이익과 위험이라는 양면성과 광범위한 영향력 때문에 책임의 문제가 제기된다. 첨단 공학기술의 발달에 따른 산전검사와 인간게놈 프로젝트, 인체실험, 체세포 치료와 배(胚)세포 치료, 안락사 문제를 각각 살펴본다.

생각해 볼 문제

1. 유전자 치료와 조작은 어떻게 이루어지는가?
2. 생명상생의 원리의 목적과 방법은 무엇인가?
3. 인간복제의 순기능과 역기능은 어떠한 것이 있는가?
4. 체세포치료와 배세포치료 원리를 설명하시오.

5. 복제 양 돌리의 탄생 이후, 인간복제 가능성이 높아지면서, 그 개념과 도덕적·현실적 적용을 둘러싸고 찬반 논쟁이 뜨겁게 진행되었다. 온전한 인간의 개체복제에 반대한다고 하는 논거를 생명상생의 원리와 결과론 관점에서 설명하시오.
6. 안락사를 통하여 인간생명 존엄의 가치는 지켜질 수 있는가?
7. 비자발적 안락사의 신중한 선택이 요구되는 이유는 무엇인가?

1. 첨단공학기술

가. 산전검사

〈그림 1〉 산전검사

예전에는 아이를 가지면 자연스럽게 그냥 낳을 수 있었지만 이제는 초음파를 통하여 태아를 영상화하는 과정이 정기적 검진으로 자리잡고 있으며 고령 임신인 경우 태아 진단은 필수가 되었고 산전 검사를 더욱 강조하는 추세로 나아가고 있다. 장애 태아를 어떻게 다루는가는 도덕적으로 상당한 의미를 지닌다. 태아진단을 통해 장애를 가진 태아를 선별적으로 제거하려는 것은 장애를 안고 사는 사람들의 삶의 가치를 부정하는 것이나 다름없다. 유전적 결함이 있는 태아의 낙태는 모자보건법에서도 허용되어 있지 않으며, 태아진단이나 착상 전 진단은 치료를 목적으로 하는 것이 아니라 결함 있는 태아나 배아 자체를 제거하려는 것이기 때문에 그 윤리적 정당성에 대해 철저한 검토가 있어야 한다.[1)]

1) 권혁길 외, 『공학 윤리』서울; 인간사랑, 2007. pp.162-171.

나. 인간게놈 프로젝트

오늘날과 같은 과학과 의료 혜택의 시대에는 사고나 전염병 같이 외상에 의한 결함이 있는 경우를 제외하면 모든 원인은 유전에서 비롯되는 것으로 설명한다. 이러한 상황에서 여성들이 의무적으로 산전검사를 응해야 한다는 사회적, 의료적, 심리적 강압을 받을 가능성이 크다. 과학자들이 미래 자녀의 삶의 질에 대한 배려로 태아 검사방법을 개발한다고 주장하는 것은 어떤 생명은 살 만한 가치가 없다고 주장하는 것과 마찬가지이며 그 누구도 제 3자를 위하여 그러한 결정을 확실히 내릴 수는 없다.

다. 인체실험

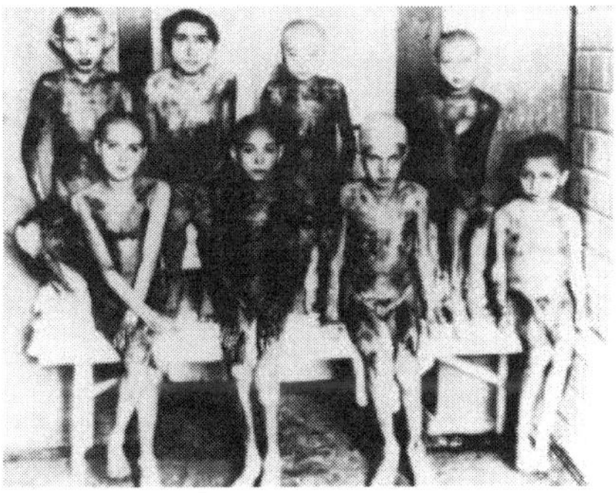

〈그림 2〉 실험의 희생양이 된 아이들

인간의 신체에 대한 탐구욕을 계속 자극한 것은 본래 건강이 아니라 질병이며 질병의 원인에 대한 탐구는 질병을 없애고 예방하는 데 목적을 두고 있다. 인간 존재를 실험 대상으로 삼는 것에 관한 고려는 적어도 100여년의 역사를 지닌다. 19세기에는 어린이들이 백신 실험의 대상이 되어 생체해부 반대자들이 어린이 보호법을 요구하였으며 연구에 대한 결정은 연구자에게 남겨진 판단이었다. 이러한 관례는 점차 과학자의 판단의 외부로부터의 강제적인 보호정책으로 보완시키는 방향으로 전향되었으며 엄격한 보호정책의 본질은 과학자들의 임의판단을 최소화하고 인간을 대상으로 하는 그들의 연구를 통제 조절하는 데 있다. 치료, 예방 등 의학의 윤리목적들은 서로 상충되기도 한다.

라. 유전자 치료와 조작

환자가 가진 특정 유전자의 이상으로 생긴 질병을 치료하기 위해 환자의 특정세포 내에 있는 유전자를 조작하는 치료법이다. 그래서 환자의 유전자의 발현을 변화시킴에 의하여 질병을 치료하고 궁극적으로 예방하는 것을 말한다. 유전자 치료는 생식세포 유전자 치료와 체세포 유전자 치료로 나뉘는데 생식세포 치료는 생식세포나 태아세포로 유전자를 도입하는 것을 목적으로 한다. 체세포 치료의 경우는 체세포로 유전자를 도입하는 것으로써 차세대에 영향을 미치지 않고 표적세포인 체세포가 정상 기능을 수행하거나 종양세포를 자멸하게끔 한다. 유전자 조작에는 유전자 수정(gene correction), 유전자 치환(gene replacement), 유전자보강(gene augmentation) 세 가지 종류가 있다. 유전자 수정은 게놈 내의 다른 유전자에는 변화 없이 발병원인이 된 결함유전자만을 수정하는 것을 뜻한다. 유전자 치환은 결함 유전자를 제거하고 정상적인 유전자로 교체하는 방법이다. 유전자 보강은 결함 유전자를 수정하거나 치환하지 않고 정상적으로 기능하는 유전자를 첨가 정상단백질을 발현토록 한다.[2)]

마. 체세포 치료와 배(胚)세포 치료

유전자 치료는 알맞은 유전자 변형을 통해 유전병을 치료할 목적으로 행하는 방법이다. 유전공학에서 유전질환의 치료를 위한 두 가지 전략이 가능하다. 체세포 치료는 개인의 체세포에서 진행된 유전적 결함을 수정할 뿐 후손에게 계승되는 유전자와는 무관하다. 생식세포 치료는 시험관 수정의 형태로 초기 배아단계에서 변형시켜 교정할 수 있으며, 후손에게도 계승되는 유전자를 만들 수 있다. 태아의 유전자 분석은 유전질환의 조기 진단을 가능하게 하지만 확실한 치료방법이 없는 한, 이 진단은 아직

2) http://genetics.nurii.net/B

태어나지 않은 한 인간의 살해를 의미한다.

체세포에 가해지는 유전자 치료는 새롭게 극단적인 윤리문제를 제기하지는 않지만, 의견이 분분한 장기이식의 차원에서 주목받고 있다. 생식세포 치료가 인간에게 가능해질 경우 결함있는 유전자를 교환하여 체세포의 유전자 치료보다 효과적이고 경제적일 것이며, 후손의 유전자까지도 결정하게 될 것이다.

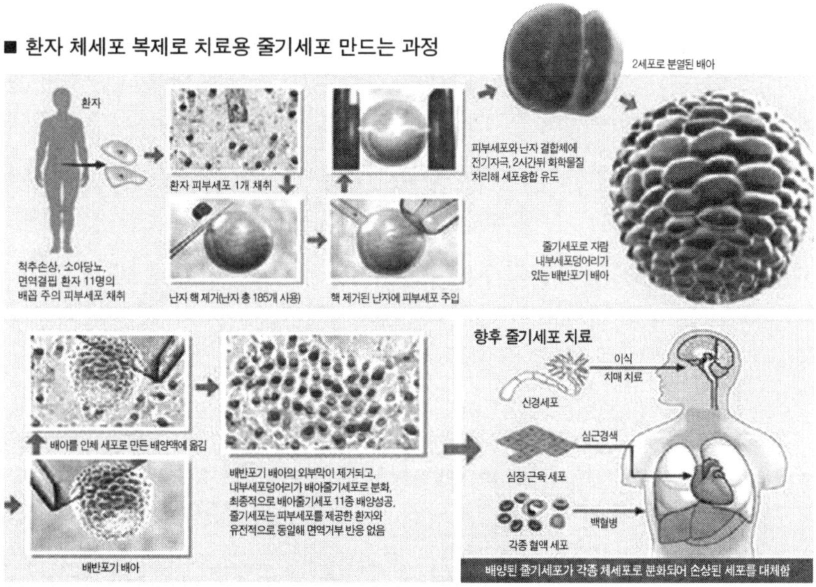

〈그림 3〉 체세포 복제 과정

그러나 그러한 조작의 결과를 평가하기란 거의 불가능해 보이며 유전자의 손상을 초래하는지 여부에 대한 실험이 없다. 생식세포 치료의 목적은 유전자 분석의 발전을 통해 도달할 수 있는 극심한 유전질환의 예방이지만, 여전히 윤리문제를 야기하고 있다.[3)] 이는 곧 생명상생의 원리와 연관된 문제에 직면하게 된다.

3) 생명윤리문제들이 공공윤리의 필요성으로 인지되고 윤리지침이 제시되어 법안이 통과되기도 하였다. 윤

2. 생명상생

가. 생명상생 원리

생명상생 원리에서 마음은 정의(正義) 판단을 하는 역할을 하며, 정신은 수월(秀越) 판단 역할을 하고 몸은 호감(好感) 판단 역할을 한다. 이러한 가치판단을 기준으로 삼아서 의(義) · 수(秀) · 호(好)의 3가지 가치에 따라 행동과 실천이 이루어진다. 상생(相生)은 기본적으로 상대방의 존립을 전제로 하기에 서로가 동등인격으로 존중하며 역지사지(易地思之)로서 배려해야 한다. 이는 '사람' 을 '인간(人間)' 으로 부르는 연유로서, 생명의존과 상호존립에 필요한 상생윤리 원리이다. 이에는 자율존중 원리, 악행금지 원리, 선행원리, 정의원리가 포함된다.

(1) 자율존중 원리

인간은 각자 존엄한 인격체로서 저마다 처한 다양한 상황에서 독립적으로 자신의 신념과 자유로운 의사에 따라 결정하며, 이 결정에 따른 행위는 타인에게 해를 끼치는 행위가 아닌 한, 도덕적으로 정당화된다고 본다. 이러한 자율 존중의 원리는 자유주의 윤리이론에 따른 것으로서, 무엇이 개인에게 도덕적인 선인가는 다수의 판단이나 어떤 초인격적 권위에 따라 결정되는 것이 아니며, 저마다 스스로 옳다고 생각하는 바에 따라 결정된

리학적 논의 이외에 사회적이며 정치적인 논쟁이 뚜렷해지고 있다. 이제 공공논쟁의 강도와 연구기관이 확립 측면에서의 국제전망은 이미 확립되고 정상화되어 가는 추세이다. 이제 우리에게는 어떻게 학문적 윤리방법론, 입법, 사회적 논의의 관계가 보다 장기관점에서 의미 있게 형성될 수 있는가 하는 문제가 제기되고 있다. 공공 토론에서 사회의 다양한 이익과 신념이 표출되고 있으며 법제정은 사회적 권력기구 사이의 알력에서 하나의 구속력 있는 행동지침을 확정해야 할 과제가 있다. 새로운 기술의 성과를 일반적으로 이해할 수 있도록 표현하고 의회의 논의에서 정치자문을 통해 현실에 적용시키는 일은 분명 공공윤리의 과제이다

다. 오류를 범할 권리까지를 포함하는 자유! 그러나 자율 존중의 원리가 다른 도덕 원리와 갈등을 일으키는 경우에는, 이 원리가 항상 우선하는 것은 아니다.

내용면에서 자율존중의 원리는 칸트를 연상시킨다. 그에 따르면 이성을 가지고 있는 자유롭고 평등한 인간은 결코 단순한 수단으로 취급되어서는 안 되고, 언제나 목적으로 취급되어야 하는 도덕적 존재, 바로 자율적인 존재이다. 환자에 대한 의사의 의무도 이런 의미에서 정언 명령의 한 형태를 띤다고 볼 수 있다. 환자의 자율적 결정이라는 의미에서는 자율 존중원리는 네 원리 중에서 비교적 나중에 형성된 원리이다. 히포크라테스 선서나 미국의사협회와 세계의사협회의 초기 강령에도 이 원리를 반영하는 내용은 들어 있지 않다.[4)]

(2) 악행금지 원리

'남에게 해를 입히지 말라' 는 도덕 원리는 동서고금을 통해 사회윤리의 근본 명제의 하나로써 전해져 왔다. 그리고 이 원리는 특히 의학에서 중요시되는 바, 의료인은 환자에게 해가 되는 행위를 해서는 안 된다는 것이다. 악행 금지의 원리는 히포크라테스 선서에서 특히 강하게 나타나 있다. 물론 치료 과정에서 불가피하게 따르는 고통이나 불편은 환자의 건강 회복이라는 더 큰 복지를 위한 것인 한, 도덕적 해악 이라고 볼 수 없을 것이다. 요컨대, 악행 금지의 원리는 환자에게 불가피한 고통과 위험은 최소화되어야 한다는 의미로 받아들일 수 있다. 악행금지의 원리로부터, 의료인이 환자에게 치료에 관련된 정보를 가능한 한 자세하게 전달해야 할 의무가 도출된다. 생명을 다루는 의료인들이 낡은 지식을 가지고 환자들을 치

---

4) 구영모 엮음, 『생명의료윤리』 서울: 동녘, 1999, pp.35-44. T.L. Beauchamp & J. F. Childress, *Principles of Biomedical Ethics* (Oxford: Oxford University Press, 1994), 'four principles' 참조.

료할 경우 그들에게 부당한 고통과 해악을 줄 수 있다면, 악행금지의 원리는 의료인들이 그들의 지식과 기술을 끊임없이 연마해야 한다는 의무의 기초가 된다.

(3) 선행원리

도덕적 행위는 단지 타인에게 해를 끼치지 말아야 한다는 소극적 명제 이외에, 타인에게 이득을 주거나 타인의 복지를 증진하라는 적극적 명제에도 담겨진다. 이에 따라 생명을 다루는 의료인은 환자의 복지를 추구함과 동시에 해악을 제거하고 또 사전에 예방할 의무를 진다. 동양의 의료윤리에서 특히 강조된 것이 이 원리이다. 의사의 우선적 사명은 환자를 이롭도록 돕는 일이다. 서구의 원리적 접근에서 자율존중의 원리가 강조된다면, 동양에서는 선행원리가 전면에 배치된다.

선행원리로부터, 고통 받는 사람들의 건강을 위해 인체 조직이나 장기의 이식이 가능하도록 지원해야 한다는 사회 성원들의 의무를 도출할 수 있다. 만약 중대한 위험과 고통에 처한 갑을, 거기에서 구하기 위해 을의 행위가 요구되는 상황에서, 을에게 심각한 위험이나 비용 부담이 없거나 혹은 있다 할지라도 갑이 얻게 되는 이득이 을이 입게 되는 상해나 비용부담을 능가하게 되는 경우에는, 을은 갑에 대해 도덕적으로 선행의 의무를 진다. 선행의 원리는 일반적으로 강요당해서는 안 된다. 선행의 원리와 자율성의 원리가 충돌할 때, 우리는 일방적으로 선행의 원리만을 지지할 수는 없다. 최대 다수의 최대 행복을 가져오는 행위라 할지라도 그것이 타인의 권리와 자율성에 미치는 영향을 고려해야 하기 때문이다. 그러므로 생전에 자신이 죽은 후의 장기 기증에 대해 명시적인 반대 의사를 표시하지 않은 경우에 사체 장기 기증에 동의한 것으로 추정하는 입장은, 개인의 자율성을 침해할 우려가 있다.

(4) **정의원리**

정의원리는 해악과 이득의 공평한 분배의 문제를 둘러싼 윤리적 관심과 연관되어 있다. 보건 분야에서 이 원리는 희소 자원의 공정한 배분, 개인의 권리 존중, 법률의 존중 등을 의미하는 것으로 파악되기도 한다. 정의의 원리는 존 롤즈의 두 가지 법칙-각자 자유에 대한 동등한 권리 존중의 법칙, 최소 수혜자에게 이익이 돌아가게 하기 위한 불평등을 인정하는 차등의 법칙-도 받아들인다. 고대 중국의 의서에서 존 롤즈의 차등의 법칙을 상기시키는 말이 나온다. 정의의 핵심이 각자에게 그의 것을 주는 것이라 한다면, 과연 무엇을 기준으로 각자에게 그의 것을 주는가를 둘러싸고 의견이 분분할 수밖에 없을 것이다.

절대적 평등주의에 입각하여 '각자와 똑같은 것을 주라'는 견해에서부터, '각자에게 공적에 따라 그 몫을', '각자에게 그가 한 일의 결과만을', '각자에게 법에 따라 그의 것을' 등에 이르기 까지 여러 견해가 나타났다. 자유주의자들은 보건 의료분야도 경제적 권리를 근간으로 하는 시장의 유연성 및 효율성에 맡겨져야 한다고 보는 반면, 공동체주의자들은 공공복리의 극대화라는 차원에서 필요에 따른 어느 정도 계획적인 수급 체계가 더 공정하다는 입장을 보이고 있는 것이다.

그렇다면 정의의 원칙을 활용하여 우리는 예컨대 기증된 장기들을 어떻게 할당하는 것이 가장 공정한 것인지를 고려해야 하지만 현실의 여러 요인들을 분석한 자료들을 토대로 다양한 윤리적 견해들 사이의 절충을 꾀할 수밖에 없다.

(5) **원리접근 의의와 한계**

원리주의자들은 많은 갈등에 처해 일관성 있고 납득 가능한 해결책을 개발하기 위해서는 원리들의 '특수화', '균형 잡기와 우세잡기' 작업을 거쳐야 한다고 주장한다. 이 작업 과정은 불가피하게 각 공동체의 문화적,

〈그림 4〉 생명윤리의 문제 영화 GATTACA

역학적 배경에서 오는 요소들의 영향을 받게 된다. 전통적으로 가족가치나 공동선을 강조해 온 문화권에서는 개인의 권리, 프라이버시, 자기결정 같은 것들에 무게중심을 두는 자율존중의 원리보다는, 사회적 가치를 지향하는 선행의 원리나 정의의 원리가 주도하는 조화 작업이 시도될 것이다. 생명윤리 논의는 갈등과 물음을 제기하는 특수한 사례와 답을 정당화해 줄 일반적 원리들 사이를 오가면서, 이 원리들 간의 조화를 시도하는 논증 작업이다. 이를 테면 복잡한 사례에서 원리들 간의 조화를 시도하는 논증 작업인 것이다. 적어도 원리들에 의존한 일련의 형량 절차를 거쳐 잠정적인 의견 조정에 이를 수 있다. 태아 조직 이식과 관련해서는 환자의 복지 증진의 관점에서 허용은 하되, 낙태결정과 이식 행위사이의 연결 고리를 차단시키는 이른바 분리원칙을 견지하든가, 인간 배아연구에서도 허용하되, 연구목적의 배아제작은 허용하지 않는다는 정책 결정은 윤리 절충의 한 형태이다.

상생윤리 논의를 원리로 전개해 나가는 데는 나름대로 장점이 있다. 우선 원리에서 도덕 판단을 이미 옳을 것으로 전제하는 이론 구조나, 그에 의존한 일반 규범으로부터만 이끌어 내야 된다고 보는 연역추리에서 간과하기 쉬운 사례의 중요성을 적절히 일깨운다. 사례들이야말로 생명윤리 이론을 원리 정당화의 방식으로 전개시키도록 하는 데 큰 역할을 해 왔다. 첨단 생명공학기술의 적용이 던지는 윤리적 이슈들은 아직 그 기술이 진행단계에 있고 그 진상들이 낱낱이 드러나 있지 않은 까닭에, 사례접근을

겸할 수가 없다.[5)]

상생윤리는 원리고찰로써 끝날 수 있는가? 생명윤리 문제는 상황의 딜레마를 포착하여 이에 대한 처방을 제시해야 하는 문제이다. 그러므로 구체적 상황에서의 합리적 논증이 최선의 작업방식이다. 생명윤리이슈에서 일반 원리에만 호소하여 만족스러운 답을 얻을 수 없는 이유가 여기에 있다. 우리는 현실의 사례에 적용할 일반 원리를 찾기에 앞서, 현실 자체의 분석을 중요시해야 한다고 본다. 이를 통해 사례의 독특함에 대한 민감성을 키우고 각 행위자의 역할, 의사소통 모델 개발에 힘써야 한다. 마지막으로 새로운 것, 알려지지 않은 것들에 대한 열린 자세도 중요하다.

3. 배아복제

가. 배아복제 기원과 전망

신생아 치료의 놀랄만한 진보로 10, 20년 전까지만 해도 태어나자마자 얼마 후에 죽었던 신생아들이 살 수 있게 되었다. 죽음의 병과 위험이 가장 큰 미숙아들에게 있어서 의학의 진보는 가히 극적이다. 그리고 어떤 선천적인 결점을 지닌 유아들의 생존율 상승이 놀랄 만큼 보고되고 있다. 그러나 심각한 병을 가진 아이들이 모두 잘 사는 것은 아니다. 미숙아와 심각한 결함을 지닌 어떤 아이들은 오랫동안 살아남지 못한다. 그러한 심각한 병을 가진 신생아들을 살릴 수도 있는 의학의 발달된 능력은 의학의 개

---

5) 다양한 사례의 수집과 분석, 비교가 중요한 만큼, 일반 규범을 가지고 재단을 해서는 오히려 고통을 가중시킬 뿐인 것이다. 따라서 사례의 민감성, 중요성을 포착할 수 있는 도덕적 논증이 필요하며, 이는 다양한 원리에 의존하는 편이 더 적절할 것이다. 사례들은 언제 우리가 원리들을 수정해야 하는지에 대해서도 말해준다. 예컨대 전염병 연구에서 초기에는 자율존중의 원리에 따라 동의 없는 연구는 금해야 한다는 입장이 지배적이었으나, 에이즈 급증 사례는 개인의 프라이버시가 보장될 수 있다면 경우에 따라서 동의 없는 연구도 허용될 수 있다는 방향으로 선회케 하고 있다.

입으로 이익을 얻을 수 있는 아이뿐 아니라 무익해 보이는 유아까지도 진단을 시도해야 하는 의사나 부모들에게는 어려운 임무로 확대되어 보이기도 한다. 수술 후에 어떤 장애가 생길지라도 생명을 구해야 하는 아이들과 즉시 수술을 받는다고 해도 심각한 해를 입거나 죽을 수도 있는 아이에게 초점이 맞추어 졌다.

(1) 의사결정의 윤리적 기초

유아들은 의사를 결정하기가 불가능하므로 그들은 항상 그들을 위해 결정해 줄 대리인을 필요로 한다. 거의 모든 경우에 아이들 치료를 결정하는 데 있어서 부모와 의사가 최상의 위치에 있다. 의사의 선택은 부모의 선호를 반영해야 한다. 부모들은 유아들의 최선의 이익이 먼저 고려되길 바란다. 부모뿐 아니라 전문적인 의료기관이나 사회에도 또한 의사결정이 적합한지를 결정하는데 책임이 있다. 가족은 사회에서 가장 중요한 단위이다. 가족은 아이들을 양육하는데 많은 것을 제공한다. 공공의 정책은 문제가 심각하거나 위태로워지지 않고 잘 극복될 것 같으면 개입을 하지 말아야 한다.

부모들의 의사결정 과정이 아이들에게 최대의 이익을 줄 수 없을 때에는 공적개입이 자유로워야 한다. 이 문제는 대개 부모의 가치와 사회 대부분의 상식이 다를 때 야기된다. 부모는 그들의 아이들에게 종교적 믿음을 가르치는 데에는 자유로울 수 있지만, 수혈이 생명에 필요할 때와 같은 판단에 있어서는 부모는 아이들의 이익을 위해 공적인 개입을 허용해야 한다. 지체부자유아 탄생은 건강한 유아를 낳으리라는 보편적 믿음을 지녔던 부모에게 충격을 줌으로써 부모의 합리적인 의사결정을 괴롭힌다.

부모들은 그들이 상상한 건강한 유아대신 결함아를 가졌다면 그 충격은 의사결정과정에 감정적으로 작용할 것이다. 이 문제의 상황에서 그들이 사전의 어떤 경험도 없었다고 가정하면, 그들은 아이들의 미래에 대한 전망에 대해 불충분한 정보를 얻을 수도 있고, 재정적인 압박을 겪을 수도 있고, 형제 그리고 가족에게 걱정을 줄 수도 있다. 게다가 유아의 상태는 엄마가 출산으로부터 회복되어 가고 있는 중에 긴급한 응답을 요구할 수도 있다. 그러나 대부분의 부모들이 아이들의 이익을 위한 의사결정을 돕는 적절한 원조는 되고 있지 않다. 최선의 결정을 위해서 부모들은 예상되는 정확한 평가를 포함하는 적절한 정보를 들어야 한다. 그들이 받는 의학 정보는 최신의 것이 되어야 한다. 의학전문의와 종교적 지도자, 먼저 경험한 부모들은 이 상황에 도움이 되어야 한다. 확실한 것은 의사결정이 적절치 않은 성급함을 피하고 아이들의 삶을 충분히 배려하도록 적용되어야 한다는 것이다. 부모들이 아이의 최선의 이익을 위태롭게 하는 심각한 현실의 위험에 있다면, 할 수 있는 한계 내에서 예방책이 주어져야 한다. 부모들의 결정이 무능하거나, 동의가 가능하지 않는 상황에서 건강보호기구(보모의 권한을 대신, 비자발적 안락사를 최소화함)에서 부모를 대신하는 법적 대리인을 임명해야 한다.

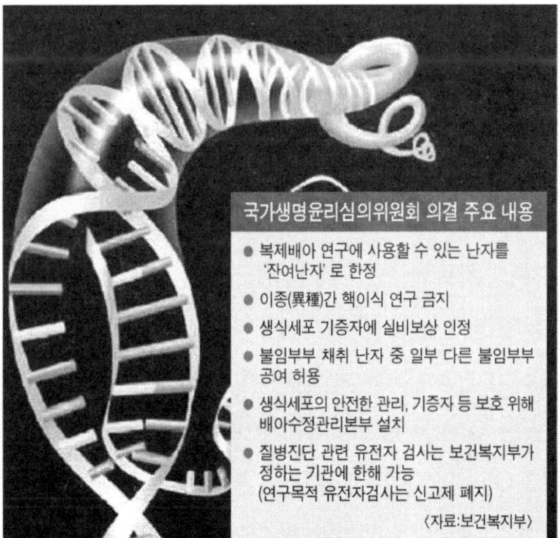

〈그림 5〉 국가생명윤리심의위원회 의결 사항

정보뿐 아니라 부모들의 공감과 이해도 필요하다. 건강보호 전문가들의 큰 노력은 부모들에게 생명가치를 이해하도록 만드는데 있고, 의사를 결정하는 능력을 향상시키는데 있다.

(2) 유아를 위한 최선이익에 대한 고려

대부분의 상황에서 사람들은 치료가 환자에게 최선의 이익을 제공할 것에 동의한다. 그러나 때때로 올바른 결과를 위한 결정은 명확하지가 않다. 왜냐하면 아이들을 위한 최선의 이익을 평가하기가 어렵기 때문이다. 위원회는 만약 어떤 시도가 특별한 경우에 적용되는 세 가지 상황으로 결정한다면 의사결정과정이 향상되어질 것이라고 믿는다. (1)치료는 명백히 아이에게 이익을 부여해주는 데 이용된다. (2)모든 치료가 무익하다. (3)많은 선택으로부터 아이에게 부여되는 이익가능성이 명확하지 않다. 이상의 세 가지 상황은 그들이 다른 응답을 요구하기에 각각 독립해서 고려함이 필요하다.

먼저 명백히 이익이 되는 치료(아이에게 실질적인 도움이 되느냐, 되지 않느냐의 관심)에서 이 위원회는 치료가 아이들에게 이익이 된다면 보류되지 않기를 지시한다. 부모들은 대부분의 상황에서 필요한 의학적인 치료가 제공되기를 원한다. 부모들은 비슷한 이익을 가져오는 대안들을 선택할 수는 있으나, 장애인에게 명백히 이익이 되는 치료를 거절해서는 안된다. 결함아의 생명을 구하는 치료는 장애를 남길 수도 있지만, 그런 장애 때문에 결함아의 치료를 거절해서는 안 된다. 하지만 그런 장애가 너무 심각해서 생존한 유아의 삶에 이익이 되지 못한다면, 치료의 고려는 정당화 될 수 있다. 모든 대행자는 유아의 관점에서 이익과 부담을 평가 해야만 하는 의무가 있다.

또한 명백히 무익한 치료가 분명하다면, 비자발적인 안락사도 가능하다는 입장이다. 이러한 실질이익 고려에서 어떤 치료도 유아에게 이익이 없을 때, 치료를 하지 않을 수 있다는 대리인들의 결정은 윤리적으로나 법적으로 정당화 될 수 있다. 그런 치료들은 아이들을 돕지 않고 오히려 고통을 줄 수가 있다. 이런 유아들에게 오히려 죽음의 순간은 짧아야 한다. 물론, 어떤 부모들은 아이의 삶의 연장을 위해 무익한 어떤 치료를 의사들에게 요구할 수도 있다. 그러나 삶을 구하기가 어려운 환자들은 편하게 죽을 수 있도록 하는 것이 의무이다. 단기간 밖에 살지 못하는 유아들의 치료는 고통을 경감시키는 방법이 되어야 한다.

마지막으로 불확실한 경우이다. 결함아들의 이익이 되는 치료와 무익한 치료사이의 선택이 가능한 경우도 있지만, 대부분의 경우에 있어서는 어떤 치료가 이익의 관점에서 제공될 것이냐 아니냐를 접근해 가기가 어렵다. 미숙하거나 결함을 가지고 태어난 아이들에게 집중된 치료를 배제하게 되는 확실한 계기는 그들이 결국 생존할 수 없다는 것이다. 신생아학문은 새로운 분야의 학문이라서 합병증과 장애를 지닌 아이들의 정확한 예후를 알 수가 없다. 이런 어려움을 피하는 한 방법으로 삶을 유지시키는 아이를 구별할 수 있는 객관적인 규범의 적용을 들 수 있다. 그런 규범은 그들의 적용이 정확한 결정을 내릴 수 있다는 명백한 증거가 있다면 정당화 될 수 있다.

그러나 어떤 비평가들은 모든 경우에 충분하게 예상될 수는 없을 것이며, 그것의 명확한 과학적인 증거가 부족하다고 반박한다. 가정해 보건데, 척추 이분증상의 객관적 기준은 의사결정을 향상시키는 것처럼 보이지 않는다. 대신에 그들의 규범에 대한 적용은 객관적 규범에 의거한다는 주장에서 너무 쉽게 책임감에서 벗어나려는 것처럼 보인다. 그러므로 아이들을 위한 정말로 가치 있는 선택이 무엇인지 신중하고 통찰력 있는 판단이 요구된다.

그 대안으로 배아복제문제가 거론된다. 사실문제로 따지자면 배아복제문제는 아주 유용할 수 있다. 인간배아를 복제해서 그 안에서 발생하는 세포들이나 조직, 기관들을 떼어 난치병 환자들에게 이식한다면 다수의 난치병을 치료해서 죽어가는 유아들을 살릴 수 있을 것이며, 또 이후에 발생할 문제에 대한 여러 가지 연구도 진행할 수 있다. 따라서 사실문제로만 따지자면 배아복제는 인류에게 측정불가의 상당한 이익을 가져올 수 있다. 농업혁명 → 산업혁명 → 정보혁명 → 생명공학 혁명으로 연결될 수 있다. 한 생명 한 생명이 모두 짓밟혀서는 안 될 존귀한 가치를 지니고 있는데, 한 생명을 죽여서 서너 명의 목숨을 구하는 것은 윤리가치에서 수반되는 다양한 문제들이 따른다.[6]

나. 인간복제의 문제

(1) 종교윤리문제

〈그림 6〉 인간복제 영화 아일랜드

유일신이 인간을 창조하였으며 인간의 생명을 관장하고 있다고 믿는 기독교계에서는 생명은 창조주의 고유 영역이라는 교리에 의거하여 인간 생명을 인위적으로 조작하는 행위를 신에 대한 모욕이자 도전이라고 보고 있다. 불교의 입장에서는 생명복제가 우주의 섭리인 달마(Dharma)를 파괴하는 행위로 생태계 파괴를 비롯한 엄청난 후유증을 낳을 것이라 생각한다. 윤리적으로는 인간복제가 인간의 존엄성을 대단히 훼손할 것이라는 우려가 있다. 인간의 존엄성이 그 생명과 인격은 절대적으로 고유하며 전 우주에서 유일한 것이라는 사실에 기반을 둔다고 한다면 인간복제의 가능성은 이를 뒤흔드는 것이다.

6) 제임스 왓슨외 저, 류지한 외 번역, 『인간복제』, 울력, 2005. pp. 14-15.

인간복제 연구 및 시술 과정에서 수많은 수정란이나 배아가 희생될 것이 분명하기 때문에 인간 생명의 존엄성에 반한다.

(2) 법률문제

현행 법률상의 가장 큰 문제는 혈연과 가족 공동체에 기반을 둔 법리가 모두 혼란에 빠진다는 것이다. 우선 복제된 인간의 법률적 지위를 어떻게 볼 것인가의 문제가 있다. 아버지의 복제인간은 내게 형제인가 작은아버지인가, 혹은 아무 것도 아닌가? 이는 혼인과 가족제도에 기반을 둔 현행 법률로는 해결될 수 없는데 문제는 여기서 그치지 않고 유산 상속과 보험 등 친족제도와 관련된 모든 법률에까지 미친다. 모자보건법과 형법상의 낙태죄 등 임신 및 출산과 관련된 법규들도 적용이 어려워질 것이다.

(3) 사회문제

인간복제가 가능해 진다면 현재 인류 사회의 근간을 이루는 결혼과 가족 제도가 심각한 위기를 맞을 것이다. 친족관계가 혼란에 빠질 것은 물론이고 반드시 결혼을 하거나 남녀가 결합하지 않아도 아기를 가질 수 있기 때문에 다양한 형태의 가족이 등장하게 될 것이며 독신자나 동성애자 커플들도 부모가 될 수 있을 것이다. 또 복제기술을 통해 부모가 되려는 이들은 가급적 우수한 유전형질을 가진 아기를 낳으려 할 것이기 때문에 새로운 우생학적 차별과 그에 따른 사회 계급이 생겨날 지도 모른다. 이런 상황은 심각한 사회불안의 요소가 될 것이다.

(4) 인간복제의 개인적, 사회적 순기능과 역기능

① 개인적 순기능

㉮인간 복제는 일부 사람들이 현재 겪고 있는 불임이라는 짐을 덜어줄 새로운 수단이 될 것이다. 인간 복제는 난자가 없는 여성이나 정자가 없는

남성들도 자신들과 생물학적 혈연관계가 있는 자손을 생산할 수 있게 해줄 것이다. 착상에 필요한 배의 수를 늘리고 임신성공률을 높이기 위해, 배도 핵 이식이나 배분할 과정을 통해 복제될지 모른다.

㉯인간복제는 부부 중 한쪽이 심각한 유전병을 앓고 있을 때, 그 병을 자손에게 물려줌이 없이 번식할 수 있게 해준다. 지금도 기증된 정자나 난자를 이용하면 인간 복제를 이용하지 않고서도 그런 유전적 위험 정도는 피할 수 있다. 그러나 그것은 아이에게 부부 중 한쪽의 유전자를 물려주는 것이 아니라 제3자의 유전자를 도입하는 것이기 때문에 받아들일 수 없다거나 그보다는 차라리 인간 복제가 더 낫다고 생각하는 부부도 있을 수 있다. 인간복제는 유전병이 자손에게 이어지는 것을 막는 합리적 수단이 될 수 있다.

㉰상당한 시차를 두고 쌍둥이를 만드는 인간 복제는 이식용 장기나 조직을 제공 할 수 있다. 인간복제는 일치하는 장기나 조직을 가진 제공자를 찾아야 하는 문제를 해결하고 이식 거부 반응이 일어날 위험을 아예 없애거나 현저하게 줄여줄 것이다.

이러한 목적의 인간 복제는 특정치료를 가능하게 해주는 일종의 보험에 해당한다. 물론 시간이 너무 급박해서 이식용 조직이나 장기를 얻기 위해 복제, 임신, 성장을 기다릴 여유가 없는 경우도 있을 수 있다.

㉱인간 복제는 죽은 아이처럼 특별한 의미를 가진 누군가를 복제하도록 할 수 있다. 인간 복제가 가능해지면, 그것을 이런 목적으로 사용하려는 사람들이 틀림없이 나타나겠지만, 그들의 욕망이 대개 심각한 정신적 혼란을 기반으로 하고 있으리라는 것은 부인할 수 없다. 복제된 아이가 부모가 사랑했던 과거의 아이를 대체하진 못할 것이다. 복제는 단지 같은 유전자를 지닌 다른 아이를 창조할 뿐이다. 그들이 사랑했던 과거의 아이는 단지 유전자만으로 형성된 것이 아니라, 자신의 환경과 선택과정을 통해서도 형성된 유일한 존재다.

② 사회적 순기능

인간 복제는 위대한 재능, 천재성, 인격 등 귀감이 될 만한 품성을 지닌 개인을 복제하는데 사용될 수 있다. 앞의 네 가지 이유가 특정 개인에게 이익을 주는데 반해, 이 이유는 모차르트, 아인슈타인, 간디, 슈바이처 같은 비범한 사람들을 복제함으로써 사회 전체에 이익을 주는 것처럼 보인다. 인간 복제에 대한 지지와 반대의견들이 대개 그렇듯이, 이 이유도 유전자 결정론, 즉 개인의 유전자가 그 개인이 어떤 인물로 자라고 무엇을 행하며 무엇을 성취할 것인지를 전적으로 결정한다는 혼란스럽고 틀린 가정에 크게 의존하고 있다. 모차르트, 아인슈타인, 간디, 슈바이처를 비범한 인물로 만든 것은 그들의 독특한 유전적 자질과 그들이 성장하고 살아온 환경 및 그들이 서로 다른 방식으로 휩쓸렸던 특정한 역사적 순간들의 집합체였다.

③ 개인적 역기능

㉮인간복제는 뒤늦게 태어난 쌍둥이에게 심리적 압박감과 피해를 줄 것이다. 앞서 태어난 쌍둥이가 어떤 인생길을 걸었는지 알았을 때, 정신적으로 나쁜 영향을 미칠 수 있다는 것은 분명하다. 설령 그것이 오해라 해도, 뒤늦은 쌍둥이는 자신의 운명이 사실상 이미 눈앞에 펼쳐져 있기 때문에, 자기 스스로 자유롭게 자신의 운명과 인생을 설계하고 그것에 책임을 져야 한다고 느끼기 어려울지 모른다. 뒤늦은 쌍둥이가 어떤 특별한 능력과 업적을 지닌 인물의 클론이라면, 그는 앞선 쌍둥이에 버금가는 높은 수준의 능력과 업적을 보여줘야 한다는 과중한 압력을 받을 수도 있다. 이렇게 가해지는 다양한 정신적 영향은 뒤늦은 쌍둥이에게 과중한 희생을 강요하고 심각한 부담을 줄 수 있다.

㉯인간 복제 과정은 클론에게 용납될 수 없는 위험을 끼칠 것이다. 지금 인간을 복제하려고 시도한다면, 클론에게 받아들일 수 없는 위험이 가해

질 것은 분명하다. 그 과정을 인간에게 적용하는 행위가 윤리적으로 받아들여지려면, 인간에 대한 안전성과 효과성을 확립하기 위한 연구뿐 아니라 동물을 대상으로 한 연구도 더 해야 한다는 것은 명백하다. 클론에게 나타날 수 있는 위험은 착상, 성장, 발달이 제대로 일어나지 않는 것이지만, 그 클론을 윤리적 또는 법적 보호를 받아야 할 인간으로 생각하는 시대가 오려면, 무수한 배아들이 파괴돼야 한다.

④ 사회적 역기능

㉮인간복제는 개인의 가치를 떨어뜨리고 인간적인 삶의 존엄성을 훼손할 것이다. 인간 복제는 개인을 대체 가능한 존재로 생각하게 함으로써 우리가 인간의 삶에 부여해온 가치와 존엄성을 훼손할 것이다. 인간복제는 인간을 공장에서 제작될 수 있는 것 또는 '손으로' 제작될 수 있는 것으로 여겨지게 함으로써, 개인의 가치나 존엄성을 훼손하는 결과를 낳는다는 것이다. 이렇게 인간 생명의 창조가 신화에서 떨어져 나옴으로써, 우리의 존중심, 인간의 생명과 그것의 자연적인 창조를 바라보면서 느끼는 경이로움도 줄어들 것이라고 한다.

㉯인간복제는 상업적 이익을 얻을 목적으로 사용될 수 있다. 인간 복제를 반대하는 쪽과 지지하는 쪽 둘 다 복제된 배아를 매매하는 행위가 허용되어서는 안 된다는 점에서 동의한다. 과학소설의 관점에서 보면, 상업적 이익이 유전적으로 인증되고 보증된 판매용 배아, 즉 다양한 재능, 능력, 기타 바람직한 특성을 지닌 개인들로부터 복제한 다양한 배아의 상품 목록이 시장을 통해 제공될 수 있을 것이라고 상상할 수 있다.

㉰인간 복제는 정부나 다른 집단에 의해 비도덕적이며 착취적 목적으로 사용될 수 있다. 『멋진 신세계』(1932)에서 올더스 헉슬리(Aldous Huxley)는 한정된 능력과 조건을 지니도록 인위적으로 가공함으로써, 사회에 필요한 천한 일을 행복한 마음으로 할 사람들을 복제한다는 상상을 했다. 창

조될 사람들을 고르고 통제하는 기준은 창조되는 사람들의 이익이 아니라, 사회의 이익과 그들을 창조하는데 드는 비용이다. 인간 복제를 그런 목적으로 사용하는 것은 클론을 오직 타인의 이익을 위한 수단으로 착취하는 것이며, 클론이 완전한 도덕적 개인으로서 지니고 있는 평등한 도덕적 가치와 존엄성을 침해하는 것이다. 만약 미래에 인간 복제가 허용된다면, 그것은 그러한 비도덕적 착취를 단호히 금지하는 규제조치와 함께 이루어져야 한다.[7]

(5) 비판관점

어떤 존재가 호모사피엔스라는 종족의 구성원이라는 의미에서 인간이라는 것은, 그 존재를 죽이는 것이 그릇된 일이 되는 것과는 무관하다. 차이를 만드는 것은 오히려 합리성과 자율성 그리고 자의식과 같은 특징이다. 결함아들은 이 같은 특징을 결여하고 있다. 그래서 그들을 죽이는 것은 정상적인 인간을 죽이는 것이나, 어떤 다른 자의식적인 존재를 죽이는 것과 같을 수는 없다. '죽이거나 다른 존재와 대체하는 일이 그릇 되다' 라고 주장할 수 있는 근거를 제공하는 자의식은 태아에서나 신생아에서나 마찬가지로 발견되지 않는다.

여기에 적용되어야 할 것은 공리주의의 원칙이다. 유아의 삶이 너무도 비참해서 살 가치가 없다면, 그리고 유아를 살아있게 할 '외적인' 이유, 예컨대 부모의 감정과 같은 것도 없다면, 공리주의 원칙에 따라 죽이는 것이 보다 낫다. 그러나 결함이 아이의 삶을 정상적인 아이의 삶보다는 상당히 덜 행복하게 만들 것이기는 하지만, 살 가치가 없을 정도로 그렇게 불행하게 만들지는 않을 것이라는 전망이 있는 경우에는 보다 어려운 문제가 생겨나며, 두 견해도 더 이상 일치하지 않는다.

7) Dan W. Brock, *Cloning And Cloning*, 2000, 참고

또한 정서적 재정적 부담을 경감시킬 수 있는 제도화의 장치가 필요하다. 신생아 자신의 판단이 불가능한 경우는 자발성의 결여가 문제시 된다. 죽는 사람이 삶과 죽음을 선택할 능력을 갖지 못할 때 안락사는 자의와 무관한 것이다. 이는 불구인 아이나 출생 이후 정신적으로 심하게 지체된 좀 더 큰 아이의 경우, 또 한때는 정상적인 선택을 할 수도 있었으나 지금은 그러할 수 없는 사람으로서, 지금과 같은 상태라면 어떻게 하겠다고 과거에 아무런 말도 하지 않았던 사람의 경우이다. 삶과 죽음의 선택을 한 번도 할 수 없었던 사람의 경우가, 그 같은 선택능력을 가지고 있었으나 지금은 상실한 사람의 경우보다 다소 간단하다.

(6) 배아복제에 관한 견해

(가) 반대 논거

배아복제의 반대논거는 두 가지 전제를 포함한다. 첫째, 배아분리의 기술은 배아의 파괴를 의미한다. 2내지 8세포 단계에 있는 배아를 분해함으로써 첫 번째 배아가 파괴된다는 것이다. 두 번째, 임신의 시작과 더불어 이미 발달하고 있는 태아는 보호되어야 한다. 여기에는 세 가지의 다양한 견해가 있다. 첫째, 인간은 임신의 시작과 더불어 이미 완전히 보호할 가치를 지닌다고 보는 것이다. 둘째, 배아의 발전 정도에 따라 다양한 보호가치가 있다. 세 번째, 배아는 처음에는 아무런 보호를 받지 못하며 임신 후 일정한 시점이 지나야 비로소 보호를 받을 수 있다. 따라서 본래의 배아를 파괴하는 결과를 초래하는 배아분리가 도덕적 문제를 제가하는가에 대한 물음은 배아의 보호가치가 시작되는 배아의 발전시점에 좌우된다.

(나) 찬성 논거

① 배아가 착상하기 이전에 산전 진단에 이용, 배아의 복제는 착상 전 산전 진단을 가능하게 한다. 배아분리를 통한 복제는 착상 전 진단에 필요한 전제조건이 된다. 여기서 배아는 다른 것의 이익을 위한 도구가 되며, 결

국 임의성의 문제가 제기된다.

② 배아의 복제는 시험관 수태가 실패할 경우를 대비해 확보해 놓아야 할 진료용 배아의 수를 최소화할 수 있게 된다. 시험관 수태 진료의 신체적 위험이나 부담에서 벗어나게 해주며 재정적 비용도 매우 절감시킬 것이라 하여 긍정적 평가를 받기도 한다. 시험관 수태 시도가 실패하는 경우를 대비해 냉동 배아를 보관하는 것은 배아의 도구화를 의미하기 때문에 도덕적으로 문제가 있다.

③ 세포, 조직, 장기의 이식을 위해 이용하는 것, 배아의 복제는 세포, 조직, 장기의 이식을 위해 이용될 가능성이 크다. 이식할 경우 신체에 아무런 거부 반응을 일으키지 않을 특별한 형질의 조직과 장기를 확보할 수 있는 가능성을 배아의 복제가 제공한다고 주장한다. 여기서도 배아의 도구화와 파괴라는 도덕적 문제가 제기된다.

④ 의학적 연구에 이용. 복제는 의학 연구에 도움이 됨을 의미한다.

배아분리를 통한 복제를 이용하는 가장 중요한 한 예는 암 연구와 인간게놈의 연구이다. 인간은 출생 시점부터 보호할 가치가 있다고 보는 사람만이 의학 연구에서 배아를 사용하는 일에 아무런 도덕적 의심을 갖지 않을 것이다. 유전자 분석을 태아진단의 방법으로 이용해 선별낙태를 함으로써 인위적인 우생학적 도태가 시행된다. 우량한 유전인자를 선택해서 양성하려는 우생학에서의 적당한 선별기준과 그에 대한 책임은 연구자나 의사 개인의 주관적 선호일 수 없으며 사회정책이 될 것이다.

4. 안락사의 생명존엄

안락사의 어원

안락사의 어원은 'euthanasia' (그리스에 어원)로서 이는 "좋은 죽음(good death)"을 뜻한다. 이 단어 자체가 좋은 죽음이 있다는 것을 암시하는 반면에 그 자체로 우리에게 어떠한 때가 좋은 죽음인지, 무엇이 좋은 상태의 죽음인지는 말해주지 않는다. 보통 우리는 삶은 죽음보다는 더 좋은 것으로 생각한다. 우리는 또한 어떤 상황에서는 삶이 힘들고 또 어떤 사람에게는 삶을 계속 유지하기를 판단하는 것이 너무 고통스러운 일이라는 것을 알고 있다.

이런 상황에서, 우리는 선으로서의 죽음과 혹은 악보다는 좀 나은 죽음에 대해 생각해야 한다. 안락사 문제는 결국 윤리적 정당화 문제로 귀결되며, 정당화에 대한 논의는 허용범위에 대한 논의로 귀착된다고 보아도 과언이 아니다. 안락사는 환자의 의사에 따라 세 종류로 분류된다.[9] ①자발적 안락사(voluntary euthanasia) ②비자발적 안락사 (non-voluntary euthanasia) ③반자발적 안락사 (in-voluntary euthanasia). 시술방법에 따라 두 종류로 분류된다.[9] ①적극적 안락사(active euthanasia) ②소극적 안락사 (passive euthanasia)이다.

안락사의 종류

(1) 자발적/비자발적 안락사

① 자발적 안락사: 생명을 고의로, 자유롭게 처리할 것인지를 결정하는 것이다.

② 비자발적 안락사: 논쟁에서 다른 사람이 환자의 생명을 어떻게 할 것인지를 결정하는 것이다. 그 자신이, 스스로 자신의 생명을 어떻게 할 것인지를 결정하지 않고 다른 사람이 생명을 어떻게 할 것인지를 결정한다. 비자발적 안락사는 단순히 자신의 의지를 통한 것이 아니라는 것을 의미하는 것은 아니다. 그들의 의지에 반대된다는 것을 의미하지 않는다. 가끔

8) 임종식(1999), 『생명의 시작과 끝』, 로뎀나무, p. 299.
9) 같은 책, p. 300.

환자가 결정을 하는 것이 불가능할 때, 다른 사람이 결정해야 한다. 이것은 유아나 어린아이, 혼수상태의 환자나 식물인간 상태의 사람에게는 사실이다. 이것은 또한 노쇠한 사람이나 정신이 혼란한 사람의 경우에도 사실이다. 많은 경우 충분하게 그들 자신이 결정을 할 자격이 있는 사람의 결정은 명백하다.

비자발적 안락사에도 세 가지 유형의 조합이 있다. 먼저 비자발적, 적극적 안락사의 경우, 다른 사람이 환자에게 치명적인 약물을 많이 주는 것을 결심하다. 둘째, 비자발적, 소극적 안락사, 보통의 수단을 보류하는 것으로 다른 사람이 환자의 생명을 구하거나 생명을 연장하기 위해서 의료 수단을 사용하지 않을 것을 결심한다. 비록 결과는 가망이 있더라도, 비용과 짐을 아주 적게 해야 한다. 셋째, 비자발적, 소극적 안락사, 특이한 수단을 유보함으로써 다른 사람의 생명을 구하거나, 생명연장 관점에서 이익 기회는 적고 괴로움이 크기 때문에 공학발전에 따른 특이한 의학수단을 배제하게 된다.

(2) 비자발적 안락사의 신중한 선택

이제까지 살펴본 것처럼 결함아의 문제 뿐 아니라 모든 안락사의 문제에 있어서도 생명을 본인이건 타인이건 맘대로 다루어서는 안 된다고 생각한다. 그래서 생존할 가능성을 조금이라도 지닌 아이라면 마땅히 살려야 한다고 생각한다. 모든 삶은 또 어떤 삶이든지 죽음보다는 더욱 큰 가치와 행복을 지닌다고 생각한다. 즉, 삶 그 자체가 바로 죽음보다는 좋은 것이다. 물론 하나하나의 사례로 볼 경우에 비자발적인 안락사가 정당한 경우가 있을 수도 있다.

비자발적인 안락사를 무조건 반대하는 것이 합리적으로 보이지는 않는다. 만약 비자발적 안락사를 반대한다면 그 주장의 테두리에서 좀 더 합리적이고 보편화된 방법을 찾아야 할 것이라고 생각한다. 그 방법 중에서 제일 중요한 것은 사회 제도의 뒷받침이라고 본다. 만약, 결함아의 치료를 경제적 부담 때문에 할 수 없다면 사회 제도화의 장치를 통해서 치료를 가능하도록 해야 한다. 또한 어떤 이유에서인지 결함아를 키울 수가 없다면 입양가능성을 고려하거나 그런 아이를 키울 수 있는 사회적 여건을 마련해 주어야 한다.

(3) 적극적/소극적 안락사

적극적 안락사와 소극적 안락사 사이의 구별은 개념적인 구별이다. 환자에게 치명적인 약을 주는 것은 적극적 안락사로 분류된다. 그리고 환자가 죽을 것을 알면서도 삶을 연장하는 치료를 중지하거나 시작하지 않는 것은 소극적 안락사로 분류된다. 결과주의자나 행위공리주의자의 시각에서라면 우리는 결과의 측면에서 행위에 관심을 가져야 한다. 수단 자체는 중요하지 않다. 단지 결과에 차이를 둔다면 중요하다. 사람의 죽음이 제일 나은 이익을 가져온다면 치명적 약을 처방하든 생명유지치료를 중단하든 죽음의 수단은 중요치 않다.

규범공리주의의 시각에서라면 우리는 관습이나 정책의 결과에 관심을 갖는다. 우리는 다양한 대안적인 관습이나 정책의 어떠한 것이 최상의 결과를 가져오는가를 알고 싶어 할 것이다. 적극적 안락사를 경우에 따라 허용한다면 점점 더 많은 경우를 확실히 부당하다고 생각하기 전까지는 그 우위를 강조하게 된다.[10]

(4) 안락사와 인간생명의 존엄가치

호모 사피엔스라는 종족의 구성원으로서의 인간은 그 유기체의 염색체

10) James Rachels, 'Active and Passive Euthanasia', *New England Journal of Medecine 9*, pp.78-80, (1975)

의 성질을 검사함으로써 구분하며 수정 이후부터 인간에 포함하며, 식물인간도 인간으로 규정된다. 그리고 자의적이지도 않고, 사회적이지도 않고, 미래를 생각하지 않아도 여전히 인간으로 간주한다. 인격체로서의 인간은 자의식, 자기 통제, 미래감, 과거의 느낌, 사회성, 타인에 대한 관심, 의사소통, 호기심 등을 갖춘 존재로서의 인간을 의미하며, 합리성과 자의식이 인격개념의 핵심이다. 자의식적인 존재는 자신이 과거와 미래를 가지는 개별적 존재임을 알고 있기에 자기 미래에 대한 욕망을 가질 수 있는데 이들 생명을 뺏으면 미래에 충족시킬 욕구를 좌절시키는 일이 되므로 다른 생명의 죽임보다 더 나쁜 짓이라고 말 할 수 있다.

안락사에 시사점을 던져주는 사건들이 초기 경장에 나타나 있다. 탐욕, 성냄, 어리석음을 여읜 아라한에 도달했거나 죽음으로 아라한에 도달할 수 있는 경우에 그 사람에게 고통을 벗어나기 위한 자살은 승인되었다. 즉 아라한이 자신의 피할 수 없는 불치병으로 인한 육체적인 고통에 때문에 스스로 자살하는 경우에 한해서, 그 자살은 새로운 업보를 만들지 않기 때문에 종종 교단에 의해서 허용되었다. 해탈하지 못한 자일 경우 그가 중병을 앓더라도 그 고통을 벗어나기 위해 스스로 자결하거나 남이 안락사를 유도하는 것은 허용되지 않는다. 율장에는 직간접적으로 자발적인 안락사이건 비자발적인 안락사이건 안락사를 유도하는 경우에는 심지어 단지 환자의 공덕을 찬양하면서 천상세계에 태어날 것을 기대하여 죽음을 선동하여 음식섭취를 중단하게 만드는 경우에도 공동체에서의 추방이라는 단두죄로 다스려졌다. 따라서 일반적인 안락사는 불살생계를 범한다는 의미에서 불교적으로 옳지 않다.

안락사와 관련하여 또 다른 대안을 찾는다면, 아라한의 자결이 시사해주는 불교적 의미를 찾아 탐욕, 성냄, 어리석음이 소멸되는 방향으로 안락한 죽음을 이루어지게 할 수 있다. 불교 가르침에 입각한 탐욕, 성냄, 어리석음을 소멸시키는 운동, 즉 자신의 현재의 삶을 긍정적으로 받아들이며,

죽음은 삶의 자연스러운 일부분으로 받아들이도록 돕는 호스피스 운동이 바람직하다. 호스피스는 죽음을 앞둔 말기 환자와 그 가족을 사랑으로 돌보는 행위로서 환자가 남은 여생동안 인간으로서의 존엄성과 높은 삶의 질을 유지하면서 삶의 마지막 순간을 편안하게 맞이하도록 가족이 신체적, 정서적, 사회적, 영적으로 도우며 사별가족의 고통과 슬픔을 경감시키기 위한 '총체적 돌봄(holistic care)' 이라고 정의할 수 있다.[11]

『범망경(梵網經)』이란 경전은 잘 아는 바와 같이 〈10중대계(十中大戒)〉를 설하고 있는 율장이다. 불자로서 꼭 지켜야 할 10가지 무거운 계율과 48가지 가벼운 계율을 가르치고 있다. 우리가 오늘날 익숙한 살 · 도 · 음 · 망 · 주의 5계는 이경의 10중대계중 앞의 다섯을 추린 것과 같다. 그런데 이 경의 대의는 살생하지 말라(不殺生)는 제1계에 집약되고 있다. 불살생은 불교윤리의 처음이자 끝이며 자비행의 핵심을 이룬다. 불살생은 생명에 대한 경외심을 갖는 것으로 그치는 것이 아니라 실천을 통하여 다른 중생의 삶을 돕고 살려내는 데 그 본뜻이 있다. 『범망경』제20경계는 불행구계인바, 불자는 자비한 마음으로 산목숨을 살려주는 일을 해야 한다고 강조하고 있다. 이에 따르면, '일체지수와 일체화풍이 모두 내 전생의 몸이니 항상 산목숨을 살려주어야 한다.' 고 말한다.

인격체는 또한 자율성을 갖는다. 자율성이란 말은 선택하고, 결심하고, 결심에 따라 행위 하는 능력이다. 죽는 것과 계속 살아가는 것 간의 차이를 파악할 수 있는 존재만이 자율적으로 삶을 선택할 수 있다. 그러므로 죽지 않기로 선택한 인격체를 죽이는 것은 그 인격체의 자율성을 존중하지 않는 것이다. 죽지 않기로 선택한 인격체를 죽이는 안락사는 인간의 자율성에 대한 있을 수 있는 가장 심각한 침해인 것이다. 의사판단이 어려운 경우를 대비하여 사전지침을 설정한다.

---

11) 김혜자, 『호스피스 개요』, 생명문화연구소 세미나자료집(15), p. 10.

(5) 사전 지침(Advance Directives)

이를 '생존 의지(Living Will)' 라고도 한다. 이는 비자발적 안락사(환자의 의사에 반하는 결정을 해서 행하는 안락사)를 대비(對備)한 것으로, 불행한 일이 닥쳤을 때, 병으로, 자신의 미래에 대한 소망을 글로 표현해 놓은 것이다. 만약 그녀가 죽어가고 있고, 자신의 의사를 표현을 할 수 없다면, 그녀는 사전 지시를 통해 그녀가 생명을 연장하기 위해서 어떤 특이한 수단도 원하지 않는다고 말할 수 있다. 1969년 미국 안락사 교육협의회에 의해 발의, 기안되어 캘리포니아 주 외에 미국 21개 주에서 입법한 사전지침 내용을 보면 다음과 같다.

"나는 정상적인 정신 및 자유의사로 다음과 같은 사항에 있어서는 나의 죽음을 인위적으로 연장하지 않기를 원한다. 만일 내가 두 사람의 의사에 의해 말기 상태라는 것이 확인된 불치의 질병에 있으며 단지 연명장치가 나의 죽음을 인위적으로 연장하고 있을 뿐으로 나의 죽음이 임박하였다고 판단되는 경우에 그 연명장치를 사용하지 말 것이며 또는 철거하고 단지 약물과 간호만으로 나의 죽음을 자연스럽게 맞이할 수 있도록 하여주기 바란다."

(6) 안락사 남용 방지

생명 지지의 특별한 수단과 평범한 수단 사이의 구별의 유용성에 대한 불일치가 있다. 안락사는 환자 자신의 고통을 줄여줄 수 있고, 가족들의 부담도 덜어 줄 수 있는 최선의 방법이라고 생각한다. 단, 안락사에 있어서 문제가 된, 고의적 살인의 가능성을 막아야 한다. 그것은 규범공리주의자들의 주장처럼 사회에 의한 안락사의 규범화에 의해 이루어 져야 한다. 사회 제도적인 감시와 통제가 필요하다. 사회가 만든 공적인 위원회에 의해서 안락사가 행해져야 한다. 안락사가 행해질 수 있는 경우를 생각해보면, 살 가망이 없다고 의학적으로 검증된 사람에 한해서이다. 가망은 없는데, 환자 치료비용을 가족들이 충당할 능력이 없다고 사회적으로 인정되어야 한다.

안락사에 있어서 환자 자신의 자발성이 매우 중요한 문제라고 생각한다. 환자가 사전에 미리 자신이 안락사를 행할 경우에 처했을 때 어떻게 해야 할지를 결정해야 한다. 안락사의 논쟁에서 환자가 자신의 의사를 표현할 수 없을 경우, 그리고 사전 지시도 없다면, 가족들의 의사에 맡겨야 한다. 가족들의 의사 결정은 사회적으로도 인정을 받을 수 있는 정당성이 있어야 한다. 안락사의 논쟁에서 가장 좋은 것은 환자의 의견에 따르는 것이다. 그것이 사전 지침이든, 그 상황의 환자의 결정이든지 간에 중요성을 갖는다. 따라서 안락사는 사회적으로 인정을 받을 수 있는 정당성이 있을 때에만 허용되어야 한다. 안락사는 고의적 살인과 같은 남용을 막기 위해서 보편타당한 사회 제도의 정립이 요구된다.

참고문헌

권혁길 외,『공학 윤리』서울; 인간사랑, 2007.

구인회, 『생명윤리의 철학』(서울: 철학과 현실사, 2002).

김두헌, 『현대 인간론』(서울 : 박영사, 1982).

김태훈, 『덕교육론』(서울 : 양서원, 1999).

박은정, 『생명공학 시대의 법과 윤리』(서울: 이화여자대학교 출판부, 2000).

소병욱, 『생명윤리: 기초부터 알자』(왜관 : 분도출판사, 1996).

Cavalier, R. J. & J. P. Sterba(eds.), *Ethics in History of Western Philosophy*, New York: St. Martin's Press, 1989.

Gilligan, C. *In a Different Voice*, Cambridge, Mass: Harvard University Press, 1982.

Küng, Hans, *A Global Ethic for Global Politics and Economics, London*, SCM Press, 1997.

Küng, Hans, *Global Responsibility. In Search of a New World Ethic*, London, Continuum, New York, SCM Press, 1991.

UNESCO, "Universal Declaration on the Human Genome and Human Rights", 1997.

제9장

공학윤리의 사이버소통

〈Story-Telling : 원숭이 의식〉

젊은 사업가인 **마하비라**는 자신의 사업 거래를 다지기 위하여 런던으로 가려고 자신이 힘들여 번 돈의 상당한 양을 지출해야 하였다. 그는 비용을 절감하기를 간절히 원하였으나, 아무리 간접비용을 삭감하여도 그는 결코 만족할 수 없었다. 그는 늘 돈을 절약할 방도를 생각하고 있었다. 그는 부유한 사업가이지만 자신이 직접 선원으로 일하면서 런던으로 가보겠다는 생각까지 해봤을 정도였다.

어느 날 마하비라가 돈을 절약할 새로운 방도에 대한 생각을 하고 있었을 때, 갑자기 왜 눈 깜빡할 사이에 광대한 공간을 가로지르는 전기처럼 그를 빨리 움직일 수 있도록 만들지 않았는지 그는 초조한 의문을 품게 되었다. 바로 그 때 그의 지나친 절약관념을 잘 알고 있던 친구 중의 한 명이 그에게 서둘러 다가와서 흥분한 목소리로 말하였다. "마하비라, 갠지스 강변으로 가보게. 공중 부양할 수 있고 물 위를 걸을 수 있는 사람을 발견하였는데, 그 사람은 합당한 학생한테는 그 방법을 기꺼이 가르쳐준다고 한다네."

그 말에 감명을 받은 부유한 마하비라는 중얼거렸다. "공중 부양하는 선생을 저에게 보내주시다니 신이시여 감사합니다. 그에게 그 방법을 가르쳐달라고 요청해야지. 그러면 매년 유럽으로의 사업 여행에서 소비되는 모든 돈을 절약할 수 있을 거야."

그는 공중 부양하는 선생이 임시로 야영하고 있던 강변으로 서둘러 가서 공중부양의 기술을 가르쳐달라고 요청하였다. 그 스승은 마하비라에게 다음과 같은 가르침을 주었다. "얘야, 매일 밤 침실의 불빛을 어둡게 하고, 문을 잠근 다음 등받이가 똑바른 의자에 동쪽을 향하여 똑바로 앉고서, 눈을 감고 한 시간 동안 우주진동의 성스런 단어인 옴을 마음속으로 찬송하여라. 한 달 지나면 너는 공중을 통하여 땅위나

물위를 달릴 수 있을 것이다."

사업가는 가르침이 너무나 단순한데 대하여 마음속으로 의아하게 생각하면서 스승에게 감사를 드리고 집으로 돌아가려고 하자, 스승이 그를 불러 세우고는 부드럽게 주의를 좀 더 주었다. "공중부양 기법에 대하여 좀 더 말해줄 것이 있었는데 깜빡 잊었구나. 네가 마음속으로 '옴' 을 찬송하면서 집중하는 동안 원숭이에 대한 생각을 해서는 안 된다."

사업가는 대답하였다. "그건 쉬운 일입니다. 물론 저는 원숭이에 대해서는 생각하지 않을 것입니다." 그는 성자에게 인사를 드리고 집으로 돌아왔다. 저녁에 마하비라는 창문이 닫혀 있는지 확인하고, 차일을 치고, 침실에서 등받이가 곧은 의자에 앉아서 공중부양 기법을 수행하였다. 수행을 시작하자마자 머리에 떠오른 첫 번째 생각은 "원숭이 생각은 말아야지!" 였다.

2분이 지나고 마하비라는 마음속으로 여러 번 다짐하였다. "원숭이 생각은 말아야지." 10분이 지났을 무렵, 그는 온갖 종류의 원숭이에 대한 생각을 하고 말았다. 남미와 인도와 아프리카와 수마트라와 그리고 계속해서 생각나는 또 다른 장소에 서식하는 원숭이들까지. 마하비라는 화가 치밀었다. 난감해 하는 자신의 마음의 창문을 통하여 줄지어서 빠른 속도로 뛰어다니고 있는 원숭이들에 대한 생각을 없애버리려고 애를 썼다. 한 시간이 지난 후에 그는 자신이 온통 원숭이 생각밖에 한 것이 없음을 깨달았다. 그는 매일 충실하게 명상하였지만, 실제로는 곤혹스럽게도 그의 마음으로 뛰어 들어오고 있는 수백만 마리의 상상속의 원숭이들을 생각하지 않으려고 미친 듯이 노력하고 있었을 뿐이라는 것을 깨달았다.

마하비라는 금지된 원숭이에 대한 집중을 한 달이나 한 다음, 스승에게로 달려가서 외쳤다. "스승님, 공중부양에 대한 당신의 가르침을 거두어가세요! 당신은 원숭이에 대하여 명상하는 법만을 나에게 가르쳐 준 것입니다. 당신의 방법은 나에게 원숭이 의식이 생기게 했을 뿐입니다."

성자는 즐겁게 웃었다. 그는 이슬처럼 상큼한 목소리로 제자에게 충고의 말을 하였다. "얘야, 나는 오직 너의 집중하는 정신 상태가 얼마나 훈련되지 않았는지 그리고 얼마나 세속적인지를 보여주고자 한 것이니라. 너의 마음이 네 말에 복종하도록 하는 것을 배우지 않으면, 너는 공중부양의 힘을 획득하는 것과 같은 어려운 기술은 말할 것도 없고 어떤 물질적 성공도 성취할 수 없느니라. 먼저 마음의 통제를 획득하는 것을 배우도록 하라. 그 다음에는 그 힘을 사용해서 작은 것들을 성취하도록 하라. 그리고 네가 그 일을 해낼 수 있으면, 점점 더 큰 성취를 이루어낼 수 있도록 하라. 그리하여 너의 내적인 힘이 공중부양을 이룰 수 있을 만큼 발달되게 하고, 또는 더 나아가서 너의 의식에서 영적 기적을 달성할 수 있을 만큼 발달되게 할 수 있다면 훨씬 더 좋은 것이다."

* * *

Point up : 우리는 정보의 바다에서 기쁨이라는 작은 거품을 확장할 수 있다. 집중이라는 호흡을 그 거품에 계속 불어넣어서 그것이 나의 얼굴 전체로 퍼지고, 나의 가슴으로 그리고 나의 온몸과 마음 전체로 그리고 나의 의식 안에 숨겨져 있는 무한의 정보바다로 퍼져나가도록 정신적 집중력을 높여 나갈 수가 있다.

이 과정에서 디지털 인간의 모습은 '컴퓨터에 의해 지원받는 인간'

(CaHu: Computer aided Human-being)이다. 컴퓨터, 인터넷, PCS 등을 사용하여 자신의 감각 및 지각능력을 확장시키는 사람을 ***'캐후'*** 라고 부른다. 그러나 디지털 혁명의 진전은 ***캐후***를 넘어서서 디지털 인간보다 진화된 모습으로 나아간다.

인간의 감각융합과 확장을 지원해주던 단말기로서의 컴퓨터는 사라지고 우리를 둘러싼 생태계 자체가 거대한 감성 인터페이스 '몰' 을 구성하는 가운데, 전 지구수준에서 생태지능과 인공지능이 벽 없이 자유롭게 교감하고 소통하는 새로운 생명의 명상과 정보세계가 펼쳐져 나갈 때, 인간은 ***'비후'***, 즉 진정한 '바이오-디지털 인간' (Bio-digital Human-being)으로 거듭날 것이다. 이러한 변화의 중심에 사이버소통이 자리 잡게 된다.

제9장 공학윤리의 사이버소통

탐구문제

1. 소유권 프라이버시 침해와 의사결정 프라이버시 침해는 무엇인가?
2. 인터넷 내용 등급제와 차단 소프트웨어의 사용제도에 대한 의미는?
3. 컴퓨터 소프트웨어에 대한 copy rights의 주장과 copy lefts의 주장은?
4. 영화 '마이너리티 리포트', '매트릭스'를 보고 정보사회에 대한 소감은?
5. 사이버소통의 의미와 컴퓨터 오용에 대한 책임은?
6. 공학윤리의 소통관점에서 담헌실심의 횡단매개 방안은?
7. 과학기술을 지향하면서 담헌이 실심에 근거하여 강조한 개혁방안은?

1. 정보사회와 사이버소통

우리사회가 한동안 인터넷 경제 논객 미네르바를 둘러싼 논란으로 증폭되었다. 검찰에 체포돼 구속된 박 씨는 검찰의 수사 등 법원의 영장실질검사에서 자신이 미네르바이고 인터넷에 게시된 글 280건을 스스로 썼다고 인정한 바 있다. 검찰은 박 씨가 경제학을 전공하지도 않았고, 금융 분야에 경험이 전혀 없는 무직자라고 밝히면서 진짜 미네르바는 따로 있는 것 아니냐는 의혹이 제기됐으나 박 씨가 자백한데다 검찰도 "제2의 미네르바는 없다"고 단언했기에 진위 논란은 수면 아래로 가라앉는 듯하였다.

공식 해명을 미뤄오던 〈신동아〉는 "미네르바는 1명이 아니라 7명으로 이뤄진 그룹이라는 기고문을 제기했으며, 검찰이 미네르바로 지목해 구속한 박대성 씨는 우리가 전혀 모르는 사람"이라고 보도함에 따라 진위 공방이 또 다시 불거져 나갔다. 자신을 미디어다음 아고라에서 환율 급등과 경기변동을 예측한 미네르바라고 주장한 K씨는 과거 금융기관 3곳에서 일했으며, 지금은 투자재무 컨설팅 일을 하고 있다고 하고 "나머지 구성원들도 모두 금융업에 종사하며 언론사 뺨치는 정보력을 갖고 있고 이들은 외환, 부동산, 주식, 채권의 4개 부분으로 나뉘어 활동했고 자신은 해외담당이었다" 고 설명했다.

이에 대해 검찰 측은 "이미 구속된 박 씨가 구속까지 감수하며 자신이 미네르바라고 인정할 이유는 없다" 고 말했다. 또한 현 상황에서 진짜 미네르바가 누군지는 중요한 문제가 아니라는 입장이다. 검찰은 미네르바라는 필명으로 글을 쓴 사람이 박 씨가 아닐 수도 있지만 허위사실이라고 판단된 2건은 박 씨가 쓴 것이 확실하다는 것이다. 나중에 〈신동아〉는 'K씨는 미네르바가 아니다' 고 스스로 밝히면서 과거 기사가 오보임을 인정하고 공식 사과했지만 네티즌들은 "단순 오보인지 아니면 조작된 기사인지를 분명히 밝히라" 며 비판을 쏟아내고 있다.

이처럼 인터넷과 함께 컴퓨터는 금융, 교육, 오락 등 전 분야에 걸쳐서 생활 속에 깊숙이 들어와 있다. 그러나 편리한 컴퓨터 생활 속에서 요즘 큰 문제점으로 부각되고 있는 것이 컴퓨터 범죄이다. 이에 컴퓨터 윤리, 특히 개발자의 입장에서의 컴퓨터공학 전문가의 윤리에 대해 생각해볼 필요가 있게 되었다.

정보통신이 지식기반경제사회에서 경제 분야에 영향을 미치는데 그쳤다면, 향후 미래사회에서는 정치 · 사회 · 문화 등 전반에 걸쳐 영향을 주는 요소로 확대될 것으로 전망되고 있으며, IT 단독기술에서 IT를 기반으로 한 융합기술로 성장 원천의 무게중심을 이동한 IT 미래전략연구의 필요성이 강조되고 있다.

독일의 한 프로그래머가 마이크로소프트사에 대한 반발과 자신의 실력을 알리려고 악의적인 의도로 만든 패킷이 컴퓨터를 전 세계로 연결하는 인터넷에 유포되어 보안패치가 안된 마이크로소프트사의 OS를 사용하는 서버들을 공격하여 그 서버가 제 기능을 수행하지 못하도록 함으로서 업무마비, 데이터 유실로 인한 엄청난 금전적인 피해를 남기게 되어 컴퓨터전문가의 악의적인 의도가 엄청난 손실을 초래한다는 것을 보여주기에 이른다.

'오리진' 에서 중세시대를 배경으로 한 해외유명 온라인 게임인 울티마 온라인의 게임 내 관리자 역할을 하는 게임 마스터는 자신의 권한을 남용하여 경매 사이트에 게임내의 희귀한 아이템을 판매하다가 회사에게 고소를 당하는 일이 게이머들 사이에 큰 이슈가 되었다. 국내의 사례에서는 유명 온라인 카드 게임 사이트의 클라이언트 프로그램을 변조하여 정상적으로는 보이지 않아야할 상대방의 패를 알 수 있도록 하는 프로그램을 만들어, 유리한 상태로 게임을 하여 막대한 사이버머니를 부당으로 취득, 판매 혐의로 프로그래머가 구속되는 일이 발생하였다.

컴퓨터범죄를 근절하기 위하여 국가차원에서 최근에 제정된 법, 사용자의 동의 없이 설치되어 시스템 성능을 저하시키는 스파이웨어의 처벌에 관한 법인 '정보통신망 이용촉진 및 정보보호 등에 관한 법률 제 48조 2항' 을 비롯하여 지속적으로 다양하게 제정하고 있으나 나날이 발전하는 소프트웨어시장에서 고도로 지능화되는 악의적인 소프트웨어를 막기에는 역부족이며 법만으로는 근본적으로 막기 힘든 것이 현실이 되어 버렸다.

컴퓨터범죄에 대한 문제를 근본적으로 막기 위해서는 컴퓨터를 개발하고 그 안에서 기술적 주체가 되는 개발자들과 학자들은 개발과 적용단계 이전에 결과에 대해 예측을 하고 도덕적인 틀 안에서 시행을 시도해야 한다. 자신이 만들어낸 정보의 긍정적 부정적 영향에 대한 검토를 하고 제공한 기술에 대해서는 책임을 가지는 책임의식을 기본으로 해야 한다. '미국 컴퓨터 협회' (The Association of Computer Machinery)의 행동강령처럼 단순히 눈앞의 명예나 금전적인 이익을 추구하지 않고 의식적으로 다른 사용자들에게 피해가지 않도록 전공을 심화하는 대학의 수강과정에서 학생들에게 컴퓨터 윤리강경의 강조가 선행된 후에 프로그램을 개발이나 관리하는 기술을 배워나가는 것이 중요하게 간주되었으며 사이버윤리가 중시되었다.

이러한 방법이 선행된다면 예비컴퓨터 공학전문가들은 자신의 직업을 천직으로 생각하고 앞서 사례에서 보듯이 단순한 과시욕에 빠지거나 자신의 전문분야로 쉽게 유무형의 재화를 취득할 수 있는 잘못된 길의 유혹에 빠지는 일은 없을 것이며, 이에 따라 정직한 컴퓨터공학전문가들의 비중이 커지면 악의적인 목적을 가진 컴퓨터공학 전문가들이 설위치는 점진적으로 사라질 것이다.

세계 주요 50개국을 조사한 2006년 통계에 의하면, 우리나라의 초고속 인터넷 가입자 수는 세계 1위, 케이블TV 가입자 수 세계 1위, 인터넷 이용자수 세계 3위이다. 우리나라의 국가 정보화 수준은 2006년 통계에서 세계 3위를 유지한 것으로 나타났다. 같은 해의 조사에서는 스웨덴이 1위를 차지했고, 미국(2위), 한국(3위)순으로 나타나 IT 강국임을 세계가 인정하는 상태이다.[1)]

정보사회는 우리에게 많은 편리함과 유익함을 가져다주었지만, 또 한편으로는 정보통신 기술의 그릇된 사용으로 말미암은 많은 부작용을 가져다 준다. 우리의 정보통신 사회서는 사이버 공간상에서의 음란 및 폭력물, 자살 사이트 등과 같은 반사회적 정보유통과 사이버 명예훼손, 사이버 폭력, 개인정보의 오・남용, 컴퓨터를 이용한 범죄, 사이버 중독 등이 심각한 사회 문제로 대두되면서 이에 대한 적극적인 대처가 요구되는 상황이다. 원래 정보통신 사회는 인간적인 삶의 조건을 더욱 풍부히 하고, 유복한 삶의 바탕을 마련하기 위해 추진되었다. 이제 정보통신 사회에서 삶의 질을 어떻게 향상시키고, 보다 풍요로운 삶과 기본적인 인간권리를 어떻게 신장・보호할 것인가에 대한 질문이 오늘의 화두가 되고 있다.[2)]

컴퓨터 윤리는 선긋기 해법의 사용이 적절한 상황에 대한 사례들을 제공하고 있다. 비록 사람들에게 방대한 데이터베이스로 수집하는 데는 상

1) 한국전산원, 『국가정보화백서 2006』(서울: 한국전산원, 2006), pp. 13-18참조.

2) 권혁길 외,『공학 윤리』서울; 인간사랑, 2007.pp.233-239.

당한 사회적 효용이 있다고 하더라도, 개인들의 도덕적 행위(moral agency)의 침해에 심각한 부작용을 나타낸다. 소프트웨어 개발자는 컴퓨터가 이해할 수 있는 프로그래밍 언어 속에 알고리즘을 표현하거나 코드화한다. 이른바 소스코드가 목적코드로 번역되면서 배후에 깔려 있는 사이버공간의 알고리즘을 수행하도록 변형이 된다. 컴퓨터로 구성되는 공간, 사이버공간에서의 공동체는 '장소 없는 공동체', '인격 없는 공동체', '시간이 자유로운 공동체'로 특성화 되어 '컴퓨니티' (compunity)' 라고 부를 수 있다. 이는 컴퓨터(computer)와 공동체(community)의 합성어이다. 공동체는 원래 동일한 물리공간에 있는 사람 사이의 대면대화, 상호관심과 공통문화를 반영하는 대화로 사용되었다. 이제는 '컴퓨니티' 에서 서로 다른 방식의 대화와 소통이 요청된다. 이 사이버공간의 의미는 "장소와 물질에 기반을 둔 현실세계와 다른 컴퓨터 네트워크 속에 존재하는 공간 아닌 공간" 으로 정의된다.[3)]

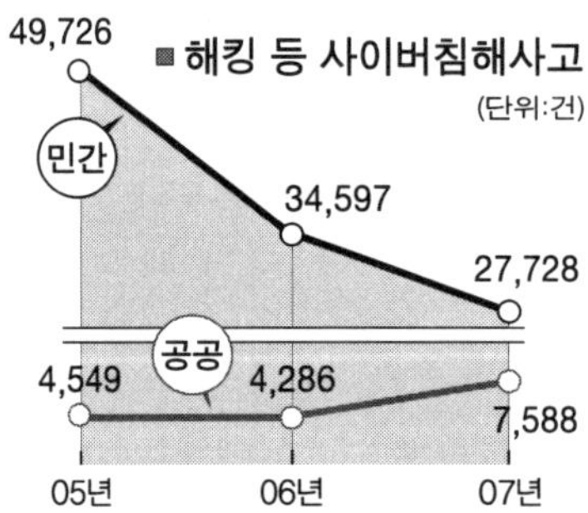

〈그림 1〉 2008 서울신문

사이버공간은 거대한 하나의 지적 데이터베이스로서 통제되기 어렵게 되었다. 사이버공간 이용자들은 스스로가 정보의 생산자임과 동시에 소비자이며 자기 정보의 관리자이기도 하다. 현실 공간에서의 의사소통은 대부분의 경우에 송 · 수신자가 신체적인 만남을 통해 이루어진다. 그러나 사이버공간에서는 대부분의 커뮤니케이션이 상대방 혹은 상대방의 목소리를 보거나 듣지 않은 채, 컴퓨터 모니터에 나타난 문자나 이미지를 통해 이루어진다. 이러한 커뮤니케이션 형태를 '컴퓨터 매개 커뮤니케이션'

---

3) 김성국, "정보사회의 정치생활: 시민사회와 민주주의," 정보사회학회편, 『정보 사회의 이해』(서울: 나남출판, 1998), p. 157.

(CMCs, Computer Mediated Communications)이라 부르며, 매개의 사이버 공간은 자유로운 공간으로 능동적으로 개신하는 공간이다.

미네르바 경제논객에서 보듯이, 익명성으로 인한 의사소통의 관계는 기존의 집단이나 사회 권력 관계의 변화를 야기하기도 한다. 익명성은 참여자들에게 평등한 지위를 부여한다. 따라서 집단이나 권력자에 대한 동조도 약화된다. 즉 익명성은 사람들로 하여금 집단의 부정적 영향력이나 집단적 의사결정에 있어서 힘 있는 집단 지도자의 무비판적 맹종에서 자유로워 질 수 있도록 한다. 이러한 익명성은 기존의 사회 규범이나 역할로부터 이탈하는 결과를 낳기도 한다. 사이버공간에서 타인에 대한 모욕언사(flaming), 위계무시, 감정분출, 명예훼손 및 중상 비방 등이 난무하는 것은 익명성으로 인한 자기 몰두나 자의식의 극단적 형태가 표출되기 때문이다.

사이버공간은 자유로이 국경을 넘나드는 통신과 정보 흐름으로 말미암아 특정 정치 공동체에 의해 지배되기 어렵다. 이러한 사이버공간의 분권적 속성은 초기 인터넷의 시작에서부터 찾아볼 수 있다. 인터넷이 첫 모습을 드러낸 것은 1969년, 미 국방성의 군사 네트워크 프로젝트였던 알파넷(ARPANET)이었다. 당시상황에서 미 국방성은 랜드(RAND)연구소에 핵전쟁에도 살아남을 수 있는 '명령통신 네트워크'에 대한 연구를 위촉한 바가 있다. 특히 컴퓨터를 네트워킹 하는 방법은 중앙에 통제 컴퓨터를 두고 다른 컴퓨터들을 마치 우산살의 모양처럼 중앙 컴퓨터에 연결하여 소통되는 방식을 채택하였다.

이러한 방법은 중앙 컴퓨터가 다른 모든 컴퓨터들을 관장하는 효율성은 있었지만, 핵전쟁이나 다른 사고에 의해 중앙 컴퓨터가 파괴되면 통신시설 자체가 마비된다는 약점이 있었다. 그리하여 중심이 여러 곳으로 흩어져 존재하는 분산적 네트워크(distributed network)의 구축이 시작되었고, 그 결과물이 알파넷이었다. 이 알파넷에는 '중심'이 따로 없으며, 적의 핵공격으로 인해 통신선이나 컴퓨터가 파괴되어도 남아 있는 것들을 이용해서 정보통신이 가능하다.[4] 이처럼 인터넷은 네트워크형 조직을 채택함으로 분권적 속성을 지니고 있다고 말할 수 있다.

2. 사이버소통과 프라이버시 침해

정보의 생산, 유통 및 소비가 사회의 전 부문을 지배하게 되는 정보통신 사회에서 지배적인 가치는 지식과 정보이다. 그러므로 정보통신 사회에서의 정치는, 산업 사회에서 재화의 소유와 통제가 정치의 핵심이었던 것처럼, 정보와 지식의 배분이 최대의 관심사가 될 것이다. 정보통신 사회에서는 컴퓨팅 기술의 발달로 정치, 종교, 문화적으로 사적 데이터베이스 구성을 위한 수단역할을 함으로써 프라이버시를 침해하는 경향이 늘어나고 의사소통 구조가 바뀌어 가고 있다.

포스트모던 사회에서 '플라톤의 눈' 으로 상징되는 '보편성, 진리, 이성, 원본, 토대, 본질, 물자체, 동일자, 일치, 큰 이야기' 에 '니체의 몸' 으로 대표되는 '다양성, 감성, 시뮬레이션, 여백, 틈, 실존, 현상, 타자, 차이, 작은 이야기' 로 통제를 벗어나려고 했지만, 정보기술 시대에는 '니체의 이름으로 니체를 배반하는 역설' [5]이 나타나게 된다.

> "니체의 몸은 플라톤의 눈에 의해서가 아니라 플라톤이 그토록 핍박했던 시뮬레이션에 의해 더 강고한 사슬로 묶여들어 가는 듯 보이는 것이다. 가령 영상시대의 저 현란한 이미지들은 뛰는 심장과 흐르는 피를 갖은 우리의 몸을 점점 대지에서 멀어지게 하면서 컴퓨터 또는 텔레비전의 모니터만 덩그러니 놓인 두 세평의 방안으로 유폐시켜 놓으려 하고 있다."[6]

---

4) 홍성욱, "인터넷은 열린 세상을 만들어 낼 것인가?" 홍성욱, 백욱인 편, 『2001 싸이버스페이스 오디쎄이』 (서울: 창작과 비평사, 2001). pp. 35-38.

5) 이왕주, 「영상 시대의 존재전략」, 『지성과 윤리』, (서울: 인간사랑, 2000), p.40.

6) 같은 책, p.48.

이 과정에서 '의사결정 프라이버시'(decisional privacy)가 침해된다. 사이버공간이 발전함에 따라 시민들이 이용할 수 있는 정보가 양적으로 증가하고, 시민들이 능동적으로 정보를 생산 · 수용할 수 있는 환경이 조성되고 있다. 이는 시민들이 논의 주제를 설정하는 과정과 의제를 심의하는 과정 그리고 의사 결정 과정에 대한 통제력이 증대됨을 뜻한다. 따라서 사이버공간은 정치권력을 쥐고 있는 이들에 의해서 의사결정 프라이버시가 침해되고 소통과정이 왜곡, 조작될 가능성이 크기에, 정보 사회에서의 민주주의는 오히려 부작용이 클 것으로 추론된다.

컴퓨터가 프라이버시 침해에 개입되는 방식은 '컴퓨터 매칭(matching)'이다. 술의 광범위한 구입기록은 취중 운전으로 체포된 기록, 결근으로 해고된 기록을 결합하여 그 사람이 알코올에 대한 문제를 가진 것으로 번역되어 나타난다. 컴퓨터 매칭의 옹호자들은 합쳐진 파일들이 새로운 정보를 포함하지는 않지만, 공적 기록은 왜곡된 정보로 변형될 수 있음을 알려주고 있다. 이처럼 사이버공간은 공적 측면뿐 만 아니라, 사적 측면, 공사공매의 측면에서 우리 사회를 크게 변모시키고 있다.

욕망은 정착을 싫어하는 유목민의 흐름이며, 인격주체와 무관한 사이버의 흐름이며, 결핍과 무관한 생산적 흐름이고, 의식주체와 무관한 분열적 흐름이다. 그러나 이러한 유동적이고 기계적이며 무의식적이고 분열적이며 끊임없이 무언가를 만들어내려는 욕망의 능동적 흐름을 그대로 방치하면 기존 사회질서를 붕괴시킬 위험이 있다. 이에 모든 사회는 그 자체 안에 욕망의 흐름을 순치 시키고 통제하는 '오이디푸스'의 기제를 작동시키고 있다.

역사상 전례가 없을 정도로 은밀하면서도 철저한 자본주의 상황에서 몰(mole)적 집게로 변질되어 경직된 정체성을 갖도록 호명될 수도 있기에, 모든 유형의 경직된 구분을 자유로이 넘나드는 횡단매개의 주체를 구성해야 한다. 이러한 횡단매개의 주체는 '인터넷'의 사이버공간이 되고 있다.

결국 인간의 욕망에 기계라는 이름을 첨가된다. 기계는 욕망의 흐름을 이어주거나 단절시키는 장치를 말한다. 기계는 욕망이 단절되는 지점이면서도 동시에 이 컴퓨터는 다른 컴퓨터와 접속되는 순간 생산을 한다. 따라서 들뢰즈와 가타리의 '욕망/기계'는 가상공간이라는 사이버네틱 환경에서 새롭게 탄생하는 욕망의 이름이다. 그것은 코드화된 기표 이전의 욕망이다. 야생의 유목민처럼 본래적 물질구조로부터 이탈된 채, 스스로를 드러내며 생성운동을 이끌기에 우리는 긁어모아 잘 꾸려내는 자들이다.[7)]

정보통신 기술과 사이버공간의 급속한 발전은 자본주의를 외적으로 확장시키는 것과 더불어 내부적으로 더욱 심화시켜 사회적 불평등을 더욱 크게 한다는 우려의 시각도 있다. 특히 오늘날의 세계화는 각 국가의 재정과 경제적 흐름이 국제화되는 것을 의미하며, 이에 따라 과거보다 훨씬 더 세계 경제가 통합되어 있어서 국제적 자본주의 체제는 각국의 국내 정책 수립에도 새로운 제한을 부여하게 된다. 이러한 경향은 정보 통신 기술과 사이버공간의 발달로 인해 더욱 가속되고 있다. 컴퓨터 사용으로 말미암아 가정의 오락과 교육까지도 자본주의 상업성의 논리로 침식되고 있다. 컴퓨터가 사생활의 침투하면서 컴퓨터가 '신분위장절도'에 활용되고 '소유권 프라이버시'(proprietary privacy)의 침해를 조장하였다.

컴퓨터의 등장과 발전은 시민문화를 참여문화로 변화시키는 경향이 있다. 전통적으로 구분되었던 문화의 생산자와 소비자 간의 경계가 약화되어, 시민들은 단순한 문화의 수용자에서 문화 생산자의 지위로 변모한다. 게임에 있어서도 단순히 주어진 프로그램에 따라 수동적으로 참여하는 게임보다는 여러 사람들이 온라인으로 참여하여 주인공의 캐릭터나 게임 환경을 자신이 직접 창조하는 게임이 성행하고 있다. 이처럼 디지털 문화는

---

7) Gilles Deleuze & Felix Guattari, *L'anti-Oedipe: Capitalisme et Schizophrenie*, 최명관 역, 『앙띠 오이디푸스』, (서울: 민음사, 1995), p.15.

수동적인 문화의 향유보다는 문화에의 참여를 선호한다. 이 경우 프라이버시 방벽은 경계가 모호해지고 참여문화는 프라이버시 경계를 넘나드는 형태가 되어 정보 프라이버시를 침해하게 된다.

이에 따라 정보사회에서 친밀한 대면의 사회적 관계는 사이버공간을 매개로 하는 익명관계로 대치된다. 오늘날 친구간의 만남은 사이버공간에서의 단기적이며 공통관심사를 매개로 가벼운 만남이 된다. 개인이 자신의 정체성을 확인하고 그 속에서 삶의 의미를 찾아가는 공동체도 지역과 연고를 벗어나서 단순히 관심사와 이해관계를 같이하는 2차 집단적 공동체로 변화한다. 이는 곧 문화풍토를 변화시킬 뿐 만 아니라, 시민들의 의식과 가치관을 변화시켜 다원가치를 지향하게 한다. 다원가치체계에서는 어떠한 관념이나 행위도 이단의 이름으로 배제되지 않고 소정의 존재가치가 용인된다. 이 같은 개방적 사고경향은 궁극적으로 이질적 요소간의 결합을 조장한다.[8)]

정보사회의 시민들은 자신들의 권리가 침해당했을 경우에, 과거와는 달리 참으려 하지 않는다. 확대된 커뮤니케이션 통로를 활용하여 자신의 불만을 즉각 동료 시민들에게 전달하고, 부당한 처사의 당사자에게 항의를 표시하려 한다. 또한 정보 시대의 소비자들은 가격 정보, 품질 정보를 쉽게 얻을 수 있고 효과적으로 불만을 표시할 수 있는 통로를 갖게 됨에 따라 소비자의 권리에 민감해졌다. 그리하여 특정 기업체나 제품에 불만이 있을 경우에는 즉각 해당 기업에 불만을 표하거나, 사이버공간에서 동료 시민들을 규합하여 안티 사이트를 개설하곤 한다. 사이버공간에서 시민들은 권리에 민감하게 되고, 보장받으려는 의식을 지닌다.[9)]

컴퓨터와 프라이버시 쟁점은 가치의 충돌로 나타난다. 데이터를 수집하

8) 박명진, "정보격차와 세대차이," 아산사회복지재단사업재단편, 『정보사회와 사회윤리』 (서울: 아산사회복지재단, 1996) pp. 367-381.

9) 권혁길 외,『공학 윤리』서울; 인간사랑, 2007.pp.247-248.

고 매치하는 컴퓨터의 능력은 공공에게 유익을 제공한다. 인터넷 '다음'에서 보듯이 사람들은 자신들의 동의 없이 프라이버시를 침해당할 때, 불안해지기 시작한다. 프라이버시 방벽이 무너져 갈 때, 창조적 중도 해결책으로 '올바른 정보실천'을 위한 정보윤리가 요청된다.

개인적 정보는 정보가 수집되는 사람들에게 통지하거나 동의 없이 제3자가 공유해서는 안 된다. 정확성을 보증하기 위하여 정보의 저장 기간은 제한되어야 하며, 개인들은 그 정보를 검토하고 잘못을 수정하도록 허락해야 한다.

개인적 데이터를 수집하는 사람들은 개인적 데이터와 시스템의 통합과 보안을 보장해야 한다. 아울러 수집된 정보는 일차적 목적과 일치하거나 유사방식으로만 사용되어야 한다. 개인 프라이버시를 보호하고 컴퓨터 데이터베이스가 기여할 수 있는 사회적 공공선을 증진시키도록 개신의 중도 해결책을 모색해야 한다.

3. 컴퓨터 오용과 사이버규제

컴퓨터 오용은 허가되지 않은 정보를 획득하기 위하여 바이러스와 웜을 보내어 컴퓨터에 침입하는 형식을 취하게 된다. 우리나라에서는 컴퓨터 오용을 규제하기 위하여 정보통신망 이용 촉진 및 정보보호 등에 관한 법률, 정보통신기반 보호법, 저작권법, 특허법, 청소년 보호법 등과 같은 많은 법률이 활용되고 있다. 하버드 대학의 레식(L. Lessig)교수는 사이버공간에서 인간의 행동을 규제하는 요소로서 4가지 사항을 제시했는데, 이는 곧 법, 시장, 기술, 규범이다.[10] 무엇보다도 컴퓨터 오용을 방지하기 위해

10) Richard A. Spinello, & Herman T. Tavani, *Readings in CyberEthics*, (Sudbury: MA, Jones and Bartlett Publishers, 2001), pp. 124-134.

서는 평소 단순한 부주의에서 친절한 방치까지 오용을 점검하는 태도를 중시할 필요가 있다. 컴퓨터 해커들은 자신들의 행동이 컴퓨터의 안전을 위한 것으로 항변한다. 컴퓨터 작동에 필요한 필터링 소프트웨어, 메모리 등의 컴퓨터 리소스(resource)의 복구에 많은 예산을 할당한다.

컴퓨터에 침입하는 것이 보안의 약점을 노출함으로써 공공의 복지를 증진시킨다고 주장하면서 사람들의 행동을 정당화하기 위한 공리주의 논변을 제시하게 된다. 경우에 따라 새로운 보안 소프트웨어를 치할 수 있는 여유가 없고, 해커의 행동이 파괴적이기 때문에 많은 비용이 소모된다. 컴퓨팅을 통한 인터넷 프로그램들은 '사이버공간의 장치' (architectures of cyberspace)로서 암호(code)는 사용자 이름(user name)과 비밀번호(password)를 요구함으로써 접속의 제한을 준다.

1985년 텍사스 포트워드(Ford Worth)에 있는 증권회사와 보험회사는 68,000건의 세일즈 기록이 사라졌다는 것을 발견하였다. 주말동안의 작업으로 기록을 회복하였지만, 그 다음 월요일 전 시스템이 붕괴되고, 동작이 불능상태가 되어 버렸다. 결국 범죄자는 발견되고 신원이 확인되어 도날드 진 벌러슨(Donald Gene Burleson)으로 밝혀졌다. 텍사스 형법에 따라 컴퓨터 오용의 평결을 받았고, 25,000 달러 이상의 손해를 입힌 것이 추정되어 결국 중죄로 기소되었다. 벌러슨은 11,800 달러의 벌금을 물었고 7년간 집행유예를 선고받게 되었다. 이에 따라 사설기관에 의한 것이건 공공기관에 의한 것이건 사이버 공간에 대한 통제 장치는 규제 능력을 발휘하면서 컴퓨터 오용에 대한 공공책임을 묻게 되었다.

이 밖에도 정보사회에서 발생하는 많은 윤리문제들을 해결하기 위해서는 정보윤리에 대한 지속적 교육과 더불어 제도적 및 기술적 대응을 포함한 복합적 처방이 요청된다. 무분별하게 음란물을 생산하고 컴퓨터 오용의 범죄를 저지르고, 불법 복제를 유통시키는 사람에게는 적절한 법적 규제를 가하는 것도 필요하면서 동시에 보다 효과적인 사용자 기반 접속차단 프로그램의 개발과 보급을 통해 컴퓨터 오용을 바로잡는 기술적 처방도 필요하다고 할 것이다.

1984년 12월 일본의 한 지하철역으로부터 약 20m 정도 떨어진 전자오락 영업소에서 발생한 전자파로 지하철 무선조정 컴퓨터가 오작동을 일으켜 열차끼리 충돌한 사고가 발생했다. 또한 1991년 5월 일본 자하현 신락고원 철도에서 열차끼리 충돌해 42명이 숨지고 4백 54명이 부상한 사건이 있었다. 인근 오락실에서 발생한 전자파가 신호기를 오작동 시켜 발생한 사건으로 결론지었다.

우리나라에는 병원정보화가 급속히 추진되면서 의료정보 시스템의 오류나 오작동으로 인한 새로운 유형의 의료사고 발생 가능성이 높아지고 있다. 최근 들어 OCS, PACS, EMR 등 각종 의료정보시스템 도입이 확산되는 데다 무선 인터넷망을 이용한 모바일 병원정보시스템과 RFID(전자태그) 등 보다 진일보한 병원정보화가 추진되면서 시스템 오작동으로 인한 의료사고 가능성에 대한 우려가 높다. 외부로 알려지지 않았지만 국내에서 의료정보시스템의 오작동으로 인한 크고 작은 의료사고 발생 사례가 적지 않은 것으로 알려졌다.

또한 국내 한 병원에서 HIS 오작동으로 인해 의사의 처방지시가 늦어져 투약이 제때 이뤄지지 않아 환자가 사망한 사건이 법원 판례로 남아 있다. 의료정보화로 인한 의료사고의 발생 가능성은 병원 전산시스템이 고도의 전문성을 요하는 반면 관련업체의 기술이 이를 제대로 반영하지 못하는 것도 한 요인이다. 특히 의료정보시장이 커지면서 대형 SI업체들이 너도나도 진출하고 이 과정에서 제대로 된 기술력을 갖추지 못한 업체들이 수주한 이후 해당사업을 소규모 전문 업체에 하청을 주면서 시스템 구축에 오류가 발생하는 일도 빈번한 것으로 알려졌다.

그리고 개원한 국내 모대형병원의 경우에 국내 대표적인 SI업체에 해당 사업을 맡겼다가 시스템 오류 때문에 수개월간 의료정보시스템 운영이 늦

춰진 바 있다. 병원이 신규 솔루션을 도입하는 과정에서 기존 솔루션과 데이터 호환이 제대로 이뤄지지 않거나 시스템 오류로 인해 오작동이 발생할 가능성도 없지 않다. 또한 의사와 간호사 등 의료진이 새로운 정보시스템에 익숙하지 못해 자칫 잘못된 데이터를 입력함으로써 의료사고를 유발할 가능성도 배제할 수 없다.

일부 중장년층 이상 의료진의 경우 새로운 정보시스템에 익숙하지 못해 자신의 업무를 전공의나 간호사에게 맡기는 경우도 허다한 것으로 알려졌다. 일부 의료진은 OCS 입력을 간호사나 전공의에게 대신 맡기기도 한다. 또 환자에 대한 검사결과지를 컴퓨터 화면으로 보는데 익숙하지 못해 다시 출력물로 프린터해서 보는 의료진도 많아졌다. 최근에는 무선통신망을 활용하거나 첨단 유비쿼터스 헬스케어 서비스 시스템 도입이 늘면서 시스템 오작동의 위험성도 높아지고 있다. 이와 함께 상당수 의료정보시스템이 웹기반으로 구축되면서 네트워크를 타고 침입한 바이러스나 웜 등으로 인해 전산망이 다운되는 '디지털재앙' 도 잇따랐다.

실제로 국내 최대 규모를 자랑하는 한 병원에서는 웜 바이러스로 인해 전산망이 하루 가까이 다운되면서 외래진료 등에 큰 혼란을 초래했고, 작년에도 국내 2개 대학병원의 원내 전산망이 수십 분간 다운돼 외래수납 업무 등이 마비되는 일이 발생했다. 자칫 전산망 다운이 응급실이나 수술실에 영향을 미치거나, OCS 등 처방전달에 오류를 일으킬 경우 대형 의료사고로 이어질 수 있다.

피부를 통해 흐르는 전기장이 습진 등 피부 질환을 유발시킬 가능성이 있으며, 컴퓨터를 직업적으로 사용하는 여성들의 경우 피부노화를 촉진한다는 주장이 나타난다. 전자파는 특히 세포 증식이 빠른 혈구, 생식기, 임파선 등과 같은 조직에 해로운 것으로 알려져 있다. 나른함, 불면증, 신경증, 두통, 숙면에 관여하는 멜라토닌 호르몬 감소, 맥박 감소 등이 전자파와 관련이 있으며, 백혈병, 뇌암, 중추신경계통의 암, 유방암, 치매, 유산 및 기형아 출산 등도 전자파 때문에 그 발병률이 높아진다는 보고가 여러 차례 나타나고 있다.

이렇게 컴퓨터의 오작동과 전자파로 말미암은 피해에 대해 책임에 대한 문제가 발생한다. 피해가 집단적으로 발생한 경우에는 집단의 각 구성원의 책임 정도는 합리적으로 피할 수 있었던 행동에 대하여 집단적 피해를 야기한 정도에 의존하게 된다. 피해가 집단적으로 아무런 행동을 취하지 않음으로 발생한 상황에서는 집단 구성원의 책임 정도는 행동을 사전에 막도록 시도했으리라고 합리적으로 기대할 수 있던 정도에 비례한다. 또한 엄격한 책임적 결함이 있는 소프트웨어 개발과 사회에 역기능을 하는 소프트웨어 개발의 경우에도 제품에 의해 발생한 모든 문제에 대해 책임을 물을 수 있도록 해야 한다. 따라서 소프트웨어 제품의 사회영향을 고려할 수 있는 객관적 기준 마련과 컴퓨터 오용으로 말미암은 피해를 보상할 수 있는 사회시스템이 정비되어야 할 것이다.

컴퓨터 사용으로 열린 사이버공간은 우리에게 표현자유를 향유할 기회를 크게 증대시켰다. 사이버공간을 통하여 누구나 뉴스를 전파할 수 있고, 상업제품을 광고하거나, 흥밋거리를 전파하는 "도시의 외침"을 만들 수가 있게 되었다.[11] 이처럼 표현의 자유는 인간다운 삶을 유지하는 데 있어서 가장 핵심적으로 충족될 요소이다. 컴퓨터의 사용에 의한 사이버공간 활용을 위해서는 다양한 정보들이 각기 다양한 형태로 표현되고 이를 통하여 문화다원주의가 구현되어야 할 것이다.

최근 인터넷 논객 미네르바 구속에 대해 실질적 법치주의 차원에서 신중하게 다뤄야 될 것이다. 우리의 법은 "무죄 추정주의"가 기본이다. 인터넷 논객 미네르바가 죄를 저질렀다고 정죄하고 사이버공간에서 스스로 재

11) Richard A. Spinello, & Herman T. Tavani, *Readings in CyberEthics*, (Sudbury: MA, Jones and Bartlett Publishers, 2001), p. 105.

판관이 되어 댓글을 난무하게 쓰는 행태는 사이버소통을 방해하는 요소가 될 것이다. 분명 기업의 책임과는 구별된다. 기업이 자신이 생산한 제품에 하자가 없다는 무죄주장은 입증해야 한다. 약자인 소비자가 하자를 입증하는 것은 힘들기 때문에 약자의 권리를 보호해 줄 필요가 있다. 판결이 나오기 전까지 무죄추정의 원칙이 필요하다.

또한 고등학생들에 의한 학교 선생님에 대한 평가 사이트, 미술교사 부부의 누드 사진 게재 사이트 등의 폐쇄 여부를 두고 논란이 벌어지기도 하였다. 컴퓨터 사용으로 말미암은 사이버 공간의 표현자유와 사회적 공익을 저해하는 게재에 대한 통제 사이에는 공사공매(公私共妹)의 적절한 균형이 요청된다고 할 것이다. 아울러 사이버공간에서는 지적재산 관련 논쟁이 발생한다. 도메인 이름의 소유문제, 심층연결 (deep linking)의 문제, 창 만들기(framing)의 문제, 메타 태그(Meta-Tag)의 문제 등이 발생하고 있다.

정보통신 사회에서 지적 재산권과 관련하여 카피 라이트(copy-right)와 카피 레프트(copy-left)가 논란이 된다. 컴퓨터 소프트웨어에 대한 지적재산권을 강력히 인정하려는 카피 라이트의 주장과 소프트웨어의 원천코드(source code)를 공개하고 그것에 대한 지적 재산권을 제한하려는 카피 레프트의 주장은 커다란 논쟁을 불러일으키고 있다.

해킹(hacking)은 승인을 받지 않거나 승인된 이상으로 컴퓨터 시스템에 접근하는 행위를 의미한다면 크래킹(cracking)은 승인을 받지 않거나 승인된 이상으로 컴퓨터 시스템에 접근하여 컴퓨터 시스템의 정보를 도용 혹은 변형하는 경우이다. 해킹에 대해 도덕적 비난의 대상이 될 수 없다고 주장하는 근거로는 해킹을 통해 특정 시스템이 안고 있는 보안상의 취약점이 드러나므로 그 시스템의 약점을 보완하는데 도움을 줄 수 있기 때문이다. 정보사회에서의 윤리쟁점은 지속적 논쟁을 통하여 대화하고 협력하고 개신하여 사회적 합의를 모색함으로써 지속적인 해법을 다양하게 강구해야 할 것이다.

여러 가지 형태의 컴퓨터 오용에 대한 도덕적 지위는 저지른 사람의 태도와 오용에 의해 생긴 손상의 정도, 보수비용, 오용의 사회적 역기능 정도에 따라 사회적 처벌을 받게 된다. 그 처벌의 기준은 도덕적 심각성과 사회에 미치는 파장의 정도에 따라 합리적 추론을 통해 다루어져야 할 것이다.

4. 실심의 소통

소통에는 실심이 요청된다. 조선의 실심의 사상가로 알려진 담헌(湛軒) 홍대용(洪大容: 1731-1783)은 기술, 철학, 사학, 문학의 각 분야에서 다양하게 업적이 이루어졌으며 다각도로 평가를 받고 있다.[12] 담헌은 『을병연행록』의 기행문을 남긴 조선의 여행가로, 『해동시선(海東詩選)』을 편찬한 문학가로, 거문고와 서양의 철현금(鐵絃琴)을 연주한 예술가로, 수학책인 『주해수용(籌解需用)』을 저술한 수학자로, 지구설(地球說) · 지전설(地轉說) · 인력설(引力說) · 무한우주설(無限宇宙說) 등의 천문사상을 제시한 자연과학자이다. 그는 혼천의와 자명종과 같은 관측기구를 제작한 전문기술자로 평가받고 있다.

담헌은 기존의 학문풍토를 의문을 제기하고 비판하면서 공평무사한 눈으로 바라보는 공관병수 방법을 강조한다.[13] 담헌은 '공관병수 방법에 입각하여 유기체 관점에서 진심으로 사실을 탐구할 것' 을 강조하였기에 '실심(the Practical Mind)' 을 부각시킨 소통을 위한 실학자이다.[14] 실심추구의 학문으로 담헌은 고학(古學) · 실학(實學) · 정학(正學)의 연관관계에서

12) 강춘화, 「홍대용의 실학적 인식론에 대한 연구」, 2000, 고려대학교 박사학위논문 참조.

13) 공관병수(公觀併受)는 공사공매(公私共媒)의 공공철학의 방법으로 공평무사한 실심에 입각하여 다른 사상의 차이점을 받아들이는 차이존중의 통섭방법으로 담헌이 사용한 실사구시 방법이다.

14) 담헌은 通念과 偏見을 배격하고 人物 天文地理 古今華夷 등을 活物의 有機體로 소통했다.

실학을 논의하면서 이를 운용하여 올바른 학문의 목표 · 대상 · 방법으로 제시한다.[15]

천하에 영재가 적은 것이 아니다. 오직 과환(科宦)으로 질곡하고 물욕(物慾)으로 가리고 연안(宴安)으로 해치니, 이로부터 벗어나 고학(古學)에 종사할 수 있는 자가 드문 것이다. 사장(詞章)으로 쓰러뜨리고 기송(記誦)으로 넘어뜨리고 훈고(訓詁)로 얽어매니, 묵묵히 실학(實學)에 힘쓸 수 있는 자가 드문 것이다. 공리(功利)로 그 학술을 잡되게 하고 노불(老佛)로 그 마음을 음험하게 하고 육왕(陸王)으로 그 참됨을 어지럽히니, 정학正學)에 우뚝 설 수 있는 자가 드문 것이다.

그의 실심실학은 성리학자의 실학과도 상통하며 내면수양과 사회실천을 함께 중시한다. 그는 실심과 실사, 윤리와 사물을 구별하고, 특별히 사물영역을 중시한다. 여기에서 실심을 추구하는 고학(古學) · 실학(實學) · 정학(正學)은 각각 출세(科宦) · 물욕 · 호강(宴安), 사장 · 기송 · 훈고, 공리 · 노불 · 육왕과 대별 된다. 출세 · 물욕 · 호강은 학문추구에 방해가 되는 현실욕구를 의미하기에 실심을 추구하는 고학(古學)과 구별된다.

그에게 고학과 실학은 실제로 같은 것으로 '진실로 근원이 오래된 학문' 이다. 반면에 정학은 거짓이 없는 실심에 기초하기에 이단을 반대하는 것으로서 '벽이단론(闢異端論)' 의 오랜 전통을 그 배경으로 삼는다.[16] 담헌은 일신(一身)의 군(君)으로 기(氣)에 대하여 본연(本然) 순선(純善)의

---

15) 김문용, 『홍대용의 실학과 18세기 북학사상』, 예문서원, 2005. p.30.

16) 정통(正統)을 수호하고자 이단(異端)을 배척하는 관점은 전통권위를 확인하고 기존질서를 고수함으로써 사회 안정을 기할 것을 희구하는 명분에서 그 정치기반을 정통이라고 하며 이와 대립하여 기성체제를 부정하고 상반되는 가치를 창출함으로써 자가(自家)의 권익을 스스로 옹호하는 이해집단이나 그와 같은 입장에 서는 계층을 이단이라고 한다. 송시열(宋時烈)은 윤휴가 경전주석에 관하여 주희(朱熹)의 미비하였던 점을 지적하고, <사문난적(斯文亂賊)>이라고 규탄했다.

심(心)에 연원을 두기에 기(氣)와 다르며 오히려 이(理)로 바라본다. 따라서 '작용즉성(作用卽性)' 의 논리와 같이 총명예지(聰明睿知)의 작용은 실심이 된다. 『담헌서』에서는 총명예지를 다룬 고학(古學)을 다룬 구절에서 담헌은 십 수 세부터 고학에 뜻을 두었고, 장구(章句)를 일삼는 미련한 유자(儒者)가 되지 않기를 맹서하고, 아울러 군국경제지업(軍國經濟之業)을 흠모한다고 천명하였다.

이러한 고학은 장구지학(章句之學), 경전을 축자(逐字) 이해를 통한 암송방식과 비교되면서 국가경영 및 백성구제와 연관된 학문이다. 김삼연(金三淵)[17]의 시(詩)는 담헌이 즐겨 인용한 것으로 담헌생각을 여실히 드러낸다.

> 유학이 예를 강구하는 집으로 돌아가니 조금 고증할 줄 알면 서로 자랑하는구나. 오고 가는 편지에 의식만 논하면서 이것으로 성명 덕업 완수한다네. 엄연히 깃발을 날리면서 황옥[18]에 들어 앉아 유종이라 지칭하고 호걸인 체하는구나.[19]

담헌실심은 고요히 앉아 있기를 바라는 것이 아니고 본원의 정심을 함양(涵養)하기 위한 것이다. 이 본령(本領)이 없으면 마음자리가 어지럽고 흔들리게 되니, 일을 처리하는데 경솔하고 조급하게 된다. 담헌의 친구였던 이송(李淞 1725-1798)이 담헌의 『묘표(墓表)』서, "유독 옛 육예의 학문(古六藝之學)에 뜻을 두었다"고 말한 바 있다. 이어서 고학에 대하여 '옛 육예의 학문' 을 상수(象數)와 명물(名物), 음악(音樂)의 정변(正變), 천문의 전차(纏次), 일월의 왕래, 상형제기(象形制器), 점시측후(占時測候) 등

17) 삼연(三淵)은 김창흡(金昌翕) 호이며, 그는 1653년에 태어나 1722에 죽은 조선 중기의 학자이다. 자는 자익(子益), 호는 삼연(三淵), 시호는 문강. 본관은 안동(安東)이다.

18) 임금의 수레를 말하지만, 여기서는 정승의 거소로 보임.

19) 儒學今歸講禮家差能考證便相誇 聯翩書牘商儀節便是誠明德業完 儼然左纛居黃屋喚作儒宗亦自豪

에 관한 학문으로 부연하여 설명하였다. 이는 주로 자연과학에 해당하며 예악사어서수(禮樂射御書數)의 옛날육예를 모두 포괄하는 것은 아니다. 육예가 일상생활에 유용한 실다운 기예(技藝) 혹은 실다운 학문을 말한 것이라고 한다면, 이송표현에서 실심이 오랜 학문의 당체가 됨이다.

담헌의 실학사상 · 과학사상 · 문학사상 · 예술사상 등에 대한 연구는 광범하게 진행되고 있다.[20] 담헌은 18세기 조선후기를 대표하는 '과학기술자' 로 평가하면서[21], 담헌의 일생동안 추구한 사상과 남긴 저서를 분석하여 볼 때, 실심을 중시했다. 실심에 대한 구조 파악은 그가 40세 전후에 쓴 것으로 추정되는 다음 편지글에서 확인할 수 있다.[22]

> '인생궁핍(窮乏)과 현달(顯達)은 스스로 정해진 운명이니, 겸선(兼善)이든 독선(獨善)이든 곳에 따라 분수를 다할 뿐이다. 우리 유학자의 실학은 본래 이와 같다. 문하에 생도들을 가르치면서 자기와 다른 것을 배척하여 암암리에 승심(勝心)을 만족시키고, 오직 나만 존재한다고 오만하게 생각하는 사람이 있으니, 근세 도학(道學)의 법도는 실로 매우 혐오스럽다. 오직 그 실심(實心)과 실사(實事)로써 나날이 실지(實地)를 밟아 먼저 이 진실한 본령(本領)을 갖추어야 한다. 그러한 후에야 무릇 주경(主敬) · 치지(致知) · 수기(修己) · 치인지술(治人之術)이 바야흐로 조치하는 바가 있어서 허영(虛榮)으로 돌아가지 않는다.'

이것은 당시 도학의 무분별한 '벽이단론(闢異端論)' 이 헛된 것임을 비판하면서 실사구시의 실심을 향하는 가치의 중요성을 피력한 말이다. 여기에서 실학은 도학과 대별되며 그의 실학은 정학(正學)과 연관된다. 실심

---

20) 김문용, "홍대용의 자연 이해", 『실학의 철학』, 예문서원, 1996. pp.275-294.
21) 김문용, "홍대용 자연관의 방법론적 전환", 『과학사상』 제33호, 2000. pp.66-81. 담헌의 과학기술자로서의 위상은 낙론적(洛論的) 심성론과 과학기술에 대한 연구를 공관병수 방법으로 결합하는 태도에 있다.
22) 김문용, 『홍대용의 실학과 18세기 북학사상』, p .32

을 통하여 실사에 종사하는 것이 실지를 밟는 것이고, 실지를 밟는 학문이 곧 실학이라고 말한다. 실학은 실사구시를 위하여 실심으로 실사를 행하는 것이며, 실학으로 학문본령을 갖추어야 도덕수양과 사회실천이 수포로 돌아가지 않을 수 있다는 주장이다.

> '정심(正心) · 성의(誠意)는 실로 학(學)과 행(行)의 체(體)이다. 개물성무(開物成務)는 학과 행의 용(用)이 아니겠는가? 읍양승강(揖讓升降) 실로 개물성무의 급무(急務)이니, 율력(律歷) · 산수(算數) · 전곡(錢穀) · 갑병(甲兵)은 어찌 개물성무의 대단(大端)이 아니겠는가? 지금 당신은 율력 · 산수 · 전곡 · 갑병을 소도(小道)라 하니 그럴 듯하지만, 홀로 그것을 자임하지 않고 가르침을 베풀되 읍양(揖讓) · 승강(升降)의 주석의 주석에 머문다. 나는 당신의 여탈(與奪)과 부억(扶抑)이 중정(中正)하여 편벽됨이 없는 지를 확인할 수가 없다.' 23)

이처럼 담헌은 정심 · 성의와 개물성무를 그의 학문과 실천의 본체와 작용으로 분류하고, 다시 읍양승강과 율력 · 산수 · 전곡 · 갑병을 개물성무의 급무와 대단으로 분류한다. 여기에서 정심 · 성의는 학문 주체의 내면수양을 의미하고 개물성무는 사회활용을 의미하며, 읍양 승강(揖讓升降)이 사회적 실천 가운데 윤리 혹은 도덕규범(禮, 人事)의 영역이라고 한다면, 율력 · 산수 등은 사회적 실천 가운데 '물사(物事)' 의 영역에 해당한다. 담헌은 내면수양이 학문과 실천의 기본(禮)이 되고 사회실천은 그 응용(用)이라고 생각하였으며, 윤리실천이 사회의 시급과제(急務)인 반면에 일을 처리하는 물사(物事)영역은 사회의 대단(大端)을 구성한다.

따라서 담헌실학의 실심은 구조적으로 정심 · 성의와 같은 내면수양의

---

23) 『與人書二道』, 上 252면, "正心誠意, 固學與行之體也. 開物成務, 非學與行之用乎? 揖讓升降, 固開物成務之急務, 律曆算數錢穀甲兵, 豈非開物成務之大端乎? 今高明以律曆算數錢穀甲兵爲小道, 則?矣, 獨務?其自任, 而說敎, 則乃在揖讓升降註脚之註脚. 愚未敢知執事之與奪扶抑中正而無偏.乎"

'실지를 밟아' 실천으로 행하는 것, 혹은 그러한 수양결과를 의미하며, 실사는 개물성무의 사회실천의 '실지를 밟아' 행하는 것 혹은 그러한 실천대상이다.[24] 실심은 실학본체에서 내면수양으로 실사구시(實事求是)하는 가운데 실심의 주인공을 깨침이며, 실사는 실학의 구체적 작용으로 개물성무의 태도로 사회실천을 지향함이다.

또한 담헌은 현실과 세계에 대한 통합구조에 대한 인식을 통하여 이론적 실천양식으로서 실심(實心) → 실사(實事) → 실지(實地)라는 삼원의 사유구조를 제시한다. 즉 실심 실사로서 일상에서 화용실지를 밟아야 마침내 실심본령에 이른다는 것이다. 실심에 대한 이 구조적 이해는 학문을 하거나 실천을 하거나 마음의 주인공을 파악하는 것이 요체가 됨을 강조한 말이라고 할 것이다.

담헌은 청조에 대한 배청의리를 지키면서도 오랑캐이기 때문에 배척하는 것이 아니고, 병자호란의 침략자에 대한 저항으로 분별함이고, 청조문물은 우리에게 유용한 것이기 때문에 배워야 한다는 입장을 선호하였다. 담헌은 화 · 이 구분을 부정한다. 여기에서 화이론(華夷論)에 예속되지 아니하는 실다운 마음에서 기존의 화이론(華夷論)에 대한 비판을 전개하였으며 중국이 오랑캐이고 조선이 '화'가 아니라 화이(華夷) 자체를 거부하는 근거는 실심의 심원(深遠)에 있기 때문이다.

여기서 담헌은 실사구시 실심으로 실사에서 실지에 이르는 횡단매개의 삼원사유의 구조를 강조함으로써 허구세계로 전락되는 것을 경계한다. 그래서 실지라는 화용이 실학에서도 소중하다. 담헌실심의 특징과 의의는 바로 실지에 있음으로써 그 생명력을 갖는다. 그는 "세상 사람은 옛 습관에 안착하여 살피지 않는다. 이치가 눈앞에 있는데도 연구하여 찾지 않기에 평생을 하늘을 이고 땅을 밟건만 그 심정과 현상을 알지 못한다."고 말

24) 김문용, 『홍대용의 실학과 18세기 북학사상』, 예문서원, 2005, pp.32~33

한다. 담헌의 실사구시의 이론적 실천양식으로써 실심 → 실사 → 실지 라는 삼수분화의 사유구조는 횡단매개의 사유이다.

삼수분화의 세계관은 하나(1)에서 셋(3)으로 분화되고, 셋이 각각 셋으로 분화되어 아홉(9)이 생겨난다. 이 인식의 틀에서 3은 '변화의 계기 수' 가 되고, 9는 '변화의 완성 수' 가 되며, 9의 자기 복제수인 81(9x9=81)은 '우주 완성의 수' 를 의미한다.[25)]

『주역』은 2수 분화의 논리에 의해 양(-)과 음(--)이 조합된 1(太極)-2(陰陽)-4(四象)-8(八卦)-64(六十四卦)로 세상사를 설명한다. 그러나 주역을 모방한 한나라 시기 도가철학자 양웅(揚雄)의 『태현경』은 3수 분화의 논리에 따라, (1) 분화되기 이전의 1기(一氣)라고 할 수 있는 1현(玄)은 천지인에 해당하는 1(-) · 2(--) · 3(---)의 셋으로 분화되어 3방(方)이 되고, (2) 3방(方)은 각각 셋으로 분화하여 9주(州)가 되고, (3) 9주(州)는 각각 셋으로 분화하여 27부(部)가 되며, (4) 27부(部)는 각각 셋으로 분화하여 81가(家)가 된다. 『태현경』은 1현(玄)-3방(方)-9주(州)-27부((部)-81가(家)로 분화된다고 보아, 총 81수(首: 주역의 64괘에 해당)로 세상의 실사(實事)를 설명하기에 이른다.[26)]

우리나라의 단군사상에는 '한의 한인에서 셋으로' 분화되는 '3 · 1철학' 이 형성되었으며, 담헌의 실심은 이 삼수분화의 세계관에 근거하여 맥락을 존중하고 있다. 아울러 실심은 오늘날의 공학윤리 정신과 소통할 수 있는 실사구시의 정신을 살리고 창의적 사유를 중시하게 발전시켜 나갈 수 있다. 그는 언로개방을 주장하고 소통문화를 강조하였다. 이를테면 양

---

25) 우실하, 『전통 문화의 구성 원리』(서울: 소나무, 1998), p.12.

26) 우실하, "도교와 민족종교에 보이는 '3수 분화의 세계관", 『도교문화연구』(서울: 한국도교문화학회, 2006), 제24집, pp. 99-133참조.

사(사헌부, 사간원)를 혁파하여 공향으로부터 서예(胥隷)에까지, 가까운 데는 관사(官寺)로부터 먼 데는 농무(農畝)까지 각각 맡은 일을 집행함에 있어 소회(所懷)가 있으면 반드시 아뢰도록 하였다. 이러한 주장은 민의에 근거하여 실심에 근거한 소통의 정치를 하여야 된다는 뜻이다. 이처럼 담헌실심은 오늘날의 사이버소통의 원천이면서 물활론의 근간이 되고 있다.

> "땅은 활물(活物)이며 움직이는 물체이다. 맥락(脈絡)과 영위(榮衛)가 실상 사람의 몸과 같은데 다만 그 몸뚱이가 크고 무거워 사람처럼 뛰고 움직이지 못할 뿐이다. 조그만 변이 일어나도 사람은 괴이하게 여겨, 재앙이니 상서니 하고 함부로 추측한다. 그 실에 있어서는 수화(水火)와 풍기(風氣)가 두루 유행(流行)하다가 막히면 지진이 일어나고 격하면 밀어 옮기기도 하나니, 그 형세가 그렇게 되어 있는 것이다."[27]

담헌집안은 대부분 박사업(博士業)이나 문장업(文詞)으로 유명하였으나, 담헌은 육예(六藝:禮樂射御書數)에 뜻을 두어 상수(象數)와 명물(名物), 그리고 음악을 깊이 연구하였다.[28] 북경에서 만난 친구(潘庭筠)도 담헌이 시문(詩文)에서부터 기술(技術)에까지 능숙하지 아니한 바가 없다고 평하였다. 담헌은 어려서 배우고 커서 행할 대상으로 '율력(律曆) · 산수(算數) · 전곡(錢穀) · 갑병(甲兵)' 등을 열거하였다.[29] 육예 중 사예(四藝:射御書數)는 구체적으로 율력 · 산수 · 전곡 · 갑병 등을 말하는 데, 이는 과학(science)과 기술(technology)과 관련이 깊다. 담헌은 군자도 '한 가지 이상의 기술 (一才一藝)' 를 가져야 한다고 주장한다.[30] 이를 통하여 작거

---

27) 같은 책, p.481.
28) 한영호, "서양 기하학의 조선 전래와 홍대용의 [주해수용]" 『역사학보』170집, 2001. p.53-89.
29) 한영호 · 남문현 · 이수웅, "조선의 천문시계연구" 『한국사연구』113, 2001, pp.57-84.
30) 한영호 외, "홍대용의 측관의 연구" 『역사학보』 제164집, 1999, pp.125-164.

나 하찮은 기술(技藝)이라도 소홀히 해서는 안 됨을 경계하면서 실심을 통한 공학기술의 가치를 중시하였다고 할 것이다.

담헌은 혼천의를 제작할 수 있었던 나경적(羅景績)과 함께 혼천의 2대와 자명종 등 천문관측기구를 제작하여, 고향에 세운 개인 천문관측소(籠水閣)에 설치하였다. 담헌자신이 직접 제작하지는 않았다고 하더라도, 주도적으로 제작을 이끌고 제작과정에 참여하였다. 담헌은 『주해수용』의 『농수각의기지(籠水閣儀器志)』에서 천문관측기구인 통천의 (統天儀), 혼상의(渾象儀), 측관의(測管儀) 및 구고의(句股儀)를 제작하는 방법을 기록하고 있다. 여기서 측관의(測管儀)는 구면상(球面上)의 혼천의를 평면으로 옮겨, 천문관측의 기술을 충실히 반영하였으며, 천체고도(高度), 절기(節氣)와 일출입(日出入) 관측기구로서 기능하게 되었다.[31)]

이 밖에도 담헌은 16세(1746년) 때부터 거문고를 배우고 뛰어나게 연주하면서, 36세(1766년)에는 북경의 남천주당을 방문하여 파이프오르간을 처음 보고도 연주하는 등 예술가의 능력을 나타냈다. 또한 담헌은 42세(1772년) 되던 해에는 친구, 박지원 앞에서 서양의 철현금(鐵絃琴, 洋琴)으로 우리가락을 연주하는 등 실심의 실천면모를 보여주었다. 담헌은 사실을 진실과 소통하기 위해 귀납적 방법을 중시했다. 사실의 실사를 실질가치를 지닌 진실과 소통하고자 삼원사유의 횡단매개의 실심을 내세운다. 이러한 귀납추론에 근거하여 정치경륜과 포부를 밝히면서 통치기구, 통치권자의 권한, 백성의 의무, 축성법, 병제와 병법 등에 관한 다양한 견해를 『임하경륜(林下經綸)』에서 피력하고 당시제도를 개혁하려는 여러 제안을 제시하였다. 양반과 상민의 자제를 구분하지 않고, 효제충신(孝悌忠信)과 4예(四藝:射御書數)를 가르치도록 하였으며, 4예(藝)는 오늘의 과학기술과 연관된다.

---

31) 같은 책, p.152

과학기술을 지향하는 자세로 담헌은 실심에 근거한 개혁방안을 강조하였다. 학식과 재능이 많은 자는 발탁하여 관리로 임명하도록 하였다. 특히, 생각이 창의적이고 손재주가 있는 사람은 기술자(匠人)로 발탁하도록 주장하였다. 어떤 신분의 백성이라도 공적인 일에 대하여 나라에 건의할 수 있는 발언권을 갖도록 하였으며 실천을 중시한 담헌은 동서양의 기하학과 과학기술에 기초하여 여러 가지 천문관측 기구를 제작할 수 있는 기술을 중시하였다. 일상의 실심에 근거한 새로운 제도의 개혁은 실천지향의 다양한 실심의 활동이다.

이처럼 담헌은 사람이 다른 사물과 구별되는 것은 마음이고, 마음과 사물이 다른 점은 몸(身)에 있다고 보았다. 곧 정신과 신체 모두를 인간존재의 양대 요건으로 파악하였다. 이는 인간본질을 정신적 존재를 강조하려는 주자학의 학풍과는 상이한 것이다. 인간은 그 출발에 있어 사물과 마찬가지로 육체(氣)적인 데서 비롯하였으며, 정신은 그 신체로부터 말미암아 생겨난다는 물질적인 사유방식으로 3자(화 · 토 · 수)로 이루어진 만물의 공통성으로 진단한다.

> 오행의 수(數)는 원래에 정해진 의론이 아닌데, 술가(術家)는 이를 조종(祖宗)으로 삼아 하도(河圖)와 낙서(洛書)로써 억지로 맞추고 주(周易) 상수(象數)를 파고 들어가 생극(生克)이니 비복(飛伏 점치는데 쓰는 술어로, 비신(飛神)과 복신(伏神)을 말하면서 지루한 수작으로 여러 술수(術數)를 장황스럽게 이야기하나 그런 이치는 없다. 대저 화(火)는 태양이요 수(水)와 토(土)는 땅이다. 목(木)과 금(金) 따위는 해와 땅의 기(氣)로 말미암아 생성하는 것이니, 당연히 이 3자(화 · 토 · 수)와 더불어 병행될 수 없다. 하늘이란, 맑고 허한 기(氣)가 끝없이 가득한 것인데, 자그만 지구세계의 움직임을 가지고 이 지극히 맑고 지극히 허한데 비겨 논할 수 있겠느냐? 하늘은 기(氣)뿐이요 해는 불 뿐이며 땅은 물과 흙뿐임을 안다. 만물(萬物)은 기의 찌꺼기[糟粕]이고 불의 거푸집[陶鎔]이며 땅의 군살[疣贅]이다. 이 세 가지 중 하나만 없어도 조화가

이뤄질 수 없다는 것을 어찌 의심하겠느냐?"[32)]

또한 담헌은 도덕 가치에서도 객관적 관점에서 상대주의를 주장한다. 객관적 관점(天神)에서 보면, 인간이 생각하는 도덕 가치는 절대적이 아니라 상대적인 것이다. 도덕가치의 절대화에 예속되어 있던 인간을 올바른 생각으로 일상으로부터 해방시키게 된다. 여기서 선과 악이라는 인간의 가치 개념으로 볼 때 그것은 절대적이며 필연적인 법칙은 없으며 오직 그러한 분별로 말미암아 상대가치를 논하고 고통을 받게 됨을 여실히 보여주고 있다.

오늘의 세계는 새롭고 창조적인 사유의 패러다임을 요구하고 있다. 서양에서도 근데 뉴턴의 역학법칙을 바탕으로 한 기계적이고 절대적인 사고에서 벗어나서 현대에는 좀 더 복잡하고 불확실한 현상을 인정하는 상대적이며 유기체적 사고로 전환되어 가는 모습을 보여 주고 있다. 조선 실학에 바탕을 둔 실심은 멋을 살리고 일상의 진실에 다가설 수 있는 공학윤리의 실질가치를 확인하게 해준다.

원래 소통은 최소한 두 주체 이상의 관계로서, 사이버소통은 사이버공간의 소통을 말한다. 이러한 소통은 사회적인 것이기 때문에 소통주체의 사회문화적 배경을 전제로 한다. 원칙적으로 이 배경들이 서로 공통성을 가지지 못하면 소통은 이루어지지 않는다. 예컨대 다른 기호체계와 언어체계를 가진 사람들끼리는 소통이 이루어지지 않으며, 다른 문화배경을 가진 사람들끼리도 소통은 어렵다.

그런데 실제로 그러한 상황에서도, 상대방의 신호나 언표를 자신의 문화배경에 비추어 해석하고 자신의 문화배경을 바탕으로 수용할 수 있기에 소통이 가능해진다. 사이버소통을 이루기 위해서는 허영과 과시보다 진실

---

32) 홍대용, 『고전국역총서, 담헌서 I』, (서울, 민족문화추진회, 1982), pp.477-478

과 수용의 아량에 근거해야 한다. 만약 올바르지 않은 사념(邪念)과 자기만의 세계의 아집(我執)을 내세우면 소통은 불가능해지며 결국 불통의 늪으로 빠지게 한다.

사람들은 홈페이지를 통해 자신을 표현하고 자아의 정체성을 드러낸다. 다른 사람의 이목을 끌기 위해 자신에 관한 정보를 홈페이지에 게시하며 자신의 정보를 개성적으로 나타내기도 한다. 그러나 최근 모르는 사람이 자신의 사진을 허락 없이 가져가 자신의 미니홈피 행세를 하고 다니기 때문에 피해를 입힌 경우가 종종 나타나고 있다. 이러한 사례는 사이버 공간에서의 자기 노출 욕구가 잘못된 방법으로 나타난 것이다. 인터넷을 통한 공간에서 이루어지는 사이버소통은 '현실세계와 다른 인터넷의 환경' 이기에 소통의 마음가짐으로 담헌의 실심에 기초한 횡단매개가 이루어져야 될 것이다.

자신의 홈페이지를 통해서는 자기표현 욕구를 해소할 수 있고, 타인의 홈페이지를 방문하면서 친목 도모, 혹은 타인 엿보기를 할 수 있다. 타인 엿보기가 부정적인 쪽으로 나아가면 사이버소통은 와해되고 앞의 사례와 같은 부정적인 결과가 나타내게 된다. 이처럼 사이버소통이 실심에 기초하여 이루어지려면 실지매개의 소통을 상상력으로 떠 올릴 필요가 있다.

이를테면, 홈피 주인이 원하지 않으면 '사람 찾기 기능' 을 이용하여도 홈피를 찾을 수 없게 하는 규제방안이 마련되어야 할 것이다. 사이버소통을 위한 홈피가 '보여 지는' 면에만 초점을 맞춰, 진정한 실심소통이 가능한 '나' 는 사라지면서 남들에게 보여주기 위해 만들어진 허심의 '나' , 포장된 '나' 만이 존재한다면, 인터넷으로 이루어지는 사이버소통은 허상과 욕설만 난무하게 될 것이다.

인터넷 홈피처럼 사이버소통의 공학기술의 도구가 본래의 소통을 위한 실심의 의도를 살리고 좀 더 건강한 온라인 소통을 구축할 수 있도록 노력하는 것이 공학윤리가 우리에게 부과하는 숙제이며 앞으로 협력하여 해결할 과제이다. 지금 인류가 그 어느 때보다도 풍요로운 삶을 누리고 있지만, 미래에 관해 불안해하고, 테크놀로지의 부정적 결과로 말미암아 지금까지의 중단 없는 진보와 풍요에 대한 믿음이 심각하게 근본적으로 흔들리고 있다. 따라서 오늘의 공학기술 사회에서 우리는 사이버소통을 위한 새로운 실천윤리를 모색하게 된다.

참고문헌

권혁길 외, 『공학 윤리』서울; 인간사랑, 2007.

김문용, 『홍대용의 실학과 18세기 북학사상』, 예문서원, 2005

아산사회복지재단편, 『정보사회와 사회윤리』(서울: 아산사회복지재단, 1996).

유광수, 배득종 외, 『정보화 시대의 민주주의』 (서울: 나노미디어, 2000).

전경갑, 『욕망의 통제와 탈주-스피노자에서 들뢰즈까지』(서울: 한길사, 1999)

정보사회학회편, 『정보 사회의 이해』(서울:나남출판, 1998).

주칠성, 『실학파의 철학사상』, 예문서원, 2002.

한국사상연구회, 『실학의 철학』, 예문서원, 1996.

한국전산원, 『국가정보화백서 2006』(서울: 한국전산원, 2006).

홍대용, 『고전국역총서, 담헌서 Ⅰ, II, Ⅲ, Ⅳ』, 민족문화추진회, 1982,

홍원식 외, 『실학사상과 근대성』, 예문서원, 1998

Richard Spinello, 이태건 · 노병철 역, 『사이버 윤리』 (서울: 인간사랑, 2000).

R. J. Severson, 추병완 외역, 『정보윤리학의 기본원리』(서울; 철학과 현실사, 2000).

Dan Schiller, Digital Capitalism: Netwoking the Global Market System (Cambridge: The MIT Press, 2000).

Harold Dwight Lasswell, Politics: Who Gets What, When, How (Cleveland: World Pub. Co., 1958).

Lawrence K. Grossman, The Electronic Republic: Reshaping Democracy in America (New York: Viking Penguin, 1995).

Marshall McLuhan, *Understanding Media: The Extensions of Man* (New York: McGraw- Hill, 1964)

Neil Barrett, The State of the Cybernation (London: Kogan Page, 1997).

제10장

공학윤리의 생태정의

〈Story-Telling : 산적과 황소〉

옛날에 북인도 산악지대의 어두컴컴한 숲속에 숨겨진 동굴이 있었는데, **라쿠샤**라는 사악한 산적과 그의 일당이 그 동굴에 살고 있었다. 이 포악한 강도는 약탈, 살인, 노략질을 하며 살았다. 호랑이는 목까지 차오를 정도로 고기를 포식한 다음에도 동물들을 죽이는 재미를 맛보기 위해서 계속 동물들을 죽인다는 말이 있었다. 마찬가지로 호랑이 같은 산적 라쿠샤는 잔학함에서 남다른 재주를 발휘하였다. 모든 영적 법칙을 비웃고 조롱하고 다니는 그는 진정으로 사악함의 화신이었다. 다음에 나오는 사건은 극한에 도달한 그의 악행의 한 예에 지나지 않는다.

라쿠샤는 일당을 데리고 숲의 변두리에 있는 작고 가난한 마을을 노략질하러 나섰다. 그는 숲을 통과하면서 그저 재미로 울새들을 죽이는 잔치를 벌였다. 그가 숲의 끝에 도달하였을 때 그는 1 마일 정도 되는 진창길이 마을로 이어진다는 것을 알았다. 이 길에는 키 큰 나무들이 늘어서 있었다. 그 나무들은 여행자들에게 동양의 태양의 타는 듯 한 열기로부터 시원한 그늘을 만들어 주는 것이라고 산적 패거리들 중의 한 명이 말하였다. 산적 두목이 말하였다. "흐음, 너희들은 모두 서둘러서 저 나무들을 둘러싼 다음 껍질을 벗겨내어서 말라죽도록 하라. 저 나무들은 이제 더 이상 마을사람들에게 그늘을 제공하는 관대함을 베풀지 못할 것이다." 그의 명령은 곧바로 시행되었다.

강도 일당이 마을에 들어가려고 할 때 그들은 물이 고인 웅덩이 진창에 푸석푸석한 벽돌 몇 장이 디딤돌처럼 놓여있는 것을 발견하였고 그것들을 밟고 건너야 한다는 것을 알았다. 그들이 웅덩이를 건넌 다음에 산적 두목은 생각하였다. "이 벽돌들을 치워버리자. 어느 누구도 이것들을 밟고 건너는 안락함을 누리고 진창을 밟는 불쾌한 경험을 놓치는 일이 있어서는 안 돼." 그러나 그는 다시 생각한 끝에 자기 자신이 숲 너머에 있는 자신의 소굴로 돌아가기 위해서는 그 웅덩이를 다시 건너야 한다는 사실을 깨달았다. 그래서 그는 벽돌들을 치우지 않기로 하였다.

산적과 그의 졸개부하들이 마을에 들어가고 있는 동안에 몇 명의 성스런 사람들이 마을을 떠나고 있었는데, 그들은 진창 웅덩이에 놓인 벽돌들을 밟고 건너면서 자신들의 신발이 더러워지지 않게 된 것을 기뻐하였다. 산적들은 마을을 노략질하면서 남자들과 여자들 그리고 아이들을 살육하였고, 자신들의 동굴로 돌아가는 여행에 나섰다. 또다시 산적 두목은 진창 웅덩이에 놓여 있는 벽돌들을 밟고 건너야 했다. 그러나 그와 그의 악당들이 그 벽돌들을 이용하는 일을 끝냈을 때, 두목은 자신의 긴 창으로 그 벽돌들을 진창 웅덩이의 가장 깊은 구덩이로 밀어 넣어서 아무도 그 벽돌들을 이용하지 못하도록 하였다.

이 일이 있은 직후에, **라쿠샤**는 강도무리를 지배하고 싶어 하였던 자신의 부하들 중의 한 명에게 배반을 당하여 살해되었다. 힌두 경전에 의하면, 모든 사람은 두 명의 천사를 보호령으로 갖고 있는데 각자 장부를 한권씩 갖고 있다고 한다. 한 명은 그의 왼쪽 어깨에 그리고 다른 한 명은 그의 오른쪽 어깨에 그것을 눈에 보이지 않게 안치시킨다고 한다. 왼쪽에 있는 천사는 자신의 장부에 그 사람의 모든 악행들을 기록하고, 오른쪽에 있는 천사는 그의 모든 덕행들을 기록한다고 한다. **라쿠샤**의 영혼이 특별히 어둡고 무시무시한 지옥의 한방으로 호송되고 있을 때, 천국과 지옥을 관장하고 있는 재판장이 어떤 불공정도 행해지지 않도록 하기 위하여 그 강도의 두 천사에게 자신들의 장부를 들여다보고 무엇이 기록되어 있는지 말하라고 요청하였다. 왼쪽의 천사가 말하였다. "영예로운 나리. 죄를 기록한 장부는 이 사람의 사악한 행위들로 가득하여서 저는 장부의 모든 면의 어느 여백에도 온통 이 사람의 악행만을 기록해야만 했습니다."

오른쪽의 천사가 말하였다. "제가 갖고 있는 장부의 모든 면은 비어있습니다. 저는 이 잔인한 강도가 선행을 행하였다는 기록을 단 한 줄도 발견할 수 없습니다." 오른쪽의 천사는 자신의 장부를 철저하게 재조사하라는 요청을 받았다. 마침내 그가 외쳤다. "아! 마지막 면에서 단 한줄, 그것도 간접적으로 덕행을 한 기록이 있습니다. **라쿠샤**는 자신이 다시 건널 때 이용하려고 진창 웅덩이에 몇 개의 벽돌을 남겨둔 적이 한번 있습니다. 비록 그는 다른 누군가도 그 벽돌들을 이용하는 혜택을 입을 수도 있다는 생각을 하고 남겨두기를 싫어하였지만! 그러나 몇 명의 성스런 사람들이 그 웅덩이를 건너느라 그 벽돌들을 이용하는 일이 생겼기 때문에 그는 그에 대한 보답을 받을 수 있습니다."

그러자 천국과 지옥을 관장하고 있는 천사가 산적 영혼에게 말하였다. "너에게 두 시간 동안 천국이나 지옥에서 완전한 자유를 누릴 수 있는 시간을 주겠다. 너의 마지막 소망을 말해보아라." 산적은 한참 생각한 뒤에 대답하였다. "지옥에서 날아오를 수 있는, 길고 날카로운 뿔이 달린 황소 한 마리를 주시오." 날아다니는 사나운 황소가 도착하였다. 산적은 그 동물의 등을 탄 다음 자신이 명령하는 대로 그 동물이 행할 것이라고 확신하면서 말하였다. "황소 양반, 지옥의 모든 문지기들을 돌격하시오." 지옥에서는 전에는 결코 없었던 소동이 벌어졌다.

혼란이 일어났다는 소식을 듣고 천국과 지옥을 모두 관장하는 천사는 날아다니는 자신의 조수들과 함께 지옥에 있는 자신들의 동료들을 구출하기 위하여 현장으로 급히 달려갔다. 기분이 대단히 좋아진 산적 영혼은 곧바로 황소에게 그의 긴 뿔로 천사 지도자의 몸을 들이받으라고 명령하였다. 자신의 파멸이 다가옴을 보고서, 산적에게 호되게 쫓기고 있는 천사는 조수들을 데리고 천국의 안전한 문들 너머에 있는 은신처를 찾아서 우주공간을 내달리기 시작하였다. 지옥의 문지기들은 이 끔찍한 난동에 대하여 천국으로 정신 감응의 통신을 보냈다. 대천사들이 구출에 나서기 위하여 모여들었지만, 포고령에 의하여 어느 누구도 사악한 산적의 명령을 받고 있는 날아다니는 황소의 공격에 저항할 수가 없었다.

황소는 달아나는 천사들의 발꿈치를 바짝 좇아서 진주로 꾸민 문들로 들어갔다. 그러자 천국이 소동에 휩싸였다! 마침내 날아다니는 황소를 탄 라쿠샤가 옥황상제, 주님의 황금옥좌에 도달하자마자 산적에게 주어진 두 시간의 자유가 끝났다. 황소는 고삐 풀린 듯이 마구 들이받던 짓을 갑자기 멈추었다. 천사들은 날개를 접고서 휴식을 취하였다. 그러나 천국과 지옥의 문지기가 이제 힘을 잃은 산적에게 다가가서 외쳤다. "흥! 너는 이토록 다른 세상에서도 너의 사악한 방식을 따라야 했구나. 우리는 너와 너의 날아다니는 황소에게 지옥의 가장 나쁜 지역에서 중노동을 부여할 것이다. 천국은 너에게는 너무 좋은 곳이라 안 되겠다."

그러나 하늘에 계신 아버지가 외쳤다. "안 돼! 저 사악한 산적과 그의 황소를 다시 지옥으로 던져 넣으면 안 돼. 그들은 천국에 도달하였기 때문에 이미 해방된 것이다. 여기에 어떻게 들어오는지는, 매우 적은 선에 의한 것일지라도, 문제되지 않는다. 이처럼 영혼이 한번 천국에 도달하면 그 영혼은 다시는 지옥에 가지 않아도 되는 것이다."

* * *

Point Up : 대담무쌍한 '산적과 황소' 에 대한 이 이야기는 우리에게 생태지혜를 보여주고 있다. 비록 생태문제에 대해 과거에 무슨 잘못을 저질렀더라도 앞으로 더 이상 과오를 범하지 아니하고 조그마한 선이라도 계발한다면, 그 선이 영원한 기쁨과 자유의 천국으로 통하는 관문이 될 것이라는 희망의 메시지로 우리를 일깨워주고 있다. 이제 자신과 진리 사이의 거리에 대하여 자꾸 신경 쓰면서 진리의 문턱에서 서성이지 말고, 매일 생태환경 복원을 위한 선행을 조금씩 실천적으로 행함으로써 진리를 향하여 계속 걸어 나가라고 한다. 그렇게 되면 우리는 마침내 '지속가능한 발전' 이라는 녹색사회의 목표에 도달하여 생태정의를 구현하고 희망이 있는 개신사회를 기대할 수 있게 될 것이다.

도시와 산업문명에서 사는 사람들은 점점 더 생태지혜를 잃어버리고 있다. 인간은 지혜로운 우주 가운데 살아있는 하나의 행성에 살고 있다. 행성으로서 지구는 스스로 조직하고 스스로 조절하며 스스로 고치는, 그야말로 살아있는 유기체이다. 생명이 있는 곳은 어디든지 지혜와 의식이 있다. 생태지혜는 생태계가 지혜로운 체계라는 말이다.

사람은 본래 지혜롭다. 그러나 도시와 산업사회에 사는 사람들은 대부분, 사람이 만들거나 기술과 인공으로 덧입힌 환경에서 살아간다. 에어컨이 있는 집들, 차들, 사무실은 우리를 생태계와 따로 떨어진 고치 속에 붙들어 놓는다. 이제 공학 기술자들이 지구 스스로 품고 있는 지혜를 발견하여 지속가능한 미래로 가는 최선의 방법을 개신해야 할 것이다. 공학자가 자연과 공생하는 지혜를 찾지 못한다면 생태정의 실현은 요원해지며, 기후변화와 같은 거대한 문제를 다룰 수가 없다.

제10장 공학윤리의 생태정의

탐구문제

1. 생태환경 위기와 관련된 공학자의 책임은 무엇인가?
2. 공학윤리에서 '지속가능한 발전'의 문제의 해법은 무엇인가?
3. 심층생태주의 추론과 사회생태주의 추론의 차이는 무엇인가?
4. 생태여성주의와 사회생태주의에서 생태위기 진단과 해결방안의 차이는 무엇인가
5. 리우회의에서 채택된 『의제 21 (Agenda 21)』에서는 어떤 방법을 강조하고 있는가?
6. 기독교의 자연관과 인간중심의 사고가 생태위기를 초래했다고 보는 이유는 무엇인가?
7. 공학자가 생태정의로 살려가는 방향과 다양한 실천방안은 어떻게 모색되는가?

1. 생태위기와 공학자의 책임

생태파괴 문제는 현대사회가 지니고 있는 여러 문제들 중에서 전 인류가 직면한 가장 범위가 큰 문제라고 볼 수 있다. 그래서 이 문제는 공범의식을 가지고 공학자, 지역사회, 국가가 국제적 시각에서 대처해 나가야 해결할 수 있는 국내문제이면서 국제적 문제이기도 하다. 국내적으로 환경보전을 위해서 대기, 수질, 폐기물, 토양, 해양, 식생, 도시 등의 환경문제를 다루고, 국제적으로 사막화, 지구온난화, 오존층파괴, 자연재해 등을 생태학에서 함께 다루어나가야 한다.

원래 생태학(ecology)은 그리스어의 집이나 삶의 장소를 의미하는 '오이코스(oikos)' 로부터 유래하며 원래 가정에서의 유기체(organisms)를 연구한 데서 비롯하였다. 생태학(ecology)은 유기체들의 관계나 환경과 유기체들과의 관계 혹은 살아있는 조직들과 환경의 상호관계를 연구하는 과학이었다. 인간은 자연의 부분으로 이해되었으며 생태학은 환경생물학

(environmental biology)이라고 할 수 있다.

이제 생태계의 자연스러운 순환은 더 이상 기대할 수 없는 상황에 이르렀다. 지구의 자정능력도 초과하는 수준에 도달하였다. 생태학자, 킨젤바하(Ragnar K. Kinzelbach)는 생태학의 위기해결은 인간의 내면의 위기를 해결하지 않고는 불가능하다고 지적하였다. 그는 생태학의 위기는 인간의 위기이며, 이러한 위기의 내면에는 인간의 잘못된 생각이 자리 잡고 있다는 설명이다.[1]

이처럼 공학의 눈부신 발전의 이면에는 생태파괴라는 부산물이 자리 잡고 있다. 생태파괴는 기술혁신의 부메랑이 되어 우리의 미래를 어둡게 한다. 그 증상은 이미 오래전부터 진행되어 후천개벽의 시대가 도래 할 것으로 보고 있다. 민족종교에서는 선천 상극이 끝나고 후천개벽이 도래할 것임을 예견하는 데, 생명상생의 원리로 생태위기를 협력하고 극복해 나갈 수 있다는 주장이다.

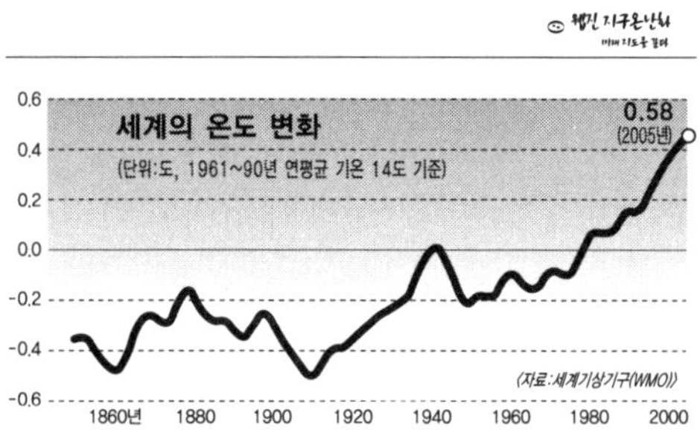

지구가 자정능력을 상실함은 인류가 이 지구에 대해서 누릴 수 있던 특권이 사라짐이다. 이제 인류의 노력 없이는 생태환경의 파괴로부터 야기한 환경재앙을 회피할 수 없게 되었다. 생태위기 현상은 여러 가지로 나타나지만 크게 보면, 지구온난화, 인구증가, 자원남용, 공해확산으로 집약이 된다. 먼저 지구온난화의 발생은 이산화탄소 배출량의 증가와 가축의 분뇨 등의 부패에서 나오는 메탄 등이 그 원인이었다.

---

1) 진교훈, 『환경윤리』 민음사, 1998. pp.26-27.

2007년 들어서 온난화의 정도는 그 속도가 3배나 빠르게 진행되고 있다고 보고한다. 북극과 남극, 알래스카의 빙하가 녹아내리는 속도는 해마다 빨라지고 있어서 해수면의 높이가 해마다 높아지고 있다. 이러한 해수면의 상승은 대도시들을 물에 잠기게 할 것이다. 지구의 온난화는 기후의 변화와 더불어 빙하를 녹이고 해수면을 상승시켜 지구의 대륙의 감소현상으로 인류가 살아갈 육지를 축소시키는 결과를 초래하고 있다. 생태위기의 문제는 이제 국경을 뛰어넘어 지구촌의 재앙으로 등장하고 있는 것이다.

또한 인구증가도 생태위기를 가속하게 만든다. UN에 따르면, 2006년 현재 지구에 살고 있는 65억의 인구 중에 단지 1/5 만이 적절한 음식과 집, 그리고 안전한 식수를 사용하고 있다고 한다. 오염된 식수와 부적절한 물의 공급이 개발도상국가의 모든 질병의 10%의 원인이 되고 있다. 어린이 사망률은 개발도상국가가 선진국에 비해 10배 이상이나 된다. 가뭄과 홍수와 같은 자연 재해는 인구증가에 의해 더욱 악화되고 있다. 이처럼 지나친 인구과잉은 인류의 안전과 평화에 큰 위협이 되고 있다.

그리고 자원남용의 문제도 생태위기를 초래하는 원인이 되고 있다. 재생불가능한 자원들은 사용할수록 고갈된다. 이러한 자원들이 인류의 남용에 의해 고갈상태로 치닫고 있다. 1996년 지구상에서 4,630 종(species)의 포유류(mammals)가운데에서 25%가, 9,675 종(species)의 조류(birds) 가운데에서 11%가 사멸(extinction)의 위기에 처해 있다.[3] 인류의 생존은 다른 종(species)의 삶에 의존한다.[4] 토양체계(land systems)는 심각한 위험에 처하고 있다. 10%의 땅의 표면이 사막으로 바뀌고 있다. 자원사용은 저개발 국가들의 번영의 원천이 되고 있으며, 선진국도 많은 자원을 소비하고 있다.

---

3) Johannesburg Summit, 26. Aug - 4. Sep 2002. Brochure.

4) Douglas H. Strong & Elizabeth S. Rosenfield, "Ethics or Expediency: A Environmental Question." Shrader-Frechette, Kristin S. eds,, *Environmental Ethics*, The Boxwood Press, CA. 1981. p.10.

미국은 세계에서 가장 많은 석유를 소비한다. 저개발 국가들도 선진국을 닮아가고 있다. 따라서 개발도상국과 선진국은 개발과 발전을 위한 자원소비에 혈안이 되어 가고 있다.

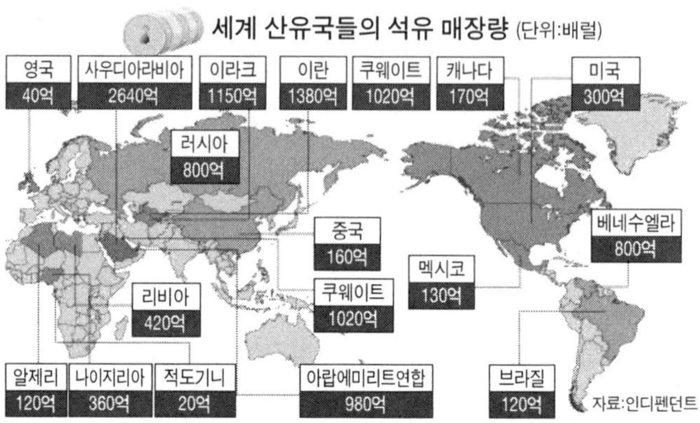

〈그림 1〉 2008, The Independent

이와 병행하여 공해확산도 세계 도처에서 나타난다. 공해문제는 선진국과 저개발 국가들에서 동시에 나타난다. 여러 나라들이 공해를 줄이기 위한 장기적 계획을 설정하면서도 그 실천은 제대로 이루어지지 않고 있다. 공해확산으로는 아황산가스 발생과 유황유 등의 산업자원화로 말미암는다. 수많은 차량이 내뿜는 질소산화물은 황산화물과 아울러 산성비의 원인이 되고 있다.[5] 더구나 오늘날 원자력 발전소의 핵폐기물은 인류의 새로운 불안이 되고 있으며 썩지 않는 쓰레기들은 공해확산의 요인이 되고 있다.

이러한 생태위기의 근본적 원인에 대하여 다양한 견해가 나타나지만, 기독교의 자연관과 인간중심의 사고가 생태위기를 초래하였다고 주장한다.[6] 기독교적 자연관은 땅을 정복하고 다스리라는 창세기의 말씀에 기인

---

5) V. Bhaskar & Andrew Glyn, eds., *The North The South*, United Nations Press, New York, 1995. p. 11.

6) 황종환, 『생태윤리학』 한남대학교출판부, 2001. pp. 23-43.

한다. 이러한 기독교적 자연관에서는 물활론을 배격하고 자연에 대한 성스러운 감정과 신비의식을 소멸시켰다. 아울러 자연을 인간의 필요를 충족하기 위한 대상물로 전락시켰다. 기독교의 인간중심의 구원사상은 인간의 욕구충족을 위해 자연이용을 정당화시켰다. 이러한 기독교적 자연관의 비판적 견해가 린 화이트(L. White)의 주장에서 나타나며, 인간이 창조물의 군주의 자리에 앉아 자연을 모독하는 정신적 기반을 제공했다고 주장하고 있다.[7] 실제로 창세기 1장 28절에서는 "…땅을 정복하라. 바다의 고기와 공중의 새와 땅에 움직이는 모든 생물을 다스리라 하시니라." 고 기술되어 있다. 린 화이트는 여기서 인간 중심적 세계관이 형성되고 자연을 무제한으로 약탈하고 훼손시키는 만행이 자행되었다고 지적한다. 아울러 그는 유대・기독교에서 물활론(物活論)이나 만유령유론(萬有靈有論)을 거부하고 자연을 인간의 필요를 위한 대상물로 간주했다고 비판하고 있다.[8] 이에 대해 쉬레더와 프리쳇(K. S. Schrader-Frechette)은 유대・기독교가 비난받을 만큼 욕심을 부린 일은 없으며, 종교를 비판할 것이 아니라 인간 행위 자체를 비판해야 한다고 주장한다.

그런데 철학적으로는 데카르트의 이원론의 사고에 생태위기의 원인이 있었다고 보는 데, 정신과 물질을 이분법적으로 구분하는 사고방식에서 인식주체와 대상은 분리되었다는 것이다.[9] 인간이 자연을 대상화할 때에 인식주체인 인간은 자연을 정복하고 약탈하게 된다는 주장이다. 인간을 자연의 지배자로 보는 데카르트의 인간중심의 사고가 생태위기의 출발점이 되었다는 지적이다.[10]

아울러 생태위기의 원인으로 진보신앙에 대한 종교적 믿음을 모색하는

7) 진교훈, 『환경윤리』 민음사, 1998. pp.33-35.
8) 같은 책,. p. 34.
9) 황종환, 『생태윤리』 한남대학교출판부, 2001, pp.23-43.
10) 같은 책., p.27.

주장도 나타난다. 진보신앙은 산업혁명에 이은 공학발전과 연관된다. 여기서는 자연을 객체로 파악하고 구체적인 기술과 과학영역의 발전을 시도하는 데 영향을 주었다. 이러한 진보신앙에 대한 믿음은 공학발달을 초래하였으며 자연도태를 정당화하였고, 인간의 자연 지배를 합리화 하였다. 이에 따라 자연은 조화와 균형을 상실하고, 공학발전에 따른 생태위기는 가속화 되었다고 여기게 된다.

진보신앙에 근거한 기술에 대한 비판은 니체, 베버, 하이데거, 마르쿠제, 하버마스 등 다양한 관점에서 이루어졌다. 하이데거에 의하면 현대인은 인간 복제기술, 핵무기, 생태위기 앞에서 망연자실하게 된다. 그는 세계의 황폐화, 신들의 사라짐, 대지의 파괴, 인간의 대중화, 모든 창조적이고 자유로운 것에 대한 증오와 의심이 지구상에 만연되었다고 진단하고 있다.

이러한 현상을 하이데거는 고향상실의 니힐리즘으로 본다. 고향상실은 과학기술로 말미암아 인간이 이제는 마음 놓고 발붙일 수 있는 고향이 없다는 의미이다.[11] 과학기술의 문명은 존재자들의 근거를 계산할 수 있거나, 인간이 자신의 목적에 따라 이용할 수 있는 자연법칙으로 파악하였다. 존재자들의 근거는 인간이 진보신앙을 믿고 그것을 이용해서 존재자들을 자신의 뜻대로 조작하는 원리들로 이루어진다. 존재가 존재자를 지배하는 수단으로 전락하면서 기술본질은 자연을 자신의 확대재생산을 위한 '부품' 으로 삼는 익명의 물화체계로 전환되었다.

진보신앙에 대한 믿음과 함께 공리주의 철학은 생태위기에 대한 비판의 대상이 되고 있다. 도덕의무에 관한 공리주의 사고는 옳고 그름(right and wrong)의 기준이 "유용성의 원리(principle of utility)" 에 있다는 것이다. 공리주의는 전체 인류를 위해서 모든 인간들의 도덕적인 목표를 악을 능가

11) M. Heidegger, "The Question Concerning Technology", *Martin Heidegger Basic Writings*, ed., by J. Glenn Gray, Haper & Row, Publishers, 1977, pp. 244-247.

하는 선(good)의 최대화에 둔다. 공리주의의 도덕목적은 인간 종(species)을 위한 선의 최대화 즉 최대다수의 행복을 실현하는 것이다. 이에는 생태의 희생과 파괴가 전제된다.

〈그림 2〉 밀(John Stuart Mill)

이와 반대로 그린(R.M. Green)은 공리주의 견해에서는 행복창출이 중시되며, 이러한 의무요구는 미래까지 확대되어야 한다고 말한다. 문제는 인간의 행동을 바꾸는 것이 중요할 뿐이며 공리주의를 생태파괴 사유로서 볼 수 없다.[12)]

질적 공리주의의 관점에서 밀이 공리성의 개념에 의거하여 쾌락이 선이고 고통이 악이라고 주장한 점은 벤담과 동일한 시각이지만, 쾌락을 모두 계산할 수 있다는 것을 부정하면서 어떤 종류의 쾌락은 다른 쾌락보다도 질적으로 우세하다고 보면서 쾌락을 정신적 쾌락에까지 확대하였다. 그는 쾌락의 본질을 자율과 책임에서만 존재한다고 보고, 사회공익이 개인쾌락보다 앞선다고 주장하였다. 벤담이 쾌락의 양적 측면에 다소 제약적인 면이 있었다면, 밀은 질적 차이를 주장함으로써 벤담의 공리주의를 보완하였다고 볼 것이다. 이렇게 질적 쾌락을 인정함으로써 개인이 공공이익을 위해서 행위 할 수 있는 근거를 마련하게 되었다.[13)]

---

12) K.S. Schrader-Frechette, *Environmental Ethics*, 1981. Boxwood Press. p.21.

13) J. S. Mill, *Utilitarianism*, London: Longmans, Green Co., 1863, part.2. 밀은 개인행복에 대해 큰 관심을 가지고 있는 개개인의 자유가 절대적으로 존중되어야 한다고 보았다. 사상과 양심의 자유 같은 것에 대해서는 어떤 제한도 정당화될 수 없다는 주장이다. 그러나 공공이익을 해치는 행위에 대해서는 개인도 책임을 부담해야 되며 이에 따른 어떤 종류의 징벌도 불가피한 것으로 보았다. 그 어느 누구도 사적 행위가 공공의 해악을 초래할 경우 이를 개인의 자유영역이라고 주장하면서 공공개입을 반대해도 좋을 권리는 갖고 있지 않다는 것이다.

생태정의와 공학발전은 상관관계가 있으며 공학자는 건강을 보호하는 환경을 개선시킬 의무를 가지게 된다. 공학현장에서는 환경을 보호할 공학자의 의무에 대하여 명백하게 언급하고 있다. 공학자는 깨끗하고 살기에 훈훈한 생태환경에 관심을 집중하면서, 건강에 이롭도록 생태환경을 보호할 공공의식에 협력하면서 생태환경파괴 프로젝트에 종사하기를 강력하게 거부할 공학자의 책임과 의무를 제대로 지켜나가야 될 것이다.

2. 공학기술과 지속가능한 발전

〈그림 3〉 방독면을 쓰지 않고서는 작업을 할 수 없는 원진레이온 작업장의 모습

21세기를 살고 있는 인류는 공학에 의존한다. 의류재료인 섬유는 공장에서 생산되며, 음식재료인 곡물은 비료에 의존하며 의식주 이외의 여러 자재들을 공학 현장에서 획득한다. 반면에 핵무기를 비롯한 가공할 무기생산과 생화학 무기생산 은 공학의 부정적 측면이다. 생태환경의 관건은 '지속가능한 발전' 의 문제이다.[14] 생태계의 자정능력(assimilative capacity)은 생태위기가 발생할 때 생태계가 스스로 변화에 적응하고 균형을 유지하는 능력이며, 원래상태로 회복될 수 있는 능력이다. 이러한 자정능력의 상실은 생태환경이 한계상황에 이르렀음을 보여준다. 이제는 인류와 생태계가 대화하고 협력하여 개신함으로 상생의 시대를 열

14) 권혁길 외, 『공학 윤리』서울; 인간사랑, 2007. pp. 207-215 참조

어가야 한다. 인간의 생태환경에 대한 새로운 인식의 전환이 필요하며 이러한 인식의 전환 없이는 생태위기가 극복될 수 없다. 생태환경의 분석과 해결은 인류의 역할과 사명을 결정짓는 요체가 될 것이다.[15)]

1987년 3월 "세계환경개발위원회(WCED: World Commission on Environment and Development)"는 인류가 나아가야 할 전략을 담은 보고서, "우리의 공동미래 (Our Common Future)"를 발표하고, 이 인류의 지속적 발전을 위한 기초적 개념으로서 '지속 가능한 발전(sustainable development)'을 제시하였다. 1992년 리우 회담을 계기로 UN산하에 '지속가능발전위원회' (United Nations Committee on Sustainable Development: UNCSD)가 설치되었고 이 위원회가 각 국가에 국가보고서 제출을 촉구함에 따라 '국가지속발전위원회' (National Committee on Sustainable Development: NCSD)를 구성하는 등 지속가능한 사회를 만들기 위해 실질적이고 체계적인 정책을 모색하게 되었다.[16)]

리우회의에서 채택된 『의제 21 (Agenda 21)』은 21세기 지구 환경보전을 위하여 각국 및 국제 사회가 이행해야 할 분야별 실천 방안을 구체적으로 제시하고 있으며, 총체적이고 매우 장기적인 지속가능 발전의 관점에서 접근하고 있다. 『의제 21』은 지구적(global), 국가적(national), 지역적(regional) 수준에서 지속가능한 발전실현을 위해 실천해야 할 과제들을 전문 및 4개 부문(사회경제, 자원보전관리, 주요그룹 역할강화, 이행수단)으로 나누어 그 내용을 수록하였다.

『지속가능한 사회(Envisioning a Sustainable Society: Learning Our Way out)』에서는 성장주의 사고, '지배적인 사회적 패러다임(DSP: Dominant Social Paradigm)' 에서 생태지향 사고, '새로운 환경패러다임(NEP: New

15) 구승회, 『생태철학과 환경윤리』, 동국대학교출판부, 2001. pp. 216-217.
16) 문정호, "지속가능한 정책발전" 지속가능발전위원회" 2000.12.2. pp. 6-7

Environmental Paradigm)' 으로의 전환을 촉구한다. 이 변화가 '지속가능한 사회' 의 방향이 되고 있으며 미래 세대에 대한 책임의 출발점이 되고 있다.17)

〈표 1〉 『의제 21』의 구성 및 주요 내용18)

분 야 별	내 용
전문 (제1장)	- 서 문
제1부: 사회 · 경제부문	- 빈곤퇴치, 소비행태 전환, 보건, 인간정주, 인구문제
제2부: 자원보존 및 관리	- 대기, 토양, 산림, 생물다양성, 해양, 폐기물관리
제3부: 주요그룹 역할 강화	- 지속가능한 개발과 여성, 민간단체, 과학기술계, 노동계
제4부: 이행수단 부문	- 재원, 기술, 능력형성, 국제제도, 국내체계

이처럼 「의제 21」은 교육이 사람들로 하여금 환경과 윤리 의식, 가치 및 생활태도, 지속 가능한 발전과 일치하는 기술과 행동을 갖도록 하는데 매우 중요하며, 의사결정 과정에의 효과적인 대중 참여를 위해서도 교육이 매우 중요하다고 지적하고 있다. 공학윤리가 지속 가능한 발전을 위한 밑바탕이 될 수 있다.

공학은 생태위기 해법으로서 '지속 가능한 사회' (sustainable society)를 위해서 유용한 것으로 환경문제 해결모델의 5단계를 제시한다. ① 문제를 확인하고, 진단하는 단계 ② 목표들(goals)과 목적들(objectives)을 설정하는 단계 ③ 연구의 방법을 고안하고, 실시하는(conduct) 단계 ④ 대안적인 해결방안을 제안하는 단계 ⑤ 이행하고, 감시하고(monitor), 선택된 해결

---

17) Robin Attfield, 2nd edition, *The Ethics of Environmental Concern*, The University of Georgia Press, 1991. p.89.

18) 김종천, 환경부 국제협력관. "지속가능한 발전 정책의 추진현황과 과제"

방법을 재평가하는 단계이다.[19] 이를 통해 생태문제를 해결하기 위한 생태정의 교육을 통하여 가능하다고 생각된다.

공학윤리를 통해서 생태정의 교육이 절실히 요구되고 있는 현실에서 그 정당성을 찾아볼 수 있다. 생태정의 교육은 먼저, 생태계와 인간과의 관련성을 이해해야 한다는 데서 그 필요성을 찾아볼 수 있다. 인간과 환경과의 관계를 생태계의 일부로 파악토록 한다. 그리고 물, 공기와 같은 환경의 구성요소가 공공재임을 인식토록 한다.[20] 생태계에 관한 인간의 영향과 환경의 소중함에 대한 가치를 재조명 인식토록 한다.

또한, 생태계에 대한 공학윤리성을 제고한다. 인간은 생태오염의 피해자이면서 가해자로 생태문제발생의 주범이다. 무엇보다도 생태문제를 발생시키는 공학 기술자에 의해서 다양하고 광범위하게 생태오염이 일어나고 있음을 바르게 인식하고 교육하는 일이 필요하다.

그리고, 자원의 보전과 활용 측면에서도 필요하다.[21] 인간 활동의 원천은 자원을 공급하는 환경에서 비롯되는 것이므로 이들을 잘 보전하면서 활용해야 한다. 자원으로서의 환경은 무한존재가 아니고 유한한 것이다. 공학윤리는 지속가능한 사회를 위해서 공학 기술자가 생태정의를 실현할 방법을 모색해야 할 것이다. 생태정의 구현의 교육은 생태계를 알고(knowing), 느끼고(feeling), 행동하는(acting)이 필요하다. 효율적인 교육은 학교와 가정과 사회가 협동해야 하며, 복합 접근(multiple approach)이 요청된다. 공학윤리에서도 환경캠프(The Environmental Camp)를 효율적으로 운용할 필요가 있다.

---

19) Donald G. Kaufman., pp.34-35.

20) 김형철, "환경윤리와 사회계약", 한림과학원 편, 『정보사회, 그 문화와 윤리』(서울 : 소화, 1996), p.74.

21) '지속 가능한 개발'의 생태정의. D. W. Pearce and R. K. Turner, *Economics of Natural Resources and the Environment* (Baltimore : The Johns Hopkins University Press, 1990), pp.23-24.

자연을 사랑하는 일은 우리의 미래 세대들을 사랑하는 일이다. 21세기의 공학시대에 살고 있는 인류에게 공학윤리는 환경 파괴에 직면하여 보다 쾌적한 삶을 유지하고자 생태친화 규범을 설정한다. 공학윤리의 생태친화 규범의 원칙으로서 균형성의 원칙, 통합성의 원칙, 계속성의 원칙이 제시된다. 먼저 '균형성의 원칙'은 생태교육에 있어서 생태를 위한 교육, 생태에 관한 교육, 생태를 통한 교육이 균형을 이룸으로써 학습자로 하여금 아는 것, 느끼는 것, 행동하는 것의 균형감각을 익히도록 한다. 그렇게 함으로써 교육과정의 다양한 영역과 관련 기능들이 함께 개발될 수 있다. 생태를 위한 교육은 국가, 사회의 지속적인 발달 그리고 현재와 미래의 생태정의를 위해 필요한 이해와 행동요소를 포함한다.[22)]

또한 '통합성의 원칙'은 생태문제가 자기증식성, 상호관련성, 광범위성 등의 특성을 지니기 때문에 생태계를 총체적 측면에서 파악하고 범교과적 지식, 방법, 기술을 활용하도록 생태윤리 교육이 통합되어야 함을 의미한다. 교육내용을 구체화한 생활 속에서 발견하고, 생활사태의 문제해결에 투입되어 피드백을 확인하는 순환과정으로 통합되어야 한다. 생태정의 전문가들이 모여 각각의 접근방식으로 분석한 뒤 다각적이고 종합적인 조치를 취함으로써 문제를 해결하는 방식이다.

셋째, '계속성의 원칙'은 모든 연령 집단, 모든 국민을 교육대상으로 하여야 한다는 것이다. 즉 특정 시점을 기준으로 볼 때에는 생태정의 교육은 모든 연령집단. 초중등학생, 대학생, 직장인, 가정주부 그리고 노인에 이르기까지 전 국민에게 동시에 실시되어야 하며, 국민 개개인의 입장에서 보면 평생교육의 일환으로 생태친화와 생태정의 구현을 위한 교육을 받도록 주선한다.

---

22) C. Gayford, "Environmental Education : a question of emphasis in the curriculum", *Cambridge Journal of Education*, Vol. 21., No.1. : 앞의 글, pp.48-49.

이러한 원칙에 의한 생태친화 규범과 공학윤리의 만남은 공학시대에 살아가는 우리들에게 중요한 의미를 지닌다. 생태지혜의 마인드가 공학현장에서 살려져서 올바르게 생각하고, 느끼며, 올바른 행동을 하게 될 때, 우리의 미래는 희망을 가지고 개신하게 되는 것이다.

3. 심층생태주의와 사회생태주의

심층생태주의

심층생태주의는 1973년, 안 네스(Arne Naess)의 표층생태운동과 심층적이고 멀리 보는 생태운동이란 글에 기인한다. 안 네스가 표층과 심층으로 구분하게 된 것은 환경운동을 하는데 있어서, 표층적인 까닭은 산업 사회의 패러다임에 내포된 이념과 형이상학적 전제가 근원적으로 옳고 그름에 대해 전혀 의문을 품지 않는 반면, 심층적인 까닭은 우리의 세계관과 문화와 생활양식 따위에 대해 근원적인 질문을 던지면 그것들은 새로이 형성되고 있는 생태학적 비전과 조화되도록 개조하는 장기적 안목의 급진적 생태운동을 지칭한다.

심층생태주의는 가치중립적인 하나의 과학에 그치는 것이 아니라 하나의 세계관으로 받아들이고 있다. 이를테면 레오폴드의 산(山)같은 사고나 폴 세퍼드의 하나의 저항운동으로서의 생태학적 접근이 그러하다. 심층생태주의의 정수는 세상에 대해 보다 심층적인 질문을 던지는 것이다. 모든 사회적 관행과 공공정책의 보편적 접근방법에 대해 숨어 있는 가치관과 철학 및 종교적 대전제와 형이상학적 가정들에 대해 끊임없이 "왜?"라는 질문을 던질 준비가 요청되며 서구의 인간중심적 세계관을 비판하면서 근본적 변화를 추구한다.

실제로 인간중심적 사고와 정책들은 지나치게 기술 지향적이며 또한 전문적이기 때문에 일반인들의 이해와 협조를 얻기가 어려워진다. 생태위기의 극복에 필요한 것은 전문 기술과는 무관한 우리의 일상적 생활양식의 변혁, 즉 수단은 소박하나 목적은 풍요로운 삶이다. 이처럼 심층생태주의는 사유체계라기 보다 네 가지 수준을 지향한 사회운동이라고 할 것이다.

(1) 수준1: 근본적 전제 및 생태 지혜

더 이상 소급할 수 없는 근원적인 규범이나 대전제, 가정 혹은 생태지혜들로 구성되어 있다. 그 원천은 스피노자나 화이트헤드의 철학일 수도 있고 기독교나 불교, 도교 같은 종교일 수 있다. 얼마든지 다양한 원천이 있을 수 있으므로 이를 바탕으로 하는 근원적인 규범이나 대전제, 가정 혹은 생태지혜들도 매우 다양할 것이다. 안 네스는 특히 불교가 심층 생태운동에 가깝다고 본다. 그 까닭은 불교의 기본 정신인 비폭력, 자비, 생명존중 등이 심층 생태학의 기본 원칙과 일치하기 때문이다. 생태지혜는 최대의 대아(大我)의 실현(Self-realization)이다.

대아란 우주의 모든 생명체와 그들 각각의 자아(개별영혼)를 모두 포함하는 것이며, 최대의 대아 실현은 모든 생명의 징표들을 최대로 발현하는 것이다. 자기 정체와 역시 타자와의 일체 의식이 깊어질수록 "이타의식"이 저절로 싹트게 된다. 어떤 주체의 자아실현이 진전되면 타자와의 일체의식도 필연적으로 증대될 것이며, 우리의 자기실현의 수준이 높아짐에 따라 타자 속에서 우리 자신을 발견하게 될 것이고, 타자 또한 우리 속에서 자신을 발견하게 될 것이다. "모든 존재를 위한 자기실현" 이라는 규범이 도출되고 "최대의 다양성이라는 규범과 '최대의 다양성은 공생의 실현' 이라는 규범에 도달할 것을 기대하게 된다.

(2) 수준 2: 심층 생태학의 〈8조 강령〉

① 인간을 포함한 모든 동식물의 복지와 번영은 본래적 가치를 지닌다. 이

가치는 이들 동식물이 인간의 목적을 위해 존재하지 않고 무관하다.

② 생명형태의 풍요와 다양성은 가치실현에 기여하며 그 자체로서 본래적 가치를 지닌다.

③ 인류는 필수요소의 충족을 위한 경우를 제외하고 풍요와 다양성을 해칠 권리가 없다.

④ 인류생활과 문화번영은 인구가 현재보다 현격히 감소한다고 하더라도 성취가능하다.

⑤ 인류의 동식물에 대한 간섭은 정도가 지나치며 상황은 급속히 악화되고 있다.

⑥ 새로운 정책은 기본적인 경제적, 기술적, 이념적 구조에 영향을 미칠 것이다.

⑦ 이념의 변화는 지속적 생활수준의 향상에 대한 집착보다는 생활의 질에 대한 평가를 지향하는 것이어야 하며 거대함(bigness)과 위대함(greatness)의 차이를 깨달아야 한다.

⑧ 이상에 동의하는 사람들은 필요한 변화를 취하기 위해 노력해야 할 의무가 있다.

심층생태주의가 중시하는 것은 이 강령에 대한 동의이며 윤리이론적 합의가 아니다.

(3) 수준 3: 일반적인 규범적 결과와 사실적 결론

수준 2로부터 일반적인 규범적 결과와 사실적 결론이 도출된다.

(4) 수준 4: 구체적인 상황에서의 행동규칙 및 의사결정이 이루어진다.

실천 영역에서는 다양성의 최대수용이며 수단 면에서는 검소하고 목표 면에서는 풍요로운 생활양식의 실천이 중시된다. 이처럼 심층생태주의는 생태환경위기에 대해 얕은 접근을 넘어서서 포괄적 종교철학적 세계관을 새롭게 정립하려고 시도한다.[23] 이는 곧 유대-기독교 전통에 뿌리를 둔 인간지배의 우월주의 세계관을 성찰한다.[24] 호주의 폭스(Warwick Fox)는 심층생태주의의 직관을 이처럼 요약하였다. '그것은 우리가 존재의 장에서 확고한 구분을 할 수 없다는 생각이다.

인간계와 비인간계사이의 분기점은 실제적으로 없다. 우리가 그러한 경계를 지각하는 한, 우리는 심층생태주의 자각에 미치지 못한다.'[25] 안 네스는 생태유기체에 대한 지식이 생태적 조화나 평형을 이루게 함으로 이러한 상태에서 생명평등을 기대할 수 있게 된다. 세계종교의 정신전통을 유지함에 있어, '자기실현(Self-Realization)' 이라는 심층생태직관은 쾌락을 만족시키거나 개인적 구원의 편협한 감각에 사로잡힌 고립된 자아개념을 갖춘 서구적 세계관을 너머서 있다. 심층생태주의에서는 범위가 제한된 현대문화 가치들을 너머서서, 명상적이며 심층질문 방법에 의해 지혜를 직관할 필요가 있다는 것이다. 자기(self)가 유기체의 전체성을 의미하는 '대아로서 자기(self-in-Self)' 를 실현하고자 한다. '우리 모두가 구원될 때까지 아무도 구원되지 않는다.' 라는 구절에서 '우리 모두(we one)'는 '나를 포함할 뿐 아니라 모든 인간, 고래, 회색 곰, 산과 강, 흙 속의 아주 작은 미생물 까지' 를 포괄하게 된다.

탈인간중심적 관점을 유지하면서 '자연의 지배' 가 아니라 '자연과의 조화' 를 추구하는 공동체 이념을 폭스(Fox)는 '초인간적 생태론(Transpersonal Ecology)' 이라고 지칭한다. 심층적인 질문으로 생태계의

---

23) Arne Naess, "The Shallow and the Deep, Long-Range Ecology Movements"에 근거한다.

24) 이러한 시각은 린 화이트(Lynn White)가 유대-기독교적 전통이 인간중심적 세계관을 갖춘 것으로 비판한 대목과 일치한다. 그러나 존 패스모어(John Passmore)는 이러한 관점은 아시시(Assisi)의 프란시스(Francis)와 많은 수도원에서 겸허를 실천하는 신앙적 태도에 비추어 볼 때 근시안적이며 생태환경위기가 유대-기독교 세계관을 신봉하는 지역의 전유물은 아니라고 반박한다. John Passmore, *Man's Responsibility for Nature, New York*: Scribner's, 1974. 참조

25) W. Fox, "Deep Ecology : A New Philosophy for Our Time?", *Ecologist* 14, 1984, pp.5-6

모순을 파헤쳐야 한다. 이러한 시각은 궁극관심이기에 종교관점으로 귀착하게 된다. 안 네스는 불교의 관점에서 이러한 자기실현의 생태정의를 찾을 수 있다고 말한다.[26] 폭스에 의하면, 안 네스의 '자기(Self)'개념은 '영원하며 불변의 자기' 가 아니라 과녁을 향해 날아가는 화살처럼 진행되는 역동적인 움직임이다. 역사적으로 붓다는 형이상학적 실재와 동일시되는 '자기' 개념의 함정을 피하기 위하여 '무아' 라는 용어를 사용하였다.

이에 대한 비판도 나타난다. 먼저 왓슨은 네스의 자기실현의 직관은 명상적이며, 비활동적인 것으로 결코 적극적인 생태정의 구현에 이를 수는 없다고 주장한다. 실제적으로 생명평등성이 실현된다면 많은 생명체들을 위한 비용부담과 공존적 주거형태로 말미암아 오히려 생태계의 무질서를 초래할 수 있다고 경고한다.[27] 반면에 폴 테일러는 '안 네스의 주장은 심리적인 요소에 의한 직관이며, 네스의 '자명한' 직관과 상반된 주장들이 여러 측면으로 제기될 수 있고 이 경우에 그 누구도 어느 것이 옳은 직관인지를 결정하기 어렵다.' 고 한다. 테일러는 직관보다 이성에 기초하여 생태정의 구현이 요청되며 자연에 대한 인간태도가 궁극적으로 변화되어야겠지만, '직관판단이 항상 우선권을 차지하는 것은 아니다.' 라고 비판한다.[28]

사회생태주의

미국의 철학자 머레이 북친(Murray Bookchin)을 중심으로 이루어진 생태 아나키즘으로, 이를 좌파녹색이라고 한다. 그의 생태관심은 1963년의

---

26) Naess Arne, "Self-Realization: An Ecological Approach to Being in the World", in Seed, John editions. *Thinking like Mountains,* Philadelphia: New Society Publishers. 1988, pp. 25 ff.

27) Watson, Richard, 'A Critique of Anti-Anthropocentric Biocentrism', *Environmental Ethics,* 5, pp.245-256.

28) Taylor, P. W. *Respect for Nature,* Princeton: Princeton University Press, 1986. 참조

저서『우리의 인조 환경』에서 시작되며 사회생태주의 기원이 되는 저술은 1982년『자유 생태학』이다. '변증법적 자연주의'를 주장하며 이는 변증법적 요소와 자연주의의 결합을 말한다.

변증법적 요소는 모든 존재가 변화와 발전의 과정에 있고, 모든 현상은 전체 속에서 영향을 주고받는다는 관점이다. 한편 자연주의란 인간이든 사회, 문화이든 자연존재라고 간주함이다. 1차 자연은 협동과 상부상조라는 특징을 지니며 비계층적이며 관용적이고 상조적인 사회적 관계 형성이다. 2차 자연은 인간문화로 협동과 상부상조하는 특성 뿐 아니라 경쟁과 계층 구조를 지니고 있다. 인간의 자유는 대단히 포괄적 개념으로 자기결정(self-decision)을 의미한다. 영성과 감정이 없는 물질존재로 간주되는 자연은 '자유 자연'의 자연으로 변모한다. 이는 곧 다양성 증대와 가치실현을 향한 과정이며, 자연적 실체로서의 생명과 정신 역시 어떤 지향점을 향해 발전한다고 본다. 그 지향점은 계층과 지배구조가 없는 사회발전을 목표로 한다.

생태위기의 근원은 계층구조, 즉 인간에 의한 인간의 지배와 착취에 있다면 그것을 극복할 수 있는 길은 계층구조의 폐지에 있을 것이다. 이처럼 사회생태주의는 인간과 자연간의 균형을 도모하고 생태사회를 건설하려면 정치적으로 급진적인 사고가 요청된다. 생태공동체야말로 자본주의 사회의 '소비를 위한 소비'를 지양하고 아름답고 쾌적한 환경을 조성하여 창조적이고 적극적이며 친밀한 인간 활동 및 인간관계를 성취하고 자연과 공생하는 사회이다.

생태 공동체 내의 조직은 자본주의나 국가 통제 체제에서와 같이 권력의 요구에 기초를 두는 것이 아니라 주민들이 자유로운 사회적 존재로서의 자신을 실현하고 인간이 자연 전체와 평등하게 상호작용하고자 하는 욕구에 기초를 둔다. 이렇게 사회를 개조한다면 분권화되어야 하며, 계층적이 사라지고, 대면민주주의가 실현되어야 한다. 시민포럼을 통해 공동체 안팎의 복합성과 다양성을 인식하고 조정하고 필요에 따라서 통합되며, 시민들은 이 과정에서 지역사회 선을 체험하게 된다. 연합의 관계는 상하의 위계가 없는 수평적인 것이며 이런 체제를 생태민주주의라고 한다.

사회생태주의에서는 '비용편익분석(cost-benefit analysis)' 에 의한 정책 결정의 위험성을 제기한다. 생태정의 실현의 목적 자체가 비용으로 환산되어 비용보다 이득이 앞설 경우만 추구되기 때문이다. 사회생태주의자들은 생태환경 파괴를 광범위한 지배와 위계형태의 하나로 간주한다. 사유재산권, 자본주의, 관료주의, 성차별주의, 계급구조 등의 관행과 제도는 인간이 다른 인간을 지배하는 사회적 위계를 확립한다.

생태합리성은 생태계가 균형을 유지하고 지속가능한 발전을 이루도록 인간경제와 사회문화체계를 유지 발전시켜 감을 의미한다. 전략적으로는 소규모 사람들이 시장경제에 참여하게 함으로써 시장경제체계의 익명성과 탈인격 교환과정에서 야기되는 생태문제들을 줄여가는 것이다. 얼굴을 마주보는 인간관계를 가지며 직접적인 행위로서 사회체계를 형성하게 된다. 머레이 북친(Murray Bookchin)은 면식에 따른 인간관계를 가진 개인들이 직접적인 행위로서 사회체계를 형성할 것을 주장한다.[29)]

이와 같이 회복하려면 신화와 마법의 힘 복원으로 자연과 혼연일체되어 생명공경이 필요하다고 보았으며, 합리화 · 관료화를 제거하면서 공생적 의사소통 과정에 역점을 두었다.[30)] 이러한 자유공동체주의 모델은 생태환경에 있어서도 다양하고, 균형 있고, 조화로운 유기체를 구성하게 된다. 이에 따라 지속가능한 농업과 적정기술 같은 관행에 근거한 자급적이며 자유로운 생활양식이 가능하다. 결국 사회생태주의 입장에서는 인간이 인

29) Murray Bookchin, *Will Ecology Become "The Dismal Science"?*, San Francisco, CA: AK Press, pp.21-29.

30) Ibid., p.23. 안 네스에 대한 비판의 관점에서 생태위기 문제는 영성적 변화에서 해결방안을 발견할 수 없고 오히려 위계가 없는 의사소통 사회에서 정의구현을 기대할 수 있다고 말한다.

간의 지배로부터 자유로운 세계에서만 생태환경의 정의를 기대할 수 있게 된다.

그렇지만 북친의 사회생태주의에 대한 몇 가지 반론이 제기되고 있음은 주지의 사실이다. 그 가운데서 한 가지는 사회의 지배와 자연의 지배의 관계에 관한 것이고, 자연의 진화론적 발전에서 인간의 역할에 관한 것이다. 북친은 사회지배와 자연지배 사이의 필연적 연관성을 규명하지 못하였다.[31)] 또 다른 반론은 자연 진화를 이끄는 인간역할을 '후견자(steward)'로 보고 있다. 그러나 이러한 시각은 자연이익과 인간이익이 충돌할 경우 인간에게 특권을 부여하기 쉽고 일종의 인간중심주의로 환원될 위험이 있게 된다. 북친은 합리성, 의사소통능력, 문화 등 인간 진화의 특징들을 '제 2자연' 이라고 부르고 원래 상태의 '제 1자연' 과 구분하였다. 따라서 인류는 자연 진화과정의 후견인으로서 역할에 책임이 있다고 단정함으로써 결과적으로 북친은 휴머니즘을 부각시킨 인간중심의 생태환경 정의를 제창한 셈이 된다.[32)]

반면에 사회생태주의 관점에서 생태부당성을 적시한 가운데 주목할 사실은 생태환경의 오염과 공해에 대한 부담을 가난하며 소수의 사람들이 떠안게 되는 문제이다. 피터 벤츠(Peter Wenz)는 정당한 보상, 사전 승낙, 평등한 대우의 담보 없이 생태환경의 위기의 부담을 가난하며 힘없는 사람에게 전가하는 것은 정의롭지 못한 일이라고 말한다.[33)] 생태환경 개선부담금이 생태환경의 부당성으로 평가할 수 없다는 것이다.[34)]

---

31) Robin Eckersley, *Environmentalism and Political Theory*, Albany, NY: SUNY Press, 1972, pp.148-154 참조.

32) Murray Bookchin, "Social Ecology Versus Deep Ecology", *Socialist Review 18*, nos.1-2, 1988, pp.27-28.

33) Wenz, Peter, *Environmental Justice*, Albany, NY: SUNY Press, 1989, pp.57ff.

34) Boerner, Christopher, and Lambert, Thomas, 'Environmental Injustice', in Theodore Goldfarb(ed.), *Taking Sides*, Guiford, CT: Duskin/McGraw, 1997, pp.74-5.

4. 생태여성주의와 생태정의

생태여성주의

1960년대에서 1970년대 초까지 대부분의 여성주의자들은 신체적인 특징을 제외하면 여성은 남성과 본질적으로 다르지 않다고 한다. 남성들이 여성은 육체적으로 나약하며, 그렇기 때문에 선천적으로 가사나 육아 같은 일에 적합하지 소위 남자가 하는 일에는 어울리지 않는다는 논리로 여성을 배제하고 억압하는 것에 반박한다. 남녀의 차이는 문화적인 것이지 생물학적인 것이 아니라고 주장한다. 가부장제가 모든 억압의 근원이라는 급진적 여성주의를 수용하면서 성차별, 위계구조, 억압과 착취, 호전성과 폭력으로 얼룩진 가부장 문화를 대체할 여성적 대안문화를 창달해야 한다고 주장한다. 이는 생물학적 본질주의와 구성주의로 나뉜다.

먼저 생물학적 본질주의에 따르면, 여성은 출산 능력과 같은 여성만이 지닌 특질들 때문에 본래적으로 남성에 비해 관계적이고 자애롭고 보살피며 창조적이고 자연과 맞닿아 있다. 또한 섹스와 젠더는 분명히 다르며 여성 억압의 빌미가 되는 남녀차이는 섹스와 젠더인데, 이것은 본래적인 것이라 아니라 문화 변용의 결과이자 사회적 구성물이라고 주장한다. 문화적 여성주의자들은 전통적으로 남성보다 여성 쪽에 훨씬 발달되어 있는 관계적이고 타자 지향적이고 양육적인 여성적 특질을 발현하는 새로운 문화의 창달이 필요하다는 데에는 동의한다.

생태여성주의라는 용어가 처음 쓰인 것은 1972년 프랑스 여성주의자 프랑소와 도본느(Francoise d'Eaubonne)가 설립한 〈생태여성주의 센터〉이다. 1974년 『여성주의 아니면 죽음』의 생태여성주의시대라는 장에서 "생태여성주의는 지금껏 별개로 생각되었던 두 가지 투쟁, 즉 여성운동과 생태운동의 통합을 추구하는 것"이라고 정의하고 지구를 구하기 위한 생태혁명에 여성들이 앞장설 것을 호소하였다. 1976년경 북친의 〈사회생태학

연구소〉에서 활동하던 이네스트라 킹(King, Ynestra)의 '생태여성주의 강좌' 를 통해 더욱 발전되었다.

생태여성주의는 여성과 자연을 억압과 착취로부터 동시에 해방시켜야 할 대상으로 파악한다는 점에서 일반적인 여성주의와 다르다. 일반적인 여성주의자들은 정치적 입장은 어떻든지 간에 환경 개량주의자들과 마찬가지로 자연을 도구로 보며 여성에 대한 억압과 생태위기 문제를 연계시키지 않는다. 카렌 워렌(Karen J. Warren)은 생태여성주의의 주제를 명료화 하여 여성과 자연에 대한 이중지배의 역사기원과 인과고리에는 세 견해가 발견되고 있다.[35)]

첫째, 찰린 스프레트낙이란 아이슬러처럼 기원적 4500년 전 유라시아 유목들이 서유럽사회를 침범한 사건으로 보는 견해이다. 침범이전에는 여신을 숭배하는 노동력 위주의 모계정착사회였으나 침범이후 유라시아 초원사회는 하늘을 섬기는 호전적 유목사회가 되었다.

둘째, 수전 그리핀과 밸 플럼우드(Plumwood, Val)처럼 고래 희랍철학과 근대 합리주의 철학전통에서 내포된 합리성개념에서 그 기원을 찾는 견해가 있다. 서구에서 인간 /자연의 이분법과 관련된 갖가지 이분법들을 확고하게 연결하고 , 이성을 남성적이고 합리적인 것으로, 이와 대립되는 모든 속성들을 여성적이고 비합리적인 것으로 단정하는 오랜 철학 전통인 '합리주의' 속에 바로 '여성 곧 자연' 이라는 연결고리가 숨겨져 있다고 주장한다.

셋째, 캐롤린 머천트처럼 16-17세기 과학 혁명 시기에 일어난 문화와 과학의 대변혁에 초점을 두는 견해가 있다. 17세기 이전의 자연은 만물을 양육하는 어머니로서 하나의 유기체처럼 인식되었지만 과학혁명이후에는 생명이 없고 움직이지 못하는 기계 같이 인식되었다.

---

35) 송명규, 『현대생태사상의 이해』, 따님, 2004. pp.120ff.

이에 따라 생태 여성주의자들은 여성에 대한 지배와 자연에 대한 지배 간의 역사적, 인과적 고리는 궁극적으로 여성과 자연에 대한 남성편향적인 관념적 지배구조에서 비롯된다고 본다. 가치의 이중구조와 계층구조, 지배와 관련된 모든 주의들(성차별주의, 인종차별주의, 계급차별주의), 남녀 간의 성적 차이, 특히 개성의 형성에서 나타나는 차이와 의식의 차이에 초점을 둠. 여성들은 생물학적 특징 자체가 아니라 여성 특유의 육체적 경험 때문에 여성은 남성과 자연에 대한 처지가 달라진다.

이처럼 남성의 여성지배와 인간의 자연지배 사이에 부당성의 구조적 유사성을 보이는 것에서 착안하여 생태여성주의는 지배로부터 해방이라는 생태정의를 보여주고 있다.[36] 이른바 억압적인 개념의 구조를 해체하여 지배와 복종의 관계를 극복하려는 관점인데, 억압적인 개념의 부당성으로는 세 가지의 중대한 특징이 발견된다. 이는 높은 가치에 매달리는 '가치위계의 사고(value-hierarchical thinking)' , 반대와 배타성을 드러내는 ' 가치 이원주의(value dualism)' , '종속을 정당화로 이끄는 '지배의 논리(logic of domination)' 이다.

공통특징으로 말미암아 여성에 대한 남성지배와 자연에 대한 인간지배 사이에는 역사적, 상징적, 이론적으로 밀접한 연결성을 보여주고 있다. 이 부당성은 자연과 여성의 열등성을 고착화시켜 지배논리를 통한 억압적 개념화이다. 생태여성주의자들에게 지배논리는 다양성과 차이의 상황을 전제한 것에 불과하고 지배논리를 배제한다면 차이성과 유사성이 드러난다고 지적한다.[37] 생태여성주의 관점에서 마리린 프라이(Marilyn Frye)는 생

36) 생태여성주의 (ecofeminism)는 프랑스와 도본(Francoise d' Eaubonne)이 생태학적인 혁명을 가져오는 여성의 잠재성에 관심을 갖게 하고자 1974년 학계에 이 용어를 소개한 이후로 여러 방면에서 사용되었다.

37) Warren, Karen J. Feminism and Ecology: Making connections. *Environmental Ethics 9*, 1987. pp.17-8.

태정의를 구현하려는 자세는 정복태도에서 돌봄의 윤리태도라고 말한다.[38] 다시 말하면 오만의 인식에 근거한 정복태도를 버리고 사랑에 기초한 돌봄의 태도에서 생태정의를 기대하게 된다.

> "사랑의 시선은 오만의 시선과 정반대이다. 사랑의 시선은 타자의 독립성을 안다. 그것은 자연이 무관심한 것을 알아보는 보는 이의 시선이다. 그것은 본 것들을 알아보기 위해, 어떤 사람이 그의 의지, 관심, 두려움, 상상력 이외의 다른 어떤 것을 자문하는 이의 시선이다. 어떤 사람은 그것을 바라보아야 한다. 어떤 사람은 보고, 듣고, 확인하고 물어보아야 한다. 사랑의 시선은 주목을 하는 것이다. 이 주목은 자기부정이 아닌 훈련을 요구할 수 있다. 그 훈련은 자기에 대한 지식, 즉 자기의 영역과 경계에 관한 지식이다.… 특히 다른 사람이 내버려두고 다른 것을 시작하는 무관심과 자신의 관심을 구분할 수 있는 문제이다. 사랑의 시선은 먹을 수 있는 어떤 것에 대한 인식의 대상을 만들지 않으며, 그것에 동화되려고 하지 않으며, 보는 이의 욕망, 두려움, 상상력의 크기로 감소시키지 않으며, 단순화시킬 필요성도 없다. 그것은 알려진 새로운 것을 영원히 제시할 어떤 것으로서 복잡성을 안다. 사랑의 시선은 진리의 복잡성에 호의를 보이며 우주의 영원한 흥미를 전제로 한다."[39]

이처럼 정복이 아닌 사랑의 시선은 다른 것을 자기와 동일시하려는 침략적 · 강압적인 시선이 아니라, '알려진 새로운 것을 영원히 제시할 어떤 것으로서 복잡성을 아는' 시선이다. 이를테면, 한 사람이 정복자로서 바위를 올라갈 때 오만의 시선으로 올라간다. 한 사람이 사랑의 시선으로 올라갈 때 그 사람은 주위에 관심을 쏟으면서 보고 듣고 확인하고 물어서 등

38) Marilyn Frye, "In and Out of Harm's Way: Arrogance and Love," *The Politics of Reality* (Trumansburg, New York: The Crossing Press, 1983), pp.66-72.

39) 같은 책, pp.75-6.

산한다. 바위와 자신의 경계가 따로 없지만, 두 존재 사이에는 보완의 관계로 인식한다. 사랑의 시선으로 인식하고 그에 반응하며 주목하기 때문에 독립적이지만 보완관계에 있다.

오만의 시선은 인간을 닮아가는 윤리공동체를 확장하는 방식으로 자기동일성을 확대시키려고 한다. 오만한 인식에 근거한 환경적 운동이나 윤리는 존재의 도덕적 위계질서를 세우고 '자기동일성에서 일체감'을 발견하려고 한다. 반대로 사랑의 인식은 자신과 타인, 인간과 비인간의 차이를 발견하면서 상호보완의 관계를 이루려고 한다.

생태여성주의를 집약하면 이와 같다.[40] 첫째, 억압에 저항하는 자유의 정의를 존중한다. 이는 지배의 논리와 가치를 반영하는 어떤 행동이나 생각에 대해서도 거부한다. 이를테면 성차별주의, 인종차별주의, 계급주의의 경계를 제거한다. 둘째, 생태여성주의는 역사적 맥락을 중시하는 상황의 정의를 존중한다. 어떤 맥락에서 이루어지는 특정 의도를 중시하면서 그들과 관련 있거나 차이가 있는 상황을 파악하여 타자와의 관계설정을 시도한다. 셋째, 생태여성주의는 차이의 정의를 존중한다. 최소한의 인간본성의 어떤 요소를 발견하려고 노력하며 인간 사이의 차이점을 모색하고 유지하는데 구조적으로 다원적이다. 이 태도는 차이점의 제거가 아닌 차이 자체에 대한 공경의 인식이다.

넷째, 생태여성주의는 과정이론을 존중한다. 가령 담론사용에서 과정을 배우고 여성 생활 변화의 과정이 시간에 걸쳐 어떤 모습으로 변천하였는가를 살피게 된다. 여성과 생태계가 지배에 구속된 과정을 경험한 여성들과 생태계의 목소리를 배척하지 않고 포함하려는 자세에서 나온다.

다섯째, 생태여성주의는 '객관적인'인 관점에서 정의를 구현하려고 시

40) Karen J. Warren, "The Power and Promise of Ecological Feminism", Environmental Ethics, Vol.12, No.2(Summer 1990), pp.140-143 참조. Val Plumwood와 같이 페미니즘과 생태주의 공분모를 추구한다.

도하지 않는다. 그것은 여성과 자연에 대한 쌍방의 지배를 유지하고 인정하는 사회 경제적인 생태환경과 억압적인 개념형식을 인식의 출발점으로 한다. 이에 따라 돌봄, 사랑, 우정, 믿음과 적절한 상호작용의 가치를 모색하여 인간관계를 존중한다. 그러므로 산을 오르는 등산에서 타자에 대해 정중하게 관심을 갖고 의미를 둘 수 있는 감수성에 대한 목소리를 제공한다.

여섯째, 생태여성주의는 추상적 개인주의를 부정하는 가운데 구체적인 정의를 존중한다. 여성과 자연에 대한 지배 사이에는 내부적인 연결을 명백히 함으로써 구체적으로 책임지는 의무감을 보여준다. 생태환경위기의 중요한 뿌리로 전통적인 남성중심의 가부장제를 변화시키는 것이 지배구조를 벗어나는 길이 된다. 기존 가치를 급진적으로 변형시키기 위해서 여성운동의 제반 요구가 생태운동의 요구와 통합되어야한다고 촉구하고 있다.

생태정의의 구현

이제까지 살펴본 것처럼 심층생태주의에서는 기술에 너무 의존하지 말고 자급자족적이며 탈인간 중심적 공동체 구성원으로서 생활양식을 근본적으로 바꿀 것을 주장한다. 최소한의 소비적 물질욕구만 인정하는 간소한 것이어야 한다. 그리고 지구와 다른 종에 가능한 영향을 주지 않으면서 살아가는 정의규칙을 내세우고 있다.[41] 이러한 입장의 전체주의적이고 탈인간중심적 경향은 또 다른 파시즘으로 비판받았다. 개인이 실재하지 않고 전체로서 자기가 실재한다는 형이상학적 주장이나 생태환경 주범으로서 인간에 대한 혐오주의는 인간복지를 소홀하게 다루는 한계점을 보여주는 정의이다.

인도의 생태학자 라마찬드라 구하(Ramachandra Guha)는 심층생태주의

41) Bill Devall and George Sessions, Deep Ecology: *Living as if Nature Mattered*, Salt Lake City, Peregrine Smith Books, 1985, p.68.

정의관은 서구 제국주의 논리이며 동양의 정신가치도 잘못 수용하고 있다고 비판한다.[42] 라마찬드라 구하가 보기에는 심층생태주의 강령을 후진국에 적용하려는 것은 서양의 생태환경주의자의 정의관에 맞추어 일반화 할 것을 강요한 것이라고 주장한다. 설령 후진국 사람들이 최저 생활을 유지할 지라도 자연을 보전하고 존경하라는 메시지를 담고 있다는 것이다.

반면에 사회생태주의와 생태여성주의 정의관에서는 자연과 여성에 대한 정복과 지배를 근본적으로 죄악시한다. 먼저 사회생태주의 입장에서는 지배의 사회구조가 자연의 지배보다 선행한다고 밝히고 있다. 마르크스주의와 달리, 북친은 위계적 사회가 자연을 학대할 가능성도 있지만 반대로 자연친화적 관계를 가질 가능성도 있다고 말한다. 그것은 생태적 합리성과 자율적인 공동체 활동을 보장하여 모든 형태의 통제와 지배로부터 자유로운 정의사회를 구현하는가에 달려 있다. 이처럼 사회생태주의는 사회주의, 자유주의, 유기체주의 등 다양한 철학적 전통에 뿌리를 두고 있다.

이러한 사회생태주의 정의는 방법론의 측면에서 문제점을 내포하고 있다. 인간을 자연의 진화를 이끌 수 있는 후견자로 보기 때문에 생태환경에서 인간중심적 부당성의 가능성을 용납하고 있음이다. 생태적 합리성, 의사소통능력에 근거한 '제 2자연' 은 북친이 비판하고 있는 사회적 위계와 지배이념의 소산이다. 이것에 자연에 대한 진화와 통제를 맡기는 것은 논리적으로 자가당착의 오류를 범한다고 할 것이다. 그러나 후견인으로서 인간이 생태정의 구현의 주요 역할을 감당해야 된다는 점을 일깨워주고 있다.

생태여성주의는 여성의 지배와 자연의 지배사이의 연결에 대한 이론과 생각에서 출발한다. 상황주의 관점에서 생태여성주의는 자연이 인간에 대

---

42) Ramachandra Guha, "Radical American Environmentalism and Wilderness Preservation: A Third World Critique", *Environmental Ethics* 11, 1989 Spring, pp. 71-84.

해 부당성을 말하는 것과 다른 억압받는 사람들의 목소리를 심각하게 받아들인다. 이에 따라 최근 수십 년 동안, 여성운동가들은 '돌봄의 윤리(ethics of care)'를 부상시키면서 이를 생태정의 구현에 접목하려는 노력을 지속했다. 따라서 생태여성주의에서는 생태환경에 대한 '자애로운 돌봄'의 역할과 함께, 영성주의(spiritualism)를 정의구현의 방법론으로 부각시킨다. 여성, 자연, 신성의 일체감을 알고 경배할 때, 지구는 신성한 존재로 다가오고 사랑하고 돌보는 대상일 뿐 아니라 영성적 가치로 다가오게 된다. 결국 위계와 지배를 의식적으로 피하면서 다양성과 차이를 존중한다.

실제적으로 지구촌 곳곳에는 소수 인종이나 힘이 약한 여성이 밀집한 지역에 환경호르몬 분비가 많이 발생하는 폐기물을 최대한 처리하되 생태환경비용을 최소화하는 부당한 정책을 실시하였다. 이는 곧 생태부정의를 만연시키는 요인으로 자리 잡고 있으며 이러한 지역의 여자와 아이는 생태환경파괴에 노출되게 마련이다. 따라서 생태환경정의의 개념화와 이에 따른 사회적 제도화가 시급하다고 할 것이다.

생태환경의 문제는 자연으로부터 발생된 것이 아니라 인간으로부터 발생된 것이라는 사실은 명백하다. 생태환경 문제를 기술 환경이나 자연환경의 비정상적이거나 바람직하지 못한 상태에서 야기되는 문제라고 볼 때, 현대사회에서 문제가 되는 생태환경 문제는 공학 기술자의 의지와 작위에 의하여 야기되는 문제라고도 볼 수 있다. 따라서 공학윤리 교육을 통해서 문제개선의 가능성이 있는 것이다. 생태환경 문제의 해결책으로서 공학윤리 교육을 신뢰하고 생태정의 성격과 공학윤리 교육이 조화를 살려나가야 될 것이다.

생태환경 정책결정의 과정에서 비용효과분석과 함께 비용편익분석이 많이 활용된다. 앞의 경우는 생태환경정책 가운데 비용이 가장 적게 되는 것을 선택하는 방안이며, 뒤의 경우는 추진하려는 목적자체가 비용을 고려할 때 과연 추구할 만한 것인가를 먼저 결정하는 방안이다. 이를테면 멸종생물보호법의 제정에 있어 멸종되는 생물에 대한 고려보다 이해 당사자, 지역공동체의 손실액과 비용 등을 먼저 결정한 후 생태정의 문제를 고려하려는 관점이다. 이에 수반되는 비용은 수혜범위의 우선순위를 설정하여 차등적으로 설정하되 비용효과분석의 방안을 활용하는 것이 공정하다고 생각된다.

마찬가지로 생태정의를 고려한 소유권 인식의 경우, '인간이 소유권을 지니고 있다' 는 사실자체로서 '소유자가 원하는 모든 것을 할 수 있다' 는 뜻을 함축하지 아니한다. 소유권은 다른 사람들의 권리에 의해 다양한 방식으로 제한된다. 소유권을 권리들의 묶음으로 본다면, 소유자가 모든 것을 할 수 있는 권리도, 소유자가 아무 것도 할 수 없는 권리도 아니다. 생태환경의 정의구현을 위해서는 이러한 점의 소유권 인식에 주목할 필요가 있다. 유권을 가진 상태에서 소유자로서 자신의 권익을 실현하기 위해서 어느 한계까지 권리를 행사할 수 있는가를 심사숙고하여 자율적이며 합리적으로 제한점을 정하는 것이 공정하다고 할 것이다.

지구촌 시대를 맞이하여 생태정의를 구현하기 위해서는 국제간의 협조가 그 어는 때보다 절실해졌다. 선진국의 상당수는 개발도상국을 식민지 상태로 관리했기 때문에 현재의 개발도상국 생태환경의 질병에 대해 일정한 부담을 지고 개선해야할 의무가 있다. 심층생태주의 입장을 지지하는 앤드류 브렌넌(Andrew Brennan)은 식민잔재와 제도모순의 간접책임이 있는 선진국들의 기금마련이야말로 생태정의 구현의 선결과제가 된다고 말한다.[43] 선진국의 기금 동참은 식민통치와 자국중심의 개발정책에 대한 보상측면에서 강조되어야 한다.

앤드류 브랜넌 뿐만 아니라 동물에 대한 차별대우론을 주장한 피터 싱

---

43) Rolston, Holmes, *Environmental Ethics*, Philadelphia: Temple University Press, 1988. Brennan A. *Thinking about Nature*, Arthens, GA: University of Georgia Press, 1988. 참조

어(Peter Singer), 피터 운저(Peter Unger)까지도 빈곤국가의 생태환경에 대한 선진국의 깊은 관심이야 말로 생태정의 구현을 위한 선결과제라고 주장한다.[44]

제한된 자원의 과대소비로 생태위기를 초래한 선진자본국들이 자율적으로 국제협약을 통해 지구촌의 생태환경 부담금을 적절하게 떠맡게 됨으로써, 지구촌의 '지속가능한 개발'의 실천담론이 생태윤리 과제가 되고 있다. 여기에 공학자가 실천적으로 기여할 책임과 의무의 과제가 나타난다. 공학윤리에서는 생태지혜의 여러 관점을 비판적으로 성찰하게 된다. 생태위기에 대해 공학 기술자는 그 책임을 통감하고 생태정의를 미래지향적으로 살려가는 방향으로 지혜를 모으고 공학현장에서 다양한 실천을 모색해야 할 것이다.

---

44) Singer, P. *Practical Ethics*. 2nd edn. Cambridge: Cambridge Univ. Press. 1993. Unger, P. *Living high and Letting Die*, New York: Oxford University Press. 1996.

참고문헌

권혁길 외,『공학 윤리』서울; 인간사랑, 2007.

구승회,『생태철학과 환경윤리』동국대학교출판부, 2001.

구승회,『에코필로소피』새길, 1995.

김동규 편저,『세계의 환경교육』(서울 : 교육과학사, 1996)

김명자,『동서양의 과학전통과 환경운동』(서울 : 자작나무, 1995)

김준호, "자연의 복원에 이바지하는 생태윤리",『과학과 사상』창간호 (서울 : 범양사, 1992)

문정호, "지속가능한 정책발전" 지속가능발전위원회, 2000.

이용필 외,『지구촌 생태계 위기와 환경윤리교육』서울대출판부, 2002.

진교훈,『환경윤리』민음사, 1998.

한국철학회편,『기술문명에 대한 철학적 반성』, 철학과 현실사, 1998

황종환,『생태윤리학』한남대학교출판부, 2001.

폴 테일러 지음, 김영진 옮김,『윤리학의 기본원리』, 서광사, 1985

H. Jonas, 이진우 옮김,『책임의 원칙: 기술시대의 생태학적 윤리』, 서광사, 2005.

W. S. 사하키안 저, 송휘칠외 공역,『윤리학의 이론과 역사』, 박영사, 1997.

L. W. Milbrath, *Envisioning a Sustainable Society: Learning Our Way Out,* 이태건, 노병철, 박지운 역,『지속가능한 사회』인간사랑, 2001.

Donald G. Kaufman, Cecilia M. Franz, *BIOSPHERE 2000.*, Kendall/Hunt Publishing Co., 1996.

Douglas H. Strong & Elizabeth S. Rosenfield, "Ethics or Expediency: A Environmental Question" Shrader-Frechette, Kristin S. eds, *Environmental Ethics,* The Boxwood Press, 1981.

Eugene P. Odum, *Fundamentals of Ecology,* second edition, W.B. Saunders Company, 1959.

Pearce, D. W. and R. K. Turner, Economics of Natural Resources and the Environment (Baltimore : The Johns Hopkins University Press, 1990)

색 인

덕성윤리 19, 93, 96, 98, 99, 115

소국과민 275

□ 저자 소개

김 용 환 (Yong Hwan Kim)

경북고 · 서울대졸, 동 대학원 석사 · 철학박사(89)

프랑스 파리 소르본 대학 방문교수(92-93)

캐나다 밴쿠버 U. B. C. 공동연구교수 (98-99)

충북대 대학신문사 주간교수 역임 (95-97)

충북대 기획연구실장 역임 (97-98)

충북대 출판부장(07~현)

충북대 사범대학 윤리교육과 교수(87~현)

□ 저서 및 역서

자아각성과 윤리(법인문화사, 92)

만다라-깨달음의 영성세계(열화당, 98)

현대사회와 윤리담론(도서출판 개신, 06)

겨레얼을 살린 역사인물 100인(경인문화사, 08)

한류와 한사상(모시는 사람들, 09)

e-mail address: sunyanan@cbu.ac.kr

공학인증제 실시에 따른

개신공학윤리

저　자 | 김용환

발행처 | 도서출판 개신 (충북대학교 출판부)

발행인 | 임동철

주　소 | (361-763) 충북 청주시 흥덕구 성봉로 410

전　화 | (043) 261-2952, 3014

팩　스 | (043) 274-1256

이메일 | presscbu@chungbuk.ac.kr

등　록 | 제1983-2001-7호

초판1쇄 | 2009. 3. 5.

인쇄처 | (주)윤일문화 02)498-6161

ISBN 978-89-7295-154-4 93190

값 18,000원